简·本

中国劳动关系发展研究报告

（1949-2019）

编委会主任　李龙熙
主　　编　韩喜平　郭喜武

Research Report on The Development of Labor Relations in China

中国工人出版社

图书在版编目（CIP）数据

中国劳动关系发展研究报告：1949—2019 / 韩喜平，郭喜武主编.
—北京：中国工人出版社，2020.4
ISBN 978-7-5008-7330-3

Ⅰ.①中… Ⅱ.①韩… ②郭… Ⅲ.①劳动关系－研究报告－中国－1949—2019
Ⅳ.①F249.26

中国版本图书馆CIP数据核字（2020）第049298号

中国劳动关系发展研究报告（1949—2019）

出 版 人	王娇萍
责任编辑	王学良　罗荣波
责任印制	栾征宇
出版发行	中国工人出版社
地　　址	北京市东城区鼓楼外大街45号　邮编：100120
网　　址	http://www.wp-china.com
电　　话	（010）62005043（总编室） （010）62005039（印制管理中心） （010）82075935（工会与劳动关系分社）
发行热线	（010）62005996　82029051
经　　销	各地书店
印　　制	三河市万龙印装有限公司
开　　本	787 毫米 × 1092 毫米　1/16
印　　张	30.75
字　　数	360 千字
版　　次	2020年5月第1版　2020年5月第1次印刷
定　　价	95.00 元

序

2014年，也就是劳动关系研究中心刚刚创建的那年，我就萌生了一个想法：依托劳动关系研究中心，把新中国成立以来的劳动关系发展历程作一个系统的梳理和总结，抑或是勾勒出一个清晰的轮廓。但当时省总工会与吉林大学合作创办的劳动关系研究中心还处在“摸着石头过河”的探索阶段，初期的体制机制和人财物力尚不足以支撑起这项复杂繁重的工程，只得遗憾作罢。

虽然是暂时搁置，但心中仍旧念念不忘。公务忙碌之余，还是要抽空看一看资料，琢磨一些问题。对劳动关系研究中心的建设和进展，也越来越关注。因为我相信，劳动关系研究中心，这个国内首开工会组织同高等院校合作模式的研究机构，一定不负它成立时的初衷：培养高端人才，研究前沿理论——事实也完全证明了这一点。

经过几年的共同努力，作为后起之秀的劳动关系研究中心逐步跨入发展的快车道，资源在丰富，力量在强大，社会认可度和学界影响力在逐步提升，编撰劳动关系发展研究报告的条件日臻成熟。2017年，在春暖花开的5月，在多次大大小小范围的研讨后，十几名同志围绕目标，按照分工，对报告进行起草、撰写、修改、完善，直至今日即将付梓。我们计划，每年都要出版年度劳动关系发展研究报告。对待劳动关系研究，我们是认真的，更是执着的。

这部报告，很难谈得上完美，我们也深知这一点。敝帚自珍，我们曾列举出了不少理由来证明，编撰1949年以来的劳动关系发展研究报告具有多么重要的价值和意义。比如国内的研究在这方面是薄弱环节，很少有人涉足；比如整理七十年历史，为劳动关系理论研究者提供基础素材；比如概括我国劳动关系领域取得的巨大成就，丰富和发展中国特色社会主义劳动关系理论；等等。

习近平总书记讲，“要最大限度增加和谐因素、最大限度减少不和谐因素，构建和发展和谐劳动关系”。我们希望这个报告能引起社会各界对劳动关系重要性的日渐关注。劳动创造价值，劳动关系作为最基本、最重要的社会关系之一，在中国特色社会主义进入新时代的大背景下，理应得到更多的关注。

我们希望这个报告能够在指导实践中发挥作用。报告罗列了我国劳动管理、用工、协调、保障等各项制度以及对这些制度的深度分析。这些分析，多是根植于基层经验的积累和凝聚——向基层汲取经验和智慧，一直是我们前进的动力和源泉。

我们还希望这个报告能引起更多人士对中国工会和工会工作的深度思考。全世界的工会运动在衰落，中国工会为什么能一枝独秀？多数国家和地区工会入会率持续走低，为什么中国工会能逆势上扬？究其原因，就在于不断丰富和发展着的中国特色社会主义新型劳动关系体现出了巨大的理论和实践优势，它将在推进国家治理体系和治理能力现代化、实现中华民族伟大复兴中国梦的进程中，不断焕发出更大的生机与活力。

此序。

2019 年 12 月 13 日

（作者为全国政协常委，吉林省政协副主席、党组副书记，吉林省总工会主席，劳动关系研究中心主任）

目　录

绪 论

第一节 研究意义

劳动关系是生产关系的重要组成部分，是最基本、最重要的社会关系之一。劳动关系是否和谐，事关职工和企业切身利益，事关经济发展与社会和谐。努力构建和谐稳定的劳动关系，是加强和创新社会治理、保障和改善民生的重要内容，是建设社会主义和谐社会的重要基础，是经济持续健康发展的重要保证，是增强党的执政基础、巩固党的执政地位的必然要求。

党的十八大以来，尤其是党的十九大至今，中国在各个方面都取得了巨大成就，这些成就的取得离不开劳动者的辛勤劳动和创造。当前，我国劳动关系总体和谐稳定。但由于我国正处于经济社会转型时期，劳动关系矛盾进入凸显期和多发期，劳动争议案件居高不下，构建和谐劳动关系的任务依然艰巨繁重。党的十八大明确提出要构建和谐劳动关系。为全面贯彻党的十八大和十八届二中、三中、四中全会精神，中共中央、国务院发布了《关于构建和谐劳动关系的意见》（中发〔2015〕10 号）。在新的历史条件下，努力构建中国特色和谐劳动关系，对转变经济发展方式、全面建成小康社会和实现中华民族伟大复兴中国梦具有重大推动作用。劳动关系协调正是通过劳动关系参与主体间的自我调和，从而达到相互信任、相互协作，促进劳动关系的和谐。党的十八届三中、五中全会先后提出，要创新和健全劳动关系协调机制。党的十八届三中全会提出的政府主导、社会自我调节良性互动，体现在劳动关系治理中，就是采用系统化的思维创新治理方法。党的十八届五中全会提出要健全劳动关系协调机制，重点在于探索建立适应我国国情的劳动关系，双方依法自主协调集体劳动关系的制度、机制，畅通职工诉求表达和利益协调渠道，推进劳动关系双方沟通协商制度化；进一步健全协调劳动关系三方机制，完善组织体系，创新组织模式，充分发挥政府、工会和企业代表组织共同研究解决有关劳动关系重大问题的作用。同时，强化劳动纠纷调处和加强劳动保障监察执法。党的十九大报告明确提出，“完善政府、工会、企业共同参与的协商协调机制，构建和谐劳动关系”。这需要政府部门、工会、劳动者、用人单位积极参与协商协调，更需要社会各界人士协同参与，共同开创社会主义和谐劳动关系的新局面。

中国特色社会主义进入新时代，我国社会的主要矛盾已经转化为人民日益增长的美好生活需要和不平衡不充分的发展之间的矛盾。要解决好发展不平衡不充分问题，就要大力提升发展质量和效益，更好地推动人的全面发展、社会的全面进步。这个任务相当艰巨，构建和谐劳动关系就显得特别重要。2019 年是新中国成立 70 周年，是决胜全面建成小康社会、实现第一个百年奋斗目标的关键之年，也是国际劳工组织成立 100 周年。2019 年的政府工作报告中第一次把就业优先政策置于宏观政策层面，凸显新时代我国劳动关系治理的重要作用。在这一背景下，我们编写《中国劳动关系发展研究报告（1949—2019）》，是国内首部系统反映我国劳动关系发展状况的年度报告，是对中华人民共和国成立 70 年来在劳动关系领域取得巨大成就的一次相对比较系统的梳理和总结。本部报告的理论意义和实际应用价值具体体现在如下几个方面。

一、理论意义

丰富中国特色社会主义劳动关系理论的研究。和谐劳动关系是社会主义和谐社会的重要基础。西方劳动关系理论自身所嵌入的社会制度、经济技术环境、资源禀赋、文化背景与价值取向与中国现实条件迥异，蕴含着不同群体对劳动关系的价值评判，直接引进来的方法当然无法反映新中国成立 70 年来在劳动关系领域取得的巨大成就，也无法解决新时代我国劳动关系协调机制创新问题。社会主义劳动关系理论的主旨在于如何发挥、扩大和创造我们的制度优势，形成真正以人为本，尤其是以劳动者为本的社会主义新型劳动关系。我们探索以实现劳动关系参与主体合作共赢、保障和改善民生以及经济社会协调发展为目标的劳动关系治理体系，重点研究如何创新、发展和完善我国劳动关系协调机制，寻求妥善化解潜在冲突的有效途径，进一步丰富中国特色社会主义劳动关系理论的研究。

需要特别说明的是，劳动关系理论研究具有跨学科、多领域的鲜明特征。对协调劳动关系问题的研究是一个涉及多学科的系统工程。已有的国内外研究有很多是经济学与劳动法学、劳动管理学、社会学、政治学及历史学等社会科学进行交叉融合的学术成果。在针对劳动关系协调机制的问题上，如何把握学科交叉性研究的实质，而不是走形式主义，是需要思考的难点问题。我们以马克思主义政治经济学的研究方法与分析工具为基础，结合劳动关系协调机制自身所包含的跨学科性质，力图多学科、全方位地实现各相关领域的协调互动，全面研究劳动关系治理问题，力争打造“中国劳动关系学”一级（交叉）学科。

二、实际应用价值

第一，有利于夯实新时代社会主义和谐社会的建设基础，推进全面建成小康社会和铸就中华民族伟大复兴中国梦。新时代社会主义和谐社会的构建迫切需要劳动关系的和谐。劳动关系的和谐是社会和谐的前提和基础，社会和谐是劳动关系和谐的延伸和结果。劳动关系协调即劳动关系主体双方进行自我调和来实现相互协作的目标。通过协调，可以促使参与主体相互理解、达成共识、赢得信任，促进劳动关系的和谐。我们重视研究的实证化与数字化，通过社会调查和数据库建设，客观分析新常态下我国劳动关系现状，进而提出创新劳动关系协调机制的可行性方案，为构建社会主义和谐社会夯实基础。

中华民族的伟大复兴有赖于创造性劳动的发挥与劳动潜能的释放，这必须以和谐劳动关系为基础。历史经验表明，一国在经济社会发展的进程中，劳动关系往往会经历波折。一个有效的劳动关系协调机制十分重要，它可以促进劳动关系和谐，使经济社会更顺利地进入发达国家行列，否则，经济社会会在相当长的时间内处于发展的瓶颈期，甚至陷入“中等收入陷阱”。本部报告旨在全面反映新中国成立 70 年来我们党在劳动关系治理领域取得的巨大成就，使创造性劳动有更好的施展平台，让人的潜能有更大的释放空间，推动全面建成小康社会战略的顺利实现，进一步凝聚中国力量，铸就中国梦。

第二，对国有经济领域的劳动关系和谐进行分析。在中国市场化改革过程中，国有企业劳动关系发生了重大变化。这些变化包括：政府逐渐退出企业的劳动关系并放弃了对企业的“父爱主义”的控制方式；企业经营者获得了前所未有的自主权；工人和企业经营者分化为劳动关系的双方。这些特征相互交织，使我们很难根据西方劳动关系学派的理论和模型作出解释。多年来，对中国国有企业劳动关系的研究是多角度的，包括了政治学、经济学、社会学和法学等。这些不同学科具有差异性的研究结论，但其中却隐含着一个共同的观点：国有企业劳动关系正在发生重大的变化。

我国以公有制为主体、多种所有制经济共同发展的基本经济制度，决定了国有企业劳动关系和谐是社会和谐的前提和基础，社会和谐是国有企业劳动关系和谐的延伸和结果。国有企业劳动关系和谐有利于营造公平、正义和高包容度的良好工作氛围，提高劳动者工作积极性和创造力，提升生产力发展水平，夯实共享发展的物质基础。共享发展又进一步促进劳动者生活水平的提高和生产能力的提升，促进社会的公平和协调发展，为共同富裕的实现提供强有力的支撑。国有企业劳动关系和谐是巩固和增强人民参与社会生产愿望的基础，为社会进步提供强劲动力。历史经验表明，和谐劳动关系有利于一个国家突破“中等收入陷阱”的瓶颈期，更顺利地进入发达国家行列。我们旨在为共享发展理念下国有企业劳动关系和谐发展提供基本思路和具体对策建议，使创造性劳动有更好的施展平台，有利于提升人民获得感，实现人人参与、人人尽力、人人享有，改善生产关系，增强经济社会发展活力，增进社会凝聚力和向心力，推进中华民族伟大复兴早日实现。

第三，对民营企业和合资企业领域的劳动关系和谐进行分析。由于我国国有企业大部分设有职工代表大会和劳动争议调解委员会，劳资矛盾还不是很尖锐，而民营企业和合资企业工会组建率相对较低，劳资矛盾相对比较突出。新常态下民营企业和合资企业很可能成为我国劳动关系不稳定的部门，急需从劳动关系的各方主体出发，寻求应对措施。我们将结合经济新常态的特征以及民营企业和合资企业劳动关系的现状、影响因素展开分析：一方面直面当前“强资本弱劳动”的客观实际，探讨劳动者与企业互动的实质及规律，在劳动政策实施中更加有效地指导与影响双方的经济行为；另一方面使政府、劳动者与企业的利益互动关系产生积极社会效果，从而避免负面群体性事件等情况的发生。总之，经济新常态给民营企业和合资企业劳动关系带来诸多影响与挑战，在新常态背景下协调好劳动关系对于建设社会主义和谐社会、促进社会主义市场经济健康稳定发展具有重要的现实意义。随着改革进程的全面深化以及党的群众路线的实践加强，协调民营企业和合资企业劳动关系的体制机制与社会环境正在发生有利于劳动关系和谐共赢的变化，对此进行理论概括与总结，我们的研究将更具有政策指向性与实践可行性。

第四，强化文化精神对构建和谐劳动关系的重要性。中国特色社会主义劳动关系由诸多要素构成，其中，文化精神要素对劳动关系发挥着重要的影响作用。一般来说，直接制约劳动关系的因素是利益分配问题，即劳动者在劳动中利益获得是否能够实现利益平衡的问题。同时，制约劳动关系的另一个重要因素来自劳动者自身的文化精神。比如，劳动者的尊严感——体面劳动，工匠精神——追求劳动成就感，劳动光荣——社会主义劳动的集体荣誉感，等等。这些文化精神要素也是影响劳动关系的重要因素。因此，我们对文化精神要素进行研究，从而分析劳模精神、劳动精神、工匠精神等在何种程度上、以怎样的方式发挥着它们对劳动关系的影响。文化精神是当代构建和谐劳动关系不可缺少的组成部分，与利益分配关系相并列，它同样是协调社会主义劳动关系的核心要素。因此，我们专门研究了文化精神问题。

第二节 逻辑体系

《中国劳动关系发展研究报告（1949—2019）》旨在对新中国成立70年来我们党在劳动关系领域取得的巨大成就进行一次相对系统的梳理、归纳和总结，全书分为绪论部分和六章。

绪论部分介绍了本部报告写作的时代背景、理论意义和实际应用价值，以及本报告的逻辑框架。

第一章为新时代中国和谐劳动关系建设。第一节梳理了党和国家领导人关于劳动关系的理论与思考。从新中国成立到社会主义三大改造完成，从新民主主义到社会主义的历史过渡，从改革开放伟大事业到党的十八大召开，从党的十八大至今，党和国家领导人形成了关于劳动关系问题的一系列重要论述。这为我国社会主义建设事业提供了行动指南，值得认真学习和研究。第二节研究了新时代中国和谐劳动关系评价指标体系的构建。新时代和谐劳动关系评价指标体系作为复杂系统，系统中各个要素、主体与环境间存在着复杂的相互关系。因此，中国和谐劳动关系评价需要建立一套科学、系统的指标体系。通过对中国和谐劳动关系评价指标体系的构建与计算，可以得出我国现阶段劳动关系的综合数值。通过不同层面的计算，可以探索我国构建和谐劳动关系过程中存在的问题，使国家的政策与方针制定可以做到“对症下药”。中国的劳动关系和谐之路需要长时间的努力，指标体系的构建可以在不同时期追踪政策实施的效果。通过指标趋势的变化分析，可以更加直观地把握构建和谐劳动关系的进程与成效。第三节为技术进步对中国劳动收入份额变动趋势的影响。我们从劳动关系的角度研究技术进步的内在影响机制，并以此为基础对劳动收入份额的变化率进行分解。首先，构建一个要素市场与劳动收入关系的数量模型。通过研究发现，如果要素市场为不完全竞争，劳动收入份额的变化率要受到要素变化率和技术进步的影响，并且在要素变化率为正的情况下，工资谈判能力对劳动收入份额的增加起促进作用；如果要素市场为完全竞争，人均资本变化率、劳动边际产出的劳动弹性与技术进步共同影响劳动收入份额的变化率。其次，使用1995—2016年的相关数据对中国劳动收入份额变化率的影响因素进行实证分析。结果表明，我国技术进步为资本偏向型，对劳动收入份额的提高起抑制作用，且贡献率呈现先降后增的趋势。对此，我们认为构建利益互相依附的合作型劳动关系可以提升劳动收入份额，从而促进国民经济高质量发展。第四节为新中国成立以来产业工人队伍的发展状况。我们从计划经济体制时期、社会主义市场经济体制改革时期以及党的十八大以来三个重大历史阶段入手，分析各个历史时期劳动者存在的不同历史问题，同时梳理了与产业工人队伍规模、构成等相关的研究成果，刻画了中国产业工人队伍发展的历史轨迹与时代特征。产业工人是我国工人阶级的重要组成部分，是创造社会财富的中坚力量，重视产业工人队伍建设有利于促进新时代下我国职工队伍的发展壮大。

第二章从政府治理的角度，对新中国成立70年来党和政府在劳动关系领域所颁布的法律法规和政策文件等进行系统梳理。本章涉及的法律、行政法规、规章及规范性文件等，从政府规制的角度构成了我国劳动关系的制度框架。本章对党和政府在不同时期围绕劳动用工、工资福利、工会职能、人事关系、社会保障、劳动保护与监察、劳动争议处理等劳动关系具体事项发布的主要法律法规和重要规范性文件进行集中整理，为系统研究新中国成立以来我国劳动关系政策演变及相关问题提供依据和参考。

第三章为企业性质与劳动关系。本章分为国有企业、民营企业以及合资企业三节。首先，是国有企业的劳动关系问题研究。以公有制为主体、多种所有制经济共同发展的基本经济制度，决定了国有企业劳动关系和谐是社会和谐的前提和基础，社会和谐是国有企业劳动关系和谐的延伸和结果。国有企业劳动关系和谐是巩固和增强人民参与社会生产愿望的基础，有利于提升人民获得感，改善生产关系，为社会进步提供强劲动力。国有企业劳动关系的发展经历了计划经济、改革开放、市场转型、转轨时期与新时代中国特色社会主义的不同历史阶段，劳动关系呈现出由利益一体型、利益分化型、利益冲突型、利益依附型向利益共享型的转变。随着中国经济发展进入新常态，经济结构调整和创新驱动发展导致企业兼并重组加快，更多劳动者面临被解雇或分流安置问题，国有企业劳动关系矛盾进入凸显期和多发期。探索造成国有企业劳动关系失衡的原因，提出构建国有企业和谐劳动关系的对策，促进双方力量均衡发展，是增强经济社会发展活力，促进社会的公平和协调发展，推进中华民族伟大复兴中国梦早日实现的应有之义。其次，是民营企业的劳动关系问题研究。民营企业劳动关系的发展经历了社会主义建设初期、改革开放时期与新时代中国特色社会主义的不同的历史时期。民营企业劳动关系的历史变迁是符合历史实践和逻辑发展规律的。回顾社会主义建设初期民营企业劳动关系的治理起源，改革开放时期民营企业劳动关系的历史发展与新时代民营企业劳动关系的变化挑战，在这三个不同的历史时期，民营企业劳动关系本身需要达成的目标、所要服务的终极目标，劳动关系治理的主体、原则与宏观框架体系，其演进逻辑都是非常清晰的。不仅如此，民营企业劳动关系治理的政治方向、实施政策与纲领目标，在法律法规、相关政策文件中，也形成了系统的脉络。因此，针对民营企业在社会主义建设初期、改革开放时期与新时代中国特色社会主义三个不同时期的发展特点，本部分拟对民营企业劳动关系的起源、发展与变化进行梳理与总结。最后，是合资企业的劳动关系问题研究。合资企业作为我国非公有制经济的重要组成部分，促进了国民经济发展。我国合资企业的发展从 1978 年至今大致可以分为五个阶段，整体上实现了合资企业在数量和规模上的不断壮大。通过分析合资企业的发展历程、劳动关系现状，梳理国内外关于合资企业劳动关系研究，可以发现合资企业虽然在经济社会发展中体现着极强的活力，但在劳动关系处理方面仍存在固有的矛盾，在集体协商、职工福利待遇、社会保障等方面还存在较严重的问题，一些员工的利益还得不到充分保障，社会主义市场经济下的合资企业劳动关系面临重大的考验。

第四章研究的是工会组织与劳动关系。中国共产党成立后，立即把发动和组织工人阶级作为领导全国革命的首要任务。本章共包括六个阶段内容，第一阶段是新中国成立至社会主义改造基本完成（1949—1956）。在这一时期，《关于劳资关系暂行处理办法》《中华人民共和国工会章程》等文件的颁布，对实现社会主义改造发挥了巨大作用。第二阶段是社会主义基本制度确立至改革开放前（1956—1978）。我国此时的基本经济结构发生了根本变化，国内的主要矛盾已经是人民对于建立先进的工业国的要求同落后的农业国的现实之间的矛盾。中国工会九大的召开明确了工会的基本方针，总体上确立了工会章程的主导方向。第三阶段是改革开放至社会主义经济体制转轨（1978—1992）。第四阶段是社会主义市场经济初步确立阶段（1992—2002）。第五阶段是社会主义市场经济改革与完善时期（2002—2012）。伴随改革开放的日益深入，作为劳动关系领域中的重要组织，中国工会为我们研究该领域中的相关问题提供了重要的切入点：一方面，作为职工利益的代表者和维护者，中国工会是我国劳动关系协调和治理的直接参与者，其制度变迁对我们考察劳动关系问题提供直接的重要视角；另一方面，作为党联系职工群众的桥梁和纽带，以及国家政权的重要社会支柱，中国工会的制度变迁也为我们考察国家与工人关系提供了重要视角。第六阶段是中国特色社会主义新时代（2012 年至今）。为贯彻党的十八大精神，中国工会十六大通过的《中国工会章程》，体现了中国特色社会主义工会发展道路的主要内容，并在第二十八条“工会基层委员会的基本任务”中增写了部分内容。2015 年，中央全面深化改革领导小组第十八次会议审议通过了《全国总工会改革试点方案》，深入贯彻习近平总书记系列重要讲话精神特别是关于工人阶级和工会工作的重要论述。2018 年，中国工会第十七次全国代表大会审议通过了《关于〈中国工会章程（修正案）〉的决议》，在《中国工会章程》中将习近平新时代中国特色社会主义思想确立为中国工会的指导思想，为推进新时代党的工运事业和工会工作提供了根本遵循。

第五章论述了劳动价值与劳动文化方面的内容。中国特色社会主义劳动关系由诸多要素构成。除了物质层面外，文化精神层面同样重要，它对劳动关系发挥着重要的影响作用。劳动是创造财富的基本手段，是经济社会良好运行的必要条件，同时也是实现个人价值、获得自我认知的重要基石。在劳动基本手段的基础上进行社会生产和服务工作，并对国家发展、社会发展和个人进步作出突出成绩的过程，就形成了劳动精神，实现了从劳动谋生手段向劳动精神的突破性转化；将劳动精神运用于重大技术领域，推动实现技术进步和技术突破，就演绎形成了工匠精神；而建立在中华优秀传统文化基础之上的，经过劳动实践得以传承和发展的劳动思想、劳动价值观以及劳动精神等，组成了劳模文化的基本要素。本章对劳模精神、劳动精神、工匠精神、劳动教育、劳动文化等核心主题进行了简要梳理。

第六章为国外劳动关系经验借鉴。本章旨在对大国崛起过程中劳动关系治理经验进行剖析，为中国构建和谐劳动关系提供借鉴。资本主义生产方式决定了作为人格化资本的资本家与劳动者之间是资本雇佣劳动，实质是剥削与被剥削的关系，劳资矛盾严重。如何调和劳资矛盾一直是资本主义社会着重探讨的议题。国外学术界对劳动关系的研究形成了五个代表性学派，包括新古典学派、管理主义学派、正统多元论学派、自由改革主义学派和激进主义学派。具体到实践领域，我们研究了日本“三大支柱”模式、德国共同决定模式和美国职工持股计划这三个劳动关系治理的典型代表，这有助于追踪国外劳动关系调整的理论前沿与典型案例，认清资本主义劳动关系协调的本质，总结其经验教训的同时也获得有益启示，从而为创新我国劳动关系协调机制提供借鉴。

第一章
新时代中国和谐劳动关系建设

第一节　党和国家领导人关于劳动关系的理论与思考

自中国共产党成立以来，其斗争的主要目的之一就是为广大劳动者争取权益。新中国成立以后，党和国家领导人对社会主义劳动观及劳动关系问题提出了一系列重要论述，丰富和发展了马克思主义劳动观，形成了中国特色社会主义劳动关系思想，为构建新时代中国特色社会主义和谐劳动关系提供了丰富的思想源流和理论指导。

一、毛泽东关于劳资关系的重要论述

毛泽东关于劳资关系的重要论述是马克思劳资关系理论同中国革命具体实践相结合的产物，是在中国半殖民地半封建社会的条件下，在革命根据地的实践中探索出来的符合中国实际的协调劳资关系的重要思想，对于构建新时代中国特色社会主义和谐劳动关系具有重要意义。

（一）毛泽东“劳资两利”思想的形成与发展

中国共产党成立后，毛泽东开始思考如何运用马克思主义的立场、观点和方法分析中国国情，解决中国革命的基本问题。1922年5月1日，毛泽东在《大公报》上发表文章指出：“请注意到劳工的三件事：一、劳工的生存权，二、劳工的劳动权，三、劳工的劳动全收权”“这些劳工从他们身上所产生一面他们自己恃以得食一面资本家又恃以获利的唯一东西的‘劳力’，一定靠着一件东

西，就是工人本身的‘生存’。不能‘生存’，自然就不能有‘劳力’。这样的结果，工人自然得一个‘死’字，但资本家又岂能独得一个‘生’字？”[①] 生存权和劳动权是工人的最基本权利，如果连这些基本权利都不能享有的话，那么资本家利益的保障便无从谈起。而“工人做的东西应该完全归工人自己，这就是劳动全收权”“劳动全收权自然是共产主义实行以后的事”[②]。

关于这一阐述，梁茵（2010）认为，在共产主义实现之前，资本家部分地占有工人创造的剩余价值是允许的，这既体现了对工人阶级权益的保护，同时也体现了对资本家合理合法权益的保护。因此，这一时期可以看作是毛泽东“劳资两利”思想的萌芽时期。[③] 而郭志栋（2013）认为，这一时期并不能说明已经产生了毛泽东劳资关系思想的萌芽。尽管毛泽东科学地分析了劳资关系中双方的经济地位及相互之间的关联性，阐述了劳资关系是一种既相互斗争又相互依存的基本关系，但是当时党还处于发展初期，还不能对马克思主义理论进行全面理解并将其很好地运用于中国革命的实践当中，加之战争形势紧张，经济建设并不是突出的问题，劳资关系问题也不是当时关注的重点问题，他对劳资关系的论述只是停留在表面，并未涉及核心问题。而毛泽东劳资关系思想则产生于土地革命战争时期。这一时期，毛泽东已经开始思考劳资关系的一系列问题，初步提出和论述了劳资关系，并制定了诸如规定工商业资本者享有公民权、废除打击民族工商业发展的政策等符合实际的相应政策，为抗日战争时期比较系统地形

---

① 《毛泽东文集》（第1卷），北京：人民出版社，1993年。

② 《毛泽东文集》（第1卷），北京：人民出版社，1993年。

③ 梁茵：《毛泽东的“劳资两利”思想及其当代价值》，载《长春理工大学学报》（社会科学版）2010年第4期。

成劳资关系思想奠定了基础。[①]

日本发动侵华战争后，救亡图存成为中华民族的当务之急，中国社会的主要矛盾转变为中日民族矛盾。鉴于当时中日实力差距，要抵抗日本帝国主义，必须实行全民族总动员，团结一切可以团结的力量。随着抗日战争不断推进，毛泽东开始思考如何应对因战争而产生的经济问题，并在这一过程中形成了具有中国特色的劳资关系思想。毛泽东在《矛盾论》中指出，劳资之间，从两阶级发生的时候起，就是互相矛盾的，仅仅还没有激化而已。[②]毛泽东承认劳资矛盾的同时，也认识到在共同抗战的背景下，应该兼顾一切抗日阶级的利益。毛泽东在中共七大的《论联合政府》中指出，自然，这些阶级之间仍然是有矛盾的，例如劳资之间的矛盾，就是显著的一种。因此，这些阶级各有一些不同的要求。抹杀这种矛盾，抹杀这种不同要求，是虚伪的和错误的。但是，这种矛盾，这种不同的要求，在整个新民主主义的阶段，不会也不应该使之发展到超过共同要求之上。这种矛盾和这种不同的要求，可以获得调节。[③] 1935 年 12 月，毛泽东在《论反对日本帝国主义的策略》一文中指出，人民共和国在资产阶级民主革命的时代并不废除非帝国主义的、非封建主义的私有财产，并不没收民族资产阶级的工商业，而且还鼓励这些工商业的发展。任何民族资本家，只要他不赞助帝国主义和中国卖国贼，我们就要保护他。在民主革命阶段，劳资间的斗争是有限度的。人民共和国的劳动法保护工人的利益，却并不反对民族资本家

① 郭志栋：《毛泽东劳资关系思想及其当代价值研究》，山西大学博士学位论文，2013 年。

② 《毛泽东选集》（第 1 卷），北京：人民出版社，1991 年。

③ 《毛泽东选集》（第 3 卷），北京：人民出版社，1991 年。

发财，并不反对民族工商业的发展，因为这种发展不利于帝国主义，而有利于中国人民。[①] 关于劳动政策，毛泽东指出：必须改良工人的生活，才能发动工人的抗日积极性。[②] 也必须使资本家有利可图，否则难以吸引以逐利为目的的资本家参与新民主主义的经济建设，避免政策过“左”对党和革命造成严重损失。因此，他提出：在劳动政策方面，是适当地改善工人生活和不妨碍资本主义经济正当发展的两重性的政策。[③] 毛泽东在《陕甘宁边区施政纲领》中指出，调节劳资关系，实行十小时工作制，增强劳动生产率，提高劳动纪律，适当地改善工人生活。[④] 这是毛泽东首次运用“劳资关系”的表述。关于税收政策，毛泽东提出，必须按收入多少规定纳税多少。一切有收入的人民，除对最贫苦者应该规定免征外，百分之八十以上的居民，不论工人农民，均须负担国家赋税，不应将负担完全放在地主资本家身上。[⑤] 关于经济政策，毛泽东提出，应该吸引愿来的外地资本家到我抗日根据地开办实业。应该奖励民营企业……应该避免对任何有益企业的破坏[⑥]，以保证资本家的投资意愿和投资收益。

燕云捷、孙树栋（2009）认为，抗战时期，毛泽东之所以提出以“劳资两利”为核心的劳资合作政策，是基于他认为劳资双方既有矛盾与冲突，同时也存在着共同利益；对共同利

---

① 《毛泽东选集》（第 1 卷），北京：人民出版社，1991 年。
② 《毛泽东选集》（第 2 卷），北京：人民出版社，1991 年。
③ 《毛泽东选集》（第 3 卷），北京：人民出版社，1991 年。
④ 《毛泽东文集》（第 2 卷），北京：人民出版社，1993 年。
⑤ 《毛泽东选集》（第 2 卷），北京：人民出版社，1991 年。
⑥ 《毛泽东选集》（第 2 卷），北京：人民出版社，1991 年。

益的需求大于对斗争的需求；这种共同利益首要表现为民族利益。[①] 因此，在经济上要团结民族资产阶级，扶持民族工商业发展，推行适当的劳动政策，合理调整劳资关系，为促进劳资合作创造必要条件。邱敏学、郭志栋（2012）认为，调整劳资关系，就是劳资间的利益分配。“劳资两利”是毛泽东处理劳资矛盾的手段，是要通过矛盾双方相互贯通、相互转化的方式，让劳资双方相互融于一体。[②] 燕云捷、孙树栋（2009）认为，毛泽东劳资思想是较为系统与完备的，在实践中确实极大调动了劳资双方的生产积极性，既保证了抗日根据地人民的基本生活需要，也为抗日战争胜利提供了一定的物质保障。[③]

抗战胜利后，毛泽东开始思考如何对待劳资关系中的“资”、如何对待民族资产阶级等重大问题。经历解放战争阶段，毛泽东“劳资两利”思想逐渐成熟与发展。1947 年 12 月，毛泽东在陕北米脂县杨家沟召开的会议上提出，新民主主义国民经济的指导方针，必须紧紧地追随着发展生产、繁荣经济、公私兼顾、劳资两利这个总目标[④]，这是关于被称为新民主主义革命三大经济纲领之一的保护民族工商业的具体阐述，这是首次将实现“劳资两利”作为新民主主义国民经济建设的指导方针之一提出来。新中国成立后，这一方针被写入了具有临时宪法性质的《共同纲领》，并以此指导新中国的经济建设。郭志栋（2013）认为，“劳资两

① 燕云捷、孙树栋：《抗日战争时期毛泽东劳资合作思想分析》，《毛泽东思想研究》2009 年第 5 期。

② 邱敏学、郭志栋：《毛泽东“劳资两利”思想的嬗变及其当代启示》，《毛泽东邓小平理论研究》2012 年第 3 期。

③ 燕云捷、孙树栋：《抗日战争时期毛泽东劳资合作思想分析》，《毛泽东思想研究》2009 年第 5 期。

④ 《毛泽东选集》（第 4 卷），北京：人民出版社，1991 年。

利”从一般的经济政策，上升到国家根本大法的高度，表明了毛泽东在新的历史条件下，对“劳资两利”的基本认识和态度。事实证明，党中央和毛主席的决定是正确的，“劳资两利”政策在随后的实践中发挥了巨大的作用，为国民经济的恢复与发展、社会主义改造的顺利进行都奠定了坚实的物质基础。①

然而，新中国成立不久，这一政策便宣告终结，究其原因，邱敏学、郭志栋（2012）认为，其一，民族资产阶级唯利是图的本性在新中国成立前后表现恶劣，投机资本扰乱经济社会秩序，利欲熏心的资本家破坏抗美援朝战争，“五毒俱全”的资本破坏党的肌体；其二，国民经济经过三年努力得到恢复与发展，国民经济与私营经济的比重发生了根本性的变化，社会主义公有制经济迅速增长，私营经济在国民经济中的地位与作用日渐式微；其三，优先发展重工业战略的确立，对党和国家既定的路线、方针的影响巨大，明确地将资产阶级与无产阶级的矛盾作为社会主要矛盾。相应地，党对民族资产阶级的政策就不再是联合、保护，而是利用、限制、改造。②

（二）毛泽东“劳资两利”思想的当代价值

毛泽东“劳资两利”思想形成于革命战争年代，并被当时的实践证明是正确的理论和政策。这一思想是马克思主义中国化理论成果的重要组成部分，对于新时代构建中国特色社会主义和谐劳动关系具有重要的理论价值和实践价值。

---

① 郭志栋：《毛泽东劳资关系思想及其当代价值研究》，山西大学博士学位论文，2013 年。

② 邱敏学、郭志栋：《毛泽东“劳资两利”思想的嬗变及其当代启示》，《毛泽东邓小平理论研究》2012 年第 3 期。

毛泽东“劳资两利”思想，是马克思主义劳资关系思想在中国的运用与发展，它对构建社会主义和谐社会、化解劳资矛盾、发展和谐劳动关系，具有重要的理论价值。梁茵（2010）认为，毛泽东根据中国资本主义不发达，劳资之间存在超过各自特殊利益的共同利益的实际，作出了劳资关系可以通过调节来实现两者的和平相处乃至互惠合作的论断，从而丰富和发展了马克思主义劳资关系理论。[①] 燕云捷、孙树栋（2009）认为，毛泽东劳资合作思想是对马克思主义阶级关系思想的创造性发展，也丰富了儒家文化的和合思想，并将和合思想具体化，在劳资关系中加以具体地、创造性地运用，并在我国新民主主义革命和建设时期加以实施。同时，为现代和谐社会主义理论提供了一定的理论依据。[②] 钱昌照（2011）认为，“劳资两利”思想是毛泽东新民主主义理论颇具中国特色的思想。“劳资两利”思想的提出是他正确认识民族资产阶级对新民主主义经济的重要作用，始终以国家利益为重的结果。这一思想将劳资矛盾作为人民内部矛盾来处理，打破了资本主义社会“劳资对立”观念的束缚，建立起“劳资和谐”的新局面，既维护工人政治权利和经济利益，又保障资本家合法的经济利益。这一思想符合当时中国的基本国情，实现了发展生产力、繁荣新民主主义经济的目的，丰富和发展了马克思主义劳资关系理论，指导了我国的经济建设。[③]

① 梁茵：《毛泽东的“劳资两利”思想及其当代价值》，《长春理工大学学报》（社会科学版）2010 年第 4 期。

② 燕云捷、孙树栋：《抗日战争时期毛泽东劳资合作思想分析》，《毛泽东思想研究》2009 年第 5 期。

③ 钱昌照：《新民主主义时期毛泽东劳资关系思想探析》，《北方工业大学学报》2011 年第 2 期。

毛泽东“劳资两利”思想，对构建中国特色社会主义和谐劳动关系具有重要的指导作用和实践价值。邱敏学、郭志栋（2012）认为，毛泽东“劳资两利”思想给予我们重要启示，即以党的中心任务确定与资本主义之间的关系，以经济发展水平确定劳资关系政策，以经济发展的实际水平调整劳资关系政策。[①]马先睿（2016）认为，新中国成立前夕党探索劳资问题的整个过程表明，以毛泽东为代表的第一代中国共产党人始终立足于革命和建设的实际需要，坚持一切从客观现实出发，不仅实现了政权的更替，同时取得了新民主主义革命的胜利。根据中国具体情况解决问题，这也正是毛泽东思想的灵魂，其实质就在于把马克思主义的普遍真理同中国的客观实践结合起来，走自己的道路。[②]

二、邓小平关于劳资关系的重要论述

邓小平在主政西南、领导中国改革开放等各个时期，对解决当时中国社会建设中出现的一系列复杂社会问题进行了富有创造性的探索。从 1978 年起，中国进入改革开放时期，在邓小平理论的指导下，经历 20 多年时间，生产关系发生了深刻变化。所有制形式和经济体制的改变导致我国从计划经济的劳动关系转换为社会主义市场经济的劳动关系。在解决劳动关系变化给中国社会带来的问题的过程中，邓小平提出了积极有效的对策，发表了许多重要论述，对推动和实现中国特色社会主义和谐劳动关系产生了重要影响。

---

① 邱敏学、郭志栋：《毛泽东“劳资两利”思想的嬗变及其当代启示》，《毛泽东邓小平理论研究》2012 年第 3 期。

② 马先睿：《新中国成立前夕毛泽东对劳资问题的探索》，《毛泽东研究》2016 年第 4 期。

（一）关于劳动基准的论述

劳动基准是指法定最低的劳动标准。要调整劳动关系，国家必须首先明确劳动基准。新中国最早作出关于劳动基准法律性规定的文件是《共同纲领》。在新的历史条件下，邓小平进一步发展了《共同纲领》的相关内容，并形成了他独特的劳动基准思想。

1. 工资

邓小平认为，工资政策应坚持按劳分配的原则。邓小平指出，“讲按劳分配，无非是多劳多得，少劳少得，不劳不得。这个问题从理论到实践，有好多具体问题要研究解决”。[①] 但按劳分配不等于分配上的平均主义，“我们提倡按劳分配，对有特别贡献的个人和单位给予精神奖励和物质奖励；也提倡一部分人和一部分地方由于多劳多得，先富裕起来。这是坚定不移的”[②]。他还进一步指出，“按照马克思说的，社会主义是共产主义第一阶段，这是一个很长的历史阶段，必须实行按劳分配，必须把国家、集体和个人利益结合起来，才能调动积极性，才能发展社会主义的生产”[③]“坚持社会主义，实行按劳分配的原则，就不会产生贫富过大的差距。再过二十年、三十年，我国生产力发展起来了，也不会两极分化”[④]“社会主义发展生产力，成果是属于人民的。就是说，在我们的发展过程中不会产生资产阶级，因为我们的分配原则是按劳分配。当然分配中还会有差别，但我们的目的是共

---

① 《邓小平文选》（第 2 卷），北京：人民出版社，1994 年。
② 《邓小平文选》（第 2 卷），北京：人民出版社，1994 年。
③ 《邓小平文选》（第 2 卷），北京：人民出版社，1994 年。
④ 《邓小平文选》（第 3 卷），北京：人民出版社，1993 年。

同富裕。要经过若干年的努力，体现出社会主义的优越性，体现出我们走社会主义道路走得对”①。

邓小平指出，工资政策坚持按劳分配，“就是按劳动的数量和质量进行分配。根据这个原则，评定职工工资级别时，主要是看他的劳动好坏、技术高低、贡献大小”。② 同时，他还强调，“我们实行的是低工资政策，这是一个相当长时期的政策”，现阶段我国劳动者的收入都很低，但是“将来随着生产的发展，工资要逐步提高，各级工资数额要有所增加”③。此外，邓小平站在尊重知识、尊重人才的高度，提出提高知识分子的工资标准，尤其对于高级知识分子，他指出：“要为他们创造条件，让他们专心致志地做研究工作。生活有困难的，可以给津贴补助。现在有的人家里有老人孩子，一个月工资几十元，很多时间用于料理生活，晚上找个安静地方读书都办不到，这怎么行呢?”④ 邓小平关于工资政策的论述都是为了发挥工资的激励和杠杆作用，调动劳动者的积极性，在实践中也的确收到了良好效果。邓小平指出，“工资政策是个很复杂的问题，要研究”⑤。研究工资问题就是为了提高人民生活水平、缩小贫富差距，使广大劳动者共享经济社会发展成果，实现共同富裕。

2. 工作时间和休息休假

邓小平认为，劳动者必须在工作时间认真履行相应劳动义务，对于在工作时间懈怠、马虎的现象，邓小平坚决反对，不能

① 《邓小平文选》（第 3 卷），北京：人民出版社，1993 年。
② 《邓小平文选》（第 2 卷），北京：人民出版社，1994 年。
③ 《邓小平文选》（第 2 卷），北京：人民出版社，1994 年。
④ 《邓小平文选》（第 2 卷），北京：人民出版社，1994 年。
⑤ 《邓小平文选》（第 2 卷），北京：人民出版社，1994 年。

容忍。1975 年 5 月，邓小平在《当前钢铁工业必须解决的几个问题》中，针对有的工厂纪律松弛、职工可以不上班的现象作出严厉批评。“有的工厂纪律很松弛，职工可以上班，也可以不上班，制度可以执行，也可以不执行。要讲清楚，对这些现象，过去的还可以原谅，现在就不许可再存在了。哪能随便不上班，马马虎虎呢？不上班就不发工资，不干工作就叫他离开嘛！你既然不愿意工作，国家为什么还要照发工资呢？”①

同时，邓小平认为，劳动者也应当享有休息休假的权利，劳逸结合才有利于劳动生产率的提高。1977 年 8 月，邓小平在《关于科学和教育工作的几点意见》中提出，恢复学校放假制度。在假期，要把学生的活动搞得生动活泼，多样化。有的学生还可以补补课。要让教师休假，给教师以消除疲劳、思考问题、总结经验的时间，给他们以休整的时间，不能把他们的假期时间都给占用了。搞好劳逸结合，不仅不会降低而且有助于提高教学质量。②

3. 劳动保护

劳动保护是保护劳动者在生产劳动过程中的安全与健康。做好劳动保护工作，既是党和国家的一项基本方针，也是社会主义本质属性的基本要求。劳动保护是企业的一项重要工作，更是社会主义企业的一项政治责任。邓小平认为：“中国的事情能不能办好，社会主义和改革开放能不能坚持，经济能不能快一点发展起来，国家能不能长治久安，从一定意义上说，关键在人。”③ 邓小平充分肯定了在社会诸要素中，人是第一决定要素。因此，保护劳动者，就是

① 《邓小平文选》（第 2 卷），北京：人民出版社，1994 年。
② 《邓小平文选》（第 2 卷），北京：人民出版社，1994 年。
③ 《邓小平文选》（第 3 卷），北京：人民出版社，1993 年。

保护生产力，就是保护劳动力资源和经济社会的可持续发展，必须做好劳动者在生产劳动过程中的安全和健康保护工作。

在劳动安全保护方面，邓小平主张防患于未然，坚持“安全第一、预防为主”的原则。1975 年 3 月，邓小平针对当时铁路事故高发频发的现象，指出应当“建立必要的规章制度，增强组织性纪律性”，应当重申一些规章制度，“火车司机不能下车吃饭，要带饭盒在车上吃，这是老章程，是有道理的。现在随便下车吃饭，经常误点。值班不准喝酒，这是历来的规矩，现在也不严格执行了。喝醉了酒扳错道岔，就会造成火车相撞的重大事故”。他还强调：“这个问题不光是铁道部门存在，其他地方和部门也同样存在。”① 邓小平以铁路事故为切入点，强调重大劳动安全事故往往发生在不经意之间，常常是小事酿大祸，必须引起高度重视。加强劳动保护，是全社会全部门的共同责任，要建立健全规章制度，保证劳动者的劳动安全。

在劳动健康保护方面，邓小平注重工人的营养供应。他曾经谈道：“比如钢铁工人劳动那样重，而蔬菜少、肉类缺，基本条件都保证不了，这样的问题就必须具体地去研究解决。”② “城市可以帮助农村搞一些机械化的养鸡场、养猪场，这一方面能增加农民的收入，另一方面能改善城市的副食品供应。要是工人没有菜吃，没有肉吃，工业怎么能搞得好？”③

（二）关于劳资关系协调的论述

新中国成立初期，解放后的重庆城市经济几近崩溃，工商业

---

① 《邓小平文选》（第 2 卷），北京：人民出版社，1994 年。

② 《邓小平文选》（第 2 卷），北京：人民出版社，1994 年。

③ 《邓小平文选》（第 2 卷），北京：人民出版社，1994 年。

萧条，人民生活困苦，社会阶级对立、劳资纠纷不断。针对这些情况，为恢复和发展生产，巩固新生的人民政权，邓小平以《共同纲领》所确定的“公私兼顾、劳资两利”的方针，发展“五种经济成分”的新民主主义经济，团结工人阶级、农民阶级、小资产阶级和民族资产阶级，做好统一战线的工作，化解劳资矛盾冲突。

邓小平认为，过去对私营企业的方针是正确的，今后仍应“用劳资协商的方式，推动其进一步改革”①。邓小平进一步指出：“处理公私关系不做私方的工作，处理劳资关系不做资方的工作，行吗?”② 对资产阶级应该多做些工作，“多做一分工作就多一分效果”③。在处理劳资关系问题上，政府这一“调解人”要防止任何方面的偏斜，站在哪一方去压另一方都是错误的。政府要以两利为原则，组织劳资协商会议，采取协商办法解决问题。一旦劳资双方说不通，应由政府出面调解，劳动部要站在“劳资两利”的立场来仲裁。“我们与资产阶级的关系，主要在税收、劳资和公私等三方面……一般资产阶级对劳资总是讲一利，对公私也不讲兼顾的，对税收总是叫重的。而我们则必须认真地实行‘两利’‘兼顾’的政策。”④ 因此，在处理劳资关系问题上，必须保持正确立场、采用正确方法，对于劳资双方都应当多接触，才能真正处理好劳资关系，从而达到“两利”“兼顾”的目的。这一时期，邓小平在处理劳资关系的过程中，做了大量工作，积累了大量经验，为中国共产党探索构建社会主义和谐劳

---

① 《邓小平文选》（第 1 卷），北京：人民出版社，1989 年。
② 《邓小平文选》（第 1 卷），北京：人民出版社，1989 年。
③ 《邓小平文选》（第 1 卷），北京：人民出版社，1989 年。
④ 《邓小平文选》（第 1 卷），北京：人民出版社，1989 年。

动关系奠定了坚实基础。

邓小平认为，劳动关系和谐的关键在于协调国家（政府）、用人单位、劳动者（工会）三方之间的利益关系。在国家层面，通过建立健全退休、录用制度，来协调和保护劳动者利益。1979年10月，邓小平在中共中央召开的省、直辖市、自治区委员会第一书记座谈会上指出，“组织路线是个很大的问题。我们不是没有人才，而是被按住了。与此相关联的，在人事制度方面，可以考虑把退休制度建立起来。全国各个部门和单位设立专门机构，管理退休的、当顾问的人，负责他们的政治待遇、生活福利方面的事情。把退休人员的问题处理好，便于我们选拔人才”①。邓小平提出的建立健全退休制度，保障退休劳动者利益的意见，为我国建立退休制度，乃至当前进一步健全退休制度指明了方向。1978年4月，邓小平在《在全国教育工作会议上的讲话》中指出，“各部门招工用人也要逐步实行德智体全面考核的办法，择优尽先录用”②。根据这一指示精神，国家劳动总局召开劳动工作会议，交流总结招工录用方面的经验，制定了《关于招工实行全面考核的意见》，并积极开展试点工作。

1986年7月，国务院出台了《国营企业招用工人暂行规定》，正式提出“废除企业内部招工和子女顶替制度”。这是对我国传统用工制度的重大改革，充分体现了邓小平的平等就业的思想，有力地促进了人力资源的合理配置及劳动力在社会各阶层之间的有序流动。③

---

① 《邓小平文选》（第2卷），北京：人民出版社，1994年。

② 《邓小平文选》（第2卷），北京：人民出版社，1994年。

③ 冯祥武：《论邓小平的劳动法制思想》，《河北法学》2011年第2期。

在用人单位层面，通过建立健全劳动规章制度和加强劳动纪律，来协调和保护自身利益。1975 年 3 月，邓小平针对当时铁路事故高发频发的现象，指出应当“建立必要的规章制度，增强组织性纪律性”[①]。1975 年 8 月 3 日，邓小平在国防工业重点企业会议上再次强调，“要建立必要的规章制度”“质量问题与建立规章制度有关”“没有必要的责任制度，质量难于保证”。[②] 同年 8 月 18 日，邓小平在国务院讨论国家计委起草的《关于加快工业发展的若干问题》时谈了关于发展工业的几点意见，其中包括“恢复和健全规章制度”。[③] 邓小平就建立健全劳动规章制度及其重要性多次发表重要论述，可见其对这一问题的重视。那么，有了规章制度就必须严格加以执行，产品质量有了保证，规范劳动秩序、加强劳动纪律也有了基础。劳动纪律是劳动者在共同社会劳动生产过程中必须遵循的工作秩序和劳动规则，它是保证劳动秩序和提高劳动生产率的重要保障。1980 年 12 月，邓小平在中央工作会议闭幕式上所作的《贯彻调整方针，保证安定团结》报告中提出，“在党政机关、军队、企业、学校和全体人民中，都必须加强纪律教育和法制教育”[④]。这也是十一届三中全会以来党中央首次提出“法制教育”的指导思想。在邓小平的积极倡导下，我国各经济部门和工业企业通过建立劳动规章制度，加强劳动纪律，有效地提高了劳动生产率。

在劳动者层面，通过职工民主管理，来协调和实现用人单位和劳动者在利益上的双赢。邓小平认为，职工民主管理能够有效

---

① 《邓小平文选》（第 2 卷），北京：人民出版社，1994 年。
② 《邓小平文选》（第 2 卷），北京：人民出版社，1994 年。
③ 《邓小平文选》（第 2 卷），北京：人民出版社，1994 年。
④ 《邓小平文选》（第 2 卷），北京：人民出版社，1994 年。

将办好企业同工人的切身利益结合起来，是协调劳动关系的重要方法，而职工实现民主管理的主要形式是职工代表大会。1980年8月，邓小平在中共中央政治局扩大会议上指出，“各企业事业单位普遍成立职工代表大会或职工代表会议。这是早已决定了的，现在的问题是推广和完善化”[①]。关于职工代表大会的作用，邓小平指出，“企业的重大问题要经过职工代表大会或职工大会讨论。企业的领导干部要在大会上听取职工意见，接受职工的批评和监督。对某些严重失职或作风恶劣的领导人员和管理人员，大会有权向上级建议给以处分或撤换”[②]“职工代表大会或职工代表会议有权对本单位的重大问题进行讨论，作出决定，有权向上级建议罢免本单位的不称职的行政领导人员，并且逐步实行选举适当范围的领导人”[③]。

（三）关于劳动保障的论述

劳动保障直接涉及每一个劳动者的切身利益，是影响劳动关系和谐的重要因素，发展劳动保障事业更是构建和谐社会的重要内容。

1. 劳动就业

邓小平认为，就业问题是社会问题、政治问题，也是经济问题，解决这一问题的根本途径在于发展经济。邓小平指出：“政治工作要落实到经济上面，政治问题要从经济的角度来解决。比如落实政策问题，就业问题，上山下乡知识青年回城市问题，这

① 《邓小平文选》（第2卷），北京：人民出版社，1994年。
② 《邓小平文选》（第2卷），北京：人民出版社，1994年。
③ 《邓小平文选》（第2卷），北京：人民出版社，1994年。

些都是社会、政治问题，主要还是从经济角度来解决。经济不发展，这些问题永远不能解决。”① 结合当时国情社情，邓小平提出，解决就业问题应以统筹兼顾为基本方针。他指出：“现代化的生产只需要较少的人就够了，而我们人口这样多，怎样两方面兼顾？不统筹兼顾，我们就会长期面对着一个就业不充分的社会问题。”② 他进一步指出，“解决这类问题，要想得宽一点，对策上应该灵活一点”，具体措施就是“要广开门路，多想办法，千方百计，解决问题”。③ 比如，可以通过大力发展集体经济和个体经济扩大就业。邓小平指出，“继续广开门路，主要通过集体经济和个体劳动的多种形式，尽可能多地安排待业人员”。④ 又如，当时我国产业结构发展不均衡，第二产业、第三产业发展滞后，也为增加就业岗位、缓解就业压力，甚至改善人民生活质量留下广大空间。邓小平指出，“我们还有很多领域没有开辟，比如旅游事业，就业的路宽得很”。⑤

2. 劳动培训

邓小平认为，在社会诸要素中，人是第一决定要素。中国要发展，就要全面提高劳动者素质。邓小平非常重视劳动者教育和人才培养。1978 年 3 月，在全国科学大会开幕式上的讲话中，邓小平指出，“劳动者只有具备较高的科学文化水平，丰富的生产经验，先进的劳动技能，才能在现代化的生产中发挥更大的作

① 《邓小平文选》（第 2 卷），北京：人民出版社，1994 年。
② 《邓小平文选》（第 2 卷），北京：人民出版社，1994 年。
③ 《邓小平文选》（第 2 卷），北京：人民出版社，1994 年。
④ 《邓小平文选》（第 2 卷），北京：人民出版社，1994 年。
⑤ 《邓小平思想年谱》，北京：中央文献出版社，1998 年。

用”①。1985 年 5 月，他在全国教育工作会议上指出，“我们国家，国力的强弱，经济发展后劲的大小，越来越取决于劳动者的素质，取决于知识分子的数量和质量。一个十亿人口的大国，教育搞上去了，人才资源的巨大优势是任何国家比不了的。有了人才优势，再加上先进的社会主义制度，我们的目标就有把握达到”②。邓小平认为，广大职工应当接受以文化技术教育为主要内容的教育和培训，他指出，“必须加强工人中的文化教育工作。就长远来说，工人教育应以文化技术为主；就目前情况来说，仍应着重政治教育，同时注意文化技术教育”③。

3. 劳动福利

早在 1950 年，邓小平就在《在西南局城市工作会议上的报告提纲》中指出，“必须重视工人的劳保和福利”④。邓小平认为，劳动福利应以集体福利为主。1978 年 4 月，邓小平在全国教育工作会议上鼓励教师终生从事教育事业，同时指出要尊重教师，提高教师的政治地位和社会地位，“限于国家的经济力量，我们还一时难以较大地改善教职员工的物质生活待遇，但是必须为此积极创造条件。在可能范围内，尽力办好集体福利事业”⑤。而要发展集体福利事业，必须立足国情，从实际出发，积极创造有利条件。对于广大劳动者来说，应积极投入社会劳动生产中，努力提高劳动生产率，“为国家创造财富多，个人的收入

① 《邓小平文选》（第 2 卷），北京：人民出版社，1994 年。
② 《邓小平文选》（第 3 卷），北京：人民出版社，1993 年。
③ 《邓小平文选》（第 1 卷），北京：人民出版社，1989 年。
④ 《邓小平文选》（第 1 卷），北京：人民出版社，1989 年。
⑤ 《邓小平文选》（第 2 卷），北京：人民出版社，1994 年。

应该多一些，集体福利就应该搞得好一些”①。由于当时我国长期实行低工资政策，因此，住房福利就成为劳动福利的重要组成部分，即通过国家和用人单位向劳动者提供住房成为改善劳动者生活质量的重要途径。邓小平对住房福利给予了足够重视，多次强调要解决好职工的住房问题。在邓小平的积极倡导下，我国的集体福利事业很快便显成效。

4. 劳动法制

劳动法制是调整劳动关系的法律规范的总称。调整劳动关系的各种法律规范的总和，就构成一国的劳动法律体系。劳动法制建设是保护劳动者合法权益、解决劳资纠纷、促进和谐劳动关系的重要保障。邓小平通过总结新中国成立后 30 多年的经验和教训，深刻认识到经济社会的发展离不开健全的法制。1978 年 12 月，邓小平在中共中央工作会议闭幕会的讲话中指出，“现在的问题是法律很不完备，很多法律还没有制定出来……所以，应该集中力量制定刑法、民法、诉讼法和其他各种必要的法律，例如工厂法、人民公社法、森林法、草原法、环境保护法、劳动法、外国人投资法等，经过一定的民主程序讨论通过，并且加强检察机关和司法机关，做到有法可依，有法必依，执法必严，违法必究。国家和企业、企业和企业、企业和个人等之间的关系，也要用法律的形式来确定；它们之间的矛盾，也有不少要通过法律来解决……修改补充法律，成熟一条就修改补充一条，不要等待‘成套设备’。总之，有比没有好，快搞比慢搞好”②。由此可见，邓小平希望加快社会主义法律制度体系建设，健全社会主义

① 《邓小平文选》（第 2 卷），北京：人民出版社，1994 年。
② 《邓小平文选》（第 2 卷），北京：人民出版社，1994 年。

法制。在这样的思想指导下，劳动法的制定提上日程。1994 年 7 月，第八届全国人民代表大会常务委员会第八次会议通过了《中华人民共和国劳动法》。

三、江泽民关于劳动关系的重要论述

党的十四大明确了我国经济体制改革的目标是建立社会主义市场经济体制，在这一背景下，我国的经济关系、劳动过程出现了新情况、新变化，必须更新劳动价值观念以适应时代发展。面对新的形势，结合新的实际，江泽民提出必须深化对社会主义社会劳动和劳动价值理论的研究和认识，并在此基础上，提出了许多新观点、新思想，为新时期促进劳动关系和谐、推动工会建设提供了重要指导。

（一）深化对社会主义社会劳动和劳动价值论的认识

2001 年 7 月 1 日，江泽民在庆祝中国共产党成立 80 周年大会上的讲话中提出："马克思主义经典作家关于资本主义社会的劳动和劳动价值的理论，揭示了当时资本主义生产方式的运行特点和基本矛盾。现在，我们发展社会主义市场经济，与马克思主义创始人当时所面对和研究的情况有很大不同。我们应该结合新的实际，深化对社会主义社会劳动和劳动价值理论的研究和认识。"①

刘建强（2003）认为，改革开放以来，劳动形态及其性质出现变动，劳动者的身份越来越具有多重性；伴随我国社会阶层构成变化，新的社会阶层出现。他们之间是什么关系？他们是否通

① 《江泽民文选》（第 3 卷），北京：人民出版社，2006 年。

过诚实劳动、合法经营，为发展社会主义社会的生产力和其他事业作出贡献？随着经济的发展，个人的财产逐渐增加，能不能简单地把有没有财产、有多少财产当作判断人们政治上先进与落后的标准？回答这些问题必然涉及对劳动和劳动价值理论的再研究与再认识。[①] 金志奇（2003）认为，我们应采取历史唯物主义的科学态度，充分认识马克思主义劳动价值论的科学真理性以及重要的历史和现实意义，坚持马克思主义劳动价值论基本原理不动摇。但马克思主义的劳动价值论不是教条，而是科学的世界观和方法论，也应与时俱进，随着实践的发展而发展。[②] 王晓云（2003）认为，时代发展到21世纪，我国经济社会出现了许多新情况、新变化，这些变化首先表现在生产力方面，其次表现在生产关系方面。如何看待劳动的类型，衡量劳动的尺度应该是什么，如何正确看待科技与管理人员的高报酬，如何正确界定和对待剥削问题，这些都要求我们树立新型的劳动价值观念，深化对劳动价值理论的认识，否则，我们的社会主义改革之路将寸步难行。[③]

在党的十六大报告中，江泽民指出："必须尊重劳动、尊重知识、尊重人才、尊重创造，这要作为党和国家的一项重大方针在全社会认真贯彻。要尊重和保护一切有益于人民和社会的劳动。"[④] 随着知识经济的迅速兴起，人力资本在经济发展中所起的

---

① 刘建强：《江泽民对劳动和劳动价值理论的创新》，《湘潭师范学院学报》（社会科学版）2003 年第 6 期。

② 金志奇：《从劳动价值论到生产要素价值论》，《经济论坛》2003 年第 8 期。

③ 王晓云：《论社会主义新型的劳动价值观——兼论尊重劳动、尊重知识、尊重人才、尊重创造》，《江汉大学学报》（社会科学版）2003 年第 2 期。

④ 《江泽民文选》（第 3 卷），北京：人民出版社，2006 年。

作用已不可忽视，创新创造成为经济社会活动中重要的劳动形式。江泽民的这一论述，创造性地将对劳动、知识、人才、创造的尊重有机结合在一起，揭示了社会主义新型劳动价值观念的基本内涵，反映了知识经济和社会主义市场经济的基本特征，构成了一个完整的价值观念体系。“四个尊重”是对我国改革开放和现代化建设实践的总结和升华，是对马克思主义劳动和劳动价值理论的发展与深化，体现了马克思主义理论与时俱进、开拓创新的精神。

丁榕芳（2003）认为，“四个尊重”的核心是尊重劳动。一切为我国社会主义现代化建设作出贡献的劳动，都是光荣的，都应该得到承认和尊重。要制定和完善有利于各类劳动者各尽其能、各得其所、逐步走向共同富裕的一系列政策，调动一切物化劳动和活劳动的积极因素，发挥劳动、资本、知识、技术、管理等生产要素的积极作用，倡导各种新型劳动组合和劳动关系，从而使全社会的各种劳动形态、各类劳动者、各种资本所有者的积极性、创造性都能得到广泛而充分的发挥，以造福于人民。①

（二）以“三个代表”重要思想为基础的劳动关系论述

以江泽民同志为核心的党的第三代中央领导集体在建设中国特色社会主义的历史进程中，创造性地提出“三个代表”重要思想，始终强调保障工人阶级和广大劳动群众的权益是党和国家一切工作的根本基点。深化对“四个尊重”的新型劳动价值观的认识，协调新时期的劳动关系，既准确地反映了知识经济和社会主

① 丁榕芳：《如何认识社会主义社会的劳动和劳动价值论》，《福建劳动和社会保障》2003 年第 1 期。

义市场经济的时代特征，又坚持代表最广大人民群众的根本利益。

梁茵（2011）认为，在建立和完善社会主义市场经济体制过程中，在公有制经济为主体、多种所有制经济共同发展的条件下，只有建立起稳定协调的劳动关系，职工群众和有关各方的切身利益才能得到实现和维护，才能共谋经济发展、共享改革成果、共创美好生活。①

1. 保障工人阶级和广大劳动群众权益，促进劳动关系和谐

2001 年 4 月，江泽民在庆祝“五一”国际劳动节全国劳动模范座谈会上指出，“全心全意依靠工人阶级，是我们党和国家的政治优势，也是我们从胜利走向胜利的重要保证”② “保障工人阶级和广大劳动群众的政治、经济、文化权益，是党和国家一切工作的根本基点，也是发挥工人阶级和广大劳动群众积极性和创造性的根本途径”③。

进入新世纪、新阶段，全心全意依靠工人阶级，切实维护好、发展好、保障好工人阶级和广大劳动群众的根本利益，才能调动工人阶级的积极性和创造性，才能为我国改革开放和社会主义现代化建设源源不断地注入活力。结合我国经济社会发展实际来看，在全心全意依靠工人阶级的基础上保障工人阶级和广大劳动群众的合法权益，构建和谐的劳动关系，具有非常重要的指导意义。④

---

① 梁茵：《构建民营企业和谐劳动关系研究》，东北师范大学博士学位论文，2011 年。

② 《江泽民文选》（第 3 卷），北京：人民出版社，2006 年。

③ 《江泽民文选》（第 3 卷），北京：人民出版社，2006 年。

④ 李汉林：《全心全意依靠工人阶级，构建和谐劳资关系》，冷溶主编：《中国特色社会主义理论研究前沿报告 NO. 6：科学发展观与构建社会主义和谐社会》，北京：社会科学文献出版社，2007 年。

2. 充分发挥工会的桥梁纽带作用

江泽民指出："工会是党领导的工人阶级群众组织，是党联系职工群众的桥梁和纽带，肩负着维护职工群众合法权益的基本职责"① "全心全意依靠工人阶级，必须把工会办好，充分发挥工会的作用。"② 关于工会的作用，江泽民认为主要有四个重点："第一，工会要在党的统一领导下进行工作；第二，工会要有相对的独立性，不能等同于党委的一个工作部门；第三，工会要是一所提高全体职工群众思想觉悟的大学校；第四，工会要成为工人群众参政议政的一个很好的渠道，成为有领导、有组织、有纪律的发扬社会主义民主的渠道。"③

江泽民关于工会作用的重要论述，一方面分别阐明了工会的工作原则、工会组织的性质、工会组织的职能以及工会组织的桥梁纽带作用。另一方面，阐明了坚持党对工会的领导与工会独立开展工作之间的辩证关系。江泽民指出，工会应该坚持党的统一领导，"中国只能搞一个工会，不能搞两个工会。工会必须是在中国共产党领导下的工人阶级自己的群众性组织。决不允许出现脱离党的领导甚至反对党的领导的什么组织"④。但是，"强调工会在党的统一领导下活动，绝不意味着把工会变成党委的一个部门，等同于党委宣传部、组织部一样的机构。工会应该是党领导下的相对独立的工人阶级的群众性组织。这两个方面都要正确掌握，不可出现偏离"⑤。这就意味着，一方面，工会要在党的统一

① 《江泽民文选》（第 3 卷），北京：人民出版社，2006 年。
② 《江泽民文选》（第 1 卷），北京：人民出版社，2006 年。
③ 《江泽民文选》（第 1 卷），北京：人民出版社，2006 年。
④ 《江泽民文选》（第 1 卷），北京：人民出版社，2006 年。
⑤ 《江泽民文选》（第 1 卷），北京：人民出版社，2006 年。

领导下进行工作。另一方面，工会要有相对的独立性，而且要真正代表工人群众的利益，依法维护工人群众的合法权益①。

郝向东（1990）认为，正确处理党的领导同工会独立自主开展工作的关系，实质上是处理好工人阶级先锋队同工人阶级群众的关系。其根本目的在于充分发挥工会组织的作用，深入贯彻党的基本路线，推动我国社会主义建设和改革事业的发展。② 白斌（2010）认为，坚持工会自觉接受党的领导与独立自主创造性开展工作的统一，是充分发挥工会独特作用，更好实现党对工人阶级领导的必由之路；切实维护职工群众的合法权益，是新时期实现工会自觉接受党的领导与独立自主创造性开展工作有机统一的关键环节和集中要求。③

四、胡锦涛关于劳动关系的重要论述

劳动关系的发展不仅关系到国计民生，更牵涉到社会和谐稳定。随着我国经济体制改革的发展，我国劳动关系已呈现出多元化、复杂化的特点，其中既有积极方面，更有新的矛盾和问题。党的十六大之后，随着“和谐社会”的提出，针对劳动关系矛盾比较突出的现实，积极妥善协调各方面的利益关系，解决和减少劳动纠纷，构建和谐劳动关系，已成为构建和谐社会的现实需要。

2003 年 4 月，胡锦涛在广东考察工作时提出，“要坚持全面

---

① 《江泽民文选》（第 1 卷），北京：人民出版社，2006 年。

② 郝向东：《正确处理加强党的领导与工会独立自主开展工作的关系》，《兰州学刊》1990 年第 4 期。

③ 白斌：《工会自觉接受党的领导与独立自主创造性开展工作统一关系思考》，《中国劳动关系学院学报》2010 年第 3 期。

的发展观”“不断促进社会主义物质文明、政治文明和精神文明协调发展”[①]。7 月，胡锦涛在全国防治“非典”工作会议上强调，“我们要更好坚持全面发展、协调发展、可持续发展的发展观”。[②] 8 月 28 日至 9 月 1 日，胡锦涛在江西考察工作时，明确使用“科学发展观”概念，提出要牢固树立协调发展、全面发展、可持续发展的科学发展观。10 月，党的十六届三中全会通过《中共中央关于完善社会主义市场经济体制若干问题的决定》，强调要“坚持以人为本，树立全面、协调、可持续的发展观，促进经济社会和人的全面发展”[③]。

2004 年 3 月，胡锦涛在中央人口、资源、环境工作座谈会上，全面阐述了科学发展观的深刻内涵和基本要求，胡锦涛指出：“坚持以人为本，就是要以实现人的全面发展为目标，从人民群众的根本利益出发谋发展、促发展，不断满足人民群众日益增长的物质文化需要，切实保障人民群众的经济、政治和文化权益，让发展的成果惠及全体人民。全面发展，就是要以经济建设为中心，全面推进经济、政治、文化建设，实现经济发展和社会全面进步。协调发展，就是要统筹城乡发展、统筹区域发展、统筹经济社会发展、统筹人与自然和谐发展、统筹国内发展和对外开放，推进生产力和生产关系、经济基础和上层建筑相协调，推进经济、政治、文化建设的各个环节、各个方面相协调。可持续发展，就是要促进人与自然的和谐，实现经济发展和人口、资源、环境相协调，坚持走生产发展、生活富裕、生态良好的文明

---

① 《胡锦涛文选》（第 2 卷），北京：人民出版社，2016 年。

② 《胡锦涛文选》（第 2 卷），北京：人民出版社，2016 年。

③ 《科学发展观的提出》，《光明日报》2010 年 1 月 9 日第 3 版。

发展道路，保证一代接一代地永续发展。”胡锦涛指出，科学发展观“既是我国经济工作必须长期坚持的重要指导思想，也是解决当前经济社会发展中诸多矛盾必须遵循的基本原则”。[①]

解梅娟（2013）认为，和谐劳动关系的构建既是科学发展的内在要求，也是实现科学发展的客观需要，要从根本上转变经济发展方式，必须深入贯彻科学发展观，坚持以人为本的理念，重视保护劳动者利益，加快和谐劳动关系建设，推动我国经济社会全面协调可持续发展。[②] 梁茵（2011）认为，有怎样的发展观，就会有怎样的发展道路、发展模式和发展战略，就会对发展的过程产生重要的影响，科学发展观必将对我国各项事业的发展产生重大而深远的影响，同时也必将成为各项事业发展的重要指导思想和方针原则。[③]

（一）坚持以人为本，构建和谐劳动关系

在党的十七大报告中，胡锦涛指出，“要始终把实现好、维护好、发展好最广大人民的根本利益作为党和国家一切工作的出发点和落脚点，尊重人民主体地位，发挥人民首创精神，保障人民各项权益，走共同富裕道路，促进人的全面发展，做到发展为了人民、发展依靠人民、发展成果由人民共享”[④]。这一论述诠释了以人为本的科学内涵，也为新形势下在和谐劳动关系的建设与实践中贯彻以人为本指导思想提供了方向指南。

---

① 《科学发展观的提出》，《光明日报》2010 年 1 月 9 日第 3 版。

② 解梅娟：《科学发展观视阈下的和谐劳动关系建设问题研究》，《长春市委党校学报》2013 年第 3 期。

③ 梁茵：《构建民营企业和谐劳动关系研究》，东北师范大学博士学位论文，2011 年。

④ 《胡锦涛文选》（第 2 卷），北京：人民出版社，2016 年。

解梅娟（2013）认为，如果在发展中只专注于物的生产要素的积累和投入，忽视劳动要素的主体能动性，忽视人的自由、权利和生存，劳动者利益得不到保护，就偏离了人的自由全面发展的方向，其获得的发展也必定是短期的、不可持续的。[①] 李晓园、杨颖（2005）认为，以人为本就是一切从人出发，以人为根本，满足人的物质和精神需要，充分调动人的主动性、创造性，实现人的全面发展。以人为本，建立利益协调的劳动关系，是经济社会和谐稳定，全面、协调、可持续发展的必然要求。[②] 丁晓强、杨小勇（2010）认为，在社会主义市场经济条件下，劳动关系问题是市场经济的基本问题，必须从理论上研究并解决这个问题。劳动关系是中国最基本的社会关系之一，所以劳动关系问题又是构建社会主义和谐社会的基本问题之一，同理，也是实践以人为本科学发展观的基础之一。[③] 因此，我们需要在实践中更加有效地贯彻以人为本的理念，切实把以人为本的理念体现在处理劳动关系问题各方面的工作之中。

2010 年 4 月，胡锦涛在全国劳动模范和先进工作者表彰大会上指出，“要切实发展和谐劳动关系，建立健全劳动关系协调机制，完善劳动保护机制，让广大劳动群众实现体面劳动”。[④] 体面劳动应当成为中国广大劳动群众的一种生存状态。这一论述，表明党中央对广大劳动群众作出了保障人权和增进福祉的庄严承

① 解梅娟：《科学发展观视阈下的和谐劳动关系建设问题研究》，《长春市委党校学报》2013 年第 3 期。

② 李晓园、杨颖：《以科学发展观构建新型的劳动关系 促进企业可持续发展》，《江西省社会科学界联合会学会部会议论文集》2005 年。

③ 丁晓强、杨小勇：《中国当前劳动关系面临的问题及其思考》，《毛泽东邓小平理论研究》2010 年第 6 期。

④ 《胡锦涛文选》（第 3 卷），北京：人民出版社，2016 年。

诺。同时，也为我们坚持以人为本的理念，应对和处理劳动关系问题指明了方向。

肖巍、钱箭星、杨寄荣（2015）认为，在社会主义市场经济条件下，不但资本要有赢利，劳动也应该有体面和尊严。实现体面劳动，是以人为本的要求，也是尊重和保障人权、促进劳动认同的重要内容。保障广大劳动群众经济、政治、文化、社会权益是我国社会主义制度的根本要求，也是发挥他们积极性、主动性、创造性最重要最基础的工作。基于我国的现实国情，实现体面劳动要求提高劳动者素质，必须依赖有组织的维权。①

（二）坚持全面、协调、可持续发展，促进劳动关系和谐

胡锦涛在党的十七大报告中指出："必须坚持全面协调可持续发展。要按照中国特色社会主义事业总体布局，全面推进经济建设、政治建设、文化建设、社会建设，促进现代化建设各个环节、各个方面相协调，促进生产关系与生产力、上层建筑与经济基础相协调。坚持生产发展、生活富裕、生态良好的文明发展道路，建设资源节约型、环境友好型社会，实现速度和结构质量效益相统一、经济发展与人口资源环境相协调，使人民在良好生态环境中生产生活，实现经济社会永续发展。"②

一方面，劳动关系作为现代社会最主要的社会关系，它的和谐稳定是经济社会实现全面、协调、可持续发展的前提基础；另一方面，劳动关系作为一种利益关系，实现全面、协调、可持续

① 肖巍、钱箭星、杨寄荣：《构建和谐劳动关系是实现体面劳动的基础》，《红旗文稿》2015 年第 12 期。

② 《胡锦涛文选》（第 2 卷），北京：人民出版社，2016 年。

发展能够为妥善协调这种利益关系提供重要保障，因此，坚持全面、协调、可持续发展能够促进劳动关系和谐。邢厚仁（2005）认为，要实现经济社会的全面、协调、可持续发展，需要调动广大人民群众的积极性、创造性，充分发挥工人阶级的主力军作用。在构建社会主义和谐社会的进程中，必须高度关注劳动关系问题，切实有效地协调劳动关系矛盾，通过构建和谐的劳动关系，促进和谐社会的建设。而工会在构建和谐劳动关系中，具有不可替代的作用。①

工会的职责在于维护劳动者权益。2008 年 1 月 7 日，胡锦涛在“2008 经济全球化与工会”国际论坛开幕式致辞时指出，“维护劳动者权益是工会的神圣职责。工会要积极为广大劳动者说话办事，特别是要致力于改善广大劳动者的劳动条件、劳动收入、劳动保障、生活质量，让广大劳动者特别是发展中国家广大劳动者更多分享经济社会发展成果”。② 2010 年 4 月，胡锦涛在全国劳动模范和先进工作者表彰大会上指出，“我们要进一步采取措施，从制度上、政策上保障劳动者权益，这是改善民生，促进社会公平正义的关键之举。我们必须把保障劳动者权益作为当前和今后的一项紧迫任务来实施。这是促进社会公平正义，构建和谐社会的基础”③。这一论述明确了新时期工会的职责，也为今后工会工作重点指明了方向。

---

① 邢厚仁：《协调劳动关系，在构建和谐社会中求作为》，《工人日报》2005 年 7 月 29 日第 7 版。

② 新华社：《胡锦涛出席“2008 经济全球化与工会”论坛开幕式》，中华人民共和国中央人民政府门户网站 2008 年 1 月 7 日。

③ 胡锦涛：《胡锦涛在全国劳模和先进工作者表彰大会上的讲话》，人民网 2010 年 4 月 28 日。

工会应当发挥协调劳动关系的作用。胡锦涛指出，“只有尊重和保障职工群众合法权益，促进劳动关系和谐，企业发展才能有动力，社会才能和谐；只有实现企业发展和社会和谐，职工群众利益才具有更可靠的保障”“表达和维护广大职工群众利益是工会一切工作的出发点和落脚点”“要把更多的资源和手段赋予工会组织，为工会工作提供更好的环境和条件”。工会协调劳动关系重在建立工作机制。胡锦涛强调，“要继续强化社会主义和谐劳动关系，认真倾听职工群众呼声，及时反映职工群众愿望，扎扎实实为职工群众做好事、办实事、解难事，特别是要为困难职工排忧解难，完善劳动关系协调机制，促进实现体面劳动”“促进劳动关系和谐，促进社会和谐稳定”①。韩喜平（2016）认为，在正确的思想指导下，我国劳动关系总体和谐平稳，社会保障、生产过程以及劳动条件逐步改善，劳动关系法治化程度不断提升，国家、企业、劳动者三方协商机制逐步形成。②

五、习近平关于劳动关系的重要论述

伴随我国经济社会进入转型时期，劳动关系发生深刻改变，利益主体和利益诉求呈现出多元化的特点。发展和谐的劳动关系，关键在于解决人民群众最关心、最直接、最现实的利益问题。新形势下，以习近平同志为核心的党中央高度重视劳动关系问题，提出和实施了积极的劳动政策，改善劳动环境，促进劳动关系和谐。党的十八大以来，习近平总书记多次围绕劳动价值、

① 胡锦涛：《胡锦涛同全国总工会新一届领导班子成员和中国工会十五大部分代表座谈会上的讲话》，人民网2008年10月21日。

② 韩喜平：《用共享发展理念引领和谐劳动关系构建》，《劳动新闻》2016年4月29日第7版。

劳动精神、和谐劳动关系等内容发表重要论述，内涵丰富、思想深邃，为构建新时代中国特色社会主义和谐劳动关系提供了强大的思想引领和精神支撑。

（一）关于劳动价值的重要论述

习近平总书记多次在不同场合对劳动价值作出重要论述，2012 年 11 月 15 日，习近平总书记在党的十八大同中外记者见面时指出，“人民对美好生活的向往，就是我们的奋斗目标。人世间的一切幸福都需要靠辛勤的劳动来创造。我们的责任，就是要团结带领全党全国各族人民，继续解放思想，坚持改革开放，不断解放和发展社会生产力，努力解决群众的生产生活困难，坚定不移走共同富裕的道路”。[①] 2013 年 4 月 28 日，习近平总书记在同全国劳动模范代表座谈时指出，“人民创造历史，劳动开创未来。劳动是推动人类社会进步的根本力量。幸福不会从天而降，梦想不会自动成真。实现我们的奋斗目标，开创我们的美好未来，必须紧紧依靠人民、始终为了人民，必须依靠辛勤劳动、诚实劳动、创造性劳动。我们说‘空谈误国，实干兴邦’，实干首先就要脚踏实地劳动”。[②] 习近平总书记进一步指出，“劳动是财富的源泉，也是幸福的源泉。人世间的美好梦想，只有通过诚实劳动才能实现；发展中的各种难题，只有通过诚实劳动才能破解；生命里的一切辉煌，只有通过诚实劳动才能铸就。劳动创造了中华民族，造就了中华民族的辉煌历史，也必将创造出中华民

① 习近平：《习近平谈治国理政》，北京：外文出版社，2014 年。

② 习近平：《习近平谈治国理政》，北京：外文出版社，2014 年。

族的光明未来”。[①] 2015 年 4 月 28 日，习近平总书记在庆祝“五一”国际劳动节暨表彰全国劳动模范和先进工作者大会上指出，“全面建成小康社会，进而建成富强民主文明和谐的社会主义现代化国家，根本上靠劳动、靠劳动者创造。因此，无论时代条件如何变化，我们始终都要崇尚劳动、尊重劳动者，始终重视发挥工人阶级和广大劳动群众的主力军作用”。习近平总书记进一步指出，“劳动是人类的本质活动，劳动光荣、创造伟大是对人类文明进步规律的重要诠释。‘民生在勤，勤则不匮。’中华民族是勤于劳动、善于创造的民族。正是因为劳动创造，我们拥有了历史的辉煌；也正是因为劳动创造，我们拥有了今天的成就”。[②] 2019 年 2 月 3 日上午，中共中央、国务院在人民大会堂举行 2019 年春节团拜会，习近平总书记发表讲话时强调，“全党全军全国各族人民要在中国共产党坚强领导下，同心同德，开拓进取，用辛勤劳动创造中国人民的美好生活、创造中华民族的美好未来，继续同世界各国人民一道构建人类命运共同体”。[③] 从这一系列论述可以看出，习近平总书记始终秉持崇尚劳动、劳动光荣的理念，认为只有通过劳动才能创造中国特色社会主义的美好未来，实现人民的美好生活。

陈世润、王婷（2017）认为，习近平总书记在新的历史时期，把马克思主义的劳动价值观同中国历史传统中的劳动价值论相结合，以努力实现中华民族伟大复兴的中国梦为目标，提出了新时期的劳动价值观。只有让全社会意识到劳动的价值，才能构

---

① 习近平：《习近平谈治国理政》，北京：外文出版社，2014 年。

② 习近平：《习近平在庆祝“五一”国际劳动节暨表彰全国劳动模范和先进工作者大会上的讲话》，《人民日报》2015 年 4 月 29 日第 2 版。

③ 习近平：《习近平在 2019 年春节团拜会上的讲话》，新华网 2019 年 2 月 3 日。

建一个把劳动价值作为人的根本价值导向的公平公正的和谐社会。[①] 习近平总书记关于劳动价值的重要论述，丰富和发展了马克思主义劳动价值理论，为构建新时代中国特色社会主义和谐劳动关系指明了价值取向。

（二）关于劳动精神的重要论述

劳动是国家发展的动力，是民族复兴的基石。习近平总书记高度重视“五一”国际劳动节，通过表彰全国劳动模范和先进工作者，弘扬劳动精神，倡导在全社会树立正确的劳动观和价值观。2013 年 4 月 28 日，习近平总书记在同全国劳动模范代表座谈时指出，“‘一勤天下无难事。’必须牢固树立劳动最光荣、劳动最崇高、劳动最伟大、劳动最美丽的观念，让全体人民进一步焕发劳动热情、释放创造潜能，通过劳动创造更加美好的生活”。[②] 2015 年 4 月 28 日，习近平总书记在庆祝“五一”国际劳动节暨表彰全国劳动模范和先进工作者大会上指出，“在我们社会主义国家，一切劳动，无论是体力劳动还是脑力劳动，都值得尊重和鼓励；一切创造，无论是个人创造还是集体创造，也都值得尊重和鼓励。全社会都要贯彻尊重劳动、尊重知识、尊重人才、尊重创造的重大方针，全社会都要以辛勤劳动为荣、以好逸恶劳为耻，任何时候任何人都不能看不起普通劳动者，都不能贪图不劳而获的生活”[③]。2016 年 4 月 26 日，习近平总书记在知识分子、劳动模范、青年代表座谈会上指出，“我们要在全社会大

---

① 陈世润、王婷：《习近平劳动思想探析》，《学习论坛》2017 年第 11 期。

② 习近平：《习近平谈治国理政》，北京：外文出版社，2014 年。

③ 习近平：《习近平在庆祝“五一”国际劳动节暨表彰全国劳动模范和先进工作者大会上的讲话》，《人民日报》2015 年 4 月 29 日第 2 版。

力弘扬劳动精神，提倡通过诚实劳动来实现人生的梦想、改变自己的命运，反对一切不劳而获、投机取巧、贪图享乐的思想”。[①] 2018年9月10日，习近平总书记在全国教育大会发表讲话时强调，“要在学生中弘扬劳动精神，教育引导学生崇尚劳动、尊重劳动，懂得劳动最光荣、劳动最崇高、劳动最伟大、劳动最美丽的道理，长大后能够辛勤劳动、诚实劳动、创造性劳动”。[②] 从这一系列论述中可以看出，习近平总书记反复强调劳动精神在中国特色社会主义事业中的重要作用，意在号召全社会始终坚持弘扬劳动精神，为中国经济社会发展汇聚强大正能量，为实现中华民族伟大复兴的中国梦提供“崇尚劳动”的价值引领。

吴瑞清（2019）认为，劳动精神是全体劳动者共同的精神财富。劳动精神是对广大劳动者劳动实践的高度肯定与科学总结，是人类为了自身的幸福而不懈努力奋斗的实践结晶。新时代只有大力弘扬和践行劳动精神，树立正确的劳动价值观，才能进一步激发劳动者的劳动热情，用劳动托起中华民族伟大复兴的中国梦。[③]

2013年10月23日，习近平总书记在同中华全国总工会领导班子集体谈话时指出，“要在全社会大力弘扬我国工人阶级的优秀品质，大力宣传劳动模范和其他典型的先进事迹，加强对广大青少年的教育，让劳动最光荣、劳动最崇高、劳动最伟大、劳动最美丽的观念蔚然成风，让全体人民进一步焕发劳动热情、释放

---

① 习近平：《习近平在知识分子、劳动模范、青年代表座谈会上的讲话》，《人民日报》2016年4月30日第2版。

② 吴晶、胡浩：《习近平在全国教育大会上强调 坚持中国特色社会主义教育发展道路 培养德智体美劳全面发展的社会主义建设者和接班人》，新华网2018年9月10日。

③ 吴瑞清：《劳动精神的教育内蕴》，《中国教育报》2019年4月25日第6版。

创造潜能，通过劳动创造更加美好的生活”[①]。2014 年 4 月 30 日，习近平总书记在乌鲁木齐接见劳动模范和先进工作者、先进人物代表，并同他们座谈时强调，“劳动模范和先进工作者、先进人物不仅自己要做好工作，而且要身体力行向全社会传播劳动精神和劳动观念，让勤奋做事、勤勉为人、勤劳致富在全社会蔚然成风。特别是要通过各种措施和方式，教育引导广大青少年牢固树立热爱劳动的思想、牢固养成热爱劳动的习惯，为祖国发展培养一代又一代勤于劳动、善于劳动的高素质劳动者”[②]。2015 年 4 月 28 日，习近平总书记在庆祝“五一”国际劳动节暨表彰全国劳动模范和先进工作者大会上指出，“我们一定要在全社会大力弘扬劳模精神、劳动精神，大力宣传劳动模范和其他典型的先进事迹，引导广大人民群众树立辛勤劳动、诚实劳动、创造性劳动的理念，让劳动光荣、创造伟大成为铿锵的时代强音，让劳动最光荣、劳动最崇高、劳动最伟大、劳动最美丽蔚然成风。要教育孩子们从小热爱劳动、热爱创造，通过劳动和创造播种希望、收获果实，也通过劳动和创造磨炼意志、提高自己”[③]。2016 年 4 月 26 日，习近平总书记在知识分子、劳动模范、青年代表座谈会上指出，“劳动模范是劳动群众的杰出代表，是最美的劳动者。劳动模范身上体现的‘爱岗敬业、争创一流，艰苦奋斗、勇于创新，淡泊名利、甘于奉献’的劳模精神，是伟大时代精神

---

① 习近平：《习近平同中华全国总工会新一届领导班子集体谈话》，《人民日报》2013 年 10 月 24 日第 1 版。

② 新华社：《习近平在乌鲁木齐接见劳动模范和先进工作者、先进人物代表 向全国广大劳动者致以“五一”节问候》，人民网 2014 年 5 月 1 日。

③ 习近平：《习近平在庆祝“五一”国际劳动节暨表彰全国劳动模范和先进工作者大会上的讲话》，《人民日报》2015 年 4 月 29 日第 2 版。

的生动体现。我们要在全社会大力宣传劳动模范的先进事迹，号召全社会向他们学习、向他们致敬。要为劳动模范更好施展才华、展现精神品格提供全方位支持，使他们的劳动技能、创新方法、管理经验能广泛传播，充分发挥示范带动作用”。习近平总书记进一步指出，“现在，党和国家事业空间很大，只要有志气有闯劲，普通劳动者也可以在宽广舞台上展示自己的人生价值。许多劳动模范平凡而感人的事迹，都充分说明了这一点。我们要在全社会大力弘扬劳动精神，提倡通过诚实劳动来实现人生的梦想、改变自己的命运，反对一切不劳而获、投机取巧、贪图享乐的思想”[①]。2017 年 10 月 18 日，习近平总书记在中国共产党第十九次全国代表大会上的报告中指出，“建设知识型、技能型、创新型劳动者大军，弘扬劳模精神和工匠精神，营造劳动光荣的社会风尚和精益求精的敬业风气”[②]。2018 年 4 月 30 日，习近平总书记给中国劳动关系学院劳模本科班学员的回信中指出，“全社会都应该尊敬劳动模范、弘扬劳模精神，让诚实劳动、勤勉工作蔚然成风”[③]。习近平总书记深刻阐释了劳模精神的科学内涵：“爱岗敬业、争创一流，艰苦奋斗、勇于创新，淡泊名利、甘于奉献。”

李珂（2018）认为，从国家层面上讲，我们要始终弘扬劳模精神、劳动精神，为实现中华民族伟大复兴的中国梦注入强大的精神动力；从社会层面上讲，弘扬劳模精神有利于在全社会营造

---

① 习近平：《习近平在知识分子、劳动模范、青年代表座谈会上的讲话》，《人民日报》2016 年 4 月 30 日第 2 版。

② 习近平：《决胜全面建成小康社会 夺取新时代中国特色社会主义伟大胜利——在中国共产党第十九次全国代表大会上的报告》，人民网 2017 年 10 月 28 日。

③ 习近平：《习近平给中国劳动关系学院劳模本科班学员的回信》，新华网 2018 年 4 月 30 日。

“崇尚劳动”的浓厚氛围和精益求精的敬业风气，为中国特色社会主义事业汇聚起强大的正能量；从个人层面上讲，榜样的力量是无穷的，劳模精神可以感染并引领广大劳动者勤奋做事、勤勉为人、勤劳致富，培育践行社会主义核心价值观。① 田鹏颖、王圆圆（2018）认为，劳模精神所内蕴理论体系——以现实劳动为立论基础，以回应时代难题为历史方位，以满足最广大人民群众需求为价值取向，以中华优秀文化为精神资源，充分体现其实践性、发展性、民本性与民族性特质。大力弘扬劳模精神，营造劳动光荣的社会风尚，在新时代中国特色社会主义的伟大实践中仍具有非凡的时代意义。② 杨安娣（2018）认为，劳模精神和工匠精神相辅相成，劳模精神是催生工匠精神的土壤，工匠精神是劳模精神的更高境界。弘扬劳模精神和工匠精神，是新时代的使命与呼唤。③ 彭维锋（2019）认为，习近平总书记关于劳模精神的重要论述，继承并丰富了马克思主义工人阶级理论和劳动学说，发展深化了工人阶级先进性、人民当家做主主人翁地位和主人翁意识以及新时代劳动精神等理论资源，科学构建了新时代劳模精神的理论逻辑支撑：工人阶级先进性是新时代劳模精神的本质属性，主人翁意识是新时代劳模精神的内在要求，劳动精神是新时代劳模精神的价值追求。④

---

① 李珂：《习近平新时代中国特色社会主义劳动思想探析》，《思想教育研究》2018年第1期。

② 田鹏颖、王圆圆：《论劳模精神的科学性及其当代价值》，《东北大学学报》（社会科学版）2018年第5期。

③ 杨安娣：《弘扬劳模精神和工匠精神是新时代的使命呼唤》，《人民政协报》2018年9月13日第3版。

④ 彭维锋：《习近平总书记关于劳模精神的重要论述研究》，《山东社会科学》2019年第4期。

（三）关于和谐劳动关系的重要论述

习近平总书记在继承马克思主义劳动关系思想的基础上，深刻把握我国劳动关系的时代特征，针对劳动关系领域存在的主要矛盾和问题，着眼于建立中国特色社会主义和谐劳动关系的目标，就劳动关系从多个方面作出系统阐述，形成了完备的理论体系，对新时代构建和谐劳动关系具有重要指导意义。

1. 阐述新时代构建和谐劳动关系的重大意义

2011 年 8 月 15 日，全国构建和谐劳动关系先进表彰暨经验交流会在北京举行，习近平同志会见与会代表时指出，“劳动关系是生产关系的重要组成部分，是最基本、最重要的社会关系之一”“构建和谐劳动关系，是建设社会主义和谐社会的重要基础，是增强党的执政基础、巩固党的执政地位的必然要求，是坚持中国特色社会主义道路、贯彻中国特色社会主义理论体系、完善中国特色社会主义制度的重要组成部分，其经济、政治、社会意义十分重大而深远。各级党委和政府要进一步提高认识、强化责任，把构建和谐劳动关系作为一项重要而紧迫的政治任务抓实抓好”。[①] 该论述深刻阐释了劳动关系工作在党和国家事业全局中的重要地位和作用，体现了深邃的战略思想、强烈的忧患意识和神圣的使命担当。我们必须把劳动关系工作作为一项重大政治任务，从关系党和国家全局的高度出发，坚定不移地承担起历史的使命，毫不犹豫地把责任扛在肩上，不断构建中国特色和谐劳动关系。[②]

---

① 新华社：《习近平出席全国构建和谐劳动关系先进表彰会并讲话》，中华人民共和国中央人民政府门户网站 2011 年 8 月 16 日。

② 聂生奎：《构建中国特色和谐劳动关系》，《中国人力资源社会保障》2018 年第 10 期。

2. 阐述新时代构建和谐劳动关系的工作原则

第一，坚持以人为本。习近平总书记心系劳动群众，把广大劳动群众摆在最突出位置，关注劳动群众权益保护，并提出坚持以人为本，维护劳动者权益是构建和谐劳动关系的出发点和落脚点。习近平总书记强调，“构建和谐劳动关系，要坚持以人为本，把解决广大职工最关心最直接最现实的利益问题，切实维护他们的经济权益、政治权益、文化权益、社会权益，作为根本出发点和落脚点”。① 2013 年 4 月 28 日，习近平总书记在同全国劳动模范代表座谈时指出，“要把竭诚为职工群众服务作为工会一切工作的出发点和落脚点，全心全意为广大职工群众服务，认真倾听职工群众呼声，维护好广大职工群众包括农民工合法权益，扎扎实实为职工群众做好事、办实事、解难事，不断促进社会主义和谐劳动关系”。②

第二，加强党的领导。习近平总书记指出，“坚持党的领导，必须始终坚持党总揽全局、协调各方的领导核心地位。我国社会主义政治制度优越性的一个突出特点，就是坚持党总揽全局、协调各方的领导核心地位”。③ 在党的十九大报告中，习近平总书记强调：“党政军民学，东西南北中，党是领导一切的。”④ 中共中央、国务院《关于构建和谐劳动关系的意见》中指出，“进一步加强领导，形成合力。各级党委和政府要建立健全构建和谐劳动

---

① 新华社：《习近平出席全国构建和谐劳动关系先进表彰会并讲话》，中华人民共和国中央人民政府门户网站 2011 年 8 月 16 日。

② 习近平：《习近平谈治国理政》，北京：外文出版社，2014 年。

③ 中共中央宣传部：《习近平总书记系列重要讲话读本》，北京：学习出版社、人民出版社，2016 年。

④ 习近平：《决胜全面建成小康社会 夺取新时代中国特色社会主义伟大胜利——在中国共产党第十九次全国代表大会上的报告》，人民网 2017 年 10 月 28 日。

关系的领导协调机制，形成全社会协同参与的工作合力。各级党委要统揽全局，把握方向，及时研究和解决劳动关系中的重大问题，把党政力量、群团力量、企业力量、社会力量统一起来，发挥人大监督、政协民主监督作用。各级政府要把构建和谐劳动关系纳入当地经济社会发展规划和政府目标责任考核体系，切实担负起定政策、作部署、抓落实的责任。加强企业党组织和基层工会、团组织、企业代表组织建设”。[①]

杨云霞（2018）认为，以习近平同志为核心的党中央丰富了传统劳动关系主体理论，将党组织纳入劳动关系的主体范畴，并充分阐释了党组织在劳动关系中的角色和领导地位。这些论述在宏观层面表现为加强党对劳动关系工作的全面领导，建立健全党对劳动关系工作的领导体制机制，增强党在劳动关系中的政治领导力、思想引领力、群众组织力和社会号召力；在微观层面表现为加强企业等用人单位中的党组织建设，充分发挥党组织统揽全局的作用。[②]

第三，要求统筹协调。习近平总书记提出了营造和谐劳动关系的良好环境，构建和谐劳动关系的统筹协调要求。习近平总书记指出：“要坚持促进企业发展和维护职工权益相统一，同时调动劳动关系主体双方的积极性、主动性，推动企业与职工群众协商共事、机制共建、效益共创、利益共享；要从不同类型企业的实际出发，把构建和谐劳动关系必须遵循的总的共同要求与具体的具有差异性的措施结合起来，统筹兼顾、分类指导，既整体推

① 新华社：《中共中央、国务院关于构建和谐劳动关系的意见》，中华人民共和国中央人民政府门户网站 2015 年 4 月 18 日。

② 杨云霞：《习近平中国特色社会主义和谐劳动关系思想研究》，《理论视野》2018 年第 6 期。

进，又突出重点、突破难点。”习近平总书记进一步强调：“经过这些年的探索和实践，构建和谐劳动关系工作已初步形成党委领导、政府负责、社会协同、企业和职工参与的工作格局，要在坚持中进一步明确各方职责，使党政力量、群团力量、企业力量、社会力量紧密结合起来，共同推进构建和谐劳动关系。各级党委宣传部门和新闻媒体要把构建和谐劳动关系作为宣传报道的经常性任务，坚持正确舆论导向，引导和促使各类媒体共同营造构建和谐劳动关系的良好舆论氛围。要继续大力推进和谐劳动关系创建活动，丰富创建内容，规范创建标准，改进创建评价，完善激励措施，不断把创建活动取得的成果转化为构建和谐劳动关系的长效机制。”①

3. 阐述新时代构建和谐劳动关系的目标任务

第一，以法治维护劳动者权益。2015 年 4 月 28 日，习近平总书记在庆祝“五一”国际劳动节暨表彰全国劳动模范和先进工作者大会上指出：“要依法保障职工基本权益，健全劳动关系协调机制，及时正确处理劳动关系矛盾纠纷。我国工人阶级和广大劳动群众要发扬识大体、顾大局的光荣传统，正确认识和对待改革发展过程中利益关系和利益格局的调整，正确处理个人利益和集体利益、局部利益和全局利益、眼前利益和长远利益的关系，树立法治观念，增强法律意识，自觉维护社会和谐稳定。”②

中国特色和谐劳动关系应当坚持依法构建，将劳动关系的建立、运行、监督、调处的全过程纳入法治化轨道，发挥法治在构

---

① 新华社：《习近平出席全国构建和谐劳动关系先进表彰会并讲话》，中华人民共和国中央人民政府门户网站 2011 年 8 月 16 日。

② 习近平：《习近平在庆祝“五一”国际劳动节暨表彰全国劳动模范和先进工作者大会上的讲话》，《人民日报》2015 年 4 月 29 日第 2 版。

建和谐劳动关系中的引领和规范作用。[①] 面对进入新时代以来我国劳动关系发展形势的新变化新趋势以及出现的新问题新挑战，我们应坚持问题导向，以习近平新时代中国特色社会主义思想为指导，按照党的十九大的总体部署和要求，完善和创新劳动关系协商、协调机制，打造共建共治共享的构建和谐劳动关系新格局，推进和谐劳动关系法治化，保障劳动关系和谐健康发展，维护社会和谐稳定，确保国家长治久安、人民安居乐业。[②]

第二，让劳动者实现体面劳动、全面发展。2013 年 4 月 28 日，习近平总书记在同全国劳动模范代表座谈时指出："全社会都要贯彻尊重劳动、尊重知识、尊重人才、尊重创造的重大方针，维护和发展劳动者的利益，保障劳动者的权利。要坚持社会公平正义，排除阻碍劳动者参与发展、分享发展成果的障碍，努力让劳动者实现体面劳动、全面发展。"[③]

张利军（2014）认为，作为一项国际准则，体面劳动也得到了中国政府的高度重视和大力践行。习近平总书记这一重要论述，充分表明体面劳动受到包括中国在内各国的高度重视，并且具有重要的时代意义。随着时代发展，尊重和保障人权越来越成为各国关注的重点；实现体面劳动，改善劳动者的劳动条件、劳动收入、社会保护和生活质量，不仅是一个有希望的国家应奉行的价值理念和制度安排，也充分体现了对劳动者基本权利的尊重。[④]

---

① 尹蔚民：《努力构建中国特色和谐劳动关系》，人民网 2015 年 4 月 9 日。

② 张鸣起：《以习近平新时代中国特色社会主义思想为指导 构建新时代和谐劳动关系》，《社会治理》2018 年第 3 期。

③ 习近平：《习近平谈治国理政》，北京：外文出版社，2014 年。

④ 张利军：《努力让劳动者体面劳动》，人民网 2014 年 5 月 16 日。

第三，充分发挥工会职能作用。2013 年 10 月 23 日，习近平总书记在同中华全国总工会领导班子集体谈话时强调："保障职工群众经济、政治、文化、社会权益是我国社会主义制度的根本要求，是党和国家的神圣职责，也是发挥广大职工群众积极性、主动性、创造性最重要最基础的工作。工会要赢得职工群众信赖和支持，必须做好维护职工群众切身利益工作，促进社会公平正义。工会维权要讲全面，也要讲重点，重点就是职工群众最关心最直接最现实的利益问题，就是职工群众面临的最困难最操心最忧虑的实际问题，在经济发展的基础上不断提高职工群众生活水平和质量，使他们不断享受到改革发展成果。"①

郭铁（2017）认为，工会组织在构建和谐劳动关系中承担着义不容辞的责任，推动构建和谐劳动关系，应当发挥其积极独特的作用，这既是党中央对工会提出的明确要求，也是工会依法履行维护职工合法权益基本职责的必然选择。②

第四，完善构建和谐劳动的规则支撑体系。2015 年 4 月 28 日，习近平总书记在庆祝"五一"国际劳动节暨表彰全国劳动模范和先进工作者大会上指出："党和国家要实施积极的就业政策，创造更多就业岗位，改善就业环境，提高就业质量，不断增加劳动者特别是一线劳动者劳动报酬。要建立健全党和政府主导的维护群众权益机制，抓住劳动就业、技能培训、收入分配、社会保障、安全卫生等问题，关注一线职工、农民工、困难职工等群体，完善制度，排除阻碍劳动者参与发展、分享发展成果的障

① 习近平：《习近平同中华全国总工会新一届领导班子集体谈话》，《人民日报》2013 年 10 月 24 日第 1 版。

② 郭铁：《新时代条件下工会推进和谐劳动关系的新思考》，《人力资源管理》2017 年第 12 期。

碍，努力让劳动者实现体面劳动、全面发展。要面对面、心贴心、实打实做好群众工作，把人民群众安危冷暖放在心上，雪中送炭，纾难解困，扎扎实实解决好群众最关心最直接最现实的利益问题、最困难最忧虑最急迫的实际问题。”①

2016 年 4 月 26 日，习近平总书记在知识分子、劳动模范、青年代表座谈会上指出：“各级党委和政府要关心和爱护广大劳动群众，切实把党和国家相关政策措施落实到位，不断推进相关领域改革创新，坚决扫除制约广大劳动群众就业创业的体制机制和政策障碍，不断完善就业创业扶持政策、降低就业创业成本，支持广大劳动群众积极就业、大胆创业。要切实维护广大劳动群众合法权益，帮助广大劳动群众排忧解难，积极构建和谐劳动关系。”②

2017 年 10 月 18 日，习近平总书记在中国共产党第十九次全国代表大会上的报告中强调：“破除妨碍劳动力、人才社会性流动的体制机制弊端，使人人都有通过辛勤劳动实现自身发展的机会。完善政府、工会、企业共同参与的协商协调机制，构建和谐劳动关系。坚持按劳分配原则，完善按要素分配的体制机制，促进收入分配更合理、更有序。鼓励勤劳守法致富，扩大中等收入群体，增加低收入者收入，调节过高收入，取缔非法收入。坚持在经济增长的同时实现居民收入同步增长、在劳动生产率提高的同时实现劳动报酬同步提高。拓宽居民劳动收入和财产性收入渠道。履行好政府再分配调节职能，加快推进基本公共服务均等化，

① 习近平：《习近平谈治国理政》（第 2 卷），北京：外文出版社，2017 年。

② 习近平：《习近平在知识分子、劳动模范、青年代表座谈会上的讲话》，《人民日报》2016 年 4 月 30 日第 2 版。

缩小收入分配差距。”①

胡放之（2018）认为，随着经济社会的不断发展，劳动关系中的矛盾日益凸显，而随着新经济、新业态的不断深入，新的劳动关系问题不断涌现，劳动关系更趋复杂。和谐的劳动关系，是经济健康持续发展的关键，是社会和谐稳定的基石。在新形势下，在供给侧结构性改革和产业升级压力下，健全和创新劳动关系协调体制机制尤为重要。这是畅通职工诉求表达和利益协调的渠道，也是从源头上有效预防和减少劳动关系矛盾的关键举措。② 聂生奎（2018）认为，这一系列重要论述，立足于我国的基本国情和发展的阶段性特征，明确了我们的工作任务和工作方向。我们必须将这些重要论述贯彻于工作的实际，精准发力、靶向施策，以更有效、有力的举措，推进劳动关系各项任务的全面完成。③

第二节　新时代中国和谐劳动关系评价指标体系的构建

劳动关系是生产关系的重要组成部分，劳动关系是现代经济社会生活中最基本、最重要的社会关系之一④。党的十八大以来，我国经济社会发展进入新时代，这对我国劳动关系领域产生了深

---

① 习近平：《决胜全面建成小康社会 夺取新时代中国特色社会主义伟大胜利——在中国共产党第十九次全国代表大会上的报告》，人民网 2017 年 10 月 28 日。

② 胡放之：《新时代和谐劳动关系的构建：影响因素与对策——基于湖北企业的调查》，《理论月刊》2018 年第 8 期。

③ 聂生奎：《构建中国特色和谐劳动关系》，《中国人力资源社会保障》2018 年第 10 期。

④ 李龙熙：《最大限度增加和谐因素 最大限度减少不和谐因素“六个坚持”构建新时代和谐劳动关系》，《中国工运》2019 年第 3 期。

远的影响。对于我国的劳动者来讲，其利益诉求日益多元化。“十三五”是全面建成小康社会的关键阶段，劳动关系和谐是全面建成小康社会的重要组成部分，是社会和谐、经济发展的重要基础。

一、新时代中国的劳动关系面临新变化

改革开放以来，经过40多年的快速发展，我国经济建设取得了巨大成就，经济总量位居世界第二位，人们的生活水平实现了质的飞跃，但同时我们也应该清醒地认识到，我国的发展模式还面临着诸多问题，中国劳动关系问题日益复杂。

第一，经济新常态使得原有的劳动关系矛盾更加紧张。过去40多年中，我国经济一直处于高速增长阶段，而这种高速的经济增长是由高投资带来的，中国的投资增长速度长期维持在20%以上，而中国劳动者的劳动报酬增长速度缓慢。2010—2014年，农民工人均月收入已经由2010年接近20%的增长率下降为2014年的不到10%，加之经济新常态面临着经济增长速度下滑，更加不利于劳动收入占收入分配比重的增加，我国面临着收入分配状况恶化的风险。与此同时，就业压力增大、劳动争议增多也成为我国进入新常态后劳动关系面临的重要问题①。经济速度的放缓使得就业形势更加严峻，特别是企业面临趋紧的市场环境，自身的运营困难可能会使得其选择裁员来应对市场变化，工资拖欠现象屡禁不止，劳动争议和劳资纠纷呈现增多的趋势。劳动者对工资增长、居住条件、生活品质、社会保障的更高期望成为劳动者利

① 韩喜平、周颖：《新常态下国有企业和谐劳动关系的构建》，《理论探索》2016年第1期。

益诉求的新常态，随着经济增长速度减缓，企业获得的利润出现不同程度的缩水，这使得劳动者期望与企业盈利的差距越来越大，也成为劳资纠纷不断增加的另一诱因。

第二，产业结构的升级导致了劳动力结构的变化，从而容易引发劳资纷争。新时代的本质要求是通过经济结构的调整、产业结构的升级，实现中国经济社会可持续发展。通过产业结构升级适应经济新的发展趋势，促使创新成为我国经济下一轮高质量增长的驱动力。中国经济从劳动密集型向技术密集型转变，必然会带来就业结构的转变，这就使原有的劳动关系受到冲击，劳动密集型产业的劳动者由于知识的限制等原因，无法及时适应技术密集型产业的高端人才需求，导致原有产业的劳动者利益受到威胁[①]。同时，新时代背景下，中国第三产业的比重不断提高，在2013 年，中国第三产业增加值比重超过第二产业，这也使得劳动者的就业结构发生了变化。中国面临着从第二产业大国向第三产业强国转变，不同产业所需要的人才是不同的，这也会导致劳动者无法适应市场的需求，实现自身的就业，目前中国劳动供给总量短缺和结构性短缺趋于常态化且呈现加剧趋势，这也是中国劳动关系面临的重大挑战。

第三，创新创业驱动促使了劳动力的分工化，使得中国的劳动关系更加复杂。从计划经济转向至社会主义市场经济，劳动关系是一个不断分化的过程，不同地区、行业、所有制的劳动用工各具特色，使得劳动关系状况千差万别。进入新时代以来，创新驱动成为促进产业结构调整的驱动力，成为提升产业竞争力的突

---

① 汤灿晴：《新时代劳动关系管理面临的挑战和创新》，《中国劳动关系学院学报》2018 年第 5 期。

破口。企业纷纷致力于转型升级，对人力资本素质要求不断提高，这使得劳动关系层级化差异凸显。创新能力强的劳动者在劳动力市场上将处于更加有利的地位，对于这类“核心劳动力”①，企业自然会想方设法地满足其需求，他们的权益也能得到更好的保障。但对于那些没有一技之长，对企业发展贡献较小的“边缘劳动力”，有的企业将逐步忽视他们的需求，逐步压缩他们的薪资待遇，导致劳动力内部的阶层分化，并造成了不同阶层的劳动者与资方的不同和谐度的劳动关系。

第四，旧的制度无法适应新时代下劳动关系制度的需求，导致了劳动关系保障的缺失。虽然我国经济经历了 40 多年的快速增长，但不能否认，我国劳动关系矛盾调处机制不健全，仲裁办案制度和劳动保障监察制度依然不到位，部分企业劳动合同签订不规范、损害就业质量、劳动安全保护不够的问题都没有得到妥善的解决。进入新时代，一些企业原有的问题依然存在，同时又面临着完善新制度的需求，我国的和谐劳动关系制度存在着一定的缺失。在经济发展追求高质量的今天，政府面临着经济增长与严格劳动执法的两难选择，企业也同样面临着应对市场竞争和维护劳动者权益的两难选择，这使得劳动关系矛盾更加容易被激化。与此同时，劳动关系的发展更加多元化，劳动关系的处理不仅仅依靠政府、工会和企业的三方协商机制②，作为“第四方”的社会组织也对和谐劳动关系起到了积极的促进作用。但是这种主要由社会团体、基金会和民办非企业单位组成的社会组织，在

① 李龙熙：《工会组织视角下的新时代和谐劳动关系构建》，《中国劳动关系学院学报》2019 年第 1 期。

② 杨成湘：《完善协商协调机制 构建新时代中国特色和谐劳动关系》，《中国工运》2018 年第 12 期。

处理劳资纠纷时却面临制度真空，使得社会组织在劳动关系协调中的作用不能得到充分的发展，抑制了我国和谐劳动关系的构建。

第五，社会主要矛盾的转变为新时代中国和谐劳动关系的构建提出了新的要求。随着我国经济发展进入新时代，劳动关系问题逐步成为阻碍经济发展的重要影响因素。[①] 新时代背景下，我国社会主要矛盾已经从人民群众日益增长的物质文化需要同落后的社会生产之间的矛盾，转变为人民群众对美好生活的向往同不平衡不充分的发展之间的矛盾。这意味着，一方面，人民群众的需求有了更深层次变化，即人民群众更加关注劳动过程中的幸福感。随着生产力的提高与生产方式的变革，劳动者也越来越从劳动中被解放出来，更加注重在劳动的同时获得幸福感。因此，在新时代背景下，和谐劳动关系的构建必须高度重视劳动者幸福感的获得与提高。可以说，新时代的科技进步为劳动者幸福感的获得提供了现实基础，无论是智能经济还是大数据都极大地提高了劳动者生产效率，并减轻了身体方面的劳累。国家制度的保障也为劳动者幸福感的提升提供了有力的保障，政府、企业、劳动者的互动促使国家制度不断完善，进而确保了劳动者劳动幸福感的提升。另一方面，我国还存在着发展中的不平衡不充分问题。由于劳动关系的保障机制存在区域差异，这也使得构建和谐劳动关系存在着区域差异。不同地域的经济发展水平差异、财政能力不同，使得不同政府在关注构建和谐劳动关系的着力点不同，而不同地区不同类型企业也反映了劳动关系区域多样性的特征，反映了新时代构建和谐劳动关系的复杂性。

---

① 王庆琦：《新时代完善我国劳动关系协调机制研究》，《经济视角》2019 年第 1 期。

二、国内外相关文献综述[①]

（一）国内相关研究

从指标选取特征来看，国内相关研究大致可以归为三类：从员工权益保护角度设计的指标体系、从政府监管角度设计的指标体系和从劳资双方利益均衡角度设计的指标体系。

1. 员工权益保护角度的指标体系

从员工权益保护角度出发的指标选取出现较早，这可能与《劳动法》《劳动合同法》出台有关，此类指标体系指标选取主要侧重于员工基本权益保护。有学者从就业、工资状况、就业环境、受保护程度、民主程度、发展前途 6 个方面出发，使用劳动合同、就业培训、工资、劳动条件和劳动时间、社会保障、工会组织、劳动争议率、经济效益等指标，构建企业劳动关系评价体系（贺秋硕，2005）。有学者运用模糊数学方法，从收入、管理层、岗位、劳动合同和民主参与等方面评价企业劳动关系质量（詹婧，2006）。有学者使用收入保障、劳动环境、权益实现、技能发展 4 个方面的 23 个指标，评价行业的劳动关系质量（何圣、王菊芬，2007）。有学者用工资增长、就业、培训、工会、社会保障、劳动争议 6 个子系统，设计了劳动关系评价体系（朱智文、张博文，2009）。有学者设计了由工资报酬与劳动用工、劳动合同与组织管理、社会保障与劳动争议 3 个一级指标，25 个二级指标构成的民营企业劳动关系评价指标体系（袁凌、魏佳琪，2011）。

---

① 渠邕、于桂兰：《劳动关系和谐指标研究评述》，《中国人力资源开发》2014 年第 15 期。

也有学者从劳动关系预警角度出发，认为工资报酬、工作内容、保险福利是导致劳动争议的前3位影响因素（张军，2010）。从具体指标来看，这也是一种侧重员工基本权益的选择角度。曹永平等（2011）也设计了包括就业、社会保险、劳动合同和集体合同、劳动用工、工作时间与休息休假、工资、劳动安全、职业培训、劳动维权诉求、公众参与在内的，由10个一级指标构成的劳动关系评价指标体系。

2. 政府监管角度的指标体系

从政府监管角度出发的指标体系设计较为多见，这与政府主导的和谐劳动关系建设活动有关，基本依据《关于开展创建劳动关系和谐企业与工业园区活动的通知》中的创建标准，从国家相关政策执行，到职工基本权益保护，再到工会、职工代表大会等组织建设、作用发挥，也包含了劳动争议协调及杜绝相关外溢效应，将宏观指标和微观指标都包括在内。各地官方或半官方研究也多采取这种指标选取角度，多地已形成正式文件或地方标准，如2007年5月，上海市劳动关系研究中心使用“五大指标”（职工就业、工资收入、劳动保护与劳动安全、社会保障、劳动关系协调机制）和“四大指标”（收入保障、劳动环境、权益实现、技能发展），对上海市的劳动关系和谐状况进行了定量分析。2011年6月，浙江省人力资源和社会保障厅使用劳动合同、社会保险、工资支付、就业环境、人文关怀等24项一级指标和52项二级指标，从各市完成省政府目标任务、企业执行法律法规和劳动者的满意度3个方面，构建了区域性的劳动关系和谐指标体系，并使用该指标体系对各市的劳动关系状况进行了评估。

姜颖等（2006）使用劳动立法和劳动政策、就业政策和建立三方协调机制等 6 个维度的指标，来评价宏观层面的劳动关系，使用劳动合同制度、劳动标准制度、集体合同制度、工会制度、劳动纪律和规章制度、职工民主管理制度、劳动争议制度 7 个维度的指标，来评价微观层面的劳动关系。

3. 劳资双方利益均衡角度的指标体系

从劳资双方利益均衡的角度设计评价指标体系是近年来的新思路，这也是一种符合经济和管理科学研究范式的角度。此类指标体系的特点是，立足于企业内部微观角度，将相关政策法规作为企业外部环境因素加以考量，在指标选取时，兼顾劳资双方的需求，并对需求进行要素分解，劳资双方相互合作，履行各自的责任和义务，把进而达到的一种稳定有序的均衡状态视为和谐劳动关系。汪泓等（2001）从企业解决劳动者就业状况、劳动合同签订、工资及其分配、社会保障、工会组织、企业经济效益、企业景气指标和企业绩效等方面，构建了由 32 个指标组成的企业劳动关系评价体系。黄攸立、吴功德（2006）设计了包括基础业务管理、合作管理、冲突管理、劳动者权益保障和企业绩效表现 5 个方面 14 个指标的企业劳动关系和谐度评价指标体系。潘伟梁、张春玉（2013）建立了包括劳动关系的运行与协调和产出与结果 2 个一级指标、13 个二级指标、40 个三级指标的企业劳动关系评价指标体系。孙波（2014）则以 Weiler（2004）的劳动关系理论分析模型为依据，设计了企业劳动关系评价指标体系分析框架，以管理行为和管理结果作为一级指标，以基础业务管理、合作管理和冲突管理作为管理行为的二级指标，以员工利益保障和企业绩效表现作为管理结果的二级指标，并设计劳动合同等 19 个三级指标、劳动合同签订率等 46 个四级指标，构建了兼顾员工利益保障和企业绩效表现的企业劳动关系评价指标体系。

从劳动关系的供求特征出发的指标选取亦属此类。黄维德、陈欣（2008）将员工作为需求方，并用物质需求和精神需求两大类指标来概括员工的需求。其中物质需求包含薪酬、福利待遇的综合水平，精神需求则包含员工能够感知到的工作压力、工作稳定、发展空间、工作安全等。这些指标相互之间具有一定的替代性，并且遵循边际效用递减规律。同时，将企业作为供给方，以企业的资源和投入意愿两大类指标的乘积作为企业满足员工需求的能力指标；将劳资双方相互合作，履行各自的责任和义务，从而达到的一种稳定有序的均衡状态，称为和谐劳动关系。从指标合成方法来看，现有绝大多数劳动关系和谐指标体系采用了统计实务中常见的加权式合成方法，个别指标体系采用了类似于信用评级的表现方式，如《广州市创建劳动关系和谐企业、工业园区与和谐劳动关系示范区标准》等，但细查其评级标准，其实质还是加权式合成方法。

（二）国外相关研究

国外也非常重视劳动关系质量的测量，但使用的概念与研究角度与国内有所不同。与劳动关系质量接近的概念有“雇佣关系质量（quality of employment relations）”“雇佣质量（quality of employment）”“劳动关系氛围（industrial climate）”“工作质量（quality in job）”“体面劳动（decent work）”“良好的工作场所实践（good workplace practices）”等。一些研究从国家、区域、产业或者人口统计学特征等宏观层面，对劳动关系质量相关的这些概念进行测量。另一些研究则从企业微观层面，对其进行测量。

1. 宏观层面的测量指标体系

宏观层面的劳动关系测量指标体系主要来自相关国际组织、研究机构，还有一些学者利用国际组织提供的调查数据进行了相关研究。“体面劳动”概念是国际劳工组织在 1999 年第 87 届国际劳工大会上提出的，主要使用就业机会、足够的收入和高效的工作、体面的工作时间、工作家庭和个人生活相结合、应该废除的工作、工作的稳定性和安全性、就业中的公平机会和待遇、安全的工作环境、社会保障、社会对话以及工人和雇主的代表权、体面工作的经济和社会背景 11 个维度及 50 个指标，对体面劳动进行测量（ILO，1999）。“良好的工作场所实践”概念是国际劳工组织在 2007 年第 96 届会议议程“促进可持续性企业”报告提出的，并以体面劳动为基础，从体面的生活标准和经济保障、尊重雇员的领导、安全卫生的工作环境、相互信任的雇主和雇员、参与决策、决策公开的文化、鼓励主动性和创造性、所有层次的支持性监督、使用和发展技能的机会、工作和生活平衡 10 项维度，对其进行测量（ILO，2008）。欧盟就业战略下的“工作质量”概念来自欧洲 2003 年提出的“新欧洲就业战略（2003—2010）”。其测量指标涉及工作本身和劳动力市场环境两个方面，包含了内在工作质量、技能、终身学习和职业发展、性别平等、工作安全与健康、灵活性和保障性、劳动力市场的包容性、工作组织和工作—生活平衡、社会对话和员工参与、多样性和非歧视、整体经济绩效和生产率 11 个维度及 31 个指标（Mark et al.，2008）。

欧盟提升生活和工作条件基金会的“工作和雇佣质量模型”，使用职业和就业保障、健康和福利、技能开发、工作和非工作生活协调 4 个维度及 13 个指标对雇佣质量进行测量。其中，职业和就业保障维度包括雇佣身份、收入、工人权利（性别平等、信息公开和咨询等）和社会保障；健康和福利维度包括健康问题、风险纰漏和工作组织；技能开发维度包括任职资格、培训、职业发展、学习型组织；工作和非工作生活协调维度包括工作与非工作时间、社会基础设施（日托、儿童照看服务等）。该基金会的“欧盟工作条件观测站（EWCO）”以定期的“欧盟工作条件调查（EWCS）”形式获取数据，并使用这些数据对欧盟各国和欧盟整体以及相关观察国的雇佣条件进行横向比较。该调查项目已经进行了1990/1991年、1995/1996年、2000年、2005年和2010年5次调查，因此，EWCO还可以通过对历次调查的纵向比较，考察有关工作条件的变化趋势（European Foundation，2002）。加拿大政策研究网是一个独立的、非营利的研究组织，它的“工作质量”测量指标包括沟通和影响力、培训和技能、电脑的使用、就业保障、工作设计、工作环境、工作关系、工作时间、工作要求、回报、工资和福利、工作生活平衡、工会13个维度及45项指标（Lowe & Schellenberg，2001）。

一些学者通过提出新的概念和构建新的测量工具，利用国际组织数据，也对宏观层面的雇佣关系测量作出了有益的探索。如有学者基于雇佣关系的社会—心理维度，构建了包括信任、承诺、影响以及沟通4个维度的雇佣关系分析模型，并在分别构建了信任、承诺、影响和沟通的测量量表的基础上，将4个子量表的结果相加，构建了雇佣关系简要量表（Employment Relationships Summary Scale，ERSS），然后根据ERSS的排序分为了强、中、弱3个等级，进而研究了ERSS与工作满意度、技能开发与使用、工作场所士气、缺勤、离职、加入工会的意愿等变量之间的关系，以研究劳动力市场中的雇佣关系强度对员工的工作生活质量与组织绩效的影响，更好地适应当前非正式雇佣方式盛行的劳动力市场（Lowe & Schellenberg，2001）。

一些学者则倾向于使用整体工作满意度（Overall Job Satisfaction）指标测量雇佣质量或雇佣关系质量（Leontaridi & Sloane，2001；Ritter & Anker，2002；Clark，2005），他们认为整体工作满意度是工作质量的一个可靠测量指标，因为它能够将员工对工作和雇佣关系多个方面的主观感受、个人价值观和偏好，以及工作环境和个人期望等都整合在一起，既体现了雇佣质量的全面性，又将个人主观感知与客观雇佣实践结合在一起。

有学者从雇佣的内涵出发，将雇佣质量分为经济契约和心理契约两部分，收入、工作时间、工作生活平衡、工作保障和晋升机会等构成经济契约部分，而工作内容、工作强度、健康和伤病的风险、与同事和上级的关系等构成心理契约部分。他们使用7点李克特量表，使用英国劳动力市场数据，测量一级劳动力市场（高工资、有晋升希望的好工作）和二级劳动力市场（低工资、无晋升希望的差工作）上的工作质量差别，并发现整体工作满意度能够被晋升希望、总收入、工作保障、工作时间、与上级的关系、工作内容、主动性等不同侧面的满意度所解释（Leontaridi & Sloane，2001）。

有学者使用5点李克特量表，将所测的工资、非工资性福利、工作的本质、自主性或独立性、晋升机会、技能提升的机会6个方面的满意度数据加总，构建出整体工作满意度指标，并利用国际劳工组织（ILO）的人民保障调查（People's Security Surveys，PSSs）数据，测量和比较了阿根廷、巴西、智利、匈牙利和乌克兰5个国家的工作质量（Ritter & Anker，2002）。有学者从收入、工作时间、工作前景（晋升和工作保障）、工作难度（危险性、压力）、工作内容（工作的趣味性、独立性和声望）、工作中的人际关系6个方面构建了整体工作满意度指标，并利用6个OECD国家（西德、英国、美国、意大利、荷兰、匈牙利）的国家社会调查项目1989年、1997年的两次横截面数据（International Social Survey Program，ISSP）和英国家庭样本调查项目（British Household Program，BHPS）1993—2002年的面板数据，研究了这6个国家工作质量的变化趋势（Clark，2005）。

2. 微观层面的测量指标体系

在微观层面，20世纪80年代雇佣关系与人力资源管理两种理论开始融合，学者们也开始在企业层次探讨雇佣关系实践对企业绩效的影响，随之而来的是各种雇佣关系测量工具的设计和相关研究（张义明，2012）。有学者选取劳资氛围、合同管理结果、合同谈判强度和个体行为4个维度来测量雇佣关系绩效，进而探讨工厂层面的工作生活质量项目（QWL）对企业的经济绩效、雇佣关系绩效以及员工感知的工作质量的影响（Katz et al.，1983）。有学者选择冲突管理和个体态度与行为2个维度作为衡量雇佣关系系统的指标，在控制加班率和工厂规模等环境变量后，发现雇佣关系系统和工作生活质量活动对企业的产品质量及直接劳动效率有显著影响（Katz et al.，1985）。

除此之外，学者还提出了劳动关系氛围概念（industrial climate）（Kelly & Nicholson，1980），探讨劳动关系氛围与组织有效性之间的关系（Dastmalchian et al.，1982），关注企业微观层次的员工态度问题，尤其重视员工与企业或主管互动过程中的氛围问题。值得关注的是，有学者基于工会与管理方的相互感知，开发了包含和谐（harmoney）、冷漠（apathy）、敌视（hostility）、开放性（openness）和即时性（promptness）5 个维度的雇佣关系氛围问卷（Dastmalchian et al.，1989）。此后，很多学者开始探讨劳动关系氛围对企业的影响，尤其是对员工双重承诺的影响，学者们还开发了包括劳资冲突、员工参与和劳资双赢 3 个维度的雇佣关系氛围量表（Dastmalchian et al.，1989；Brewster，1989；Bennett，1998），进而带动了一系列有关雇佣关系氛围的研究（崔勋等，2011）。

（三）国内外相关研究总结

比较中外劳动关系测量的有关研究，从指标选取来看，无论是宏观层面还是微观层面的研究，国外多从员工角度进行指标选取，或者说，测量角度更为直接地指向劳动关系或劳动关系中参与主体本身，而所谓宏观只在于数据采集的范围比较大而已；国内指标体系在国家、区域等宏观层面，企业微观层面和员工权益层面，都有相应的指标选取，但这些指标本身多来自法规政策的落实及相关的环境因素。这种状况可能与构建和谐劳动关系初期较为注重软环境建设有关。从指标合成方法来看，国外研究多采用量表作为测量工具，而国内研究则多采用加权合成指标的模式。

考察国内现有劳动关系和谐指标体系，就理论和实践而言，尚处于初级阶段，且存在诸多有待商榷之处。一是指标选取的科学性有待商榷，现有体系设计中的指标多来自环境因素，既无法兼顾地域间、行业间的差异性特征，更对指标体系稳定性兼具适应性的设置考虑甚少，总体而言，不能直接地反映劳动关系的实际状态；二是指标体系的合成方法有待改进，虽不能证明量表的方式是完全科学的，但现有体系设计采用的加权合成方法，确实难以消除指标间的替代效应，依据这些方法合成的劳动关系指标来进行劳动关系监管，难免存在误导决策的可能性；三是指标相关的分析、预警、预测等作用有待进一步开发，从目前公布的指标报告来看，其基本仅停留在简单的统计分析上，这可能在一定程度上受制于数据来源，但指标体系设计的先天缺陷不容回避。

（四）劳动关系和谐指标应用的相关研究

劳动关系和谐指标的实证研究，既是最终的应用性研究，也是该领域的反馈环节；既是对企业中劳动关系状态的测量，也是对指标体系改进和有效性验证的重要参考。从国内实践来看，实证研究大体分为三个层面，即分别对行业、区域和跨区域的劳动关系和谐指标进行测量。

1. 行业层面劳动关系和谐指标实证研究

有学者从行业层面对上海市劳动关系状况进行了测量。该项研究首先按行业将企业分为三类。第一类是电力、水、燃料、金融、房产、信息，第二类是机械、化工、轻纺、建筑、建材、交通运输、商业、仓储、批发、零售等，第三类是电子、餐饮服务。其次按照所有制性质将企业又分为三类。第一类是国有企业、合资企业，第二类是私营企业和其他，第三类是集体企业。从实际测量结果来看，第一类行业的劳动关系状况良好，该行业的从业人员数基本占到全部从业人员数的5%；第一类性质企业的劳动关系状况也良好，该类性质企业的从业人员数则占全部从业人员数的17%左右。第二类性质企业的劳动关系状况一般，按照两种分类标准都超过50%。研究结果表明，上海市企业的劳动关系状况，行业总体水平相差不大，少数企业的劳动关系与上海市企业劳动关系平均水平有一定的距离，上海市企业劳动关系状况整体处于中等偏上水平（何圣、王菊芬，2007）。

2. 区域层面劳动关系和谐指标实证研究

地方政府主导的各类有关本地区劳动关系和谐指标的开发与测量工作属于区域层面劳动关系和谐指标实证研究。浙江省在全省范围内开展的劳动关系和谐度评估工作即属此类。该项工作自2010年开始，已经实测两个周期，评价结果显示，浙江省2011年度劳动者满意度与2010年度相比，指标整体上升2.7，12个地市的平均和谐指标则从82.94上升至84.15。从实施两年的效果来看，劳动关系和谐指标评价体系充分发挥了行为导向功能，指引社会各界朝着促进劳动关系和谐的方向前进，促进了宏观层面和微观层面劳动关系的和谐。同时，从测量结果来看，也发现了相关的地域、经济环境等外部因素对劳动关系和谐度的影响（潘伟梁、张春玉，2013）。也有学者对一定区域的劳动关系进行独立实证研究，如有学者利用2009年杭州市劳动保障部门的统计数据，将指标值在90及以上的该区域的劳动关系和谐程度定义为优秀；指标值在80—90之间的，定义为良好；指标值在65—80之间的，定义为一般；指标值在65以下的，定义为很差。其依据这个标准得出了结论：杭州市某城区的劳动关系和谐指标为值87.77，劳动关系总体和谐，但各指标值之间不平衡（曹永平等，2011）。

3. 跨区域层面劳动关系和谐指标实证研究

目前，全国性的劳动关系和谐状况实证研究较少，一方面是因为国家相关工作尚属试点阶段，另一方面则由于这种数据采集工作已经超出了普通研究机构和学者的能力范围，但已经有学者作了跨地区的和谐劳动关系实证研究。如有学者使用银川、盘锦、深圳、重庆等 7 个城市有关国有及国有控股、外商、港澳台、民营和集体企业的 47 份有效问卷，3946 份员工有效问卷获得的数据，计算出模拟性的全国和谐劳动关系评价指标值。该研究将劳动关系和谐程度得分 80 分以上的定为良好；50—80 分为一般；50 分以下为差。依据这个标准判断，23. 4% 的企业劳动关系和谐程度为良好；42. 6% 的企业劳动关系和谐程度为一般；34% 的企业劳动关系和谐程度为差。企业得分平均值为 60. 04，属于一般等级中的低分位值。依据以上研究结果，该研究得出了劳动关系总体状况不乐观，总体处于较低水平的稳定；劳动合同、集体协商与集体合同、工资工时、职业安全与卫生得分较低，成为和谐劳动关系的主要影响因素等结论（常凯等，2009）。

当前，我国有关劳动关系和谐指标的实证研究尚处于初级阶段，从已有研究及政府相关指标发布来看，对实证研究最大的制约来自数据采集领域，这种制约既在于经费等方面的硬约束，也在于企业配合意愿、员工认知程度等软约束。样本的数量、代表性，数据的准确性、时效性等不仅直接影响实证研究结论，也对更为丰富的分析工具开发以及指标体系的有效性检验、优化再设计等基础工作构成实际制约。

三、新时代构建和谐劳动关系评价指标体系的意义

和谐稳定的劳动关系，是经济持续健康发展的关键，是社会

和谐稳定的基石。[①] 新时代背景下，中国的经济社会发展面临着重大的机遇与挑战，对于构建和谐劳动关系来讲，不仅仅经济增长速度放缓会给就业带来巨大的压力，经济结构转型会对传统劳动关系带来冲击，同时，供给侧改革注重激发企业活力、着力改善供给体系的供给效率和质量，这些也对中国的和谐劳动关系产生影响。和谐劳动关系的构建不仅需要理论层面的创新、理念层面的指导，同时还需要制度层面的构建、实践层面的探索。也就是说，和谐劳动关系的构建需要“对症下药”，需要对中国劳动关系现状进行全方位的把握与分析，并对具体建设过程中的成败进行合理的、有效的评价。因此，构建和谐劳动关系评价指标体系有着重要的理论价值与实践意义。

首先，对于政府来讲，有利于政府对劳动关系的发展进行实时观测，进而有利于政府制定有效的、合理的政策。在构建和谐劳动关系中，政府的作用是决定性的。政府以经济社会和谐发展为目的，因此有责任对和谐劳动关系的建设进行必要的指导与监督[②]。政府通过对和谐劳动关系评价指标的观测，可以及时掌握企业与劳动者的信息。例如，政府应加强对企业发展状况、劳动者满意程度等指标的观测，对整个社会和谐劳动关系建设进行总体把握，通过指标体系的考核与评价，及时发现问题，并形成有针对性的政策，以促进和谐劳动关系的发展。

其次，对于企业来讲，通过观测企业劳动关系不和谐的情况，并加强评价指标体系应用，将有利于企业进一步和谐、健

---

① 胡放之：《新时代和谐劳动关系的构建：影响因素与对策》，《理论月刊》2018年第8期。

② 徐景一：《经济新常态背景下地方政府治理集体劳动争议模式研究》，《当代经济研究》2015年第8期。

康地发展壮大。和谐劳动关系将在保障劳动者利益的基础上，实现企业自身的发展和劳动者满意度与忠诚度提高，对企业发展有着积极促进作用。同时，企业也可以根据观测评价指标体系，理解政府的战略政策，更加积极地配合政府实现经济社会可持续发展。现实中，一些有责任的企业致力于和谐劳动关系建设，但有时却事与愿违，进而发展成劳资纠纷与冲突，这不是由于企业不重视劳动关系，而是由于企业无法及时掌握劳动关系管理方面出现的问题，无法及时响应政府号召、顺应劳动者需求[①]，因此，通过构建和谐劳动关系评价指标体系，可以快速掌握劳动关系中的不和谐因素，实现企业内部劳动关系稳定。

最后，对于劳动者来讲，有利于反映劳动者自身需求，促使国家与企业更多地关注和谐劳动关系建设。劳动者的劳动关系满意度对企业生产经营、劳动关系、社会和谐具有重要影响[②]，在构建和谐劳动关系评价指标体系的模型中，劳动者的满意度、忠诚度是政府与企业行为策略的反应函数。也就是说，劳动者的安居乐业需要政府与企业共同努力。只有最广大劳动者的利益得到满足，我国的经济社会才能实现可持续发展。因此，在劳动关系方面，劳动者的需求反映将成为劳动关系问题中最重要的部分之一。和谐劳动关系评价指标体系不仅可以及时反映劳资双方的关系现状，同时也可以观测到政府各项工作的落实程度，以及企业对劳资问题的重视程度，这将对缓解劳资冲突

① 刘洋：《改制后国有企业的劳动关系：现状、问题与协调治理路径》，《教学与研究》2018 年第 7 期。

② 孙瑜、梁潇杰：《基于扎根理论的员工劳动关系满意度质性研究》，《社会科学战线》2017 年第 2 期。

起到积极作用。[①]

总之，构建和谐劳动关系评价指标体系是促进国家长治久安、社会和谐稳定、企业可持续发展和劳动者满意程度提高的重要途径，应该重视政府、企业和劳动者之间的“三赢”。

四、和谐劳动关系评价指标体系的构建

和谐劳动关系评价指标体系作为一个复杂系统，系统中各个要素、主体及环境间存在着复杂的相互作用。因此，中国和谐劳动关系评价指标体系不是一个或几个指标所能反映和涵盖得了的，需要建立一套科学、系统的指标体系。建立和谐劳动关系评价指标体系必须从系统整体出发，要求各个指标能够作为一个有机整体，全面、科学、准确地覆盖和描述中国经济发展的内涵和特征，用系统论的理论和方法，科学地体现中国和谐劳动关系构建的综合性与系统性；体系中各个指标之间，要从多方面反映中国经济发展进展，尽可能全面、准确地反映新时代构建和谐劳动关系的内涵。

（一）评价体系的构建原则

中国和谐劳动关系评价指标体系是复杂的系统工程，其可持续发展评价指标是一个多层次综合性指标体系，既要反映出和谐劳动关系构建的内涵、运行机制、构成要素之间的关系，又要综合系统开放性、结构柔性、自组织、超循环等特性。我们以和谐劳动关系评价指标体系为分析对象，根据构建和谐劳动关系的特点，确定评价指标选取的原则。具体而言，构建指标体系应遵循

① 邵彦敏、杨帆：《利益共享与和谐劳动关系构建》，《求是学刊》2017年第6期。

以下原则。

科学性与可操作性原则。指标科学性要求指标的选取必须建立在相关理论基础上，并有学者在各个方面进行相关调查研究加以论证，能够充分反映新时代中国和谐劳动关系评价指标体系的内涵与实质，具有正确性和科学性特点。在此基础上，为了实现评价指标对实践的指导意义，应具备可操作性、系统性、数据易获取性、可量化等特点。

全面性与层次性原则。评价指标体系必须反映被评价对象的各个方面，应做到无偏性，对和谐劳动关系评价指标体系而言，应把握其可持续发展系统层面、主体层面、系统内层面、系统外层面等指标因素。但同时也应注重代表性，使每个层面都有相关代表性指标。要选取对新时代中国和谐劳动关系评价指标体系具有重大影响的主导限制因素；所选取的因子应具有差异较大、相关性较小和时序动态性特征；要注重因子选择的可测量性，以实现定量研究评价指标体系。

动态性与静态性原则。中国和谐劳动关系评价指标体系处在动态发展的过程中，因此评价指标的设计也要注重动态性，能综合反映系统可持续发展现状和未来趋势。为保证评价结果，也应注意指标在不同时段的相对稳定性以及指标体系内容的稳定性。

（二）数据收集与数据处理

新时代中国和谐劳动关系评价指标体系是一个涉及政府政策、企业策略与劳动者行为等各个方面的大的复合系统，需要建立一套科学、系统的指标体系。我们将在完善已有研究的基础上，构建中国和谐劳动关系评价指标体系，选取合适的权重，计算中国不同时期与不同区域的和谐劳动关系评价指标体系整体指标值水平，并在此基础上，结合发达国家构建和谐劳动关系的经验，探索实现中国和谐劳动关系的路径。

我们将采用极差法对原始数据进行正态标准化，其具有以下优点：首先，对指标数据的个数、分布状况和取值范围没有什么要求；其次，转化后的数据都在 0 与 1 之间，便于进一步处理；最后，转化后的数据为相对数，性质较明显。

正指标计算公式为：

$$y = \frac{x - x_{\min}}{x_{\max} - x_{\min}} \tag{1}$$

负指标计算公式为：

$$y = \frac{x - x_{\max}}{x_{\min} - x_{\max}} \tag{2}$$

其中，y 是第 i 个指标无量纲化后的值。需要强调的是，得出的结果会出现略大于 1 或略小于 0 的情况，需将其标准化为 1 或 0 后再进行其他运算。

在此基础上，通过采用客观赋权法来计算权数，以便较好保证指标评价结果的客观性。设有 n 个具体指标，m 个样本，形成原始指标数据矩阵 $X = (x_{ij})_{m \times n}$，对于某项指标 x_j，x_{ij} 的差距越大，则表示该项指标在综合评价中所起的作用越大，否则表示该项指标在综合评价中所起的作用越小。在信息论中，信息熵计算公式如式（3），其中 p_{ij} 表示系统处于相应状态下的概率，它是系统无序程度的度量，信息是系统有序程度的度量，二者的绝对值相等，符号相反。

$$H = -\sum_{i=1}^{n} p_{ij} \ln p_{ij} \tag{3}$$

其中，$i = 1, 2, \cdots, m$ ，$j = 1, 2, \cdots, n$ 。

如果指标的信息熵越小，就表明其变异程度越大，提供的信息量就越大，在综合评价中所起的作用就越重要，其权重也越大。反之，则权重越小。指标形成的矩阵可表示为：$M = (x_{ij})_{m \times n}$ 。

第一步，将各指标同度量化后，计算第 j 项指标下第 i 个样本指标值的比重 p_{ij} ，即有：

$$p_{ij} = \frac{x_{ij}}{\sum_{i=1}^{m} x_{ij}} \tag{4}$$

第二步，计算第 j 项指标的熵值，即有：

$$e_j = -k \sum_{i=1}^{m} p_{ij} \ln p_{ij} \tag{5}$$

通常 k 的值可以通过公式 $k = \frac{1}{\ln m}$ 来计算，于是有 $0 \leqslant e_j \leqslant 1$ 。

第三步，计算第 j 项指标的差异性系数 g_j ，公式表示为：

$$g_j = 1 - e_j \tag{6}$$

g_j 越大的时候，其权重就越重要。

第四步，计算第 j 项指标的权重 w_j ，即有：

$$w_j = \frac{g_j}{\sum_{j=1}^{m} g_j} \tag{7}$$

第五步，计算中国和谐劳动关系评价指标值 v_i ，计算综合得分：

$$v_i = \sum_{j=1}^{n} w_j p_{ij} \tag{8}$$

显然，v_i 越大，样本效果越好，比较所有 v_i 的数值，即可得到评价结论。

进而，根据数据标准化，可以通过熵值法计算出各子系统及具体指标权重，在得到权重的基础上，再通过查询不同层面劳动关系指标的不同数据，计算出中国和谐劳动关系评价指标体系指标值。

（三）评价体系的指标选取

和谐劳动关系需要政府、企业和劳动者三方的共同努力来实现，对于和谐劳动关系的评价也应从这三个主体的行为与策略入手，深入分析中国劳动关系发展现状，以此为基础，分析中国和谐劳动关系建设实践。

1. 和谐劳动关系评价指标体系框架

构建和谐劳动关系评价指标体系分为政府、企业与劳动者三个层面，对于政府层面来讲，本指标体系主要考察政府的社会保障职能、管理职能与协调职能。对于企业层面来讲，企业发展、劳动合同与保护、工会及民主管理是构建和谐劳动关系的主要因素。对于劳动者层面来讲，劳动者对政府政策与企业行为的反馈将直接影响和谐劳动关系，即可以从劳动者的薪酬福利、对企业的满意度与认可度方面进行指标体系构建。

2. 和谐劳动关系评价指标体系具体指标设计

（1）政府层面的和谐劳动关系评价指标

政府层面的和谐劳动关系评价指标主要考查政府在新时代构建和谐劳动关系过程中的主导性作用。在构建和谐劳动关系过程中，政府应当通过制定有效的、合理的政策，充分发挥政府的社会保障职能、管理职能与协调职能。因此，政府层面的和谐劳动关系评价指标如表 1. 2. 1 所示。

表 1.2.1　政府层面的和谐劳动关系评价指标

层面	评价内容	评价指标
政府层面	社会保障职能	社会保险缴纳率
		养老保险参保率
		失业保险参保率
		工伤保险参保率
		医疗保险参保率
		女职工生育保险参保率
		住房公积金缴纳率
	管理职能	劳动监察率
		劳动监察发现问题率
		劳动标准有效率
		保险政策执行监督率
		工资宏观指导有效率
	协调职能	集体合同签约率
		工资集体协商成功率
		劳动关系预警机制建设率
		劳动争议调解率
		工资集体谈判率

社会保障职能、管理职能与协调职能是政府在构建和谐劳动关系方面的主要职能。社会保险缴纳率、养老保险参保率、失业保险参保率、工伤保险参保率、医疗保险参保率、女职工生育保险参保率、住房公积金缴纳率指标反映政府在社会保障方面为构建和谐劳动关系提供的政策支持。劳动监察率、劳动监察发现问题率、劳动标准有效率、保险政策执行监督率、工资宏观指导有效率是政府实现管理职能的重要指标。政府参与构建和谐劳动关系的另一个重要组成部分是充分发挥其协调职能，在本指标体系中，集体合同签约率、工资集体协商成功率、劳动关系预警机制

建设率、劳动争议调解率、工资集体谈判率将作为主要指标来着重考查政府协调职能的作用。

（2）企业层面的和谐劳动关系评价指标

企业层面的和谐劳动关系评价指标主要考查企业在新时代构建和谐劳动关系过程中的策略选择。作为构建和谐劳动关系的重要主体，企业应当响应政府的号召，通过不同的企业策略选择，积极促使和谐劳动关系的实现，即在企业发展与保障劳动者权益之间实现“共赢”，因此，企业层面的和谐劳动关系评价指标如表 1.2.2 所示。

表 1.2.2　企业层面的和谐劳动关系评价指标

层面	评价内容	评价指标
企业层面	企业发展	企业利润增长率
		企业资金利润率增长率
		职工工资收入随企业利润的增长率
		用工成本率
		福利保险支出率
	劳动合同与保护	劳动合同签约率
		劳动合同纠纷发生率
		解雇率
		员工辞职率
		周正常工作时间比率
		重大伤亡事故发生率
	工会与民主管理	工会组织设立情况
		职工入会率
		工会参与企业决策情况
		职代会制度及执行情况
		厂务公开制度及执行情况

在构建和谐劳动关系的过程中，企业应当重视企业发展、劳动合同与保护、工会与民主管理，以求实现企业与劳动者的和谐。企业层面和谐劳动关系需要兼顾企业的发展，也就是说，构建和谐劳动关系绝不是以牺牲企业发展利益来获得的，企业发展是劳动者获得幸福感和自身利益的重要保障。

因此，在企业发展方面，可以从企业利润增长率、企业资金利润率增长率、职工工资收入随企业利润的增长率、用工成本率、福利保险支出率等几个指标综合考查企业的发展能力。在企业发展的同时，构建和谐劳动关系要求企业重视劳动者的劳动合同与保护，劳动合同签约率、劳动合同纠纷发生率、解雇率、员工辞职率、周正常工作时间比率、重大伤亡事故发生率等指标将综合反映企业在劳动合同方面如何对劳动者权益进行保护。同时，工会建设也是企业发展的重要内容，因此，本书的和谐劳动关系评价指标体系将工会与民主管理列入衡量企业构建和谐劳动关系的评价内容，通过考查工会组织设立情况、职工入会率、工会参与企业决策情况、职代会制度及执行情况、厂务公开制度及执行情况等指标，评估企业在工会建设方面为构建和谐劳动关系提供的支持。

（3）劳动者层面的和谐劳动关系评价指标

和谐劳动关系的主要评价指标之一是劳动者的幸福感与获得感，新时代构建和谐劳动关系的目标是劳动者幸福感的提升，因此劳动者层面的和谐劳动关系评价指标重点考查劳动者的工资与福利、满意度、认可度，劳动者层面的和谐劳动关系评价指标如表 1. 2. 3 所示。

表 1.2.3　劳动者层面的和谐劳动关系评价指标

层面	评价内容	评价指标
劳动者层面	工资与福利	工资增长率
		工资发放按时性
		工资分配合理性
		加班工资支付情况
		最低工资制度执行情况
	满意度	工资满意度
		福利满意度
		保险满意度
		公积金满意度
		工作环境满意度
		民主管理满意度
		管理机制满意度
		单位与工会处理劳动争议满意度
	认可度	对企业忠诚度调查
		领导对员工参与的重视程度
		领导对员工建议反馈情况
		对规章制度满意度
		对企业文化的认可度调查结果

劳动者层面的和谐劳动关系评价指标主要体现在劳动者对于工资与福利、对于工作的满意度与对企业的认可度方面。工资与福利是劳动者获得幸福感的物质基础，是构建和谐劳动关系中劳动者层面的重要因素，工资增长率、工资发放按时性、工资分配合理性、加班工资支付情况、最低工资制度执行情况都将直接影响劳动者幸福感。而劳动者的满意度则用于衡量劳动者在构建和谐劳动关系过程中的主观感受，包括了工资满意度、福利满意

度、保险满意度、公积金满意度、工作环境满意度、民主管理满意度、管理机制满意度、单位与工会处理劳动争议满意度几个方面。劳动者对企业的认可度可以通过对企业忠诚度调查、领导对员工参与的重视程度、领导对员工建议反馈情况、对规章制度满意度、对企业文化的认可度调查结果等几个指标综合考查劳动者对于企业构建和谐劳动关系的反馈。

总之，构建中国和谐劳动关系评价指标体系可以从实现和谐劳动关系过程中的政府层面、企业层面与劳动者层面三个角度入手，详尽分析中国构建和谐劳动关系的发展趋势以及所面临的问题，为中国构建和谐劳动关系的路径规划提供理论支撑与实践指导。因此，中国和谐劳动关系评价指标体系如图 1. 2. 1 所示。

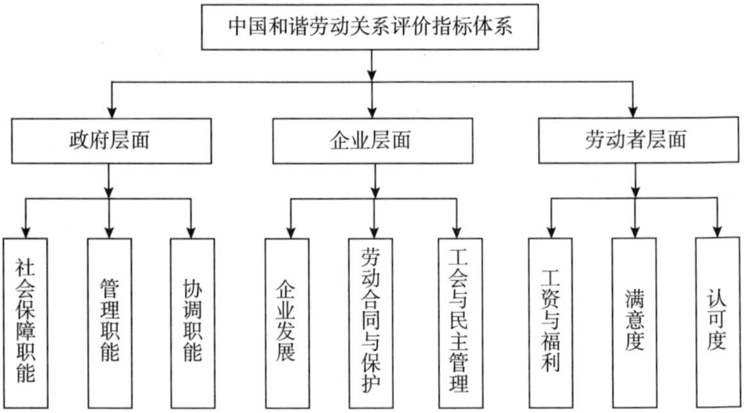

图 1. 2. 1　中国和谐劳动关系评价指标体系

3. 和谐劳动关系评价指标体系的数据来源与处理

本研究从政府、企业和劳动者三个层面着手构建和谐劳动关系评价指标体系，其数据也主要从三个不同渠道获得：首先，政府层面的指标，可以从政府相关部门的统计数据中获得；其次，企业层面的数据，需要从企业的资料中取得；最后，劳动者层面的指标，通过对劳动者进行问卷调查，力图掌握劳动者对政府、企业的满意度与认可度。

同时，在评价指标体系中，由于不同指标所包含的评价信息量不尽相同，因此在建立评价指标体系后，就需要根据评价目标与指标特点给每个指标确定其权重。一般来说，越是与评价目标关系密切的指标，就越应该赋予更大的权重。因此，权重是衡量单个评价指标在整个评价体系中相对重要程度的一个测度，它是评价指标体系中的一个重要因素。本研究采用层次分析法，该方法是目前综合评价实践中应用最广泛的确定权重的方法之一。

4. 中国和谐劳动关系评价指标体系的进一步展望

本研究建立的中国和谐劳动关系评价指标体系从系统整体出发，确保了各个指标能够作为一个有机整体来全面、科学、准确地覆盖和描述中国构建和谐劳动关系的内涵与特征，用系统论的理论和方法，科学地体现中国劳动关系的综合性与系统性，并以评价体系为基础，深入讨论中国构建和谐劳动关系的路径选择。

（1）本研究构建的中国和谐劳动关系评价指标体系可以从多方面分析中国和谐劳动关系的构建问题。3 个二级指标可以综合分析和谐劳动关系构建过程中政府层面、企业层面与劳动者层面的状况。当把劳动者层面二级指标剥离时，可以深层次考查中国和谐劳动关系构建中政府与企业两大主体的互动情况，由于不同区域的经济状况有所不同，例如中国东部、中部、西北与东北在经济指标方面必然有较大的差距，各个省份之间也存在不同省情，劳动者的幸福感与获得感依赖于政府与企业的行为，因此构建和谐劳动关系需要更加客观地评价某个区域或省份的和谐劳动关系建设，而这样的分析，可以在本研究构建的评价指标体系中得到很好的解释。同时，也可以把 3 个二级指标分隔开来分别研究各个区域或省份劳动关系情况。比如，单独分析不同区域或省份劳动者的劳动满意程度，通过计算各区域或省份的劳动者层面的下级指标，可以得到各区域或省份劳动者在劳动幸福感方面的问题，更加详尽地指导中国构建和谐劳动关系的实践。

（2）通过分析中国和谐劳动关系评价指标体系的指标值，可以从整体上把握中国和谐劳动关系构建的潜力；通过分析不同年份的时间序列，可以纵向研究中国整体及各区域间和谐劳动关系的发展趋势；通过分析不同地区间的面板数据，可以横向探索中国各区域间和谐劳动关系的水平差异。也就是说，本研究构建的中国和谐劳动关系评价指标体系可以多方面地考查中国和谐劳动关系构建过程中存在的问题，并通过对各地区的比较得出其差距，以及不同时期的可持续发展水平，通过构建指标体系，综合分析中国和谐劳动关系的发展路径。

（3）构建指标体系不仅可以进行中国构建和谐劳动关系的全面比较分析，更重要的是，可以得到更好的国外发达国家成功经验的参考。通过组织调研、查询发达国家的数据，可以获得国外构建和谐劳动关系方面的参考。也就是说，利用国外构建和谐劳动关系成功经验更好地指导中国的实践，通过其数据得到中国构建和谐劳动关系的榜样指标，通过分析其不同，找到中国与发达国家面临的差距与挑战，通过学习与借鉴国外的经验，更好地规划中国构建和谐劳动关系的路径。与此同时，对于不同类型的区域，本研究构建的评价体系也可以包容多样化发展模式，可以通过不同二级指标的选取，比如单纯政府层面指标或其他层面指标，衡量不同区域的水平，通过比较国际不同类型区域的成功经验，寻找与中国区域发展相匹配的经验，即本研究构建的中国和谐劳动关系评价指标体系支持多样化的分析方向。

（4）构建和谐劳动关系是一个长期的巨大工程，在不断完善发展的过程中，需要考虑政府、企业、劳动者不同主体的利益。也就是说，在实现中国和谐劳动关系的过程中，不同主体通过分析自身的利益，进行策略选择，而和谐劳动关系的构建与发展过程是不同主体的策略互动与博弈过程。通过指标体系的构建，可以基于指标体系数据，系统研究构建和谐劳动关系过程中不同主体的利益关系与策略选择，并运用演化博弈的方法，分析不同主体的策略互动与演化过程，通过建立复制动态（Replicator Dynamics）模型，探索实现中国和谐劳动关系的发展路径。

综上所述，本研究构建的中国和谐劳动关系评价指标体系，可以在深入分析评价指标体系的计算结果的基础上，对中国构建和谐劳动关系进行路径规划，并提出合理的、可操作的政策建议。

五、结论

通过对中国和谐劳动关系评价指标体系的研究，可以得出中国现阶段劳动关系的综合数值，反映中国劳动关系发展现状。通过进行不同层面的计算，可以分析中国构建劳动关系和谐过程中存在的问题，使得国家政策的制定可以做到“对症下药”。同时，中国劳动关系和谐之路需要长时间的努力，指标体系的构建可以在不同时期追踪政策实施的效果，通过指标趋势的变化分析，更加直观地把握构建和谐劳动关系的进程与成效。总之，本研究从理论层面和实践层面探讨中国构建和谐劳动关系评价指标体系与实现路径，这将有助于中国经济社会的和谐、健康、可持续发展。

第三节　技术进步对中国劳动收入份额变动趋势的影响

党的十九大报告指出：我国社会的主要矛盾已经转化为人民日益增长的美好生活需要和不平衡不充分的发展之间的矛盾。同时指出要完善政府、工会、企业共同参与的协商协调机制，构建和谐劳动关系。坚持按劳分配原则，完善按要素分配的体制机制，促进收入分配更合理、更有序。[①]由此可见，合理的劳动收入分配是保证整体收入分配公平的基础，也是构建和谐劳动关系的关键，而劳动收入份额是衡量收入分配合理性的重要指标。

20 世纪 80 年代以来，全球范围内很多经济体的劳动收入份额均出现较大幅度的下降，这一现象引起了学界的广泛关注。进入 20 世纪 90 年代，中国劳动收入份额呈下降趋势以及可能存在的潜在问题引起了国内学者的重视。一些研究者从横向与纵向两方面分析中国的劳动收入份额，一是将同一时间段内中国的劳动收入份额与世界范围内的其他国家进行比较，二是分析中国劳动收入份额随时间的变化趋势。Karabarbounis 和 Neiman（2014）整理了美国、德国、日本和中国自 1975 年以来劳动收入份额的

① 《习近平：决胜全面建成小康社会 夺取新时代中国特色社会主义伟大胜利——在中国共产党第十九次全国代表大会上的报告》，http：//www. gov. cn/zhuanti/2017—10/27/content_ 5234876. htm。

数据，发现中国的劳动收入份额一直低于另外 3 个国家[①]。中国 21 世纪以来劳动收入份额的变化，2000—2007 年从 48. 71% 下降到 39. 74% ，到 2016 年上升为 47. 47% ，呈先降后升的动态变化，但从整体来看仍然有下降的趋势[②]。综合分析可以看出，中国的劳动收入份额偏低，存在劳动收入分配不合理、利润侵蚀工资的可能性。劳动收入主要影响居民的可支配收入与消费能力，这是推动经济高质量发展的内生动力。劳动收入份额的下降会导致贫富差距扩大、消费需求不足，带来严重的经济社会问题。分析劳动收入分配的内在影响机制，是解决劳动收入份额下降的关键。

一、文献综述

国内外学者从理论分析和实证研究两个方面出发，利用国家和地区以及产业层面的宏观数据或企业层面的微观数据对劳动收入份额的影响因素进行综合研究。其具体研究内容及相关结论如下。

1. 产业结构对劳动收入份额的影响

一些学者从产业结构变迁这一视角研究中国等处在工业转型期的经济体，在劳动力由第一产业逐渐转向第二产业及第三产业的过程中，劳动收入份额的变化趋势。因为农业的劳动收入份额一般高于工业，所以产业结构变化是否是发展中经济体劳动收入份额下降的主要原因成为国内外学者重点关注的问题。白重恩和钱震杰（2009）从分析国内劳动收入份额下降的真实

---

① Karabarbounis, Neiman. “The Global Decline of the Labor Share”, The Quarterly Journal of Economics, 2014 (01) .

② 数据来源：《中国统计年鉴》(2001—2017)。

幅度入手，发现农业部门向非农业部门转变这一过程以及工业部门自身劳动收入份额的变化是影响我国劳动收入份额的主要因素。罗长远和张军（2009）通过实证分析，发现了产业结构变化和不同产业内部劳动收入占比的正向相关关系，此外，劳动收入占比的变化情况与地区以及时间都有很大的关系。李稻葵（2009）从理论分析的角度考察了劳动力部门间转移过程中边际生产率的变化，以及这一过程对劳动收入份额的影响。另外也有文献对发达国家的产业结构变动与劳动收入份额之间的关系进行了分析。王晓霞和白重恩（2014）的实证研究结果发现，欧美国家劳动收入份额变化主要是因为不同产业内部劳动收入份额的变动，而中国更多是产业结构本身变动的结果。Elsby et al.（2013）的研究发现，美国劳动收入份额下降大的部门主要是贸易部门与制造业部门。虽然产业结构变化可以很大程度上解释中国从 20 世纪到 21 世纪初劳动收入份额下降的原因，但是不能更好地解释世界范围内发达国家等非转型经济体劳动收入份额的下降，并且缺乏对劳动收入份额上升机制的说明。

2. 技术进步以及技术进步的方向对劳动收入份额的影响

一部分文献基于全球劳动收入份额变化的趋势，分析劳动收入变化的内在影响机制，考察技术进步以及技术进步方向对劳动收入分配的影响。有学者从异质性劳动力的角度出发，分析技能型劳动力对劳动收入份额的影响。Acemoglu（2002，2003，2007）指出有偏向的技术进步对包括要素分配、收入差距在内的宏观经济问题的重要影响，指出不同时间段技能型技术偏向的不同影响，并且分析了过渡期技术进步与要素份额变化。一种要素供给的增加使技术进步绝对偏向该要素并提高其边际产出，引起要素收入分配的变化。Arpaia et al.（2009）通过量化行业变迁的贡献率以及就业市场成分，考察了20世纪欧洲劳动收入份额的动态变化，其研究表明劳动收入份额变化受到供求的相互作用影响，包括资本、不同技能等级的劳动力、技术进步以及不完全竞争的市场结构。对于给定的资本劳动要素替代弹性，技能型劳动力、资本的互补性与劳动收入份额反方向变动。王永进、盛丹（2010）认为技能型劳动力与资本是互补的，而且技能型劳动力在提高劳动者工资的同时，也会提高资本收入份额，这也解释了我国技能型劳动者工资虽然提高，但是劳动收入份额并没有提高的现象。陈勇、柏喆（2018）指出，技能偏向型技术进步作用于技能型劳动者，而这些劳动者工资的地区性差异导致了地区间收入差距。也有学者从不同的角度对劳动收入份额进行分解，研究技术进步对劳动收入份额的影响机制。黄先海、徐圣（2009）对劳动收入份额进行分解，分类研究劳动密集型部门与资本密集型部门的劳动收入比重变化，而劳动节约型技术进步抑制了两部门劳动收入占比的提高，且影响大于资本深化的促进作用。王燕、陈欢（2015）在此基础上引入了政府税收的影响因素，并且得出资本偏向型技术进步是劳动收入份额下降的最主要原因这一结论。姚毓春等（2014）和王林辉等（2015，2018）应用Klump et al.（2007）及León－Ledesma（2010）提出的三方程标准化系统参数估计方法，对要素替代弹性进行估计，通过将劳动收入份额分为产业间效应与产业内效应，测算技术进步偏向型对要素收入份额的定量关系，并从不同的角度给出相关解释。姚毓春等对工业部门数据进行计量分析，发现资本偏向型技术进步是工业部门要素收入份额向资本倾斜的主导原因。王林辉等在得出中国技术进步整体上偏向资本的结论后，采用面板数据门限回归法进一步检验要素禀赋结构、技术进步方向与劳动收入份额之间的关系。此后又从理论的角度建立城乡二元模型分析结构效应与产业效应，并利用中国三次产业的数据进行实证分析，发现有偏向的技术进步对两种效应均产生显著影响。章上峰和陆雪琴（2016）将劳动收入份额分解为技术偏向与市场扭曲两个因素，分别计算贡献率，与其他学者不同的是，他们认为技术偏向对劳动收入份额有正向的作用，而不是导致劳动收入份额下降的原因。还有学者从生产要素对技术进步的作用，进一步对要素收入份额产生影响的角度，考察了劳动收入份额变化的原因。Karabarbounis 和 Neiman（2014）基于 20 世纪 80 年代以来全球主要经济体劳动收入份额大幅下降的事实，分析信息技术使投资品相对价格下降，而使公司更倾向于投入资本而不是劳动力，这解释了大约一半的劳动收入份额下降，并且影响了劳动收入份额的长期变化。而厂商对生产要素比例的调整取决于资本与劳动力这两种生产要素之间的替代弹性。邓明（2018）考虑了资本偏向型技术进步影响要素收入份额的因素以及这些因素是否直接对要素收入份额产生影响，发现要素价格扭曲既可以通过影响技术进步方向对要素收入占比间接产生影响，也可以直接对要素收入占比产生影响。Francisco Alvarez-Cuadrado et al.（2018）基于美国的劳动收入份额下降以及制造业下降幅度大于服务业的事实建立模型来分析原因，结果表明部门间的资本偏向型技术进步和要素替代是影响劳动收入份额的关键因素。

3. 技术进步与其他因素共同影响劳动收入份额

有学者在考察技术进步的基础上引入国际贸易、垄断利润率、劳动者工资谈判能力以及制度等多方面因素，综合考虑技术进步的影响。张莉等（2012）利用75个国家和地区的数据，构建要素相对收入份额方程，证明国际贸易导致偏向型技术进步，而技术偏向进一步对要素收入份额产生重要影响。陈宇峰等（2013）通过构建生产决策模型，发现垄断利润率在短期影响劳动收入份额变动，技术偏向在长期影响劳动收入份额的水平。并通过分析不同经济类型企业要素产出弹性与资本偏向系数，发现国有企业技术偏向资本使整体的劳动收入份额处于相对较低的水平。魏下海等学者（2013）通过分析劳动关系，研究民营企业有无工会对劳动收入份额的影响，发现工会提高劳动生产率的幅度大于提高工资率的幅度导致企业的劳动收入份额下降，而对于要素替代弹性较大的资本密集型企业影响更为明显。张吉超（2016）用资金流量表的方法计算劳动收入份额，发现技术进步对劳动收入份额具有负向作用，而公有制经济的比例对劳动收入份额具有正向作用，工会在一定程度上弥补了劳动者的弱势地位，提高了劳动收入份额。文雁兵和陆雪琴（2018）从市场竞争和制度质量两方面建立劳动收入份额变动模型，实证结果表明市场竞争效应通过技术偏向和资本深化两个渠道成为导致劳动者收入份额下降的主导机制。也有一些学者具体考虑政策制度中的所有制结构及经济类型对劳动收入份额的潜在影响。周明海等（2009）的研究发现所有制结构变化降低了要素扭曲程度，同时提高了经济效率，使劳动收入份额下降。徐明、刘长庚和刘一蓓（2015）结合企业规模、年龄、资产负债率等企业特征，从企业层面证明了全要素生产率对要素收入分配的重要影响。Xun Zhang et al.（2017）利用中国 1978—2012 年的省际数据，发现资本偏向的技术进步导致了收入分配的不公平，并且由于包括中国在内的发展中国家需要引进、模仿发达国家的技术实现经济发展，技术进步方向偏向资本是不可避免的，但是国有企业的就业比重在一定程度上抵消了这一负面影响。

综合分析国内外文献对劳动收入份额影响因素的研究，可以看出技术进步的程度与方向已经成为影响劳动收入分配甚至整个社会收入分配的主要因素，但目前缺少技术进步影响劳动关系及其方向进而影响劳动收入份额变动的专题研究和深入探讨。在已有研究的基础上，本研究将通过对劳动收入份额变化率进行分解，考察技术进步的变动趋势和方向，并引入对劳动关系类型的思考，用要素偏向型技术进步反映劳动力与资本之间的关系，以此分析劳动收入份额变动的内在机制，考察要素收入分配的合理化机制。

二、模型构建

本研究从劳动收入份额的定义出发，将劳动收入份额的变化率进行分解，通过研究生产要素以及要素偏向型技术进步对劳动收入份额变化的作用机制，分析劳动收入份额的影响因素。在研究过程中，假设不存在政府的影响，只考虑市场作用下的初次收入分配过程，以此为依据构建要素市场与劳动收入关系的数量模式，分析技术进步对劳动收入份额产生影响的机制。

1. 劳动收入份额的衡量

劳动收入份额指的是劳动者报酬占总增加值的比重，其中劳动者报酬是指“劳动者从事生产活动应获得的全部报酬，既包括货币形式的报酬，也包括实物形式的报酬。主要包括工资、奖金、津贴和补贴，单位为其员工缴纳的社会保险费、补充社会保险费和住房公积金、行政事业单位职工的离退休金、单位为其员工提供的其他各种形式的福利和报酬等”。[①] 总增加值（Y）为企业在一定时期内创造的价值。此外，资本收入份额（s_k）为固定资产折旧和营业盈余之和占总增加值的比重。劳动者报酬也可以用实际总工资来衡量，即 $w \cdot L$，其中 w 是人均实际工资，L 是劳动者总数。[②] 所以劳动收入份额可以表示为：

$$s_l = \frac{w \cdot L}{Y} = \frac{w}{(Y/L)} = \frac{w}{y} \tag{1}$$

其中，y 表示人均产出。

2. 技术进步的衡量

技术进步可以分为技术进步的数值与技术进步的方向两部分，其中数值表现为一段时间内技术水平的变化程度，而方向则为技术进步的要素偏向型。

将生产函数设定为一般形式：

$$Y = Y[K(t), L(t), t] \tag{2}$$

其中，K 表示物质资本存量，t 表示时间，生产要素资本（K）和劳动力（L）随时间变化。当 t 取任意一个固定的数值 t^* 时，式（2）所表示的生产函数变为静态生产函数：

$$Y = Y[K(t^*), L(t^*), t^*] \tag{3}$$ [③]

① 来自《中国统计年鉴（2018）》第三章中的《统计指标解释》。

② 参考吕冰洋、郭庆旺（2012）的要素成本增加法以及陈宇峰等（2013）的要素法，其中增加值（Y）剔除生产税净额，即为劳动者报酬、固定资产折旧、营业盈余之和。

③ 我们的公式中，K，L 和 t 作为下角标意为对该变量求相应的导数。

Diamond et al. （1963）将技术变化分为技术进步与技术偏向两部分①，表达式如下：

$$T = \frac{Y_t}{Y} = \frac{KY_{Kt} + LY_{Lt}}{KY_K + LY_L} \quad (4)$$

$$D = \frac{\partial\ (Y_K/Y_L)}{\partial\ t} / \frac{Y_K}{Y_L} = \frac{Y_{Kt}}{Y_K} - \frac{Y_{Lt}}{Y_L} = T_K - T_L \quad (5)$$

其中，T 表示由技术进步带来的相同生产要素投入水平下产出的变化率，D 表示资本偏向型技术进步（也是劳动节约型技术进步）②，T_K 表示技术进步带来的资本边际产出的变化率，T_L 表示技术进步带来的劳动边际产出的变化率。

由于 $s_k + s_l = 1$ （6）

假设资本市场的加成系数为 φ_1，反映垄断利润率，劳动力市场的加成系数为 φ_2，反映工人工资谈判能力，φ_1 与 φ_2 的大小关系反映了劳动关系，若 $\varphi_1 > \varphi_2$，表明资本处于优势地位，若 $\varphi_1 < \varphi_2$，表明劳动力处于劣势地位：

$$r = (1 + \varphi_1) Y_K \quad (7)$$

$$w = (1 + \varphi_2) Y_L \quad (8)$$

结合式（4）、式（5）和式（6），可以推出：

---

① Diamond, Peter A. "Disembodied Technical Change in a Two-Sector Model." The Review of Economic Studies, vol. 32, no. 2, 1963, pp. 161 – 168. JSTOR, www. jstor. org/stable/2296060.

② Hicks（1965）对劳动节约型技术进步的原始定义是，当 $\frac{K}{L}$ 不变时，使生产要素边际产出比 $\frac{F_K}{F_L} > 0$ 的技术进步。$D > 0$ 表示技术进步使资本边际产出增长速度大于劳动边际产出增长速度，$D < 0$ 表示技术进步使资本边际产出增长速度小于劳动边际产出增长速度。

$$T_K - T_L = \frac{T - T_L}{s_K} \tag{9}$$ [①]

因为$s_K > 0$，所以$T_K - T_L$与$T - T_L$同号，即D与$T - T_L$同号。

3. 劳动收入份额的分解

首先根据式（1）将劳动收入份额的变化率分解为人均实际工资增长率与人均产出增长率之差，结果如下：

$$\frac{\dot{s}_L}{s_L} = \frac{w}{} - \frac{y}{} \tag{10}$$ [②]

首先，分析人均实际工资增长率。

根据式（8），w 的变化率可以表示为：

$$\frac{w}{} = - e_{LL} \frac{L}{} + e_{LK} \frac{\dot{k}}{k} + T_L \tag{11}$$

其中，$e_{LL} = - \frac{dY_L}{dL}\frac{L}{Y_L}$ 表示劳动边际产出的劳动弹性的绝对值[③]，$e_{LK} = \frac{dY_L}{dK}\frac{K}{Y_L}$ 表示劳动边际产出的资本弹性[④]　。

根据式（6）可得要素市场加成系数与弹性的关系为：

$$\varphi_2 = (1 + \varphi_2) e_{LL} - (1 + \varphi_1) e_{LK} \tag{12}$$ [⑤]

其次，考虑总产出的增长率，根据式（2）、式（6）和式（7）可得：

---

① $T = \frac{Y_T}{Y} = \frac{(1+\varphi_1)\ Y_{Kt}K + (1+\varphi_2)\ Y_{Lt}L}{Y} = T_{KS_K} + T_L S_L$，　$(S_K + S_L)\ T = T_K S_K + T_L S_L$，$(T_K - T)_{SK} = (T - T_L)\ S_L$.

② 我们的公式中，$\dot{x}$ 表示为 x 对时间的导数。

③ L 每增加 1% 导致 Y_L 下降的百分比。

④ K 每增加 1% 导致 $y = \frac{x - x_{\max}}{x_{\min} - x_{\max}}$ 上升的百分比。

⑤ 根据式（6）可以推导出 y，等式两端同时对 i 求导。

$$\frac{\dot{Y}}{Y} = \frac{Y_L}{Y}\dot{L} + \frac{Y_K}{Y}\dot{K} + \frac{Y_t}{Y} = \frac{1}{1+\varphi_2}s_L\frac{\dot{L}}{L} + \frac{1}{1+\varphi_1}s_K\frac{\dot{k}}{k} + T \quad (13)$$

由于 $y = \frac{Y}{L}$，所以人均产出增长率可以表示为：

$$\frac{\dot{y}}{y} = \frac{\dot{Y}}{Y} - \frac{\dot{L}}{L} = -\frac{s_K+\varphi_2}{1+\varphi_2}\frac{\dot{L}}{L} + \frac{s_K}{1+\varphi_1}\frac{\dot{K}}{K} + T \quad (14)$$

结合式（10）、式（11）和式（14），可得：

$$\frac{\dot{s}_L}{s_L} = \left(e_{LK} - \frac{s_K}{1+\varphi_1}\right)\frac{\dot{k}}{k} + \left[\frac{s_K+\varphi_2}{1+\varphi_2} - e_{LL}\right]\frac{\dot{L}}{L} + T_L - T \quad (15)$$

劳动收入份额的变化率可以分解为资本变化率、劳动力变化率和技术进步三部分，在要素变化率为正的情况下，φ_1 越大，劳动收入份额的增长率 $\frac{\dot{s}_L}{s_L}$ 越小；φ_2 越大，劳动收入份额的增长率 $\frac{\dot{s}_L}{s_L}$ 越大①，其中 $T_L - T$ 与 D 符号相反，$T_L - T$ 为正表示技术进步为劳动偏向型，$T_L - T$ 为负则表示技术进步为资本偏向型。

要素市场完全竞争时，可以作为式（15）的一种特殊情况，此时要素报酬等于边际要素产出，且有 $\varphi_1 = \varphi_2 = 0$，根据式（12）此时 $e_{LL} = e_{LK}$。式（15）变为：

$$\frac{\dot{s}_L}{s_L} = (e_{LL} - s_K)\frac{(\dot{K/L})}{(K/L)} + T_L - T = (e_{LL} - s_K)\frac{\dot{k}}{k} + T_L - T \quad (16)$$

其中，k 表示人均物质资本存量，$\frac{\dot{k}}{k}$ 为人均资本变化率，反映资本深化的速度。此时，劳动收入份额的变化率 $\frac{\dot{s}_L}{s_L}$ 可以分解为

---

① 其中 n，因为 m，所以 $X = (x_{ij})_{m\times n}$，x_j 越大，x_{ij} 越大。

$(e_{LL}-s_K)\cdot\frac{\dot{k}}{k}$ 和技术进步 T_L-T 两部分，$(e_{LL}-s_K)$ 可以看作乘数，在 $\frac{\dot{k}}{k}>0$ 时，$(e_{LL}-s_K)>1$ 时强化人均资本的作用，$0<(e_{LL}-s_K)<1$ 时弱化人均资本的作用。

4. 劳动关系的影响

劳动关系是影响要素偏向型技术进步的内在因素。劳动关系作为生产关系的核心部分，是指“劳动”与“资本”的关系，同时体现资本雇佣劳动过程中所产生的利益关系。[①] 虽然数量关系模式中并没有直接体现劳动关系这一变量，但是可以把劳动关系作为外生变量，考虑在不同的劳动关系类型下，劳动关系对技术进步的作用机制，以及进一步对劳动收入份额产生的影响。

劳动关系可分为非合作型劳动关系与合作型劳动关系两种。其中，非合作型劳动关系是指“劳资双方缺乏足够的信任，各自利用自身的某种优势以不妥协的方式来争取各自的最大利益，从而无法通过充分的交流达成互利性妥协和稳定的劳资协议”；合作型劳动关系是指“劳资双方有足够的信任，通过充分协商，达成了互利性妥协和相对稳定的劳资协议，建立了维持这种妥协和稳定的机制”。[②]

劳动关系影响着企业的技术选择与要素投入。在非合作型劳动关系下，资本家希望提高利润，会想办法增加资本的边际产出，并在尽可能获得更多有效劳动的情况下尽可能降低工资，雇佣廉价劳动力；或者减少对工人的雇佣，用机器设备等代替工人

① 此处参考刘凤义（2012）和骆桢、张衔（2018）的定义。

② 引用骆桢、张衔（2018）的定义。

劳动。工人希望提高自己的收入，尽可能少地付出有效劳动，消极怠工，这时劳动的边际产出会减少。根据前文对要素偏向型技术进步的定义，这时更有可能发生的是资本偏向型的技术进步，会降低劳动收入份额。另外，资本家为了防止工人在工资谈判过程中处于有利地位，不会对工人进行技能知识等方面的培养。这对工人来说是降低了劳动力价值，对资本家来说是降低了有效劳动的获取，对整个社会来说是阻碍了生产力的提高。在合作型劳动关系下，双方可以通过谈判协商机制，对劳动强度与劳动收入达成共识。企业会注意对劳动力质量的需求，提高工人的相关知识技能，获得更多的有效劳动，并付给工人合理的工资，使劳动力价值得到充分实现。劳动力价值实现程度提高，会降低劳动争议的发生，也在这方面解决了相关机会成本。[①] 在这种状况下，工人为了继续获得这份工作以及这份工作所带来的收益，会更加主动地工作。这时，劳资双方达到一种均衡，要素收入份额会维持在相对稳定的水平上，同时要素的边际产出会提高，这也有利于社会整体生产力水平的提高。[②]

从整体上来看，如果劳资双方是非合作型的关系，双方都希望借用自己的优势获得自身利益最大化，这时双方的利益相互冲突，所以双方很难达到平衡状态，要素收入分配必然会向在两方关系处于强势地位的一方倾斜。相反，如果劳资双方是合作型的关系，双方可以通过协商等方法，达到互惠互利的妥协，并形成相对稳定的劳动协议，这时双方的利益相互依附，可以通过合作建立和谐的劳

---

① 参考于桂兰、宋冬林（2009）的观点。

② 在要素市场不完全竞争时，p_{ij} 与 $H = -\sum_{i=1}^{n} p_{ij}\ln p_{ij}$ 作为要素市场分别的加成系数同样受到劳动关系的影响。但不是我们的研究重点，不作进一步讨论。

动关系，保证相对合理的要素收入分配。

三、实证分析

1. 数据来源与指标说明

本研究的原始数据来自《中国国内生产总值核算历史资料》(1952—2004)、《中国统计年鉴》(2006—2017) 和《中国劳动统计年鉴》(1995—2017)。

劳动收入份额 (s_L) 与资本收入份额 (s_k)：利用生产总值收入法构成项目中的数据计算得到①。

劳动人数 (L)：选择各年底的就业人数。

物质资本存量 (K)：利用永续盘存法计算得到。$K_t = K_{t-1}(1-\delta)+\frac{I_t}{p_t}$，其中 δ 为折旧率，I_t 为固定资产投资，我们选取指标为固定资本形成总额，p_t 为对应的价格指标②。基期 K_0 的计算与 δ 的选取遵照张军等 (2009) 的说明③。

人均实际工资 (w)：人均工资除以用 1994 年作为基期的 CPI 指标得到。

2. 劳动边际产出的劳动弹性的估计

对劳动边际产出的劳动弹性进行估计时，用实际工资代替劳动的边际产出，并引入物价水平这一解释变量④，作为衡量工资

---

① 不把生产税净额纳入 GDP 的直接创造。

② 此处为固定资产投资的价格指标。

③ 张军、吴桂英、张吉鹏：《中国省际物质资本存量估算：1952—2000》，《经济研究》2009 年第 10 期。

④ 此处参考黄先海等 (2009) 的做法。黄先海、徐圣：《中国劳动收入比重下降成因分析——基于劳动节约型技术进步的视角》，《经济研究》2009 年第 7 期。

变化的指标。

一方面，对实际工资（w）、劳动人数（L）和物价水平（P）三个变量取对数，并采用 ADF 方法，对 $\ln w$ 、$\ln L$ 和 $\ln P$ 三组时间序列的平稳性进行检验，检验结果如表 1.3.1 所示。

表 1.3.1　时间序列平稳性检验

序列名	常数项	趋势项	滞后阶数	临界值①	ADF 统计量	是否平稳
$\ln w$	有	无	4	-2.630	-2.218	否
$d\ln w$	有	无	1	-3.000	-3.148	是
$\ln L$	有	无	2	-3.000	-0.983	否
$d\ln L$	有	无	8	-3.000	-5.859	是
$\ln P$	无	无	1	-1.950	3.803	否
$d\ln P$	有	无	1	-3.000	-4.112	是

另一方面，检验变量间的协整关系，结果如表 1.3.2 所示。即检验表明变量之间存在一个协整关系，因此可以利用最小二乘法建立计量方程②。通过计算，并不断删除在 5% 的水平下不显著的变量③，得到如下方程：

$$\ln w = -1.3794\ln L + 5.7346\ln P + 11.27489$$

$$(-5.93)\qquad (19.52)\ (2.14)$$

$$R^2 = 0.9611 \qquad \bar{R}^2 = 0.9571$$

从估计结果中可以看出来，$e_{LL} = 1.3794$ 。

① 因为 $i = 1,2,\cdots,m$ 这一时间序列按照由大到小的取值最后一阶的滞后阶数在 5% 的水平上一直不显著，所以 $j = 1,2,\cdots,n$ 这一时间序列的临界值为 10%，其他时间序列的临界值为 5%。

② 此处参考黄先海等（2009）的做法。黄先海、徐圣：《中国劳动收入比重下降成因分析——基于劳动节约型技术进步的视角》，《经济研究》2009 年第 7 期。

③ $M = (x_{ij})_{m\times n}$ ，j，i 以及它们的差分项。

表 1.3.2　协整关系检验

原假设	trace test	5%的临界值
$r=0$	34.7281	34.55
$r\le 1$	15.3084	18.17
$r\le 2$	3.0427	3.74

3. 劳动收入份额变化率的分解

由于要素市场的加成系数更多受到外部环境，如政府政策以及工会力量等的影响，所以在实际进行计算的过程中，我们在不考虑要素市场势力，即假设要素市场为完全竞争市场的情况下，分析技术进步的数值和方向对劳动收入份额变化率的影响。此时劳动收入份额的变化率为：

$$\frac{\dot{s}_L}{s_L}=(e_{LL}-s_K)\frac{(\dot{K/L})}{(K/L)}+T_L-T=(e_{LL}-s_K)\frac{\dot{k}}{k}+T_L-T \tag{16}$$

反映技术进步的部分 T_L-T 可以用余量的形式通过 $\frac{\dot{s}_L}{s_L}$ 减去 $(e_{LL}-s_K)\frac{\dot{k}}{k}$ 求得。表 1.3.3 给出了 1995—2016 年将 $\frac{\dot{s}_L}{s_L}$ 分解后的计算结果，由于部分数值偏小，所以计算结果保留 4 位小数。

表 1.3.3　劳动收入份额变化率分解情况

	$\frac{\dot{s}_L}{s_L}$	$e_{LL}-s_K$	$\frac{\dot{k}}{k}$	$(e_{LL}-s_K)\frac{\dot{k}}{k}$	T_L-T	$(e_{LL}-s_K)\frac{\dot{k}}{k}$ 贡献率	T_L-T 贡献率
1995	0.0242	0.9657	0.0067	0.0065	0.0178	0.2666	0.7334
1996	0.0027	0.9673	0.0120	0.0116	-0.0089	0.5665	-0.4335
1997	0.0051	0.9703	0.0173	0.0168	-0.0117	0.5896	-0.4104

续表

	$\frac{\dot{s}_L}{s_L}$	$e_{LL}-s_K$	$\frac{\dot{k}}{k}$	$(e_{LL}-s_K)\frac{\dot{k}}{k}$	T_L-T	$(e_{LL}-s_K)\frac{\dot{k}}{k}$ 贡献率	T_L-T 贡献率
1998	0.0030	0.9721	0.0304	0.0296	-0.0265	0.5271	-0.4729
1999	-0.0096	0.9665	0.0329	0.0318	-0.0414	0.4347	-0.5653
2000	-0.0210	0.9545	0.0403	0.0385	-0.0594	0.3930	-0.6070
2001	-0.0060	0.9511	0.0501	0.0477	-0.0537	0.4703	-0.5297
2002	-0.0143	0.9451	0.0644	0.0608	-0.0713	0.4603	-0.5397
2003	-0.0324	0.9274	0.0824	0.0764	-0.1088	0.4126	-0.5874
2004	-0.1332	0.8629	0.0897	0.0774	-0.2107	0.2687	-0.7313
2005	-0.0031	0.8615	0.0960	0.0827	-0.0858	0.4909	-0.5091
2006	-0.0143	0.8547	0.0999	0.0854	-0.0997	0.4614	-0.5386
2007	-0.0266	0.8423	-0.1113	-0.0937	0.0671	-0.5829	0.4171
2008	0.0859	0.8858	0.1473	0.1304	-0.0445	0.7455	-0.2545
2009	0.0605	0.9184	0.1599	0.1469	-0.0864	0.6295	-0.3705
2010	-0.0434	0.8960	0.1511	0.1354	-0.1788	0.4309	-0.5691
2011	-0.0012	0.8954	0.1381	0.1237	-0.1249	0.4976	-0.5024
2012	0.0138	0.9026	0.1278	0.1153	-0.1016	0.5317	-0.4683
2013	0.0112	0.9084	0.1203	0.1093	-0.0983	0.5264	-0.4736
2014	0.0091	0.9133	0.1080	0.0987	-0.0895	0.5243	-0.4757
2015	0.0321	0.9313	0.0984	0.0916	-0.0596	0.6061	-0.3939
2016	-0.0028	0.9295	0.0912	0.0848	-0.0876	0.4920	-0.5080

首先，通过 $\frac{\dot{s}_L}{s_L}$ 这一列数据的显示结果，可以看出来1995—2016年劳动收入份额的变化率一直偏低，且1999—2007年、2010年、2011年和2016年的变化率为负，这成为劳动收入份额下降的原因。其次，第三列的 $e_{LL}-s_K$ 在数值上都是大于0小于1

的正数，而第四列 $\frac{\dot{k}}{k}$ 数据除 2007 年外都是正数，说明 1995 年以来资本不断深化，且对劳动收入份额产生正向影响，$e_{LL} - s_K$ 作为乘数对资本深化的作用有所抑制，但是根据绝对值来看抑制效果不大，劳动边际产出的劳动弹性 e_{LL} 越大，抑制作用越小，当 $e_{LL} - s_K > 1$ 时开始对资本深化对劳动收入份额增长起促进作用。第六列 $T_L - T$ 除 1995 年与 2007 年外都是负的，结合上文的分析可知技术进步方向偏向资本且对劳动收入份额产生负向影响。从技术进步方向对劳动收入份额变化率的贡献率来看，大体呈现先降后增的情况。

计算结果表明，除 2007 年外，各年的人均资本积累都比前一年有所提高，所以资本深化部分促进劳动收入份额提升，贡献率大小呈先增后降的趋势，从 26.66% 增加到 74.55%，再减少为 49.20%；而技术进步除 1995 年及 2006 年外均为资本偏向型，抑制劳动收入份额增长，技术进步的贡献率大小呈先降后增的趋势，从 73.34% 降低到 25.45%，再提高为 50.80%。资本偏向型技术进步抑制劳动收入份额增长，劳动偏向型技术进步促进劳动收入份额增长。

中国的劳动收入份额虽然从 2008 年开始有所增长，但是与发达国家相比仍然处于较低水平，且劳动收入份额增长率很低。而技术的资本偏向型也体现了劳动关系中资方强而劳方弱，在技术进步的过程中，一方面，工资增长率小于技术进步的增长率，使得劳动收入份额相对下降；另一方面，技术进步偏向资本一方使得要素收入分配进一步向资本一方倾斜。

四、结论

本研究从劳动收入份额的定义出发，将劳动的收入份额的变化率进行分解，构建技术进步对劳动收入份额产生影响的模型。在要素市场不完全竞争时，劳动收入份额的变化率可分为资本变化率、劳动力变化率与技术进步三部分，并由生产要素变化率、要素边际产出的劳动弹性、要素市场的加成系数和技术进步共同决定。要素收入份额的倾斜方向取决于生产要素市场中资本与劳动力的关系，在劳动力增长、人均资本积累提高的情况下，工资谈判能力对劳动收入份额具有正向影响，而垄断利润率对劳动收入份额具有负向影响，垄断利润率提高会侵蚀分配过程中的劳动收入份额。

在要素市场完全竞争时，劳动收入份额的变化率可分解为资本深化与技术进步两部分，受到资本深化程度、劳动边际产出的劳动弹性以及技术进步的影响。这种情况下也可以更为直观地分析技术进步对劳动收入份额的作用。计算结果表明，资本偏向型技术进步抑制劳动收入份额增长，劳动偏向型技术进步促进劳动收入份额增长。1995—2016 年中国的技术进步，除 1995 年及 2006 年两年外，呈现资本偏向型，且对劳动收入份额的增长起反向作用。而资本深化促进劳动收入份额增长，除 2007 年外，资本深化部分一直对劳动收入份额起正向作用。

劳动关系通过影响要素市场的加成系数以及技术进步的数值和方向，对劳动收入份额起到重要的作用。如果劳动与资本是非合作型关系，资本方强势就会提高垄断利润率，降低工人工资，而劳动力强势就会利用组织以及工会的力量，减少有效劳动的支出并迫使企业提高工人实际工资，不论哪一方处于相对优势的地位，都会损害到另外一方的收入分配，难以保持长期稳定的关系。而劳动与资本如果可以保持合作型关系，资本方可以保证工人合理的工资水平，劳动方可以保证有效劳动的支出，在这种和谐的劳动关系下，既可以保证要素收入分配的合理，也能够促进经济平衡稳定发展。

在工业 4.0 时代，技术进步对经济发展的影响越来越重要，同时也带来了潜在的收入分配不均，导致贫富差距扩大的可能性，这是发展中国家与发达国家共同面临的问题。推动技术进步的根本因素就是知识型、技能型人才，如何提高劳动力质量，促进劳动生产率提高，同时建立合理的劳动报酬分配机制是解决收入分配问题的关键。本研究的研究结果表明，改变技术进步的要素偏向型对提高劳动收入份额起到重要作用。此外，构建利益互相依存的合作型劳动关系可以解决要素调整收入分配，在不侵占资本应得利润的基础上，可以提高劳动收入在整体收入中的比重，优化整体的收入分配机制。通过提高居民整体收入水平，为经济增长提供消费上的动力，促进经济健康发展。

第四节　新中国成立以来产业工人队伍的发展状况

产业工人是工人阶级的重要组成部分，是工人阶级中发挥支撑作用的主体力量，是创造社会财富的中坚力量。新中国成立以来，产业工人大军在中国的建设和改革历程中发挥了不可替代的作用。时代造就了产业工人特殊的历史地位，也赋予了他们特别的时代荣光。伴随着改革开放历史进程尤其是经济体制的深刻变革，产业工人队伍的构成、地位、特征都发生了演进和变迁，呈现出崭新的时代属性。目前，中国改革已进入攻坚期和深水期，在着力发挥市场配置资源基础性作用的前提下，在国际分工合作竞争性重构、人工智能和智能制造等高科技技术井喷、城镇化建设加快的大背景下，对新中国成立以来中国产业工人队伍发展进行历史性研究，关注他们的社会命运，追踪其历史流变轨迹，探讨其未来可能走向，成为理论研究不可或缺的问题域和主要内容。重视产业工人风貌，深化产业工人认同，有利于加强对产业工人队伍的依靠和信任，为中国特色社会主义事业和中华民族伟大复兴打下坚实的执政基础和群众基础；也有利于《新时期产业工人队伍建设改革方案》的具体落实和执行，为推动产业工人队伍建设夯实研究基础和理论自信，为促进产业工人队伍发展提供精神动力和智力支持。

无论是经济基础的调整还是上层建筑的变更，都可以深刻地改变一国的经济和社会结构，影响产业结构的变化和阶级结构的变化，进而影响生产力的主体——劳动者的变化。因此，工人阶级队伍的发展变化必然回溯于生产力的发展水平以及相应的生产关系的性质、诉诸生产关系在基本阶级关系上的表现。新中国成立至今，随着生产力的发展和经济体制的不断调整，经济社会结构不断调整，社会成员的经济身份和社会身份不断被更迭，社会分层和整合遵循着一个非均匀的高速度在进行着。其中，中国产业工人队伍的结构变化尤其巨大、深刻，这又对我国经济、社会、文化等各个方面的发展产生了不可忽视的深远影响。因此，所有的产业工人队伍研究都不可避免地被打上了时代的烙印，各个时期的研究成果也都不可避免地暗含相应时期产业工人队伍状况的时代特征。本研究立足于新中国成立以来不同历史时期生产力和生产关系的阶段性现实，通过综述时代背景下的数据史料、制度政策、实证结论，梳理与产业工人队伍的规模、构成、特点和动态演化相关的研究成果，发现产业工人队伍发展的历史轨迹、演化原因和时代特征。

一、计划经济体制下兼具经济地位和社会身份的产业工人大军（1949—1978）

1. 不断扩充的产业工人数量

从马克思和恩格斯整个思想体系来看，他们通常所论述的无产阶级，主要是指与大机器工业相联系的现代工业无产阶级，即产业工人。在中国，《辞海》将产业工人定义为“在现代工厂、矿山、交通运输等企业中从事集体劳动生产，以工资收入为生活来源的工人”。

西方无产阶级的结构比较清晰、简单，产业工人无论是从质上还是量上都占了绝对的优势。[①] 在20世纪40年代，英国产业工人已占全国人口的78%，其他西方资本主义国家的情况也大抵如此。在历史同期处于半殖民地半封建社会的中国，经济比较落后，工业无产阶级主要分布在东南沿海等铁路、矿山、海运、纺织、造船五种产业中，其中大部分处在外资产业的奴役下。与西方不同，中国整个无产阶级的结构较为复杂，产业工人在无产阶级中的占比并没有特别的优势。1925年，毛泽东同志在《中国社会各阶级的分析》中确定了近代中国无产阶级的范畴，既包括工业无产阶级即现代产业工人，还包括大量的城市苦力、手工业的雇佣劳动者、商店店员、农村雇工（农村无产阶级），甚至包括游民无产者（失去了土地的农民和失去了工作机会的手工业工

---

① 王亚楠：《中国半封建半殖民地经济形态研究》，北京：人民出版社，1957年。

人）。其中，中国新生产力的代表者、革命运动的领导力量、近代中国最进步的阶级——工业无产阶级人数不多。新中国成立初期，中国的现代产业工人队伍数量仅有 390 万人，在整个工人阶级中约占 48.8%，在城镇居民人口中仅占 6.8%。[①]

新中国成立后，产业工人统计数据增长的两个跳跃点分别是社会主义改造的完成和工业化的起步。

1949 年，中国的基本经济模式是有公有私、公私兼顾，私营工业企业有 1213 万家，总资产占全国工业企业总产值的 61.13%，职工人数达 164 万多人，占全国工业企业职工总数的 53.17%。[②] 1952—1957 年，个体经济在国民收入中的比重从 71.8% 降为 2.8%，私营经济从 6.9% 几乎降为 0。[③] 到 20 世纪 50 年代中期社会主义改造完成后，私营企业在中国不复存在，很多劳动者被纳入了社会主义劳动者范畴。到 1956 年底，中国产业工人的数量达到了 4651 万人。[④]

随着工业化建设的开始推进，产业工人人数开始较快增长，绝对人数和相对人数都进一步扩大了。到 1978 年，全国共有 7000 余万名产业工人，占社会从业人员的比重为 18% 左右。[⑤] 产业工人的分布也改变了原来集中于沿海沿江大中城市的状况，中西部的产业工人队伍得到迅速发展。据奚广庆（1986）的研判，新中国成立初期，东部地区的产业工人约占全国的 60.5%，到

① 张永康：《中国工人阶级的地位和作用》，北京：中共中央党校出版社，1991 年。

② 刘苓玲、晋利珍：《论我国企业劳动关系的历史变迁与趋势》，《中国劳动关系学院学报》2006 年第 6 期。

③ 宇剑：《对我国私营企业的分析与思考》，《红旗文稿》1996 年第 8 期。

④ 张伟：《中国工人阶级 60 年》，《瞭望》2009 年第 18 期。

⑤ 《中国劳动统计年鉴（1999）》，北京：中国统计出版社，1999 年。

1978 年，东西部几乎各占一半。[①]

在这个时期，中国的经济社会结构十分单一——1978 年工业总产值只有国有工业产值（77.6%）和城乡集体工业产值（22.4%）两部分。[②] 相应地，阶级结构也非常简单——中国的无产阶级队伍只剩下工人阶级和农民阶级两大阶级以及知识分子阶层，形成了“二阶级一阶层”。[③]

2. 有计划的劳动关系

1956 年后，产业工人都活跃在国营企业和集体企业里，由国家有计划地对劳动力进行合理安排（祝慈寿，1999）[④]。国家、企业和产业工人的劳动关系遵循国家“统包统配”的指标制劳动力用工制度、固定工终身就业制度和固定等级工资制度，劳动关系呈现行政化特色。常凯（1995）认为，这一时期的政府是劳动关系的法律主体，劳动关系是一种“劳动行政关系”。[⑤] 用人单位无权以生产的需求来自主确立、实施雇佣行为，劳动者没有选择职业的自主权，工人和企业之间没有关于工资条件和就业条件上的谈判必要，劳动关系建立后，工资分配、保险福利都由国家的政策进行统一调整。根据乔健（2007）对计划经济体制下产业工人劳动关系的研究，1956 年，全国职工中的固定职工人数占到职工总数的 91%；到 1971 年，大量的临时工、合同工开始转化成为全民所有制固定工，国家统一制定工资标准、工资形式和晋

---

① 奚广庆：《中国工人阶级》，北京：北京出版社，1986 年。

② 宇剑：《对我国私营企业的分析与思考》，《红旗文稿》1996 年第 8 期。

③ 李培林：《当代中国和谐稳定》，北京：社会科学文献出版社，2013 年。

④ 祝慈寿：《中国工业劳动史》，上海：上海财经大学出版社，1999 年。

⑤ 常凯主编：《劳动关系 · 劳动者 · 劳权：当代中国的劳动问题》，北京：中国劳动出版社，1995 年。

升体系，劳动力终身制的特征十分明显。[①] 在企业内部，产业工人负责生产劳作，管理者负责执行政策和传达政策，管理者和工人只是社会分工不同，身份没有任何差异，即使是领导干部，和工人阶级的工资差距也较小。在20世纪60年代前后，政府在招募工人、工资与奖金、社会保障和福利制度等方面进行了一些微调，尝试了劳动合同制，并在1962年10月的文件《中共中央、国务院关于当前城市工作若干问题的指示》中强调，目前凡是有条件实行计件工资的，实行计件工资；没有条件实行计件工资的，要认真改进计时工资和鼓励办法，一般可以试行节约提成奖。不过，随着“文革”的开始，生产、用工、分配全部由政府计划支配。

3. 有身份有地位有保障的产业工人

“单位”是国家政治、经济和社会体制的基础（路风，1989[②]；李汉林，1993[③]；李猛等，1996[④]），非财产所有权型的社会分层制度体系就是“身份制”（李强，2004[⑤]），绝大部分社会成员的生存依赖于单位（孙立平，2003[⑥]）。

在政府干预私营和公私合营企业的工人招聘、工资分配，完成社会主义改造后，几乎全部劳动者都同时为自己和为社会劳

---

① 乔健：《略论我国劳动关系的转型及当前特征》，《中国劳动关系学院学报》2007年第2期。

② 路风：《单位：一种特殊的组织形式》，《中国社会科学》1989年第1期。

③ 李汉林：《中国单位现象与城市社区的整合机制》，《社会学研究》1993年第5期。

④ 李猛、周飞舟、李康：《单位：制度化组织的内部机制》，《中国社会科学季刊》（香港）1996年秋季卷（总第16期）。

⑤ 李强：《转型时期中国社会分层》，沈阳：辽宁教育出版社，2004年。

⑥ 孙立平：《断裂：20世纪90年代以来的中国社会》，北京：社会科学文献出版社，2003年。

动，工人和企业之间已经不仅仅是雇佣的关系。工人阶级是领导阶级，产业工人是工人阶级的主体力量，他们是生产资料的共同所有者，既是企业的员工，又是工厂的主人翁。工人阶级在获得社会资源方面比其他阶级阶层处于更有利的地位，无论是入党、参军、入学、就业、社会交往乃至婚姻等方面，工人特别是全民所有制企业的工人，都有着其他阶级阶层无法比拟的优越感。单位制度下的“职工”标签本身就代表体制认同、政治身份、社会地位，是产业工人隐性的高级福利。

当时产业工人的有形福利供给也处于较高水平。在 1956 年实行固定工资制度后，全国实行“低工资、多福利、高就业”的政策。职工在发生生、老、病、死、伤、残等情况下，可以按照一定的条件和标准享受一系列相应的劳动保障待遇。除个体劳动保障待遇外，由于企业是国家的企业，职工是国家的职工，因此员工福利同样呈现集体性的泛政治化特征。企业同时承担着规范国家与职工之间以及职工之间的政治、社会关系的多方面职责，承办了本应由社会化经营主体或公共机构承办的各种社会服务职能。

总而言之，党的十一届三中全会以前，由于中国的重工业刚开始起步，在国有经济中直接从事物质资料生产的产业工人是创造社会物质财富的中坚力量，企业干部和职工的发挥空间差别不大，工作条件和生活条件差别也不大。在中央高度集权、以行政手段配置社会资源的计划经济体制下，产业工人的经济收入和福利呈现重精神因素、轻物质因素，重公平、轻效率的特征；在非经济层面，产业工人作为中国工人阶级的大多数，位列“主人”地位。

二、社会主义市场经济改革浪潮中的产业工人队伍（1978—2012）

1. 社会主义市场经济起步期：1978 年至 20 世纪 90 年代初

在社会主义计划经济体制下，国家已经初步奠定了工业化基础，建立了较为完整的工业经济体系，已经培育出了规模较大的产业工人群体。1978 年改革开放伊始至 20 世纪 90 年代初，中国的产业结构发生了很大的变化，第一产业从业人数减少，第三产业服务部门迅速发展，劳动力从第一产业逐渐开始流向第二产业、第三产业，传统产业工人数量继续平稳增加。根据《中国统计年鉴（1999）》按行业统计的职工人数显示，1978—1993 年，我国产业工人队伍规模持续增长，不过增长率基本逐年下降。

此时，产业工人队伍发展最明显的特征并不是劳动力从传统农业向工业部门的转移，一部分农民向工人身份的转变，而是计划经济体制下的产业工人群体逐渐向劳动力市场化的产业工人群体转变，与之相伴的是社会阶层结构的重新整合与社会利益的重新调整。桉苗（1988）①、柏宁湘（1993）②、贾云泉（1997）③、王培林（1999）④、仇立平等（2007）⑤ 等众多学者纷纷对转型期

---

① 桉苗：《试论社会主义初级阶段我国工人阶级的状况和作用》，《科学社会主义》1988 年第 1 期。

② 柏宁湘：《现阶段我国工人阶级内部矛盾及变化趋势浅析》，《社会科学》1993 年第 6 期。

③ 贾云泉：《试析中国社会阶级阶层结构及利益格局的变化》，《社会科学战线》1997 年第 6 期。

④ 王培林：《社会转型期中国工人阶级地位的变化》，《广东社会科学》1999 年第 4 期。

⑤ 仇立平、顾辉：《社会结构与阶级的生产、结构紧张与分层研究的阶级转向》，《社会》2007 年第 2 期。

工人阶级的地位和结构、利益格局和内部矛盾等展开了相关研究，相关研究结论可以概括为四点。

（1）产业工人的数量分布和收入水平分布发生大幅变化。

部分产业工人离开公有制企业，流向非公有制企业。从20世纪80年代开始，中国在所有制方面进行了重大战略调整，公有制一统天下的格局被打破，各种非公有制经济成分逐渐出现，促使中国产业工人队伍的所有制分布发生了重大变化。随着对非公有制经济的支持力度不断加大，三资企业不断创立、家庭联产承包责任制改革后乡镇企业如雨后春笋般出现、私营企业数量逐渐增加，公有制为主体、多种经济形式并存的格局形成，非公有制经济开始容纳越来越多的劳动者。据郭致本（1988）统计，1986年我国全民所有制和城镇集体所有制职工人数为12809万人，三资企业职工人数已达52.4万人，乡镇企业职工人数已达4391.53万人，1987年底，私营企业职工人数约为184万人。[①] 朱庆芳（1989）在《改革中我国社会阶级阶层结构的变化》中也对当时不同所有制企业中工人的数量进行了统计分析，结论类似。[②]

工人队伍内部出现收入水平结构性不平衡。20世纪90年代，中国经济体制改革继续向纵深推进，产业工人队伍的分布随着所有制格局的调整继续转变，同时整个产业工人群体的收入和福利差距迅速拉大，阶层分化明显，出现结构性失衡。首先，非公有制企业工人收入更高。尤其是在引进外资政策惠及的经济特区和沿海城市里，三资企业促进了地方经济的增长，扩大了就业，使

① 郭致本：《论社会主义初级阶段工人积极的历史地位和使命》，《中国劳动关系学院学报》1988年第3期。

② 朱庆芳：《改革中我国社会阶级阶层结构的变化》，《党校论坛》1989年第7期。

产业工人队伍迅猛扩大，加快了技术进步和产业升级，企业也取得了较好的经济收益。王培林（1999）研究了1992年中国各种所有制企业职工的工资收入水平，发现三资企业职工的平均工资比国有企业职工高50%—60%，比城镇企业职工高1倍多。其次，受开放政策和产业分布影响，不同地域的经济发展水平出现差距，东部地区的GDP甚至高出数倍于西部地区，率先进入现代化和工业化的中级阶段。东部和中西部人均收入差距扩大的直接原因，就是产业工人的收入差距拉大。最后，在更为微观的层面上，工人与企业形成利益共同体，工人的收入与所在企业的效益息息相关，垄断企业和流通企业的职工收入明显较高。即使是公有企业内部，即国有企业和集体企业间，工人收入也产生了较大的差距。国有单位职工相比集体企业的职工来说，得到了更多和更广泛的利益。①

（2）产业工人身份去行政化。

随着计划经济体制时期的身份制和单位制逐渐解体，产业工人的劳动关系转向社会主义市场经济体制下的劳动关系合同化。在企业层面，1978年至1986年底，放权让利成为国有企业改革的基本思路，企业经营自主权中就包括一直由政府严格控制的用工权。1984年，《关于经济体制改革的决定》开始对国有企业的工资制度进行效益工资制改革。1988年，《全民所有制工业企业法》明确规定全民所有制企业拥有独立的经营权，实行厂长（经理）负责制，企业有权录用、辞退员工，有权确定工资形式和奖金分配办法。1990年，劳动部提出企业工资总额管理执行“国

① 边燕杰主编：《市场转型与社会分层——美国社会学者分析中国》，北京：三联书店，2002年。

家宏观调控、分级分类管理、企业自主分配”的目标模式，强化企业自主分配。1992 年，国家要求各省市试行全员劳动合同制，实行范围包括企业干部、固定工人、劳动合同制工人及其他工人，固定工制度走向终结。在产业工人层面，1980 年，中央提出“劳动部门介绍、自愿组织起来就业和自谋职业相结合”的就业方针，开辟了多渠道就业的新格局。1986 年，国务院发布《国营企业实行劳动合同制暂行规定》，规定企业和新增员工双方均享有自主权利、须签订劳动合同，劳动报酬、保险和福利由企业在合同中自行确定。1993 年以后，统包统配的就业政策被废除，劳动力流动的限制被打破，工人在不同岗位与单位之间的流动逐渐增多。

随着传统劳动用工制度、分配制度被打破，劳动关系双方转为独立的市场经济主体，企业选聘用人与工资确定机制市场化。在市场化的工资决定机制调节下，产业工人与用工企业在劳动力市场讨价还价，个体的劳动能力、企业的经济效益、企业工资总额之间形成挂钩机制。

同时，20 世纪 90 年代初，工人工资、社会保险以及福利待遇等领域的国家政策改革，使传统产业工人的资源再分配优越性降低。1991 年，国务院发布《关于全面推进城镇住房制度改革的意见》，实行住房市场化、货币化。在之后的一段时间，国有企业下属非生产性资产也逐步得以重新移交划拨，传统的以单位为主体的保障体系被打破，原有职工生活福利被取消，一个独立于企事业单位之外的社会保障系统逐步建立起来，传统产业工人逐渐走向市场化的社会保障体系。

产业工人的身份发生去行政化之后，社会偏重于以市场化工资收入等“非身份指标”[1] 衡量工人个体和群体的经济地位。收入较少、对企业经营参与较少的产业工人，尤其是国有企业和集体企业的工人感到社会地位下降了。“主体”和“非主体”产业工人的经济地位、社会地位提升不平衡。

（3）产业工人群体开始与管理人员、技术人员在收入上产生差距。

现代化生产的发展，一要靠管理体制改革，二要靠科学技术。社会主义市场经济体制的建立，使国有企业逐步成为市场中的商品生产者和经营者；企业管理方式的变化，使经营管理者和工程技术人员的作用越来越突出。工人阶级内部的阶层结构和关系相应有了新发展。

桉苗（1988）根据工人阶级成员的利益关系，将工人阶级队伍划分为产业工人群体、工程技术人员群体、科技人员群体、管理人员群体四个群体。其中前三个群体又构成了“被管理人员群体”，与“管理人员群体”构成竞争和合作的矛盾关系。在计划经济体制下，工人的阶级意识与认同被身份认同和单位认同所取代，并没有出现如资本主义财产私有制下的资本—劳动对立的阶级意识。但在社会主义市场经济体制下的公司制企业中，工人在企业中直接面对的不再是最初决定他们工作和福利的政府，而是企业的经营者。[2] 管理者群体和被管理者群体虽然都是生产资料的共同占有者，是国家和企业的主人，但是管理者对生产资料拥有更直接的支配权和使用权，一般的工人群众和知识分子只是被

---

① 李强：《改革开放 30 年来中国社会分层结构的变迁》，《北京社会科学》2008 年第 5 期。

② 李琪：《改革与修复——当代中国国有企业的劳动关系研究》，北京：中国劳动社会保障出版社，2003 年。

支配、被领导的商品生产者，也是被动接受劳动分工和考核、被动接受利益分配的群体。加之部分企业干部官僚主义严重，存在以权谋私、与民争利的行为，侵犯了工人的合法权益，引起了工人群众的强烈不满，因此一些行业企业出现劳动关系紧张，工人与管理层对立的状况。

随着教科文事业在中国成立后30多年的发展，知识分子的大多数已成为工人阶级的一部分，产业工人队伍的文化技术素质即使普遍偏低，但也不乏一批一流专家和科技人才。掌握高精尖技术、高学历高职称的员工凭借脑力劳动，对企业盈利和社会生产力发展作出了贡献，获得了远高于体力工作者的工资性收入。技术专家与生产一线的工人开始产生收入分化趋势。

（4）产业工人生产积极性出现下降。

改革实践推动了生产、活跃了经济，也给产业工人的生活水平带来了明显的改善。广大职工是改革最热忱、最积极的支持者，工人阶级也依然是最先进最革命的阶级。但是，部分职工对改革的认识出现了偏差，对各种方案评价不高甚至持否定态度，认为让一部分人先富起来是开历史的倒车。这反映了增量改革中短期获利不均导致的收入分配问题。随着产业工人身份的去行政化、重经济化，“大老板”“暴发户”等私营企业主和歌星、影星的冲击大于先进工人、劳动模范的影响，一些工人出现压抑情绪和冷落感，主人翁意识淡薄，关心个人多过关心企业，对职代会参与感和信任感缺失。这促使耿鸿福、于炜（1990）[1]，何春

① 耿鸿福，于炜：《影响产业工人积极性提高的原因及其对策》，《党政论坛》1990年第3期。

祥（1990[①]，1994[②]）等对影响产业工人积极性的原因和对策进行了研究，呼吁从重塑产业工人阶级主人翁地位、完善保险救济制度、改善收入分配水平、增强企业职工的民主参与意识和途径等方面发挥工人的生产积极性，推动社会主义改革和建设事业继续向前发展。

2. 队伍再形成时期：20 世纪 90 年代中期至 2012 年

1993 年，中国政府成功实施了宏观经济调控，经济实现了软着陆，通货膨胀得到了遏制，同时启动了我国市场化经济体制转型的关键时期。学者沈原（2007[③]）主张用马克思的阶级分析理论和方法来研究转型期的中国工人阶级和中国社会。他主要吸取了布洛维和波兰尼等的理论成果，例如坚持工人阶级的历史地位和历史作用，坚持生产中心性的立场和观点（Burawo，2000[④]），强调随着市场原则通行于整个社会，并在政治、文化和社会领域发挥作用，人类基本的生计模式（livelihood）发生了“大转变”（Polanyi，1977[⑤]）。有理由认为，由于在社会主义阵营的各个国家中，还发生了从社会主义计划经济体制向市场体制的“第二次大转变”，两次转变的叠加导致中国国家内部的阶层分化和矛盾复杂化，深刻地改变了工人阶级的生存状况。

随着中国社会主义市场经济体制改革的推进，随着中国经济

① 何春祥：《也谈全心全意依靠工人阶级》，《思想政治工作研究》1990 年第 9 期。

② 何春祥：《敬业危机，给企业亮出了“黄牌”》，《思想政治工作研究》1994 年第 12 期。

③ 沈原：《市场、阶级与社会：转型社会学的关键议题》，北京：社会科学文献出版社，2007 年。

④ Burawo. M，“The Sociology for the Second Great Transformation”，Annual Review of Sociology，2000（26）.

⑤ Karl Polanyi，The Livelihood of Man，New York，Academic Press，Inc.，1977.

越来越被裹挟进全球化的旋涡中，整个社会的生计模式、基本的社会安排和社会框架以及阶级、阶层结构都发生了变化与重构，[①]这为研究工人阶级的历史命运和历史作用提供了视角。刘建洲（2009）[②] 等对中国工人阶级的再形成展开了历史研究。在再形成视角上研究转型期产业工人队伍发展大体都沿着两条主线展开，第一条是对原国有企业职工的研究，主要是对国有企业转制造成的国企职工的下岗、失业、日常生活和抗争意识的研究，刘建洲（2009）认为，这是传统产业工人边消解、边再形成的重要一环；第二条是对于农民流动的研究，相当多的文章和著作探讨了农民工的迁徙、工作和生活状况，当补充进农民工的血液时，工人阶级的队伍就得以壮大了。这些研究都为工人阶级的再形成提供了必要的前提和丰厚的基础资料。

第一条主线，即国有单位和集体企业里的传统产业工人逐渐分化为社会主义市场经济下的合同制工人与下岗职工，职工总数下降，传统产业工人成为城镇失业人口的主体。

经历了扩大企业经营自主权、利润递增包干和承包经营责任制等改革后，从党的十四届三中全会开始，中国国有企业改革进入制度创新和结构调整阶段。自 1995 年党的十四届五中全会通过《中共中央关于制定国民经济和社会发展“九五”计划和 2010 年远景目标的建议》以来，国企改制有了新思路，其中两个主要方面即“减员增效”与“抓大放小”的战略方针，意在通过下岗分流、兼并破产的结构调整来增强国有经济活力。由于

---

① 沈原：《社会转型与工人阶级的再形成》，《社会学研究》2006 年第 2 期。

② 刘建洲：《传统产业工人阶级的“消解”与“再形成”——一个历史社会学的考察》，《人文杂志》2009 年第 6 期。

同时实行了劳动者自主就业、市场调节就业、政府部门促进就业的就业方针，转型期传统产业工人的数量规模、劳动关系和经济社会地位都相应发生了根本性的变化。“抓大放小”带来的企业改制浪潮使原来的国有和集体企业工人一部分直接转化为私营企业工人，继而要面对福利降低、工作条件恶化的风险；“减员增效”直接导致职工大规模下岗，他们加入社会劳动大军，在劳动力市场中继续分化为工厂中的普通劳动者、专业技术人员、个体工商户、第三产业的服务人员以及失业者。按照劳动和社会保障部的统计，1996 年末中国下岗人数为 8147998 人，2000 年末下岗人数为 9113104 人，城镇失业登记人数率从 1996 年开始一直维持在 3.0% 以上，到 2003 年末，城镇登记失业率达到 4.2% 。这直接导致国有单位与集体单位的职工人数大幅度减少。1989 年中国尚有国有单位职工 10109 万人，1998 年降为 8809 万人，2004 年则减少到 6710 万人。

经济体制转轨时，计划经济体制遗留了机构臃肿、人浮于事、重复建设、经济结构和产业结构失调等问题，同时期的社会主义市场经济体制不健全、社会保障体系未完善，这给劳动关系带来了极大的冲击。一系列学者从此角度出发，研究了下岗职工的收入问题、城镇贫困人口问题、失业治理等问题。王朝明（2000）认为，因企业亏损和结构性调整而下岗的职工、企业破产的失业职工、企业停产或半停产的在职职工、退休职工以及他们的家属，都成为城镇的新增贫困人口，同时社会保障制度的社会化和市场化进程没有同步，社会保障体系脆弱、社会分配不公。①

① 王朝明：《中国城镇新贫困人口论》，《经济学家》2000 年第 2 期。

这一阶段，传统产业工人在身份上发生了某种退化，从计划经济体制下在政治上被赋予特殊含义的固定工群体转化为劳动力市场中的被雇佣者。下岗职工的流动趋势是，一部分向上流动，大部分处于城市阶层结构的中低层，还有一部分沦为贫困阶层，直接进入失业人员群体。陆学艺（2004）认为，这使传统产业工人群体的经济社会地位下降。[①] 但是，与此同时，丧失“身份”的下岗工人重新进入市场寻找工作，在与改制后的企业和其他类型企业重新签订劳动合同、形成雇佣劳动关系时，与民营企业和外资企业中的合同制工人，与通过劳动合同形成劳动关系的劳动者在经济地位上一致，政治地位上趋同。谢桂华（2006）实证探讨了中国市场化改革对下岗、再就业和收入回报的影响，发现在改革前影响工人福祉的企业所有制类型、级别、规模不再对工人的下岗和再就业产生影响。[②]

2007 年，中国基本完成国有企业下岗职工基本生活保障制度向失业保险制度并轨，这标志着改革后城镇职工身份转变工作基本结束。当年，《劳动合同法》《就业促进法》《劳动合同法实施条例》都开始颁布执行，改革的“阵痛期”已经基本结束，社会主义市场经济下的劳动关系走上正轨。

第二条主线，即大量农民工群体补充进产业工人大军并成为产业工人队伍的主体。农民工广义上既包括在本地乡镇企业“离土不离乡”务工的农业户口人员，也包括进入城镇务工的“离土又离乡”的农业户口人员。狭义上仅指身在城市从事非农业工作的农业户口的工人。从 20 世纪 80 年代开始，随着我国家庭联产

① 陆学艺：《当代中国社会流动》，北京：社会科学文献出版社，2004 年。
② 谢桂华：《市场转型与下岗工人》，《社会学研究》2006 年第 1 期。

承包责任制的实施，农村剩余劳动力问题凸显。随着农业和农村经济结构的调整、工业化的推进和城镇化的提速，随着户籍制度的松动和农民进城务工的限制逐步放开，大量农村剩余农民离开土地、走向城市，跟传统产业工人一样同第二产业、第三产业的企业签订用工合同，靠工资收入养家糊口，形成了中国特有的“民工潮”。2002 年，农业部数据显示，全国外出就业的农村劳动力超过 9400 万人。2003 年，城乡企业的农民工总数为 1.3 亿人，农民工的数量超过了传统意义上的、主要由城镇居民构成的产业工人，中国工人队伍的结构已发生显著变化。2004 年的“中央一号文件”指出，“进城就业的农民工已经是产业工人的重要组成部分”。2009 年，中国农民工的数量接近 2.3 亿人。

2003 年，李培林主编的《农民工：中国进城农民工的经济社会分析》收录了李汉林、李培林、孙立平、王春光等的一系列文章，对农民工流动与城市化的关系、农民工进城与就业的关系、农民工的流动和社会变化等问题进行了探讨。① 杨云善（2005）② 从经济学视角出发，对涉及农民工的一些重大理论和实践问题进行了较为深入的研究，考证了农民工问题的由来、演变、集中表现等，认为农民工已经成为现代化建设的一支重要力量。总的来说，来自中国特殊的二元制结构的农民工队伍与城镇职工最大的不同是“农民”身份，他们在进城务工时仍保留农村户籍。在劳动关系上，农民工和城镇职工的法律地位一致，但是却有福利收入上的差别。比如，农民工没有平等机会获得以户籍

① 李培林主编：《农民工——中国进城农民工的经济社会分析》，北京：社会科学文献出版社，2003 年。

② 杨云善：《中国农民工问题分析》，北京：中国经济出版社，2005 年。

为前提的招工就业，一般难以享受城镇住房公积金；在部分改革不到位的地方，他们的社保待遇与城镇职工有差距；一些用工企业对农民工拖欠工资、超时劳动、人身伤害等侵权现象多有发生；随迁子女教育缺乏保障；等等。由此，学术研究开始围绕农民工福利问题广泛展开。张晖、何文炯（2007）[①] 及毕可影[②]（2010）等学者对农民工权益保护问题的学术成果进行了梳理，对农民工社会保障问题的研究进行了总体述评。陆学艺（2004）就此展开了深入研究，从社会属性上对此进行了总结，认为“农民工与中国工人阶层还存在不少差距，特别是社会身份上还没有真正被归属于工人阶层……大量农民工还被排斥在工会之外。农民工更没有被纳入国家的社会福利和保障体系，享受不到与工人同等的社会保障和福利待遇”。现实中农民工一度是低工资、高工时、高风险的默默承受者，虽然整个群体的平均文化水平不够高、收入不够多、组织不够得力，但也有共享发展成果的权利。几乎所有研究者都在呼吁同步推动城镇化，放宽户籍限制，共享便利和资源，平均劳动保障和社会福利。李迎生（2002）认为应当对进城农民工和乡镇企业职工实行阶段性相对独立的社会保险制度；[③] 郑功成（2002）提出应该分类分层按顺序保障农民工的权益；[④] 杨立雄（2003）认为应该将农民工纳入农村的社会保障

① 张晖、何文炯：《进城、流动与保障——农民工社会保障问题研究综述》，《浙江大学学报》（人文社会科学版）2007 年第 2 期。

② 毕可影：《农民工社会保障问题研究述评》，《劳动保障世界》（理论版）2010 年第 8 期。

③ 李迎生：《从分化到整合：二元社会保障体系的起源、改革与前瞻》，《教学与研究》2002 年第 8 期。

④ 郑功成：《农民工的权益与社会保障》，《中国党政干部论坛》2002 年第 8 期。

制度中。[①] 随着对农民工的权利研究逐渐深入细化，谢建社、胡世光（2009）对农民工政治权利保障的现状与问题进行了研究[②]，郭兴全、屈晓东（2011）对新生代农民工市民化路径进行了探讨[③]；李培林、李炜[④]（2010）基于中国社会状况综合调查数据对农民工的经济状况和社会态度的一致性进行了研究。对农民工的称谓变化也反映了社会对农民工群体的关注。学者张富良（2003）[⑤]、谢建社（2005）[⑥] 等多次在各种期刊报纸上发表文章，指出农民工是中国工人阶级的新成员，新产业工人是中国农民工的历史归宿。2007 年，汪勇总结了农民工称谓的历史演变，表示随着社会转型和城市化的完成，有关农民工及其区别于市民的各种歧视性称谓都必将随着社会的发展而成为历史。[⑦]

三、新时代产业工人队伍的发展（党的十八大至今）

党的十八大以来，经过改革的阵痛和时代浪潮的锤炼，在新时代中国特色社会主义的历史方位下，产业工人就业率、工资增长率、社会保险覆盖水平和养老保险统筹水平都稳中向好，劳动争议总量和涉及人数双双回落。经济新常态、稳增长、调

---

① 杨立雄：《建立农民工社会保障制度的可行性研究》，《社会》2003 年第 9 期。

② 谢建社、胡世光：《农民工政治权利保障的现实思考》，《探求》2009 年第 1 期。

③ 郭兴全、屈晓东：《新生代农民工市民化路径探讨》，《农业经济与管理》2011 年第 4 期。

④ 李培林、李炜：《近年来农民工的经济状况和社会态度》，《中国社会科学》2010 年第 1 期。

⑤ 张富良：《农民工：中国的新产业工人》，《重庆社会科学》2003 年第 3 期。

⑥ 谢建社：《新产业工人阶层：社会转型中的“农民工”》，北京：社会科学文献出版社，2005 年。

⑦ 汪勇：《“农民工”称谓的历史演变及其启示》，《南京社会科学》2007 年第 11 期。

结构、转方式对劳动队伍和劳动关系产生着持续的、温和的影响。

当前，中国社会主要矛盾已转化为人民日益增长的美好生活需要和不平衡不充分的发展之间的矛盾，在产业工人队伍群体上表现为中国劳动年龄人口的数量、低成本劳动力的数量、高技术高知识高素质产业工人的数量与“制造强国”战略宏伟蓝图之间的矛盾。王艳霞（2018）强调，产业工人不仅缓解了新中国成立以来各时期的主要矛盾，更是新时期主要矛盾的缓解者和矛盾解决程度的评判者，必须深化产业工人队伍建设研究。① 2017 年，中共中央、国务院印发《新时期产业工人队伍建设改革方案》，就产业工人队伍建设改革进行谋划和部署，要求把提高职工队伍整体素质作为一项战略任务抓紧抓好，建设宏大的知识型、技能型、创新型劳动大军。本部分内容针对新时期对产业工人的新要求、新关系、新任务展开研究。

1. 经济新形势对我国产业工人队伍素质提出了新的要求

近五年，我国经济运行存在稳中有进、结构不断优化升级的趋势，新技术革命和新产业革命正在孕育。新动能培育已取得显著成效，新技术、新产品、新业态、新模式持续涌现，战略性新兴产业占国内生产总值的比重逐渐超过 10%。高新技术企业为社会提供了大量新的就业岗位，其中知识型、技术型工人的需求不断增加，受教育水平和技能水平逐渐成为劳动者最重要的竞争条件。从“用工荒”到“技工荒”的转变表明，我国产业结构转型升级急需一批高技能、高素质

① 王艳霞：《深化产业工人队伍建设研究——基于新时代我国社会主要矛盾变化的视角》，《山东工会论坛》2018 年第 4 期。

的产业工人队伍。

马克思指出，随着资本主义生产方式的发展，生产劳动和生产工人的概念扩大了，靠脑力劳动创造精神产品的工人扩展了产业工人的内涵和外延。早在20世纪90年代前后，国内学者就对知识经济发展对产业工人队伍的冲击进行了各种国际比较研究。李世军（1986）分析了联邦德国经济发展和技术革命中工人阶级的变化，认为培训的新工人能够集生产、维修、编制电脑程序多项技能于一身，新就业的蓝领工人已经是一代新兴的熟练工人和技术工人①。张华荣（1998）指出，人类正在步入一个以知识（智力）资源的占有、配置、生产、分配和使用（消费）为最重要因素的“经济时代”，知识经济形势要求产业工人的劳动技能转为以智力和知识为基础，在20世纪90年代的发达资本主义国家，熟练工人的就业数量增加了，与高技术相关的高工资就业增加了，受过高等教育的工人的失业率更低了。② 毛禹权（1999）编译了西班牙学者恩卡纳·加西亚·巴莱拉在西班牙现代化进程中对社会结构、产业机构和劳工状况的分析研究，说明经济发展、产业升级、科技革命给全球经济体带来的冲击是类似的，随着工业社会开始向服务社会转变，产业工人部分成为服务业工人，随着第三次工业革命的展开，产业工人队伍分化为高技能、高报酬的技术工人和低技能、体力为主、易被替代的工人群体。③ 周光召在中国科学院1995年度工作会

---

① 李世军：《联邦德国在经济发展和技术革命中工人阶级的变化》，《共运资料选译》1986年第2期。

② 张华荣：《〈资本论〉与知识经济》，《马克思主义与现实》1998年第5期。

③ 毛禹权：《西班牙学者谈西班牙的社会变革和现代化》，《国外理论动态》1999年第12期。

议开幕式上指出，掌握最新科技成就的人员素质和质量将决定一国在世界上的竞争态势。国家劳动部通过“学历文凭和职业资格证书并重制度”对产业工人素质进行了政策性引导。彼时产业工人素质不高、后继乏人，成为困扰中国工业尤其是制造业发展的跨世纪之忧。[①] 1995 年，国家劳动部职业技能开发司司长李亨业指出，现在工人的文化素质、身体素质较以前有很大提高，但岗位技术素质、职业道德和劳动纪律明显下降。随着农民工群体加入产业工人群体，加之职业教育培训体系不完善，我国在长时间内面临着技术工人匮乏、产业工人整体素质下降的困境，表现为熟练技工地区性短缺和结构性短缺。

在全面深化改革的新时期，产业结构升级、技术改造持续、落后产能淘汰、新兴产业快速发展，这对产业工人的综合素质提出了更高更新的要求。党的十九大报告明确指出，产业工人是《中国制造 2025》战略的主要实施者，是产业转型升级发展的攻坚手，是新时代大国工匠的预备役，也是国家脱贫攻坚战略的关键点，必须培养一支高学历、高技能、高素质的产业工人队伍。近年来，针对产业工人素质提高出现了一批研究文献，如林忠侯（2014）[②]、孙海涛（2017）[③]、龚惠文（2017）[④]、吕明义

---

① 黄海、浦树柔：《产业工人素质确实堪忧！》，《瞭望新闻周刊》1995 年第 17 期。

② 林忠侯：《关于加强职业培训提升产业工人队伍素质的几点思考》，《就业与保障》2014 年第12 期。

③ 孙海涛：《新时期产业工人队伍素质提升的路径探析》，《工会理论研究》2017 年第 5 期。

④ 龚惠文：《构建产业工人技能形成体系造就一支高素质的产业工人队伍》，《中国工运》2017 年第 9 期。

（2018[①]，2019[②]）、周卫健（2019）[③] 等。黄临、吴丽华（2017）[④] 和戚永宏（2018）[⑤] 等倡导发挥工会职能作用，建设高素质产业工人队伍。赵薇（2018）认为职工技能提升的路径仍在企业里。[⑥]

中国产业工人技能形成中存在在职教育与培训不够完善、人才队伍结构不合理、职业技能鉴定与职业标准开发进程相对缓慢等问题。和职业技能认证体系、单位制和“师徒制”培养体系等方式相比，职业教育在产业工人培养过程中起着至关重要的作用。党的十八大以来，职业教育作为优秀产业工人培养的主要手段得到了快速发展。但是，既有职业教育培养的产业工人仍然一定程度上缺乏优秀产业工人必备的精益求精的精神。劳动力市场的结构性失衡对传统产业工人技能培训提出了严峻挑战，加快发展现代职业教育、创新发展职业教育已非常迫切。刘丽冰（2014）[⑦]、庄西真（2014）[⑧]、张清郁（2017）[⑨] 等学者都对职业

---

① 吕明义：《提升技能素质 加强产业工人队伍建设改革》，《工人日报》2018 年 5 月 8 日第 7 版。

② 吕明义：《提升技能素质 促进产业工人队伍建设改革》，《工友》2019 年第 2 期。

③ 周卫健：《开展大国工匠评选和表彰 全面提升产业工人素质》，《中国勘察设计》，2019 年第 3 期。

④ 黄临、吴丽华：《推动新时代产业工人队伍建设改革工会肩负着义不容辞的重要职责》，《中国工运》2017 年第 11 期。

⑤ 戚永宏：《在建设高素质产业工人队伍中发挥工会职能作用》，《中国工运》2018 年第 8 期。

⑥ 赵薇：《企业助力职工技能提升的路径》，《工会博览》2018 年第 11 期。

⑦ 刘丽冰：《发达国家产业工人职业教育模式及其启示》，《现代企业》2014 年第 6 期。

⑧ 庄西真：《职业教育与中国新产业工人队伍的培养》，《职教论坛》2014 年第 1 期。

⑨ 张清郁：《职业教育之优秀产业工人培养模式研究》，《教育现代化》2017 年第 6 期。

教育和中国产业工人培养之间的关系、模式进行了深入研究。邵程林、袁敏、王书静（2019）对德、美、日三国的职业教育模式进行了分析，认为我国需要突破职业教育与技能培训贯通衔接的瓶颈，促成“互联网+”环境下职业教育与技能培训的升级，加大对新生代农民工技能升级的投入与保障等方面加大改革力度。①

2. 新时代构建和谐劳动关系

党的十八大以来，随着城镇化不断推进、户籍制度改革措施陆续出台、劳动法治进一步落实，农民工待遇有了明显提高。劳动用工制度、工资收入分配制度已经逐渐法治化、正规化、成熟化，劳动关系也呈现出运行市场化、类型多样化、主体利益清晰化、调整法治化等鲜明特点。劳动用工更加规范，劳动条件不断改善，社会保险全面覆盖，人文关怀日益加强。

进入新的发展时期，产业工人行业分布持续变动，新产业、新行业成为工人就业的重要载体。随着供给侧结构性改革、新旧产能转换、加快淘汰落后产能，传统支柱产业改革重组势必造成一大批职工转岗就业，其中不少人年龄偏大，转业转岗能力差，就业难问题将更加突出，结构性和摩擦性失业或将增多；新常态下国际分工结构重构对我国的劳动密集型、外向型经济产生了不利影响，农民工出现了返乡创业的浪潮。因此，劳动关系的局部问题和矛盾依然突出，劳动争议多发，集体停工和群体性事件仍有发生，构建和谐劳动关系仍然是一项长期、复杂、艰巨的任务。2015 年，酝酿四年的中共中央、国务院《关于构建和谐劳动关系的意见》公布，要求不断完善构建和谐劳动关系的各项机

---

① 邵程林、袁敏、王书静：《新时代我国产业工人技能形成的升级路径研究——基于德、日、美三国职业教育与培训经验》，《高等职业教育探索》2019 年第 3 期。

制体制。在学术研究方面，杨亚莉（2013）[①]、张百卉（2018）[②]分别对新时期国有企业的劳动关系问题进行了探讨。韩喜平和周颖（2016）[③]认为，在新常态下解决国有企业劳动关系问题时，政府引导是重要保障，劳资力量均衡是基础条件，集体协商是重要机制。与此同时，李恩平、钱媛（2016）对私营企业集体劳动关系预警指标体系进行了研究[④]。李亚雄、苟延峰（2015）基于广东省问卷调查研究了中小私营企业劳动关系的多维困境及平衡机制[⑤]。周歆栋（2019）就新时期私营企业构建和谐劳动关系的策略进行了研究[⑥]。张赢方（2019）对新时期中国农民工的发展之路展开了研究，建议在应对经济新常态时，农民工或与企业抱团取暖，或参加技能培训，或回到农村寻找落脚之地，应当构建新的制度框架，着力保障新就业形态下农民工的劳动权益，以技能促就业、以公共服务促融入。[⑦] 李兴家等（2018）以济南市为例分析了新技术、新产业、新业态、新经济模式对产业工人就业稳定性、产业工人技能、传统劳动关系协调模式

---

① 杨亚莉：《刍议新时期国有企业劳动关系》，《劳动保障世界》（理论版）2013年第11期。

② 张百卉：《经济新常态下国有企业和谐劳动关系的构建》，《劳动保障世界》（理论版）2018年第11期。

③ 韩喜平、周颖：《新常态下国有企业和谐劳动关系的构建》，《理论探索》2016年第1期。

④ 李恩平、钱媛：《私营企业集体劳动关系预警指标体系研究》，《中国劳动关系学院学报》2016年第1期。

⑤ 李亚雄、苟延峰：《中小私营企业劳动关系的多维困境及平衡机制——基于广东省问卷调查的实证分析》，《经济问题》2015年第6期。

⑥ 周歆栋：《私营企业构建和谐劳动关系的策略研究》，《劳动保障世界》（理论版）2019年第9期。

⑦ 张赢方：《新时期中国农民工发展路在何方》，《中国劳动保障报》2019年6月11日第003版。

提出的挑战。①

3. 新时代中国劳动关系的新特征

新时代中国劳动关系呈现一些新的时代特征：自动化和人工智能技术的快速发展必然会对普通劳动力产生部分替代，这势必引起组织形式和雇佣模式的巨大变革，给劳动关系带来不确定性的影响；随着互联网深刻改变着整个社会的经济结构和生活形态，数字技术和分享经济催生了更加多样的就业形态，工作方式更加灵活化，工资形式更加多样化，工作和生活的界限被打破，一些从业者自身承担了更多的市场风险和更加有弹性的社会福利水平。在这种新的经济形态下，劳动关系更加模糊化，相关的法律保障仍在探索中。在经济下行期，企业转型、转产、撤并现象增多，欠发工资、欠缴社保等导致劳资纠纷多发。若是劳动争议发生在新经济业态中，由于劳动关系不明晰，劳动者一般处于弱势地位，因此，急需加强政府对平台的监管，完善新就业形态中的劳动关系制度和政策。

在社会主义市场经济体系中，劳动者流动存在隐性阻隔，值得更多的关注。虽然户籍改革已经在进行中，但房价物价、身份权利、子女教育、医疗资源、公共服务等成为农民工融入城市的隐性门槛，农民工的转制成本、传统户籍的影响依然明显。

① 李兴家等：《新技术新产业新业态新模式蓬勃发展对产业工人队伍的影响及对策建议——以济南市为例》，《山东工会论坛》2018 年第 2 期。

第 二 章

政府治理与劳动关系

包含法律、行政法规及规范性文件等在内的一系列劳动关系政策文件，从政府治理的角度构成了我国劳动关系的制度框架。对劳动关系政策文件的系统梳理是回顾与总结新中国成立以来我国劳动关系政策演变的前提基础。本章对党和政府在不同时期围绕劳动用工、工资福利、工会职能、人事关系、社会保障、劳动保护与监察、劳动争议处理等劳动关系具体事项发布的主要法律法规和重要规范性文件进行集中整理，以期通过梳理，为系统研究新中国成立以来我国劳动关系政策演变及相关问题提供依据和参考。

第一节　新中国成立至社会主义改造基本完成（1949—1956）

1949 年 10 月，新中国成立了专门负责劳动工作的劳动部，负责草拟有关劳动关系协调、工资福利、劳动保护、失业救济、职工教育等一系列政策文件。加强对劳动者的保护，逐步改善劳动者在劳动中所处的不利地位，是这一时期我国劳动关系政策的基本出发点，在此基础上，新中国成立初期颁行的劳动关系政策文件主要集中在以下四个方面：其一，废除一切压迫工人阶级的劳动制度，保障职工的政治权利与经济权利，建立职工广泛参与的企业民主管理制度；其二，提高工资标准，改进劳动条件，建立劳动保护制度，逐步改善劳动者的物质文化生活水平；其三，加强失业救济，缓解失业问题；其四，在协调私营企业中劳动关系的基础上，实现对私营经济的利用、限制和改造。

一、“公私兼顾、劳资两利”的劳动关系政策

新中国成立初期，在国营经济、合作社经济、私人资本主义经济、个体经济和国家资本主义经济等多种经济成分并存的格局下，由 1949 年 9 月 29 日中国人民政治协商会议第一届全体会议通过的《共同纲领》所提出的“公私兼顾、劳资两利、城乡互助、内外交流”，以“达到发展生产，繁荣经济之目的”的中华人民共和国经济建设的根本方针，[①] 成为当时我国劳动关系运行与协调的关键政策。《共同纲领》对新中国成立初期的劳动问题作了若干原则性的规定，具体包括：在国营企业中实行工人参与生产管理的制度，建立厂长领导下的工厂管理委员会；在私营企业中应由工会代表工人与资方订立集体合同，以实现“劳资两利”原则；所有公私企业一般应实行 8 小时至 10 小时的工作制；人民政府应按各地各行业情况规定最低工资，逐步实行劳动保障制度，保护青工女工的特殊利益，实行工矿检查制度以改进工矿的安全和卫生设备等。1950 年 4 月，政务院批准了《劳动部关于在私营企业中设立劳资协商会议的指示》等文件，[②] 这些文件在贯彻和深化“发展生产、劳资两利”的方针基础上，通过提出保护资方、强调劳资协商的政策，促进了劳方工资福利和劳动条件的改善，以及资方独立经营权与利润率的保障，在私营企

① 吴承明等：《中华人民共和国经济史》（第 1 卷），北京：中国财政经济出版社，2001 年。

② 中共中央文献研究室、中央档案馆：《建国以来刘少奇文稿》（第 2 册），北京：中央文献出版社，2005 年。

业中初步建立了“民主的、平等的、两利的、契约的、新的劳资关系”。这些文件的出台，标志着劳资协商会议制度在全国的正式推行。

二、统包统配的劳动用工制度

面对新中国成立初期严峻的就业形势，1950 年 6 月，政务院发布了《关于救济失业工人的指示》，规定企业雇用员工需向劳动介绍所申请，由劳动介绍所统一调配，这一时期政府的失业救济与就业安置政策实际上构成了我国计划经济体制下统包统配劳动用工制度的雏形。同年 7 月，劳动部颁布《救济失业工人的暂行办法》，至此建立了由政府拨款和社会统筹相结合的失业人员救济基金。[①] 1952 年 8 月，政务院发布《关于劳动就业问题的决定》，规定企业不得解雇正式职工、学徒等企业内部富余的劳动者，以保障劳动者利益，减缓失业压力。同年 10 月，政务院颁布《关于处理失业工人的办法》，围绕劳动力的统一调配提出了具体要求：其一，劳动行政部门下属的调配机关负责统一介绍所有公私企业的工人雇用；其二，未经劳动局批准，企业无权雇用劳动人员，对工矿企业劳动力的扩增实行计划管理；其三，对劳动者的外地招雇，以及产业部门系统内劳动力的大批量跨地区调动采取严格的行政管理制度；其四，严格限制临时工。[②] 这文件的出台，意味着我国统包统配的劳动用工计划管理体制的初步形成。1955 年，劳动部第二次全国劳动局长会议明确规定了“统一管理、分工负责”的全国劳动统一招收和调配的基本原

① 孟昭华、王明寰：《中国民政史稿》，哈尔滨：黑龙江人民出版社，1986 年。
② 刘东升：《劳动部劳动力管理和就业》，北京：北京师范大学出版社，1990 年。

则。随着社会主义改造的基本完成，1957 年 4 月，国务院出台《关于劳动力调剂工作中的几个问题的通知》，在进一步明确劳动力计划调配原则的基础上，巩固了企业劳动用工的政府统一管理制度。至此，政府开始采用统一招收的办法把全国每年新增劳动力“包下来”并统一分配到企业，从而在逐步建立统包统配的固定劳动用工制度的基础上，形成了计划经济体制下劳动力能进不能出的“终身制”劳动关系。

三、从“工资分”到等级工资制

面对新中国成立初期多种分配方式并行下实物供给制、原职原薪制与货币工资制的混乱交错，1952 年 7 月，政务院下发《关于颁发各级人民政府供给制工作人员津贴标准及工资制工作人员工资标准的通知》，走出了新中国成立以来我国工资改革的第一步。此次改革统一以“工资分”作为国家各级党政机关工作人员工资计算单位，规定“工资分”所包含的实物品种和数量，工资随级别而定，以实物为基础进行折算。“工资分”的引入为日后我国等级工资制的形成奠定了基础。1955 年 8 月，国务院发布了《关于国家机关工作人员全部实行工资制和改行货币工资制的命令》，从此结束了我国工资制度中实物供给制与货币工资制并存的格局。这次工资改革初步建立了国家机关、企事业单位等几大类分配制度，其中，在机关事业单位实行职务等级工资制，即按照职务高低确定职务等级的划分与工资标准；在企业内部则根据工人生产技术的特点划分为 8 个（个别工种为 7 个）技术等级，实行八级工资制（少数实行七级工资制）。此次工资改革所建立的工资制度作为我国城市地区收入分配制度的基础持续运行近 30 年。

四、单位制下的社会保险制度体系

为加强对劳动者的保护，解决劳动者的物质生活条件保障问题，1951 年 2 月，政务院出台了《中华人民共和国劳动保险条例》。该条例作为新中国成立以来我国第一部社会保险法律法规，具体规定了企业职工在疾病、伤残、生育、死亡及年老后获得必要物质保障的办法，并就劳动保险金的征集、保管与支配，各项劳动保险待遇，以及劳动保险事业的执行与监管进行了明确规定。该条例的出台开创了我国社会保险立法的先河。在此基础上，经过 1953 年和 1956 年的两次修订，我国建立了适用于城镇地区的企业职工社会保险制度。1952 年 6 月与 9 月，政务院先后颁布了《关于全国各级人民政府、党派、团体及所属事业单位的国家工作人员实行公费医疗预防的指示》和《关于各级人民政府工作人员在患病期间待遇暂行办法的规定》，自此建立了实施数十年之久的我国公费医疗制度。1955 年 12 月，国务院发布了《国家机关工作人员退休处理暂行办法》与《国家机关工作人员退职处理暂行办法》，我国国家机关与事业单位职工退休、退职制度自此建立。与此同时，随着社会主义改造的基本完成，农民的社会保险问题也逐渐被提到议事日程。1956 年 6 月 30 日在第一届全国人民代表大会第三次会议通过的《高级农业生产合作社示范章程》中规定，农业生产合作社对缺乏劳动能力或完全丧失劳动能力，生活没有依靠的老弱、孤寡、残疾的社员，在生产上和生活上给予适当安排和照顾，保证其衣食、取暖、教育、丧葬的供应和安排。自此，以“五保”为主要内容、以社会救济为特征的社会保障制度在我国农村初步形成。[1] 到1956年底，我国已初步建立了以国家为主要责任主体、城乡单位担负共同责任的社会保险制度体系。

第二节　社会主义基本制度确立至改革开放前（1956—1978）

在1953—1956年社会主义改造的过程中，我国从多种所有制经济并存的经济制度过渡到单一的公有制经济，并在此基础上逐渐形成了单位制体制环境下的劳动关系。在单位制的体制环境下，由于劳动用工的统包统配与社会保险“国家——单位”的责任共担，劳动者作为全民所有制企业固定工身份的职工，其身份、利益与社会地位被纳入“国家——单位”的体制庇护中，劳动者个体与单位集体之间的劳动关系，实际上被异化为国家通过企业作为行政中介机构与劳动者建立的一种身份单一化、利益一致性、带有强烈人身依附色彩的行政隶属关系。这一时期，中央政府围绕劳动管理、劳动报酬和社会保险出台了一系列政策文件，然而，一些带有积极因素细微调整的政策却更多地反映出中央政府面对国民经济状况持续恶化所选择的权宜之计。进一步地，受政治运动和极“左”思潮的持续影响，劳动立法和工会组织建设工作几乎完全陷入停滞甚至倒退的状态。

一、计件工资制的短暂推行

为解决“大跃进”时期出现的生产秩序混乱，中央政府在国

---

① 孙光德、董克用：《社会保障概论》，北京：中国人民大学出版社，2008年。

民经济调整时期围绕提高劳动激励对工资制度进行了调整。1961年8月，劳动部颁布了《关于计件工资制问题的几点意见》，旨在通过恢复计件工资和奖惩制度以提高劳动者的劳动积极性。1962年10月，中共中央、国务院发布了《关于当前城市工作若干问题的指示》，规定凡是有条件实行计件工资的，实行计件工资；没有条件实行计件工资的，应改进计时工资或通过试行节约提成奖以改进奖励办法。1964年4月，劳动部出台了《国营企业计件工资暂行条例（草案）》，企业实行计件工资的形式更加灵活多样。该项条例（草案）规定企业可根据不同工作物等级、工人标准工资等级和工种之间的关系，有区别地实行“同一单价的计件工资制”“分段计酬的计件工资制”和“按质分等计酬的计件工资制”，并根据劳动过程的实际情况规定了实行集体计件和个人计件的条件。“文化大革命”初期，计件工资制被视为“资产阶级法权”而受到否定，等级工资制的实行也趋向平均主义。

二、劳动用工制度的阶段性调整

为解决“大跃进”时期劳动管理的混乱问题，在保障国民经济恢复时期临时性、季节性生产和工作需要与适当安排社会劳动力的基础上，规范企业对临时工的招雇行为，1962年10月，国务院发布了《关于国营企业使用临时职工的暂行规定》，通过对大力精简多余职工和禁止企业私自招工等事项的规定，旨在保证国营企业临时性、季节性生产和工作的需要，节省人力和财力。在此基础上，1963年7月，国务院出台了《关于从事经常性工作的临时工转为长期工问题的通知》，该通知旨在解决这一期间企业招雇的临时工的工作岗位问题，以期在稳定劳动者情绪的基础上充分调动其生产积极性。1965 年 3 月，国务院颁布《关于改进对临时工的使用和管理的暂行规定》，在鼓励少用固定工、多用临时工的原则基础上，进一步简化了企业招用临时工的手续。为扭转“文化大革命”初期劳动管理的混乱无序状态，1971 年 10 月，国务院发布《关于改革临时工、轮换工制度的通知》，尽管该通知对固定工和临时工在不同生产、工作岗位的使用进行了明确规定，然而，这一时期大多数企业中大量的短期性、临时性、季节性用工仍转成全民所有制下的固定工。

三、福利与社会保险制度的流变

这一时期，中央政府围绕企事业和国家机关单位各类职工的福利待遇问题出台了一系列法律法规和政策文件（见表 2. 2. 1）。为适当解决国家机关工作人员的生活困难，1957 年 5 月，国务院颁布了《关于国家机关工作人员福利费掌管使用的暂行规定》，明确了国家机关工作人员福利费的管理办法、使用范围和使用原则。为妥善安置年老和身体衰弱、因工残疾而丧失劳动能力的工人和职员，1957 年 11 月，国务院颁布《关于工人、职员退休处理的暂行规定》，明确了退休金的发放标准，以及退休人员、因工残疾而完全丧失劳动能力人员的其他福利待遇。为缩减城乡间劳动者的劳动收入差距，1958 年 2 月，国务院颁布了《关于企业、事业单位和国家机关中普通工和勤杂工的工资待遇的暂行规定》，在参照当地农民收入与城乡生活费用差额的基础上，该文件对企业、事业单位和国家机关中普通工和勤杂工的工资待遇标准进行了原则性规定；与此同时，1957 年 11 月与 1958 年 2 月，国务院先后颁布《关于国营、公私合营、合作社营、个体经营的企业和事业单位的学徒的学习期限和生活补贴的暂行规定》和《关于工人、职员回家探亲的假期和工资待遇的暂行规定》，以解决各类企业和事业单位固定工的福利待遇和招收学徒的生活问题。“文化大革命”对国民经济的巨大冲击，致使国家无力承担企业的各项福利与社会保险开支，在此情况下，1969 年 2 月，财政部颁发《关于国营企业财务工作中的几项制度的改革意见（草案）》，规定“国营企业一律停止提取劳动保险金”“企业的退休职工、长期病号工资和其他劳保开支，改在营业外列支”。这一规定标志着我国的“国家——单位”社会保险制度模式开始演变成为“企业保险”制度模式，社会保险制度自此变成了企业内部事务，并一直延续到改革开放前夕。①

表 2.2.1　1957—1977 年我国关于社会保险制度颁发的主要法规和政策文件

颁发时间	颁发部门	法律法规和政策文件名称
1957 年 5 月 22 日	国务院	《关于国家机关工作人员福利费掌管使用的暂行规定》
1957 年 11 月 16 日	国务院	《关于工人、职员退休处理的暂行规定》
1957 年 11 月 16 日	国务院	《关于国营、公私合营、合作社营、个体经营的企业和事业单位的学徒的学习期限和生活补贴的暂行规定》
1958 年 2 月 9 日	国务院	《关于企业、事业单位和国家机关中普通工和勤杂工的工资待遇的暂行规定》

① 郑秉文、高庆波、于环：《新中国社会保障制度的变迁与发展》，陈佳贵、王延忠：《中国社会保障发展报告（2010）No.4：让人人享有公平的社会保障》，北京：社会科学文献出版社，2010 年。

续表

颁发时间	颁发部门	法律法规和政策文件名称
1958 年 2 月 9 日	国务院	《关于工人、职员回家探亲的假期和工资待遇的暂行规定》
1965 年 12 月 16 日	内务部、劳动部、卫生部、财政部	《关于在国家机关、事业单位、人民团体以及民主党派工作的资产阶级工商业者退休处理》
1969 年 2 月 10 日	财政部	《关于国营企业财务工作中的几项制度的改革意见（草案）》

四、劳动管理制度的强化

一方面，受“大跃进”和“文化大革命”的接连影响，这一时期，绝大多数地区和部门的企业均出现了生产秩序与劳动管理混乱的情况，对此，在坚持劳动力计划调配原则的基础上，国务院在 1962 年 6 月、1963 年 3 月和 1965 年 3 月先后颁布了《关于精简职工安置办法的若干规定》《关于企业、事业单位职工调剂问题的若干规定》以及《关于企业、事业单位的干部和工人调动问题的若干规定》，这些文件虽然在一定程度上放宽了国家对企事业单位各类劳动者在安置、调剂和调动方面的要求，但却强化了国家对各类劳动者在城乡间调动、调动单位编制定员，以及劳动力调配手续和流程的全方位管控。另一方面，为解决劳动管理长期混乱下劳动生产伤亡事故层出不穷的问题，国务院先后于 1963 年 3 月和 1975 年 4 月发布《关于加强企业生产中安全工作的几项规定》和《关于转发全国安全生产会议纪要的通知》，这些文件的出台对当时改进企业生产安全工作、促进安全生产与劳动保护起到了一定的积极作用。

第三节　改革开放至社会主义经济体制转轨（1978—1992）

作为中国经济体制从计划经济向社会主义市场经济转轨的重要历史时期，从1978年党的十一届三中全会召开，到1992年党的十四大召开，同时也是我国劳动关系在计划经济要素和社会主义市场经济要素的此消彼长中经历着由单一化向多元化演变的关键时期。这一时期，经济体制转轨并未彻底裂解“国家——单位”体制下政府对劳动者的“统包统配”，然而，围绕用工、工资、社会保障及工会组织等领域出台的一系列法律法规和政策文件，却对原有劳动关系产生了深层次的冲击和影响。既有计划经济劳动关系的印记，也生成社会主义市场经济劳动关系的因素，从突破固有的行政化和单一化，转向市场化、多元化和法治化，是经济体制转轨时期我国劳动关系渐进式转型的基本特征。与此同时，国营企业经营管理自主权的扩增与私有制经济成分的出现，使得我国的劳动关系开始呈现复杂化与层次化的发展趋势。具体而言，一方面，随着国营企业经营管理自主权的日益扩增，在国家与企业之间关系发生改变的同时，国营企业传统的用工、工资和福利制度也被逐步打破，不仅使作为企业“主人翁”的劳动者的地位和身份发生转化，也改变了企业劳动关系的利益结构；另一方面，我国劳动关系因用人单位的所有权属性差异而出现了国有企业劳动关系与非国有企业劳动关系。经济体制转轨时期劳动关系的基本特征和发展趋势，为改革开放后我国劳动关系的协调带来了新问题与新挑战。

一、用工制度改革与人事关系“破冰”

企事业单位用工制度的改革与人事关系的“破冰”始于改革开放初期我国围绕国有企业经营管理体制改革放权让利的实践探索，即通过调整国家与企业之间的关系，扩大企业经营管理自主权，将企业的经营绩效与职工的物质利益挂钩，调动企业和职工的积极性、主动性和创造性。为此，1979 年 7 月，国务院发布《关于扩大国营工业企业经营管理自主权的若干规定》，赋予国营企业按照国家劳动计划指标择优录用职工，根据职工的表现进行奖惩等数项自主权。此后，为促使地方政府将下放的权利交给企业，国家经济委员会、国家计划委员会、国家劳动总局等国务院所属的 10 个部委在 1981 年 5 月联合发布《贯彻落实国务院有关扩权文件，巩固提高扩权工作的具体实施暂行办法》，进一步明确了机构设置与人事管理等 12 个方面的企业自主权，允许企业在编制定员的范围内，决定企业的机构设置各类人员配备、任免中层干部、确定招工条件、对违反纪律和法律的职工给予开除处分等方面的权利。在此基础上，随着《关于实行工业生产经济责任制若干问题的暂行规定》（国务院 1981 年 11 月批转）、《国营工厂厂长工作暂行条例》（中共中央、国务院 1982 年 1 月颁布）、《企业职工奖惩条例》（国务院 1982 年 4 月发布）、《国营工业企业暂行条例》（国务院 1983 年 4 月颁布）、《关于进一步扩大国营工业企业自主权的暂行规定》（国务院 1984 年 5 月发布）、《关于深化企业改革增强企业活力的若干规定》（国务院 1986 年 12 月发布）、《全民所有制工业企业承包经营责任制暂行条例》（国务院 1988 年 2 月发布）等一系列政策文件的先后发布，[1] 企业在劳动用工、职工奖惩、工资制度等方面的经营管理自主权得到了进一步的确认与扩充，从而打开了我国国有企业劳动用工与人事关系制度改革的突破口，为企业劳动合同用工制度的确立与巩固奠定了基础。

企业经营管理自主权得到确认和保障，意味着企业可以突破以往国家对企业劳动用工统包统配的计划配置模式，进而转向更有利于发挥企业在劳动用工自主权方面更为灵活的、更加符合经济体制市场化转轨要求的劳动合同用工模式。早在改革开放初期，劳动合同制度就已开始在国内部分城镇试行。1983 年 2 月，劳动人事部颁布了《关于积极试行劳动合同制的通知》，到 1983 年底，全国 29 个省、自治区、直辖市已成为推行劳动合同制的试点地区。在各地试行劳动合同制的基础上，1986 年 7 月，国务院发布了改革劳动制度的四项暂行规定，即《国营企业实行劳动合同制暂行规定》《国营企业招用工人暂行规定》《国营企业辞退违纪职工暂行规定》和《国营企业职工待业保险暂行规定》。其中，在《国营企业实行劳动合同制暂行规定》中，明确要求企业在新招收的职工中普遍推行劳动合同制，合同期满后，企业可以根据需要决定延续或终止劳动合同；在《国营企业招用工人暂行规定》中，明确要求企业不得以任何形式进行内部招工，不再实行退休工人“子女顶替”的办法。作为打破计划经济体制下劳动制度衍生形成的“铁饭碗”“铁工资”和“铁交椅”的切实手段，这四项暂行规定的出台进一步夯实了我国从实施劳动合同化到实施劳动合同制度的框架与轨迹，对促进我国劳动关系实现根本性变革创造了条件。在此基础上，1992 年 2—3 月，劳动部办

---

① 常凯：《中国劳动关系报告》，北京：中国劳动社会保障出版社，2009 年。

公厅先后发布了《关于劳动合同期限问题的复函》《关于劳动合同起算时间和试用期问题的复函》以及《关于全民合同制工人合同期满后形成事实劳动关系问题的复函》三个文件，解决了劳动合同制在实施过程中面临的一些问题。与此同时，为解决劳动合同制推行后国有企业劳动用工制度“新老并存”的问题，进一步深化企业劳动用工制度改革，1992 年 9 月，劳动部发布《关于试行全员劳动合同制有关问题处理意见的通知》，开始在全国范围内基础条件较好的企业推行全员劳动合同制的试点工作。经过几年的努力，全国范围内的大多数企业已经在形式上建立起劳动合同制度约束下的劳动关系，这为劳动关系各主体的独立化，以及劳动关系的契约化与法治化发展提供了关键前提。

在国有企业推行以劳动合同制为核心的用工制度改革的同时，国家机关和事业单位的各项人事管理制度改革也取得了一定进展。为解决科技人员流动困难，人员积压、浪费和使用不当等问题，1986 年 7 月，国务院在 1983 年发布的《关于科技人员合理流动的若干规定》的基础上，发布了《关于促进科技人员合理流动的通知》，规定企事业单位应逐步实行专业职务聘任制。1990 年 9 月与 1992 年 10 月，人事部先后印发了《全民所有制事业单位专业技术人员和管理人员辞职暂行规定》和《全民所有制事业单位辞退专业技术人员和管理人员暂行规定》，两项规定的出台，从退出机制的设立和用人自主权的保障两个层面，为科技管理人才的合理流动与事业单位人员结构的优化创造了有利条件。与此同时，围绕国家机关和企事业干部的调动问题，1991 年 2 月，人事部制定印发了《干部调配工作规定》，该规定从调配范围和条件、审批权限、调配程序等方面，对原有计划经济体制下的干部调配制度进行了重大调整，提高了国家机关和事业单位干部队伍管理与调配工作的效率。1992 年 10 月，人事部进一步制定印发了《聘用制干部调动暂行办法》，填补了全民所有制企事业单位聘用制干部调动的制度空缺。随着“干部能上能下，职工能进能出”的用工制度和人事关系在国家机关与企事业单位内的逐渐形成，计划经济体制下长期稳定不变的劳动关系日益被用人单位与劳动者之间根据各自需求所构建的动态多变的劳动关系所取代。

二、效益工资制与结构工资制的确立

这一时期，我国的工资制度改革聚焦于纠正国营企业和事业单位在劳动收入分配上长期存在的平均主义“大锅饭”问题，重新确立并贯彻按劳分配的原则。即一方面通过扩大企业自主权，建立生产经营责任制与利润留成制，实现企业经营绩效与职工工资收入的挂钩，改变过去企业吃国家“大锅饭”的现象；另一方面，通过实施以效益工资制与结构工资制为主要内容的工资制，贯彻社会主义按劳分配原则，改变过去职工吃企业“大锅饭”的现象。为此，中央政府首先恢复了“文化大革命”期间被取消的计件工资和薪酬激励制度，并在 1977—1983 年以劳动贡献为主要依据，结合技术水平与劳动态度，逐年调升部分职工的工资等级。[①] 其中，1983 年的工资调整实行“两挂钩”“一浮动”与“调改结合”的方针，即将职工工资同企业的经营效益和职工个人的劳动贡献率挂钩，以浮动工资作为对职工个人劳动成果的动

---

① 武力、温悦：《新中国收入分配制度的演变及绩效分析》，《当代中国史研究》2006 年第 4 期。

态考核，这些举措逐渐否定了计划经济体制下我国国有企业长期以来实行的平均主义的计时工资和“八级工资制”这一按职工等级与资历确定工资标准的分配原则。

1985 年 1 月，国务院发布《关于国营企业工资改革问题的通知》，自此拉开了改革开放以来我国第一轮工资制度改革的大幕。此次工资制度改革将企业工资制度与机关事业单位的工资制度分离，国家对企业工资实行分级管理，实行企业职工工资、企业经营绩效与职工劳动贡献挂钩的效益工资制；国家不再统一安排企业职工的工资调整与改革，通过建立岗位津贴与企业工资增长基金，进一步扩大企业内部工资分配的自主权，允许企业根据自身经营绩效采取不同的薪酬分配形式。与此同时，为克服分配中的平均主义与鼓励职工“各尽所能”，国家还规定在企业内部实行劳动定额制与计件工资制，工资收入依据职工个人劳动定额完成的实际情况或完成数量予以分配。在对国营企业推行“工资挂钩”的效益工资制改革的同时，1985 年 6 月，中共中央、国务院发布《关于国家机关和事业单位工作人员工资制度改革方案的通知》，规定国家机关和事业单位行政人员、专业技术人员改行以职务工资为主要内容的结构工资制，结构工资制主要由基础工资、职务工资、工龄津贴与奖励工资四个部分组成。与效益工资制相同，国家对机关事业单位实行分级管理的工资体制，并同时建立了正常的晋级增资制度，即每年根据国民经济计划的完成情况，适当安排国家机关、事业单位工作人员的工资增长指标。

三、从单位制下的社会保险制度向社会化的社会保障制度初步转型

随着国家对企业的放权让利与企业用工制度改革的推进，计

划经济体制下单位制的社会保险制度所存在的各种问题日益凸显。面对企业离退休职工的迅速增加，养老保险等各项社会保险制度的改革逐渐被提上日程。1978 年 3 月，第五届全国人民代表大会第一次会议通过的《中华人民共和国宪法》在第四十八条、第四十九条、第五十条分别对劳动者的福利、养老、医疗、丧失劳动能力者的物质帮助，以及残疾军人、烈士家属等的生活保障问题作出了原则性的规定。与此同时，国家设立民政部，主管全国范围内的社会救济、社会福利、优抚安置等事务。随着《关于安置老弱病残干部的暂行办法》（国务院 1978 年 6 月发布）、《关于工人退休、退职的暂行办法》（国务院 1978 年 6 月发布）、《关于严格执行工人退休、退职暂行办法的通知》（国务院 1981 年 11 月发布）等政策法规的出台，因“文化大革命”而中断的退休养老制度得到了恢复。在此基础上，国务院于 1980 年 10 月和 1983 年 9 月先后发布《关于老干部离职休养的暂行规定》与《关于高级专家离休退休若干问题的暂行规定》，以及劳动人事部在 1983 年 12 月发布《关于印发两个“说明”的通知》①、中共中央组织部与人事部在 1988 年 8 月发布《关于认真执行干部退（离）休制度有关问题的通知》、人事部在 1990 年 2 月发布的《关于高级专家退（离）休有关问题的通知》，由此确立了离休制度，并与退休制度共同构成了我国的离退休养老制度。1984 年开始，养老保险费用的社会统筹工作开始在国内部分地区试行。自 1986 年国家“七五”计划首次提出社会保障的概念以来，随

① 《关于印发两个“说明”的通知》，包含《关于贯彻执行〈国务院关于高级专家离休退休若干问题的暂行规定〉的说明》与《关于贯彻执行〈国务院关于延长部分骨干教师、医生、科技人员退休年龄的通知〉的说明》两个文件。具体参见劳动人事部：《关于印发两个“说明”的通知》，1983 年 12 月 3 日，劳人科〔1983〕153 号。

着《国营企业职工待业保险暂行规定》（国务院 1986 年 7 月发布）与《关于企业职工养老保险制度改革的决定》（国务院 1991 年 6 月发布）等相关政策法规的先后发布，我国单位制下的社会保险制度开始向社会化的社会保障制度转型。与此同时，随着《国营企业职工请婚丧假和路程假问题的通知》（国家劳动总局、财政部 1980 年 2 月发布）、《关于职工探亲待遇的规定》（国务院 1981 年 3 月发布），以及《关于职工探亲路费的规定》（财政部 1981 年 4 月发布）等政策法规的出台，企业职工的福利待遇也得到了进一步的保障。

四、劳动权益保障制度的初探

随着国有企业经营管理自主权的扩大与劳动用工制度改革，计划经济时期企业与劳动者传统意义上的利益一致型劳动关系开始受到市场化环境下多元利益诉求的影响，劳动者的权益保障问题逐渐被提上议事日程。为保障企业职工的民主管理权力，充分发挥职工的积极性，1986 年 10 月，中共中央、国务院发布《全民所有制工业企业职工代表大会条例》，该条例在对企业职工代表大会的职权、职工代表和组织制度等相关事项进行明确规定的同时，理顺了企业职工代表大会与工会组织之间围绕劳动者权益保障的关系问题，填补了新中国成立以来劳动权益保障制度的空白。在此基础上，1988 年 9 月，国务院发布了《女职工劳动保护规定》，作为新中国女性劳动者劳动权益保障立法的里程碑，该项规定的出台对维护女职工的合法权益，减少和解决女职工在劳动中因生理特点造成的特殊困难，保障女职工的人身健康具有重大意义。

第四节 社会主义市场经济初步确立阶段（1992—2002）

1992 年 10 月召开的党的十四大将建立社会主义市场经济体制作为我国经济体制改革的目标，至此，我国的经济体制改革进入了一个新的阶段。在此背景下，以国有企业为代表的企业转换经营管理体制机制的改革，将劳动用工制度、工资福利制度、社会保障制度的全面改革提上议事日程。1993 年 11 月召开的党的十四届三中全会通过了《中共中央关于建立社会主义市场经济体制若干问题的决定》，在对建立现代企业制度、建立全国统一开放的市场体系、转变政府经济管理职能、建立效率优先兼顾公平的分配制度、建立多层次的社会保障制度等发展社会主义市场经济的基本框架作出规定的基础上，第一次明确提出改革劳动制度，逐步形成劳动力市场的改革思路。这一时期，随着国有企业改革大幕的全面拉开，国有企业劳动用工制度的计划化和固定化形成的“铁饭碗”，工资分配制度的统一化和刚性化形成的“铁工资”，以及企业人事制度的资历化和终身化形成的“铁交椅”正被迅速破除。“破三铁”掀开了改革开放以来我国劳动人事改革的重要一页，是劳动关系改革的“破冰”之举。与此同时，在国有企业改革工作逐步推进的过程中，政府开始退出企业劳动关系，并通过为国有企业改革创造政策环境，建立和完善劳动力市场各项体制机制，以及制定和颁布一系列劳动法律法规，从对企业劳动关系的直接干预转向宏观调控。以《中华人民共和国劳动法》颁布实施为标志，我国的劳动和社会保障法律法规开始不断完善，工资福利与社会保障、劳动标准与劳动保护等方面的法规相继出台，初步在劳动关系领域形成了有法可依的局面。

一、劳动合同制的全面推行与劳动合同、集体合同制度的建立

为解决国有企业在计划经济体制下长期存续的冗员问题，妥善安置国有企业富余职工，增强企业活力，提高企业经济效益，1993 年 4 月，国务院发布《国有企业富余职工安置规定》。作为劳动制度改革的主要内容，该项规定的出台为社会主义市场经济条件下国有企业劳动用工制度的建立奠定了基础。同年 12 月，劳动部发布《关于建立社会主义市场经济体制时期劳动体制改革总体设想》，指出争取到 21 世纪末，初步建立与社会主义市场经济体制相适应的新型劳动体制。面对统一劳动力市场缺失，不同所有制企业职工在平等就业、选择职业等方面存在诸多障碍，急需破除长期以来在计划经济体制下公有制行政分配的劳动用工制度，同时规范非公有制企业用工制度，1994 年 7 月，第八届全国人大常委会第八次会议通过了《中华人民共和国劳动法》（以下简称《劳动法》）。《劳动法》的出台，确立了用人单位与劳动者的社会主义市场经济主体地位，为建立统一、公平的劳动力市场提供了基本原则和法治规则，为生产要素在价值规律作用下，按照市场规则自由流动打开了通行的闸门，同时也为公有制企业改变计划经济条件下的用工方式在法律上提供了依据。

与《劳动法》相伴而生的是全员劳动合同制。推行全员劳动合同制是深化企业用工制度改革的必由之路，更是促进企业在劳动关系上建立竞争机制和激励机制的应有之举。1994 年 8 月，劳动部发布《关于全面实行劳动合同制的通知》（以下简称《通知》），《通知》要求，到 1996 年底，除个别地区和少数特殊情况的

企业外，应基本在全国范围内实行劳动合同制度。这一时期，国家针对劳动用工制度出台了一系列规章和政策文件（见表2.4.1），针对劳动合同的订立与解除、企业裁员与职工流动、经济补偿和赔偿等劳动合同制在实施过程中出现的一系列具体问题进行了明确规定，这些规章和政策文件的相继出台在为劳动合同制的全面推行提供法律依据的基础上，从实质意义上打破了国有企业劳动用工制度计划化、固定化形成的“铁饭碗”，规范了社会主义市场经济条件下各类企业的用工行为，推动了我国劳动用工制度向市场化、合同化、法治化方向转型。

表2.4.1　1993—2001年我国关于劳动用工制度颁发的主要规章和政策文件

颁发时间	颁发部门	规章和政策文件名称
1995年1月1日	劳动部	《违反〈中华人民共和国劳动法〉行政处罚办法》
1995年1月1日	劳动部	《违反和解除劳动合同的经济补偿办法》
1995年1月1日	劳动部	《关于〈劳动法〉若干条文的说明》
1995年1月1日	劳动部	《企业经济性裁减人员规定》
1995年4月27日	劳动部	《实施〈劳动法〉中有关劳动合同问题的解答》
1995年5月10日	劳动部	《违反〈劳动法〉有关劳动合同规定的赔偿办法》
1995年8月4日	劳动部	《关于贯彻执行〈中华人民共和国劳动法〉若干问题的意见》
1996年2月13日	劳动部	《关于订立劳动合同有关问题的通知》
1996年5月1日	劳动部、公安部、外交部、外经贸部	《外国人在中国就业管理规定》
1996年5月4日	劳动部、国家工商行政管理局、中国个体劳动者协会	《关于私营企业和个体工商户全面实行劳动合同制度的通知》

续表

颁发时间	颁发部门	规章和政策文件名称
1996 年 10 月 31 日	劳动部	《关于实行劳动合同制度若干问题的通知》
1996 年 10 月 31 日	劳动部	《关于企业职工流动若干问题的通知》
1998 年 1 月 26 日	劳动部	《关于企业实施股份制和股份合作制改革中履行劳动合同问题的通知》

随着《劳动法》的实施与劳动合同制的全面推行，这一时期全国大部分地区积极稳妥地开展了集体协商和集体合同制度的试点工作，这对促进社会主义市场经济条件下劳动关系协调机制的建立与完善，维护职工与企业双方的合法利益，发展和谐稳定的劳动关系，发挥了积极作用。在此背景下，1996 年 5 月，劳动部、中华全国总工会、国家经贸委、中国企业家协会联合发布了《关于逐步实行集体协商和集体合同制度的通知》，该文件的出台，标志着集体合同、集体协商制度在我国的正式建立。在此基础上，随着签订集体合同数量的不断增加，为解决集体合同审核管理工作中出现的一系列问题，进一步加强和规范集体合同审核管理工作，维护集体合同的严肃性，1996 年 11 月，劳动部发布了《关于加强集体合同审核管理工作的通知》。面对工资集体协商和签订工资集体协议过程中出现的各种问题，2000 年 11 月，劳动和社会保障部发布《工资集体协商试行办法》，旨在规范职工代表与企业代表就企业内部工资分配制度、工资分配形式、工资收入水平等事项的协商行为，确保协商双方在平等协商、协商一致的基础上签订工资协议。2001 年 11 月，劳动和社会保障部、国家经济贸易委员会联合颁发《关于进一步推行平等协商和集体合同制度的通知》，旨在加快培育劳动关系主体双方自主协商机制，促进劳动关系的和谐稳定。上述文件的相继出台，推动了我国集体协商

与集体合同制度的建立、巩固与完善，从而为我国劳动用工制度的进一步完善与劳动关系的全面转型开创了新局面。

二、国有企业与机关事业单位工资制度的脱钩

为贯彻落实党的十四大提出的经济体制改革的任务，积极探索构建适应社会主义市场经济体制的工资制度，1993 年 11 月召开的党的十四届三中全会通过的《中共中央关于建立社会主义市场经济体制若干问题的决定》中提出，建立适应企业、事业单位和行政机关各自特点的工资制度与正常的工资增长机制，自此开启了新一轮我国工资制度改革的大门。在企业工资制度方面，自劳动部 1992 年 1 月下发《关于进行岗位技能工资制试点工作的通知》以来，建立由市场决定、企业自主分配、政府监督调控的工资制度开始成为国有企业工资改革的新目标模式，岗位技能工资制随即在全国范围内的大多数国有企业普遍推行。岗位技能工资主要由包含岗位工资、技能工资和综合效益工资的基本工资，以及包括工龄工资、津贴工资和奖金在内的辅助工资两部分组成。岗位技能工资的各项标准及各组成部分所占比重由企业根据当地同类行业的情况自行确定，国家不再统一规定具体标准。在推行岗位技能工资制的同时，劳动部自 1993 年起对各地不再下达指令性的工资总额和标准，普遍改行动态调控的弹性工资计划，在此基础上，1995 年 3 月，劳动部下发了《关于改进完善弹性劳动工资计划办法的通知》，以此加强社会主义市场经济体制环境下国家对企业工资总额的宏观调控。与此同时，劳动部于 1994 年 12 月和 1995 年 5 月先后印发《工资支付暂行规定》与《对〈工资支付暂行规定〉有关问题的补充规定》两个通知，以此在规范用人单位

工资支付行为的基础上，充分保障劳动者通过劳动获得劳动报酬的合法权益。

在企业部门推行岗位技能工资制的同时，这一时期国家机关和事业单位也通过工资制改革，完成了国有企业、国家机关与事业单位三者的工资制度在制度形式与运行机制上的脱钩。党的十四届三中全会后，随着《关于机关和事业单位工作人员工资制度改革问题的通知》（国务院 1993 年 11 月颁布）、《关于印发机关、事业单位工资制度改革三个实施办法的通知》（国务院办公厅 1993 年 12 月印发）、[①]《关于机关、事业单位工资制度改革实施中若干问题的规定》（人事部 1994 年 1 月印发）等一系列法规文件的颁发和出台，国家机关和事业单位分别建立了不同的工资制度，机关干部、机关工勤人员、事业单位管理人员、事业单位专业技术人员和事业单位工勤人员得以分别执行各自的工资标准，实现了国家机关与事业单位工资制度的脱钩。与此同时，通过引入竞争激励机制确保了机关事业单位工作人员工资增长与年度考核的挂钩，并通过建立正常的增资制度，确保了机关事业单位工作人员的总体工资水平随国民经济的发展状况与生活费用价格指标的变动而增长和调整。

三、社会保障制度的去单位化与全面社会化

随着国有企业改革进程的稳步推进，分离企业办社会的职

① 《关于印发机关、事业单位工资制度改革三个实施办法的通知》，包含《机关工作人员工资制度改革实施办法》《事业单位工作人员工资制度改革实施办法》和《机关、事业单位艰苦边远地区津贴实施办法》三个文件。参见国务院办公厅：《关于印发机关、事业单位工资制度改革三个实施办法的通知》，1993 年 12 月 4 日，国办发〔1993〕85 号。

能，切实减轻国有企业的社会负担必然要求社会保障走向全面社会化和去单位化。因此，建立独立于企事业单位之外的社会保障体系，推动社会保障筹资渠道的多元化与管理服务的社会化，成为改革原有单位制下的社会保险制度与建设新型社会保障制度的明确目标。这一时期，围绕社会保障制度改革的一系列举措，国家突破了片面为社会主义市场经济体制建立与国有企业改革工作配套的社会保障制度的计划，开始将社会保障制度作为一项基本的社会制度进行建设。与此同时，1998 年 3 月，中央政府在保留民政部的同时，新组建了劳动和社会保障部，统一了社会保障工作的管理体制。在此基础上，国务院协同民政部、劳动和社会保障部等各部门围绕社会保险与国有企业下岗职工基本生活保障颁布了一系列行政法规。

在养老保险领域，国务院先后颁布了《关于深化企业职工养老保险制度改革的通知》（1995 年 3 月）、《关于建立统一的企业职工基本养老保险制度的决定》（1997 年 7 月）、《关于实行企业职工基本养老保险省级统筹和行业统筹移交地方管理有关问题的通知》（1998 年 8 月）；2001 年 12 月，劳动和社会保障部发布了《关于完善城镇职工基本养老保险政策有关问题的通知》，这些政策文件的出台使我国新型养老保险的制度建设取得了重要进展。在医疗保险领域，1994 年 4 月，经国务院批准，国家体改委、财政部、劳动部、卫生部联合发布《关于职工医疗制度改革的试点意见》，在城市推进职工医疗保险制度改革，医疗社会保险开始取代传统意义上“国家——单位”体制下的公费医疗与劳保医疗。为保障企业职工在患病或非因工负伤期间的合法权益，1994 年 12 月，劳动部颁发《企业职工患病或非因工负伤医疗期规定》。1998 年 12 月，国务院颁发《关于建立城镇职工基本医疗保险制度的决定》，该文件的出台对加快我国医疗保险制度改革、保障职工基本医疗、建立社会主义市场经济环境下的医疗保险制度具有里程碑的意义。在失业保险领域，1999 年 1 月，国务院发布并实施《失业保险条例》，该条例的出台对保障失业人员失业期间的基本生活与促进失业人员的再就业进行了明确规定，填补了我国失业保险领域的立法空白，在此基础上，针对规范失业保险金的申领与发放活动，劳动和社会保障部在 2001 年 1 月下发了《失业保险金申领发放办法》。在生育保险领域，1994 年 12 月，劳动部发布了《企业职工生育保险试行办法》的通知，通过保障企业女职工生育期间得到必要的经济补偿和医疗保健，进一步维护了企业女职工的合法权益。与此同时，为加强和规范社会保险费征缴工作，保障社会保险金的发放，1999 年 1 月，国务院发布《社会保险费征缴暂行条例》，该条例的出台为我国社会保险的筹资方式及渠道提供了规范和依据。在此基础上，1999 年 3 月 19 日，劳动和社会保障部发布《社会保险费征缴监督检查办法》，旨在加强社会保险费征缴监督检查工作，规范社会保险费征缴监督检查行为。随着《社会保险登记管理暂行办法》（劳动和社会保障部 1999 年 3 月发布）、《关于完善城镇社会保障体系的试点方案的通知》（国务院 2000 年 12 月印发）、《社会保险行政争议处理办法》（劳动和社会保障部 2001 年 5 月发布）等法规文件的相继出台，我国初步建立了社会主义市场经济环境下城镇社会保障制度体系。

这一时期，为解决国有企业改革过程中出现的下岗职工分流安置，以及下岗职工的基本生活保障问题，国务院先后颁布了《关于切实做好国有企业下岗职工基本生活保障和再就业工作的通知》（1998 年 6 月）、《城市居民最低生活保障条例》（1999 年 9 月）、《关于继续做好确保国有企业下岗职工基本生活和企业离退休人员养老金发放工作的通知》（2000 年 2 月）、《关于切实做好企业离退休人员基本养老金按时足额发放和国有企业下岗职工基本生活保障工作的通知》（2000 年 5 月）等政策文件。这些文件的出台对解决当时国有企业改革过程中出现的一些社会问题具有重要意义，同时也对我国社会主义市场经济体制下的城镇社会保障制度的建立与巩固提供了有益补充。

四、人事关系制度改革的稳步推进

在前一阶段人事关系制度“破冰”的基础上，这一时期的人事关系制度改革主要聚焦于事业单位的人事管理，以及国家机关、事业单位的福利与离退休管理两个方面。在事业单位人事管理方面，为规范对外国经济专家来华工作的管理，1995 年 7 月，国家外国专家局制定并发布《外国经济专家来华工作管理办法》，填补了我国涉外人事关系管理制度的空缺。1995 年 12 月，人事部印发《事业单位工作人员考核暂行规定》，该规定的出台为正确评价事业单位工作人员的德才表现和工作实绩，以及对事业单位工作人员的晋升、聘任、奖惩、培训、辞退、工资待遇调整提供了明确依据。为完善人才流动社会化服务体系，促进人才合理流动，根据《中华人民共和国档案法》和《干部档案工作条例》及相关法律法规，1996 年 12 月，中共中央组织部、人事部印发《流动人员人事档案管理暂行规定》。2000 年 12 月，民政部和人事部联合颁发《关于全国性社会团体专职工作人员人事管理问题的通知》，旨在通过制定和完善社会团体的人事管理政策，充分发挥社会团体在社会主义物质文明和精神文明建设中的积极作用。

在国家机关与事业单位福利与离退休管理方面，面对社会主义市场经济环境下物价水平的上涨与工资水平的提高，为妥善解决因公致残人员的基本生活保障问题，1993 年 1 月，人事部、财政部联合下发《关于调整国家机关、事业单位因公致残人员护理费标准的通知》。1994 年 1 月，人事部、财政部联合下发《关于国家机关、事业单位职工探亲假工资和探亲路费计算基数问题的通知》，旨在解决国家机关和事业单位工资制度改革后，职工探亲假和已婚职工探望父母的往返路费计发问题。为维护聘用外国文教专家单位和在我国工作的外国文教专家的合法权益，根据国务院批准的《外国文教专家工作试行条例》，1997 年 9 月，国家外国专家局制定并颁发《外国文教专家工资和生活待遇管理办法》。2001 年 2 月与 9 月，国务院办公厅先后转发人事部、财政部《关于调整机关事业单位工作人员工资和增加离退休人员离退休费四个实施方案的通知》① 以及《关于从 2001 年 10 月 1 日起调整机关事业单位工作人员工资标准和增加离退休人员离退休费三

① 《关于调整机关事业单位工作人员工资和增加离退休人员离退休费四个实施方案的通知》，包含《关于调整机关工作人员工资标准的实施方案》《关于调整事业单位工作人员工资标准的实施方案》《关于增加机关、事业单位离退休人员离退休费的实施方案》《关于实施艰苦边远地区津贴的方案》四个文件。具体参见国务院办公厅：《转发人事部、财政部〈关于调整机关事业单位工作人员工资和增加离退休人员离退休费四个实施方案的通知〉》，2001 年 2 月 24 日，国办发〔2001〕14 号。

个实施方案的通知》[①] 两个通知文件，旨在改善机关事业单位工作人员的工资标准与离退休人员的福利待遇，进一步改变机关事业单位工作人员工资水平总体偏低的状况。

五、劳动者权益保障制度建设的从无到有

长期以来，有关劳动标准法律规范的缺位一直是我国劳动立法工作的一块短板。为合理安排职工的工作和休息时间，维护职工的休息权利，调动职工的积极性，根据我国《宪法》的相关规定，1994 年 2 月，国务院颁发《关于职工工作时间的规定》，该规定的出台，填补了我国劳动标准立法的空白，对我国的劳动标准制度建设具有里程碑的意义。1994 年 12 月，劳动部印发《关于企业实行不定时工作制和综合计算工时工作制的审批办法》，进一步推动了我国劳动者权益保障制度建设的标准化立法工作。1995 年 3 月，国务院对《关于职工工作时间的规定》进行了修订，明确了 8 小时工作制、每周工作不超过 40 小时和周末双休日的原则规定，与原规定相比，进一步缩短了职工每周的工作时间，维护了职工在周末双休日期间休息的权利。在此基础上，随着《关于职工工作时间有关问题的复函》（劳动部 1997 年 9 月下发）、《关于计算连续旷工时间问题的复函》（劳动和社会保障部 1998 年 4 月下发）以及《关于职工全年月平均工作时间和工资

① 《关于从 2001 年 10 月 1 日起调整机关事业单位工作人员工资标准和增加离退休人员离退休费三个实施方案的通知》，包含《关于调整机关工作人员工资标准的实施方案》《关于调整事业单位工作人员工资标准的实施方案》和《关于增加机关、事业单位离退休人员离退休费的实施方案》三个文件。具体参见国务院办公厅：《转发人事部、财政部〈关于从 2001 年 10 月 1 日起调整机关事业单位工作人员工资标准和增加离退休人员离退休费三个实施方案的通知〉》，2001 年 9 月 23 日，国办发〔2001〕70 号。

折算问题的通知》（劳动和社会保障部2000年3月颁发）等一系列文件的出台，我国劳动标准制度的规范性和可操作性正逐渐得以完善，从而为劳动者劳动权益的有效保障进一步提供了现实依据。

与此同时，为推动我国劳动保护领域各项法律制度的不断完善，切实维护劳动者的合法权益，1994年12月，劳动部发布了《未成年工特殊保护规定》，旨在保护年满16周岁，未满18周岁劳动者的合法权益，保障其在生产劳动中的安全与健康。此外，作为劳动者发展权益的一项重要内容，接受职业教育和培训是劳动者受教育权的集中体现。为此，1995年5月15日，中华人民共和国第八届全国人民代表大会通过了《中华人民共和国职业教育法》，旨在通过发展职业教育，提高劳动者素质，保障劳动者接受职业教育的权益。这部法规的出台，填补了我国对劳动者发展权益保障的立法缺位，对推动劳动者权益保障制度建设的法治化进程具有重要意义。

六、劳动争议处理制度建设的开启

一直以来，劳动争议处理的无法可依长期制约着我国劳动关系的改善。为妥善处理企业劳动争议，保障企业和职工的合法权益，维护正常的生产经营秩序，发展良好的劳动关系，1993年8月，国务院发布《中华人民共和国企业劳动争议处理条例》。作为这一时期劳动关系领域又一部具有划时代意义的法律法规，该条例的出台有效推动了我国劳动争议处理的规范化与法治化。在此基础上，这一时期劳动部（1998年3月在原劳动部基础上组建劳动和社会保障部）围绕劳动争议处理机构的工作规则、劳动争议案件处理若干政策性与程序性问题，以及工伤争议等各类劳动争议案件的处理办法出台了一系列规章和规范性文件。与此同时，最高人民法院对劳动争议案件的受理与法律适用等问题也出台了相关司法解释。这些规章、规范性文件和司法解释的相继出台，进一步强化了我国劳动争议处理制度的规范性与可操作性（见表2.4.2）。

表2.4.2 1993—2001年我国关于劳动争议处理出台的主要规章、规范性文件和司法解释

颁发时间	颁发部门	规章和政策文件名称
1993年11月5日	劳动部	《企业劳动争议调解委员会组织及工作规则》
1994年1月14日	劳动部	《关于企业劳动争议处理条例若干问题解释中时效问题的复函》
1994年1月25日	劳动部	《关于涉外劳动争议管辖权问题的复函》
1994年4月29日	劳动部	《关于承包合同引起劳动争议问题的复函》
1995年10月10日	劳动部	《关于处理劳动争议案件若干政策性问题的复函》
1994年12月26日	劳动部	《关于在劳动争议仲裁程序中能否适用部分裁决问题的复函》
1996年2月13日	劳动部	《关于处理工伤争议有关问题的复函》
1996年5月30日	劳动部	《关于职工因岗位变更与企业发生争议等有关问题的复函》
1996年6月4日	劳动部	《关于人民法院驳回劳动争议仲裁第三人起诉有关问题的复函》
1996年7月3日	劳动部	《关于劳动争议当事人对纠正后裁决不服是否有申诉权问题的复函》
1996年7月25日	劳动部	《关于劳动争议仲裁程序问题的复函》
1996年7月29日	劳动部	《关于用人单位不服部分裁决申请复议期限问题的复函》
1996年8月20日	劳动部	《对〈关于破产企业能否成为被诉人的请示〉的复函》
1999年7月7日	劳动和社会保障部	《关于劳动争议案中涉及商业秘密侵权问题的复函》
1998年9月9日	最高人民法院	《关于劳动仲裁委员会逾期不作出仲裁裁决或者作出不予受理通知的劳动争议案件，人民法院应否受理的批复》

续表

颁发时间	颁发部门	规章和政策文件名称
1999 年 9 月 9 日	劳动和社会保障部	《关于受劳动争议仲裁委员会委托进行工伤认定有关问题的复函》
2001 年 4 月 30 日	最高人民法院	《关于审理劳动争议案件适用法律若干问题的解释》

第五节　社会主义市场经济改革与完善时期（2002—2012）

2001 年 12 月 11 日正式加入 WTO，标志着我国的社会主义市场经济体制改革进入了一个新的阶段。在社会主义市场经济体制的“四梁八柱”及其各项配套机制不断完善的过程中，随着国有企业改革的持续推进，以及劳动力等要素市场的逐步发育形成，我国的经济社会结构发生着深层变化。在此背景下，政府从企业经营管理事务中全面退出与企业真正走向自由竞争的市场环境这“一退一进”，对社会主义市场经济条件下我国劳动关系的全面转型提出了新要求。这一时期，我国劳动关系领域政策法规文件高密度出台，社会主义市场经济条件下的劳动关系制度体系建设取得重要进展。与此同时，随着市场化改革进程的持续深入，经济社会变迁引发的诸如劳动争议数量激增等一系列劳动关系领域的新问题亟待解决，劳动者的权益保障与社会公平正义的维护越来越多地受到广泛关注，党和国家开始把构建与发展和谐劳动关系作为构建社会主义和谐社会的一项重要议题。2006 年 10 月，党的十六届六中全会在北京召开，会议通过的《关于构建社会主义和谐社会若干重大问题的决定》中首次明确提出发展和谐劳动关系。在 2010 年 10 月召开的党的十七届五中全会中，进一步强调了构建和谐劳动关系。2011 年 2 月，在中共中央举办的省部级主要领导干部社会管理及其创新专题班中，明确把构建和谐劳动关系作为加强和创新社会管理的一项重要内容。2011 年 3 月发布的《中华人民共和国国民经济和社会发展第十二个五年规划纲要》中，首次专门设立了构建和谐劳动关系一节，将和谐劳动关系的构建提升到国家经济社会发展战略的高度，为劳动关系的发展及其制度建设创造了良好的政策环境。

一、劳动用工与就业管理制度的重大进展

为落实国有企业改革相关配套工作，解决国有大中型企业主辅分离辅业改制分流安置富余人员的问题，2002 年 11 月，国家经贸委、财政部、劳动和社会保障部、中华全国总工会等部门联合印发《关于国有大中型企业主辅分离辅业改制分流安置富余人员的实施办法》的通知，旨在促进改制企业下岗失业工人的再就业。2003 年 7 月，劳动和社会保障部、财政部、国务院国有资产监督管理委员会联合下发《关于国有大中型企业主辅分离辅业改制分流安置富余人员的劳动关系处理办法》，明确以重新签订劳动合同和发放经济补偿金等形式，维护改制企业劳动关系的和谐稳定。在此基础上，2004 年 6 月，劳动和社会保障部发布《关于做好国有大中型企业主辅分离辅业改制分流安置富余人员有关工作的通知》，对中央企业主辅分离辅业改制分流安置富余人员实施方案的审核工作、地方国有大中型企业主辅分离辅业改制分流安置富余人员工作，以及企业社会保险关系接续、改制分流过程中工伤职工的管理工作进行了明确部署。与此同时，针对广大农民工群体的劳动用工与就业管理问题，国务院及其下属各部门出

台了一系列旨在规范招雇农民工行为，改善农民工就业环境，维护农民工合法权益的政策和措施，具体包括《关于进一步做好改善农民进城就业环境工作的通知》（国务院 2004 年 12 月发布）、《关于加强建设等行业农民工劳动合同管理的通知》（劳动和社会保障部、建设部、中华全国总工会 2005 年 4 月发布）、《关于解决农民工问题的若干意见》（国务院 2006 年 3 月发布）等。此外，这一时期，劳动和社会保障部、商务部等相关部门还围绕规范劳动用工行为与加强劳动用工管理出台了《关于非全日制用工若干问题的意见》（劳动和社会保障部 2003 年 5 月发布）、《关于确立劳动关系有关事项的通知》（劳动和社会保障部 2005 年 5 月发布）、《对外承包工程项下外派劳务管理暂行办法》（商务部 2006 年 1 月印发）、《关于建立劳动用工备案制度的通知》（劳动和社会保障部 2006 年 12 月发布）等规章与政策文件，对当时依据《劳动法》建立的劳动用工制度体系形成了有益的补充。

与此同时，这一时期，为强化对集体协商与签订集体合同行为的规范，2004 年 1 月，劳动和社会保障部颁发了《集体合同规定》，进一步明确了集体协商代表的权利和义务、集体合同的形式和内容。2004 年 8 月，劳动和社会保障部、中华全国总工会联合发布《关于贯彻实施〈集体合同规定〉的通知》，旨在在推进企业普遍建立集体协商和集体合同制度的基础上，促进劳动关系和谐稳定。然而，随着时代的发展，诞生于社会主义市场经济初期的《劳动法》已经逐渐无法适应经济社会发展对劳动用工与就业管理的现实需要。在构建社会主义和谐社会的背景下，我国经济得到了快速发展，企业用工形式呈现出了复杂化和多元化的发展态势。与此同时，劳动关系矛盾逐渐凸显，不少用人单位不与劳动者签订劳动合同，随意解除、终止劳动合同，劳动合同短期化等现象频繁出现，使劳动者的合法权益难以得到充分保障。面对这些问题，2007 年 6 月 29 日，《劳动合同法》经第十届全国人民代表大会常务委员会第二十八次会议通过，于 2008 年 1 月 1 日起施行。《劳动合同法》通过完善劳动合同制度，明确劳动合同双方当事人的权利和义务，为维护劳动者合法权益、构建和谐稳定的劳动关系提供了法律保障。在此基础上，2008 年 9 月，国务院发布《劳动合同法实施条例》，该条例进一步规范了劳动合同的订立、解除和终止，以及劳务派遣特别规定和法律责任等具体事项。为推动行业工资集体协商工作，加强维权机制建设，推动建立和谐稳定的劳动关系，2009 年 7 月，中华全国总工会发布《关于积极开展行业性工资集体协商工作的指导意见》，围绕抓紧建立和完善行业性工资集体协商机制，从把握协商范围、明确协商主体、选好协商代表、突出协商重点、规范协商程序、及时调处争议六个方面提出了具体要求，进一步推动了集体协商与集体合同制度的完善。针对劳务派遣运行过程中存在的一系列问题，2012 年 12 月，新修订的《劳动合同法》就经营劳务派遣业务的条件、被派遣劳动者同工同酬权利的保障、劳务派遣用工制度的属性及违反劳务派遣法律规范的法律责任进行更为明确、严格的规定，凸显了《劳动合同法》以保障劳动者劳动权益为核心的立法导向。

为培育和完善统一开放、竞争有序的人力资源市场，以便更好地为劳动者就业和用人单位招用人员提供服务，社会发展对就业管理与就业服务的制度建设提出新的要求。2005 年 10 月，劳动和社会保障部出台《台湾香港澳门居民在内地就业管理规定》，旨在维护香港、澳门和台湾居民中的中国公民在内地就业的合法权益，加强内地用人单位聘雇港、澳、台人员的管理。2007 年 8 月 30 日，第十届全国人民代表大会常务委员会第二十九次会议通过了《就业促进法》，作为我国就业管理与就业服务领域的首部单行法，该法规的出台对国家积极实施就业政策、扩大多渠道就业与促进社会和谐稳定具有重要意义。在此基础上，劳动和社会保障部在 2007 年 10 月通过并于 2008 年 1 月施行的《就业服务与就业管理规定》对《就业促进法》中就业服务与管理、就业援助的相关制度作了进一步细化和完善。2009 年 1 月，人力资源和社会保障部①、中华全国总工会、中国企业联合会/中国企业家协会联合发布《关于应对当前经济形势稳定劳动关系的指导意见》，作为国际金融危机时期国家应对国内外经济环境压力发布的一项重要指导性文件，该指导意见从积极支持和鼓励劳动关系双方稳定就业局势，推动企业加快建立集体协商机制，积极预防和妥善处理企业工资拖欠问题，建立健全解决劳动关系重大问题的沟通协调制度等多方面，为严峻经济形势下我国就业与劳动关系的稳定指明了政策方向。同一时期，为解决国际金融危机影响下农民工就业压力加剧与返乡回流问题，中华全国总工会发布《关于深入扎实做好当前维护农民工合法权益工作的通知》②，提出加强就业创业指导服务，千方百计帮助农民工实现就业等工作要求，对保障农民工就业权益与维护社会和谐稳定具

① 2008 年 3 月 11 日，十一届全国人大一次会议第四次全体会议审议通过《国务院机构改革方案》，在原中华人民共和国人事部与中华人民共和国劳动和社会保障部的基础上新组建中华人民共和国人力资源和社会保障部。

② 中华全国总工会：《关于深入扎实做好当前维护农民工合法权益工作的通知》，《工人日报》2009 年 1 月 14 日第 1 版。

有重要意义。

二、企事业单位工资与福利制度的完善

在经历了20世纪八九十年代两轮工资制度改革后，我国已经形成了社会主义市场经济条件下企事业单位工资制度的基本架构，这一时期，国务院各相关部门围绕最低工资标准、事业单位工作人员收入分配制度、企事业单位劳动者带薪休假、企业职工福利费财务管理等问题出台了一系列规章文件，进一步推动了企事业单位工资与福利制度的完善。为维护劳动者取得劳动报酬的合法权益，保障劳动者个人及其家庭成员的基本生活，2004年3月，劳动和社会保障部颁行《最低工资规定》，该规定为全日制就业劳动者和非全日制就业劳动者分别设置月最低工资标准与小时最低工资标准，并提供了最低工资标准的测算方法。为改革事业单位工资制度，建立符合事业单位特点、体现岗位绩效和分级分类管理的收入分配制度，2006年6月，人事部和财政部相继印发《〈事业单位工作人员收入分配制度改革方案〉的通知》与《〈事业单位工作人员收入分配制度改革实施办法〉的通知》，旨在推进建立由岗位工资、薪级工资、绩效工资、津贴补贴构成的岗位绩效工资制度，实行工资分类管理，以及完善工资正常调整机制在内的事业单位收入分配制度改革。2006年9月，人事部和财政部印发《关于公务员工资制度改革和事业单位工作人员收入分配制度改革实施中有关问题的意见》，该意见就工资套改等在公务员工资制度改革和事业单位工作人员收入分配制度改革中涉及的各类问题进行了规定和说明。2008年1月，国务院颁布《职工带薪年休假条例》。为贯彻与施行该条例，2008年2月与9月，

《机关事业单位工作人员带薪年休假实施办法》与《企业职工带薪年休假实施办法》相继出台，为企事业单位劳动者带薪休假的权益保障提供了具有可操作性的制度依据。2009 年 11 月，财政部出台《关于企业加强职工福利费财务管理的通知》，进一步明确了企业职工福利费的各项构成，调整了企业职工福利费开支范围，划定了企业职工福利费与工资的边界，解决了长期以来企业职工福利费发放或支付不合理的问题。

三、劳动权益保障制度体系的强化

这一时期，国务院及其下属部门围绕劳动标准与劳动保护以及劳动保障监察出台了一系列法律法规，极大地推动了我国劳动权益保障的法治化进程。我国的劳动权益保障制度体系得到显著强化。在劳动标准与劳动保护领域，为预防、控制和消除职业病危害，防治职业病，保护劳动者健康及其相关权益，2001 年 10 月 27 日，第九届全国人民代表大会常务委员会第二十四次会议通过《中华人民共和国职业病防治法》（以下简称《职业病防治法》），并于 2002 年 5 月 1 日起施行，该法对职业病的前期预防、劳动过程中职业病的防护与管理、职业病诊断与职业病病人保障、职业病监督检查与法律责任进行了明确的规定。《职业病防治法》的出台，填补了我国劳动保护领域的立法空白，对推进我国劳动权益保障的法治化进程具有里程碑的意义。2011 年 12 月 31 日，《职业病防治法》经历了颁布以来的第一次修订。新修订的《职业病防治法》将用人单位职业卫生管理职能由卫生部门移交至安监部门，并对职业病的诊断进行了更为细化和严格的规范。2002 年 10 月，国务院公布《禁止使用童工规定》，明确了用人单位不得招用不满16周岁的未成年人，禁止任何单位或个人为不满16周岁的未成年人介绍就业，禁止不满16周岁的未成年人开业从事个体经营活动等规定。该规定的出台，不仅有力维护了未成年人的身心健康与合法权益，也从划定劳动年龄边界的层面严格规范了用人单位的招工行为。为保障残疾人劳动就业权利，2007年2月，国务院发布了《残疾人就业条例》，该条例就政府在保障和促进残疾人就业中履行的主要职责，用人单位在吸纳残疾人就业方面所承担的责任，保障和促进残疾人就业的政策扶持，以及完善残疾人就业服务体系等方面作出了明确规定。2010年12月，人力资源和社会保障部发布了《非法用工单位伤亡人员一次性赔偿办法》，一定程度上解决了在非法用工单位与其职工之间劳动关系界定复杂的条件下，非法用工单位伤亡职工获得劳动赔偿与救济的权利。[①] 为减少和解决女职工在劳动中因生理特点造成的特殊困难，保护女职工健康，2012年4月，国务院颁布《女职工劳动保护特别规定》，该规定明确了女职工禁忌从事的劳动范围，以及用人单位不得因女职工怀孕、生育、哺乳降低其工资或解除劳动合同等。此外，这一时期，国务院相关部门围绕劳动者的工作时间和工资折算，以及劳动者的劳动安全与职业卫生，还出台了《关于进一步加强工作场所夏季防暑降温工作的通知》（卫生部、劳动和社会保障部、国家安全生产监督管

---

① 《非法用工单位伤亡人员一次性赔偿办法》的局限性在于，由于非法用工单位与其多数职工之间没有形成劳动关系，无法进行工伤鉴定，在此情形下，应由劳动争议仲裁机构依据《工伤保险条例》的规定，对伤亡事故性质进行认定。《非法用工单位伤亡人员一次性赔偿办法》不仅对非法用工单位职工伤亡事故赔偿的核心问题未置一词，而且向伤亡劳动者提供的赔偿数额也低于《工伤保险条例》的补偿水平。参见于欣华：《非法用工单位伤亡人员工伤事故赔偿法律问题研究——兼评〈非法用工单位伤亡人员一次性赔偿办法〉》，《甘肃政法学院学报》2012年第3期。

理总局、中华全国总工会 2007 年 6 月发布）、《关于职工全年月平均工作时间和工资折算问题的通知》（劳动和社会保障部 2008 年 1 月发布）、《关于进一步规范入学和就业体检项目维护乙肝表面抗原携带者入学和就业权利的通知》（人力资源和社会保障部、教育部、卫生部 2010 年 2 月发布）。这些规章文件的出台，在进一步完善我国劳动标准与劳动保护领域立法的同时，也为劳动者劳动权益的保障持续夯实制度根基。

自 1994 年《劳动法》颁布实施以来，我国的劳动和社会保障法律法规不断完善。随着工资福利制度、社会保险等方面的法规相继出台，我国的劳动保障领域初步形成了有法可依的局面。然而，要在有法可依的基础上实现有法必依，就必须具备强有力的监察执法保障，确保劳动保障法律法规的权威和实施效果。在此背景下，2004 年 10 月 26 日，国务院第 68 次常务会议通过了《劳动保障监察条例》。该条例的颁布，为维护劳动者合法权益提供了重要的法律保障，标志着我国的劳动保障监察工作进入了一个新的发展时期。在此基础上，为规范劳动保障监察行为，2004 年 12 月，劳动和社会保障部颁发《关于实施〈劳动保障监察条例〉若干规定》，对违反劳动保障法律的行为从受理与立案、调查与检查、案件处理等环节进行了明确规定，进一步强化了劳动保障监察工作的操作性。为规范跨省、直辖市、自治区劳动保障监察案件协查工作，提高劳动保障监察案件办理工作质量和效率，2010 年 12 月，人力资源和社会保障部制定并印发《跨地区劳动保障监察案件协查办法》，对委托协查的适用条件和工作范围等涉及跨地区劳动保障监察案件协查工作的主要事项进行了规定与说明。2011 年 7 月，人力资源和社会保障部出台《关于进一步推进劳动保障监察两网化管理工作的意见》，针对推进开展劳动保障监察网格化、网络化管理提出了具体的工作标准。为加大对拒不支付劳动报酬、侵害劳动者权益行为的打击力度，切实维护劳动者合法权益与社会公平正义，2012 年 1 月，最高人民法院、最高人民检察院、人力资源和社会保障部、公安部联合发布《关于加强对拒不支付劳动报酬案件查处工作的通知》，提出依法查处拒不支付劳动报酬违法犯罪案件，做好拒不支付劳动报酬案件移送工作，确保劳动保障监察执法与刑事司法工作有效衔接，及时公布拒不支付劳动报酬案件查处结果等具体工作要求。

四、社会保障制度体系的健全与发展

党的十六大报告把社会保障作为全面建设小康社会的重要内容，明确要求建立健全同经济发展水平相适应的社会保障体系。在 2006 年 10 月党的十六届六中全会中通过的《中共中央关于构建社会主义和谐社会若干重大问题的决定》，将到 2020 年基本建立覆盖城乡居民的社会保障体系作为构建社会主义和谐社会的重要目标。党的十七大报告中进一步提出要加快建立覆盖城乡居民的社会保障体系，保障人民的基本生活。在此背景下，我国社会保障制度体系建设进入了以政府基本公共服务均等化为主线的全面覆盖、加快发展的新阶段，社会保障领域的各项立法工作全面展开。为解决一些地区在社会保险费缴纳申报和稽核工作中出现的执行政策不统一、审核不规范等问题，2006 年 11 月，劳动和社会保障部发布了《关于规范社会保险费缴费基数有关问题的通知》，就缴费基数的核定依据、工资总额的计算口径、列入及不列入计算缴费基数的具体项目等问题进行了明确规定。2010 年

10 月 28 日，中华人民共和国第十一届全国人民代表大会常务委员会第十七次会议通过了《中华人民共和国社会保险法》（以下简称《社会保险法》），作为我国社会保障制度体系的核心法律规范，该法对基本养老保险、基本医疗保险、工伤保险、失业保险、生育保险，以及社会保险费的征缴、社会保险基金、社会保险经办和监督等事项进行了明确规定，对规范社会保险关系，维护公民参加社会保险和享受社会保险待遇的合法权益具有重大意义，是我国社会保障法治化进程的里程碑。在此基础上，2011 年 7 月，人力资源和社会保障部出台《实施〈中华人民共和国社会保险法〉若干规定》，就《社会保险法》的实施进行了补充性规范。与此同时，为维护我国公民的社会保险合法权益，规范社会保险基金先行支付管理，2011 年 7 月，人力资源和社会保障部出台《社会保险基金先行支付暂行办法》，由此建立了我国的基本医疗保险基金先行支付制度与工伤保险基金先行支付制度。此外，2011 年 10 月，人力资源和社会保障部发布《在中国境内就业的外国人参加社会保险暂行办法》，该办法的出台为维护在中国境内就业的外国人依法参加社会保险和享受社会保险待遇的合法权益提供了制度保障。

与此同时，国务院及其下属部门在社会保险的各分支领域也出台了一系列规章和文件。在养老保险方面，随着《关于转发劳动和社会保障部等部门〈关于积极推进企业退休人员社会化管理服务工作的意见〉的通知》（中共中央办公厅、国务院办公厅 2003 年 6 月转发）、《企业年金试行办法》（劳动和社会保障部 2004 年 1 月发布）、《关于完善企业职工基本养老保险制度的决定》（国务院 2005 年 12 月发布）、《关于做好原有企业年金移交工作的意见》（劳动和社会保障部2007年4月发布）等文件的出台，我国城镇企业职工基本养老保险的覆盖面进一步扩大到个体工商户和灵活就业人员，基本养老保险个人账户规模得到了扩大并做实，基本养老金正常调整机制得以建立，基本养老保险金统筹层次得以提升，企业年金制度得到了进一步发展。在工伤保险方面，为保障因工作遭受事故伤害或患职业病的职工获得医疗救治和经济补偿，促进工伤预防和职业发展，分散用人单位的工伤风险，2004年1月，国务院颁行《工伤保险条例》，该条例的出台，为我国工伤保险制度的发展确立了基本的法律框架。2010年12月，国务院通过了对《工伤保险条例》的修订，新修订的《工伤保险条例》在坚持保障职工合法权益的基础上，扩大了工伤保险适用范围，调整扩大了工伤认定范围，简化了工伤认定程序，大幅度提高了工伤保险待遇，增加了工伤保险的基金支出项目，加大了工伤保险实施的强制力度。此外，这一时期劳动和社会保障部围绕《工伤保险条例》，还先后出台了《工伤认定办法》（2003年9月发布，2011年1月修订）、《因工死亡职工供养亲属范围规定》（2003年9月发布）、《非法用工单位伤亡人员一次性赔偿办法》（2003年9月发布）、《关于实施〈工伤保险条例〉若干问题的意见》（2004年11月发布）等文件，这些文件的出台，共同组成了当前我国工伤保险的法律基础。在医疗保险方面，进一步扩大城镇职工基本医疗保险覆盖范围，制定和完善农民工参加大病医疗保险的办法，大力发展农村新型合作医疗制度，成为这一时期我国医疗保险制度建设的重点。2002年10月，中共中央、国务院发布《关于进一步加强农村卫生工作的决定》，将建立以大病统筹为主的新型合作医疗制度和医疗救助制度作为农村卫生工作的主要目标。为解决城镇非从业居民的基本医疗保障问题，2007 年 7 月，国务院发布《关于开展城镇居民基本医疗保险试点的指导意见》，至此拉开了探索并建立我国城镇居民基本医疗保险制度的大幕。

总体而言，这一时期的社会保障制度建设注重城乡统筹发展，着力扩大社会保障覆盖面，以社会保险、社会救助、社会福利为基础，以基本养老、基本医疗、最低生活保障制度为重点，建立覆盖城乡居民的社会保障体系。随着社会保障领域一系列政策法规的出台，我国的社会保障制度建设迈入了规范化与法治化阶段，社会保障制度体系得到了进一步的健全和发展。

五、人事关系制度改革的持续深化

事业单位改革成为这一时期我国人事关系制度改革的主战场，主要涉及事业单位试行人员聘用制度和各类事业单位的岗位设置管理两个方面。为转换事业单位用人机制，建立充满生机和活力的用人制度，2002 年 7 月，人事部发布《关于在事业单位试行人员聘用制度的意见》，规定在试行人员聘用制度的事业单位中，原固定用人制度职工、合同制职工、包括工勤人员在内的新进事业单位的职工，均应以签订聘用合同的形式实行聘用制度。此外，该意见通过全面推行公开招聘制度，严格人员聘用程序，规范聘用合同的内容，建立和完善考核制度等举措，旨在加快推进事业单位人事制度改革，提高职工队伍整体素质，增强事业单位活力。为推进事业单位试行人员聘用制度，2003 年 12 月，人事部印发《事业单位试行人员聘用制度有关问题的解释》，对事业单位聘用制度实施范围、首次签订聘用合同的有关问题、招聘程序、合同期限、解聘辞聘、经济补偿等事项作出进一步的规范和说明。2005 年 11 月，人事部审议通过《事业单位公开招聘人员暂行规定》，对事业单位招聘范围、条件、程序，以及人员聘用、考试与考核等事项进行了明确规定，旨在实现事业单位人事管理的规范化和制度化，规范事业单位招聘行为，提高人员素质。与此同时，为推进事业单位转换用人机制，实现由身份管理向岗位管理转型，调动事业单位各类人员的积极性、创造性，2006 年 7 月，人事部印发《事业单位岗位设置管理试行办法》，对涉及事业单位岗位管理的岗位类别、岗位等级、岗位结构比例及等级确定、岗位设置程序及权限、岗位聘用、监督管理等事项进行了明确规定。为推动事业单位实施岗位设置管理，同年 8 月，人事部印发《〈事业单位岗位设置管理试行办法〉实施意见》，对岗位设置管理的实施范围、岗位类别和岗位等级设置、岗位基本条件、岗位设置审核、岗位聘用等事业单位岗位设置管理中涉及的各类事项和问题进行了规定和说明。在此基础上，各类事业单位根据《事业单位岗位设置管理试行办法》及其实施意见，相继推行了岗位设置管理。此外，2008 年 8 月，中央机构编制委员会办公室印发《关于事业单位分类试点的意见》，在对现有事业单位根据其社会职能划分为承担行政职能、从事生产经营活动、从事公益服务三类的基础上，以山西省、上海市、浙江省、广东省和重庆市作为试点地区，推行了事业单位的分类试点工作。

六、劳动争议处理机制的多元化发展

随着劳动力供求矛盾的持续紧张，劳动争议逐渐进入多发期，探寻劳动争议的柔性化解，推动劳动争议处理机制的多元化发展，则是构建和维护和谐劳动关系的题中应有之义。2005 年 8 月，劳动和社会保障部、中华全国总工会、中国企业家联合会/中国企业家协会联合发布《关于进一步加强劳动争议调解工作的通知》，提出进一步发挥企业劳动争议调解委员会的作用，积极推进区域性、行业性劳动争议调解组织建设，大力加强劳动争议预防和预警工作，切实加强劳动争议调解工作规范化建设和机制创新等工作要求，为这一时期协调解决劳动争议的各项制度建设奠定了基调。在《关于推动人事争议仲裁工作有关问题的通知》（人事部 2003 年 9 月发布）、《人事争议处理规定》（中共中央组织部、人事部、总政治部 2007 年 8 月印发）等文件的出台为劳动争议的调解仲裁机制建设提供参考的基础上，2007 年 12 月 29 日，第十届全国人民代表大会常务委员会第三十一次会议通过了《中华人民共和国劳动争议调解仲裁法》，并于 2008 年 5 月 1 日开始实施。作为我国劳动争议处理的专门程序法，《劳动争议调解仲裁法》在确立了劳动争议协商、调解、仲裁、诉讼程序的同时，促进了劳动争议调解仲裁机构与调解仲裁队伍的制度建设和机制创新，强化了劳动争议调解职能，规范了劳动争议仲裁程序，降低了劳动争议当事人的维权成本，确立了劳动争议“终局裁决”的快速程序。该法的出台推动了我国劳动争议处理机制的多元化发展进程。在此基础上，为公正及时处理劳动人事争议，规范仲裁办案程序，人力资源和社会保障部在 2008 年 12 月与 2010 年 1 月先后通过《劳动人事争议仲裁办案规则》和《劳动人事争议仲裁组织规则》。为规范企业劳动争议协商、调解行为，促进劳动关系和谐稳定，2011 年 11 月，人力资源和社会保障部发布《企业劳动争议协商调解规定》，该规定在加强劳动争议协商、分类设立劳动争议调解委员会、明确调解协议书效力、加大劳动关系三方对企业劳动争议协商和调解的指导与支持力度等方面提出了明确要求。2012 年 2 月，人力资源和社会保障部、中央机构编制委员会办公室、财政部联合下发了《关于加强劳动人事争议处理效能建设的意见》，该意见明确了仲裁机构实体化建设的原则和目标，提出了加强仲裁队伍建设与仲裁基础设施建设，努力提高仲裁员素质和能力及仲裁社会服务能力和水平；落实仲裁专项经费，努力加强仲裁保障能力；完善仲裁工作制度与加强效能建设的组织领导，努力提高仲裁科学管理能力等具体要求，为劳动争议仲裁工作的改进提供了指导方向。此外，这一时期，最高人民法院还就劳动争议案件的审理发布了一系列司法解释（见表 2. 5. 1），进一步丰富了劳动争议处理的法律依据。

表 2. 5. 1　2002—2012 年最高人民法院就劳动争议案件的审理发布的司法解释

发布时间	司法解释
2003 年 1 月 9 日	《关于在民事审判工作中适用〈中华人民共和国工会法〉若干问题的解释》
2003 年 8 月 27 日	《关于人民法院审理事业单位人事争议案件若干问题的规定》
2004 年 4 月 30 日	《关于事业单位人事争议案件适用法律等问题的答复》
2004 年 7 月 26 日	《关于解除劳动合同的劳动争议仲裁申请期限应当如何起算问题的批复》
2006 年 8 月 14 日	《关于审理劳动争议案件适用法律若干问题的解释（二）》
2009 年 7 月 6 日	《关于当前形势下做好劳动争议纠纷案件审判工作的指导意见》
2009 年 7 月 24 日	《关于建立健全诉讼与非诉讼相衔接的矛盾纠纷解决机制的若干意见》
2010 年 7 月 12 日	《关于审理劳动争议案件适用法律若干问题的解释（三）》

第六节　中国特色社会主义新时代（2012 年至今）

随着我国经济社会转型进程的加快，劳动关系双方之间的利益诉求进一步呈现出多元化和复杂化特征，劳动关系矛盾进入凸显期和多发期。与此同时，随着我国经济进入新常态，经济增速的放缓、经济结构的升级、发展动力的转换，对劳动力市场的供求关系、就业状况及劳动关系产生深刻持续的影响。在此背景下，2015 年 3 月 21 日，中共中央、国务院制定《关于构建和谐劳动关系的意见》（以下简称《意见》），《意见》明确了新的历史条件下构建和谐劳动关系的指导思想、工作原则、目标任务，在依法保障职工基本权益、健全劳动关系协调机制、加强企业民主管理制度建设、健全劳动关系矛盾调处机制、营造构建和谐劳动关系的良好环境等方面提出了政策措施。作为党中央自新中国成立以来第一次以中央文件的形式对劳动关系问题进行全面梳理，并将其上升为党的路线方针政策的纲领性文件，《意见》的出台充分表明党和国家对保护劳动者权益、构建和谐劳动关系的高度重视，对推动我国构建和谐劳动关系具有重大现实意义和深远历史意义。这一时期，国务院、人力资源和社会保障部、中华全国总工会等部门围绕劳动关系领域出台或发布了一系列法律法规和政策文件，进一步完善了我国劳动关系领域的各项制度建设。

一、劳务派遣制度与就业支持制度的完善

在劳动用工制度方面，基于 2012 年 12 月《劳动合同法》围

绕劳务派遣的修订内容，为规范劳务派遣行为，2013 年 6 月，人力资源和社会保障部发布了《劳务派遣行政许可实施办法》。该办法就劳务派遣行政许可的监管层级、劳务派遣单位申请行政许可的条件、劳务派遣经营许可证、劳务派遣行政许可的审批环节等问题进行了明确的规定。为解决劳务派遣工同工不同酬、同岗不同权，社会保障及福利待遇偏低，职业培训缺失与职业发展受限，以及打击违反临时性、辅助性、替代性的“三性”规定，滥用派遣制度等违法行为的问题，人力资源和社会保障部在 2013 年 12 月审议通过了《劳务派遣暂行规定》，主要针对明确劳务派遣用工比例、辅助性岗位的确定程序、跨地区劳务派遣的社会保险、禁止“假外包真派遣”等重要内容作出规定。与此同时，该规定也对劳动合同与劳务派遣协议的订立、履行、解除和终止以及相应的法律责任加以明确。作为贯彻落实《劳动合同法》的一项重要举措，该规定的出台对推动我国劳务派遣的规范化、制度化运行具有重要意义。

在就业支持制度方面，作为我国就业制度体系中的一项重要法律法规，《就业服务与就业管理规定》在这一时期一共经历了 2014 年 12 月、2015 年 4 月和 2018 年 12 月的三次修订。相较于原规定内容，新规定对诸如强查乙肝等“隐性”的不公平就业明确了处罚标准，对诸如招聘会收取费用等违规行为提出了硬约束，改变了过去对城镇户籍人员仅在户籍所在地进行失业登记的方式，一定程度上解决了就业服务中的“户籍歧视”现象，实现了进城务工者与城镇户籍人员同享就业服务。为建设统一开放、竞争有序的人力资源市场，更好地服务就业创业和高质量发展，为促进快递业健康发展，保障快递安全，保护快递用户合法权益，加强对快递业的监督管理，根据《中华人民共和国邮政法》和其他有关法律，国务院于2018年3月2日发布《快递暂行条例》，自2018年5月1日起施行。2018年6月，国务院发布了《人力资源市场暂行条例》。作为我国系统规范通过人力资源市场求职、招聘和开展人力资源服务活动的第一部行政法规，该条例对人力资源市场培育、人力资源服务机构、人力资源市场活动规范、人力资源市场监督管理及法律责任等问题进行了全面规定。与此同时，这一时期，国务院、人力资源和社会保障部等围绕支持和鼓励就业创业、保障就业局势稳定出台了一系列政策文件。2018年11月，国务院印发《关于做好当前和今后一个时期促进就业工作的若干意见》，从支持企业稳定发展、鼓励支持就业创业、积极实施培训、及时开展下岗失业人员帮扶、落实各方责任五个方面，对促进就业提出了具体的工作要求。为进一步规范招聘行为，促进妇女平等就业，2019年2月，人力资源和社会保障部、中华全国妇女联合会、中华全国总工会等九个部门和机构联合下发《关于进一步规范招聘行为促进妇女就业的通知》，为保障妇女平等享有就业权利，提出依法禁止招聘环节中的就业性别歧视、建立联合约谈机制、健全司法救济机制等具体要求。2019年4月，人力资源和社会保障部、共青团中央联合下发《关于实施青年就业启航计划的通知》，将16—35岁有劳动能力、失业一年以上的青年纳入“青年就业启航计划”，旨在通过建立健全覆盖求职创业全过程的帮扶机制，使有需要的失业青年都能得到相应的就业政策和服务帮扶。综上所述，我国的就业服务与就业管理正随着一系列就业支持政策法规的相继出台而不断完善。

二、劳动者人力资本培育制度体系的初步建立

建立并完善劳动者人力资本培育制度体系是保障劳动者发展权益的集中体现，这一时期，国务院、人力资源和社会保障部等相关部门围绕完善劳动者职业教育与培训，积极推进各项制度建设，出台了一系列政策文件。中共中央、国务院于2017年2月6日审议通过《新时期产业工人队伍建设改革方案》，创新技能导向的激励机制，进一步鼓励辛勤劳动、诚实劳动、创造性劳动，增强生产服务一线岗位对劳动者的吸引力，建设知识型、技能型、创新型劳动者大军，营造劳动光荣的社会风尚和精益求精的敬业风气。2018年10月，人力资源和社会保障部、财政部联合印发《关于全面推行企业新型学徒制的意见》，旨在通过建立企校双师联合培养制度，实行学徒培养弹性学制和学分制，健全企业对学徒培训的投入机制，完善财政补贴政策等政策举措，面向各类企业全面推行企业新型学徒制，在扩大技能人才培养规模，大力推进技能人才培养工作的基础上，创新中国特色技能人才培养模式。为加强新生代农民工职业技能培训工作，带动农民工队伍技能素质全面提升，2019年1月，人力资源和社会保障部印发《新生代农民工职业技能提升计划（2019—2022年）》，该计划通过多种举措鼓励农民工、培训机构、用人单位积极参与农民工职业技能培训工作，并从创新培训内容和方式、扩大培训供给、做好公共就业服务三个方面着力提高培训质量。为促进经济社会发展和提高国家竞争力提供优质人才资源支撑，2019年2月，国务院印发《国家职业教育改革实施方案》，该方案从完善国家职业教育制度体系、构建职业教育国家标准、促进产教融合、建设多

元办学格局四个方面，为国家职业教育改革的落实提供基本路径。与此同时，《国家职业教育改革实施方案》的出台，也进一步推动了我国现行《职业教育法》的修订工作。综上所述，围绕劳动者职业教育与培训相继出台的一系列政策文件，为劳动者人力资本培育制度体系的构建，以及我国劳动者职业素质和能力的持续提升提供了有力支持。

三、社会保障制度体系的健全与发展

这一时期，随着社会保险领域相关法律法规的修订与出台，我国的社会保障制度体系得到了进一步的健全与发展。为贯彻执行《工伤保险条例》，保障职工和用人单位的合法权益，2013 年 4 月与 2016 年 3 月，人力资源和社会保障部先后出台了《关于执行〈工伤保险条例〉若干问题的意见》和《关于执行〈工伤保险条例〉若干问题的意见（二）》，两份意见就《工伤保险条例》实施及实际工作中出现的各种问题作出了进一步的规定和说明。为进一步规范工伤保险辅助器具的配置管理，维护工伤职工的合法权益，2016 年 1 月，人力资源和社会保障部、民政部、国家卫生和计划生育委员会联合发布了《工伤保险辅助器具配置管理办法》，就工伤保险辅助器具的确认与配置程序，辅助器具的管理与监督，以及相应的法律责任进行了明确规定，在填补该领域制度规范空缺的基础上，进一步完善了我国的工伤保险制度体系。为建立多层次的养老保险制度，推动企业年金发展，更好地保障职工退休后的生活，2017 年 12 月，人力资源和社会保障部、财政部联合发布《企业年金办法》。作为对 2004 年出台的《企业年金试行办法》的修订和完善，与原试行办法相比，《企业年金办法》弱化了企业年金的资源性质，下调了筹资规模上限，限制了企业缴费的分配差距，增加了企业年金方案变更、终止、中止和恢复缴费的内容，明确了职工企业年金个人账户中企业缴费及其投资收益的归属规则，适当放宽了待遇领取条件，完善了待遇领取方式，扩大了适用范围，促进了我国企业年金市场持续发展与社会保障制度不断健全。2018 年 12 月，全国人民代表大会常务委员会、人力资源和社会保障部分别完成了对《社会保险法》《社会保险基金先行支付暂行办法》和《工伤保险辅助器具配置管理办法》的修改工作。其中，新修订的《社会保险法》实现了基本医疗保险基金与生育保险基金预算的合并编制，基金的合并建账与核算，在促进了社会保险主要项目由“五险”变“四险”的同时，分别调整了“五险一金”的缴费基数、缴费比例、领取标准和领取条件，推动了《社会保险法》在保障劳动者劳动权益领域向更为便民、惠民的完善路径发展。在此基础上，2019 年 3 月，国务院印发《关于全面推进生育保险和职工基本医疗保险合并实施的意见》，提出了包括统一参保登记、统一基金征缴和管理、统一医疗服务管理、统一经办和信息服务，以及确保职工生育期间生育保险待遇不变和制度可持续在内的，旨在推进生育保险和职工基本医疗保险合并实施的主要政策。《社会保险法》的修订与《关于全面推进生育保险和职工基本医疗保险合并实施的意见》的出台，有利于在整合两项保险基金及管理资源，强化基金共济能力，提升管理综合效能，降低管理运行成本的基础上，建立适应我国经济发展水平、优化保险管理资源、实现两项保险长期稳定可持续发展的制度体系和运行机制，同时也是深入推进我国社会保障制度体系改革与完善的重要环节。

四、劳动安全与劳动保障监察制度体系的进一步完善

这一时期，随着《职业病防治法》《重大劳动保障违法行为社会公布办法》等法律法规的出台或修订，我国劳动安全与劳动保障监察制度体系得到了进一步的完善。在劳动安全领域，为切实保障劳动者健康权益，2016 年 1 月，国家卫生计生委员会、人力资源和社会保障部、安全监管总局等 10 个部门联合制定了《关于加强农民工尘肺病防治工作的意见》，围绕积极落实农民工尘肺病防治工作，提出了着力加强农民工尘肺病源头治理，大力推进农民工职业健康检查工作，认真做好尘肺病诊断鉴定和医疗救治工作，有效保障符合条件的尘肺病农民工工伤保险待遇，切实解决特困尘肺病农民工医疗和生活问题，全力维护尘肺病农民工职业健康权益等具体工作要求。为精简职业病防治工作中的审批环节，提高职业病防治工作的效能，2016 年 7 月，《职业病防治法》完成了自颁行以来的第二次修正。修正后的《职业病防治法》规定，对工业企业的建设项目进行职业病危害评价的单位无须进行资质认可，无须到安监部门备案或审核，通过落实职业病防治工作“双随机”机制，强化职业病危害防治的事中事后监管。为进一步解决职业病诊断难的问题，有效控制职业病发病率，2017 年 11 月，《职业病防治法》完成了自颁行以来的第三次修正。修正后的《职业病防治法》规定，职业健康检查机构无须经过专门认可，职业病诊断由三名具备职业病诊断资格的职业医师集体诊断改为参与诊断的医师共同签署，以期在精简职业病诊断流程的基础上，提升职业病诊断的覆盖率。鉴于在 2018 年 3 月的国家机构改革中，职业安全健康监管职责已由安监部门重新

调整到卫生部门，在2018年12月《职业病防治法》颁行以来的第四次修正中，新修正的《职业病防治法》对职业安全健康监管职责的这一重新调整进行了规定和说明。安全生产与职业卫生领域一系列法律法规的出台与修正，有力推动了我国劳动保护的法治建设。

在劳动保障监察领域，为加强劳动保障监察队伍建设，切实解决目前劳动保障监察执法作风中存在的突出问题，树立劳动保障监察执法为民的良好形象，2013年5月，人力资源和社会保障部出台了《关于进一步加强劳动保障监察队伍作风建设的通知》，主要针对加强劳动保障监察队伍的作风建设，提出了进一步强化责任意识，进一步梳理公平正义的法治理念，进一步改进服务措施，进一步加强业务培训，进一步防范执法岗位廉政风险五个方面的工作要求。为进一步完善人力资源和社会保障部门行政执法和刑事司法的衔接制度，加大对拒不支付劳动报酬犯罪行为的打击力度，切实维护劳动者合法权益，2014年12月，最高人民法院、最高人民检察院、人力资源和社会保障部、公安部四个部门联合发布了《关于加强涉嫌拒不支付劳动报酬犯罪案件查处衔接工作的通知》，提出切实加强涉嫌拒不支付劳动报酬违法犯罪案件查处工作，切实规范涉嫌拒不支付劳动报酬犯罪案件移送工作，切实完善劳动保障监察行政执法与刑事司法衔接机制三项工作要求。为加强对重大劳动保障违法行为的惩戒，强化社会舆论监督，促使用人单位遵守劳动保障法律、法规和规章，2016年9月，人力资源和社会保障部发布《重大劳动保障违法行为社会公布办法》，规定对包含克扣、无故拖欠劳动者劳动报酬，数额较大的，以及拒不支付劳动报酬，依法移送司法机关追究刑事责任等七类情节严重、造成严重不良社会影响的违法行为向社会公布。为建立健全安全生产行政执法与刑事司法衔接工作机制，依法惩治安全生产违法行为，保障人民群众生命财产安全和社会稳定，2019 年 5 月，应急管理部、公安部、最高人民法院、最高人民检察院联合印发《安全生产行政执法与刑事司法衔接工作办法》，在明确将不报、谎报安全事故等七类涉嫌危害安全生产的犯罪行为纳入该办法的适用对象和范围的同时，还提出了强化各部门全过程协调配合，以及构建常态化协作机制等重要工作部署与要求。随着劳动保障监察领域一系列政策法规的相继出台，多部门协同工作、行政司法妥善衔接的劳动保障监察制度体系正为劳动者的各项劳动权益织密制度保障网络。

五、劳动争议协调处理机制的进一步完善

这一时期，人力资源和社会保障部、最高人民法院等各部门围绕建立劳动争议多元协调解决机制出台了一系列规章和司法解释，有力推动了我国劳动争议协调处理机制的进一步完善。针对劳动争议的预防与调解，2013 年 1 月，人力资源和社会保障部、中华全国工商业联合会联合发布了《关于加强非公有制企业劳动争议预防调解工作的意见》，提出了加强非公有制企业劳动争议预防调解工作的指导思想和目标任务，推动非公有制企业普遍建立劳动争议协商调解机制，充分发挥商会（协会）预防调解劳动争议的作用，加强非公有制企业劳动争议调解与仲裁工作的衔接，以及加强非公有制企业劳动争议预防调解工作的组织实施五项工作要求。为贯彻落实中共中央、国务院《关于构建和谐劳动关系的意见》，进一步加强专业性劳动争议调解工作，2015

年 6 月，人力资源和社会保障部、中共中央社会治安综合治理委员会办公室联合发布《关于加强专业性劳动争议调解工作的意见》，提出加强专业性劳动争议调解的组织建设，推动专业性劳动争议调解的制度建设，加强专业性劳动争议调解的基础保障，加强对专业性劳动争议调解工作的组织领导四项工作要求。

针对劳动争议的仲裁，2017 年 5 月，人力资源和社会保障部出台了新的《劳动人事争议仲裁办案规则》与《劳动人事争议仲裁组织规则》。两个规则在总结地方经验的基础上，针对劳动人事争议仲裁工作中存在的突出矛盾和问题，完善了具体仲裁办案程序以及仲裁员管理与保障的相关规定。一方面，与原规则相比，新出台的《劳动人事争议仲裁办案规则》从提高劳动人事争议仲裁办案效能出发，依法细化了使用终局裁决的范围，将竞业限制期限内给予的经济补偿金、解除或者终止劳动合同的经济补偿金、违法约定试用期的赔偿金、违法解除或者终止劳动合同的赔偿金等争议案件纳入终局裁决的适用范围，并明确了适用终局裁决的金额为单项计算的金额；规范了仲裁调解程序，明确了仲裁调解的原则、期限和方式，特别是加强仲裁程序与调解组织调解程序的衔接，明确了仲裁机构对调解组织主持达成的调解协议的审查确认程序及法律效力等；规范了简易处理程序，对简单小额劳动争议案件实行快速处理，在答辩期、送达方式、审理方式、文书制作等方面简化程序；规范和简化了集体劳动人事争议处理程序，缩短争议处理周期。同时，新出台的《劳动人事争议仲裁办案规则》还进一步规范和完善了申请仲裁时效、管辖、回避、举证期限、申请和受理、开庭和裁决、送达等办案程序。另一方面，与原规则相比，新出台的《劳动人事争议仲裁组织规则》着力加强仲裁员队伍建设，进一步明确了仲裁员的权利与义务，增加了仲裁员考核、培训和作风建设等内容，并对仲裁监督进行了规范。与此同时，新出台的《劳动人事争议仲裁组织规则》还进一步规范和完善了仲裁委员会职责、仲裁庭组成、仲裁员聘任和解聘等内容。

针对劳动争议案件的审理，为依法惩治拒不支付劳动报酬犯罪，维护劳动者合法权益，2013 年 1 月，最高人民法院发布了《关于审理拒不支付劳动报酬刑事案件适用法律若干问题的解释》，该司法解释对“劳动者的劳动报酬”“以转移财产、逃匿等方法逃避支付劳动者的劳动报酬”“数额较大”“造成严重后果”等条文内容作了进一步的解释和说明，明确了适用拒不支付劳动报酬罪追究刑事责任的标准和刑罚尺度。为正确审理劳动争议案件，2013 年 1 月，最高人民法院根据《劳动法》《劳动合同法》《劳动争议调解仲裁法》和《民事诉讼法》等相关法律规定，结合民事审判实践，发布了《关于审理劳动争议案件适用法律若干问题的解释（四）》，就劳动争议案件在诉讼审理环节中的若干法律适用问题进行了详细解释。2014 年 4 月，最高人民法院发布了《关于审理工伤保险行政案件若干问题的规定》，明确了特殊情况下承担工伤保险责任的用人单位，第三人原因造成工伤的处理方式，并对涉及劳动关系确认的审判程序进行了规范，与此同时，对“工伤认定中工作原因、工作时间和工作场所”“因工外出期间”“上下班途中”等问题进行了细化、明确的规定。

在此基础上，为探索新时期预防化解劳动人事关系矛盾纠纷的规律，不断提高调解仲裁规范化、标准化、专业化、信息化水平，推动健全中国特色劳动人事争议处理制度，完善劳动人事争议多元处理机制，切实维护劳动人事关系和谐与社会稳定，2017年3月，人力资源和社会保障部、最高人民法院、司法部等八部门联合发布《关于进一步加强劳动人事争议调解仲裁完善多元处理机制的意见》，围绕健全劳动人事争议预防协商解决机制，提出了包括指导用人单位加强劳动人事争议源头预防，引导支持用人单位与职工通过协商解决劳动人事争议，以及建立健全多层次劳动人事争议调解组织网络在内的十余项工作要求。为进一步加强劳动人事争议裁审衔接机制建设，2017年11月，人力资源和社会保障部、最高人民法院联合发布了《关于加强劳动人事争议仲裁与诉讼衔接机制建设的意见》，该意见在统一裁审受理范围和法律适用标准，以及规范裁审受理程序，保全程序和执行程序衔接的基础上，提出通过建立联席会议制度、信息共享制度、疑难复杂案件办案指导制度、联合培训制度，完善裁审衔接工作机制。两个政策文件旨在推动建立并完善多元处理机制与裁审衔接机制，集中体现了我国劳动人事争议处理机制的发展方向。我国劳动关系领域现行主要法律法规见表2.6.1。

表2.6.1　我国劳动关系领域现行主要法律法规

类别	名称	发布单位或机构	通过、发/公布、施行及修正（订）时间
法律	《中华人民共和国工会法》	全国人大常委会	1992年4月3日通过并施行，2001年10月27日第一次修正，2009年8月27日第二次修正

续表

类别	名称	发布单位或机构	通过、发/公布、施行及修正（订）时间
法律	《中华人民共和国劳动法》	全国人大常委会	1994 年 7 月 5 日通过， 1995 年 1 月 1 日施行， 2009 年 8 月 27 日第一次修正， 2018 年 12 月 29 日第二次修正
法律	《中华人民共和国职业教育法》	全国人大常委会	1996 年 5 月 15 日通过， 1996 年 9 月 1 日施行
法律	《中华人民共和国职业病防治法》	全国人大常委会	2001 年 10 月 27 日通过， 2002 年 5 月 1 日施行， 2011 年 12 月 31 日第一次修正， 2016 年 7 月 2 日第二次修正， 2017 年 11 月 4 日第三次修正， 2018 年 12 月 29 日第四次修正
法律	《中华人民共和国劳动合同法》	全国人大常委会	2007 年 6 月 29 日通过， 2008 年 1 月 1 日施行， 2012 年 12 月 28 日修正， 2013 年 7 月 1 日施行
法律	《中华人民共和国就业促进法》	全国人大常委会	2007 年 8 月 30 日通过， 2008 年 1 月 1 日施行， 2015 年 4 月 24 日修正
法律	《中华人民共和国劳动争议调解仲裁法》	全国人大常委会	2007 年 12 月 29 日通过， 2008 年 5 月 1 日施行
法律	《中华人民共和国社会保险法》	全国人大常委会	2010 年 10 月 28 日通过， 2011 年 7 月 1 日施行， 2018 年 12 月 29 日修正

续表

类别	名称	发布单位或机构	通过、发/公布、施行及修正（订）时间
行政法规	《国务院关于职工工作时间的规定》	国务院	1994 年 2 月 3 日发布，1994 年 3 月 1 日施行，1995 年 3 月 25 日修订
行政法规	《失业保险条例》	国务院	1999 年 1 月 22 日发布并施行
行政法规	《社会保险费征缴暂行条例》	国务院	1999 年 1 月 22 日发布并施行
行政法规	《禁止使用童工规定》	国务院	2002 年 9 月 18 日通过，2002 年 12 月 1 日施行
行政法规	《工伤保险条例》	国务院	2003 年 4 月 27 日发布，2004 年 1 月 1 日施行，2010 年 12 月 8 日修订
行政法规	《劳动保障监察条例》	国务院	2004 年 11 月 1 日发布，2004 年 12 月 1 日施行
行政法规	《残疾人就业条例》	国务院	2007 年 2 月 25 日发布，2007 年 5 月 1 日施行
行政法规	《职工带薪年休假条例》	国务院	2007 年 12 月 14 日发布，2008 年 1 月 1 日施行
行政法规	《中华人民共和国劳动合同法实施条例》	国务院	2008 年 9 月 18 日发布并施行
行政法规	《女职工劳动保护特别规定》	国务院	2012 年 4 月 28 日发布并施行
行政法规	《事业单位人事管理条例》	国务院	2014 年 4 月 25 日发布，2014 年 7 月 1 日施行
行政法规	《人力资源市场暂行条例》	国务院	2018 年 6 月 29 日发布，2018 年 10 月 1 日施行

续表

类别	名称	发布单位或机构	通过、发/公布、施行及修正（订）时间
规章	《企业经济性裁减人员规定》	劳动部	1994年11月14日发布，1995年1月1日施行
规章	《企业职工患病或非因工负伤医疗期规定》	劳动部	1994年12月1日发布，1995年1月1日施行
规章	《工资支付暂行规定》	劳动部	1994年12月6日发布，1995年1月1日施行
规章	《未成年工特殊保护规定》	劳动部	1994年12月9日发布，1995年1月1日施行
规章	《企业职工生育保险试行办法》	劳动部	1994年12月14日发布，1995年1月1日施行
规章	《关于企业实行不定时工作制和综合计算工时工作制的审批办法》	劳动部	1994年12月14日发布，1995年1月1日施行
规章	《违反〈劳动法〉有关劳动合同规定的赔偿办法》	劳动部	1995年5月10日发布并施行
规章	《事业单位工作人员考核暂行规定》	人事部	1995年12月14日发布并施行
规章	《社会保险费征缴监督检查办法》	劳动和社会保障部	1999年3月19日发布并施行
规章	《工资集体协商试行办法》	劳动和社会保障部	2000年11月8日发布并施行
规章	《失业保险金申领发放办法》	劳动和社会保障部	2001年1月1日施行，2018年12月14日修订

续表

类别	名称	发布单位或机构	通过、发/公布、施行及修正（订）时间
规章	《社会保险行政争议处理办法》	劳动和社会保障部	2001年5月27日发布并施行
规章	《工伤认定办法》	劳动和社会保障部、人力资源和社会保障部	2003年9月23日发布，2004年1月1日施行，2011年1月1日修订
规章	《因工死亡职工供养亲属范围规定》	劳动和社会保障部	2003年9月23日发布，2004年1月1日施行
规章	《最低工资规定》	劳动和社会保障部	2003年12月30日通过，2004年3月1日施行
规章	《集体合同规定》	劳动和社会保障部	2004年1月20日发布，2004年5月1日施行
规章	《关于实施〈劳动保障监察条例〉若干规定》	劳动和社会保障部	2004年12月31日发布，2005年2月1日施行
规章	《事业单位公开招聘人员暂行规定》	人事部	2005年11月16日发布，2006年1月1日施行
规章	《就业服务与就业管理规定》	劳动和社会保障部、人力资源和社会保障部	2007年11月5日发布，2008年1月1日施行，2014年12月23日第一次修订，2015年4月30日第二次修订，2018年12月14日第三次修订
规章	《机关事业单位工作人员带薪年休假实施办法》	人事部	2008年2月15日发布并实施
规章	《企业职工带薪年休假实施办法》	人力资源和社会保障部	2008年9月18日发布并实施

续表

类别	名称	发布单位或机构	通过、发/公布、施行及修正（订）时间
规章	《人力资源社会保障行政复议办法》	人力资源和社会保障部	2010 年 3 月 16 日发布并实施
规章	《非法用工单位伤亡人员一次性赔偿办法》	人力资源和社会保障部	2010 年 12 月 31 日发布，2011 年 1 月 1 日施行，2003 年 9 月 23 日发布的原《非法用工单位伤亡人员一次性赔偿办法》废止
规章	《实施〈中华人民共和国社会保险法〉若干规定》	人力资源和社会保障部	2011 年 6 月 29 日发布，2011 年 7 月 1 日施行
规章	《社会保险基金先行支付暂行办法》	人力资源和社会保障部	2011 年 6 月 29 日发布，2011 年 7 月 1 日施行，2018 年 12 月 14 日修订
规章	《企业劳动争议协商调解规定》	人力资源和社会保障部	2011 年 11 月 30 日发布，2012 年 1 月 1 日施行
规章	《劳务派遣行政许可实施办法》	人力资源和社会保障部	2013 年 6 月 20 日发布，2013 年 7 月 1 日施行
规章	《社会保险费申报缴纳管理规定》	人力资源和社会保障部	2013 年 9 月 26 日发布，2013 年 11 月 1 日施行
规章	《劳务派遣暂行规定》	人力资源和社会保障部	2013 年 12 月 20 日通过，2014 年 3 月 1 日施行
规章	《工伤保险辅助器具配置管理办法》	人力资源和社会保障部	2016 年 2 月 16 日发布，2016 年 4 月 1 日施行，2018 年 12 月 14 日修订
规章	《重大劳动保障违法行为社会公布办法》	人力资源和社会保障部	2016 年 9 月 1 日发布，2017 年 1 月 1 日施行

续表

类别	名称	发布单位或机构	通过、发/公布、施行及修正（订）时间
规章	《劳动人事争议仲裁组织规则》	人力资源和社会保障部	2017 年 5 月 8 日发布，2017 年 7 月 1 日施行，2010 年 1 月 20 日发布的原《劳动人事争议仲裁组织规则》废止
规章	《劳动人事争议仲裁办案规则》	人力资源和社会保障部	2017 年 5 月 8 日发布，2017 年 7 月 1 日施行；2009 年 1 月 1 日发布的原《人事争议处理办案规则》废止
规章	《企业年金办法》	人力资源和社会保障部	2017 年 12 月 18 日发布，2018 年 2 月 1 日施行
司法解释	《关于在民事审判工作中适用〈中华人民共和国工会法〉若干问题的解释》	最高人民法院	2003 年 6 月 25 日发布，2003 年 7 月 9 日施行
司法解释	《关于人民法院审理事业单位人事争议案件若干问题的规定》	最高人民法院	2003 年 8 月 27 日发布，2003 年 9 月 5 日施行
司法解释	《关于审理劳动争议案件适用法律若干问题的解释（二）》	最高人民法院	2006 年 8 月 14 日发布，2006 年 10 月 1 日施行
司法解释	《关于审理劳动争议案件适用法律若干问题的解释（三）》	最高人民法院	2010 年 9 月 13 日发布，2010 年 9 月 14 日施行

续表

类别	名称	发布单位或机构	通过、发/公布、施行及修正（订）时间
司法解释	《关于审理拒不支付劳动报酬刑事案件适用法律若干问题的解释》	最高人民法院	2013 年 1 月 16 日发布，2013 年 1 月 23 日施行
司法解释	《关于审理劳动争议案件适用法律若干问题的解释（四）》	最高人民法院	2013 年 1 月 18 日发布，2013 年 2 月 1 日施行
司法解释	《关于审理工伤保险行政案件若干问题的规定》	最高人民法院	2014 年 4 月 21 日发布，2014 年 9 月 1 日施行

第 三 章

企业性质与劳动关系

第一节　国有企业

以公有制为主体、多种所有制经济共同发展的基本经济制度，决定了国有企业劳动关系和谐是社会和谐的前提和基础，社会和谐是国有企业劳动关系和谐的延伸和结果。国有企业劳动关系和谐是巩固和增强人民参与社会生产愿望的基础，有利于提升人民的获得感，实现人人参与、人人尽力、人人享有，改善生产关系，为社会进步提供强劲动力。在计划经济体制下，我国在所有制关系上追求清一色的公有制，建立了一种高度集中的计划经济体制。与这种体制相适应，企业劳动关系也形成了全社会范围的单一层次的联合劳动。[①] 社会主义市场经济体制建立后，国有企业的公司制改革开始不断深化，国有企业开始建立现代企业制度。国有企业的产权结构发生了重大变化，这导致国有企业劳动关系管理模式也发生了根本性变革，其直接后果是国有企业劳动关系实践中出现了集体劳动争议和群体性事件，这引起了政府和学者的共同关注。通过梳理社会主义市场经济转型中的国有企业劳动关系发展历程，发现国有企业劳动关系的变革，实质上是国有企业内部利益格局的重构，而这种利益的重大调整既涉及政府、劳动者、经营管理者之间的利益分配，也深层次地反映出政府与国有企业之间的责、权、利关系的变迁轨迹。国有企业劳动关系的发展历程表明，劳动关系各方之间的利益关系发生了新的变化，因此也在不同的历史阶段形成了不同特点的劳动关系格局。

---

① 董建才:《论市场经济与我国劳动关系的调整》,《山东社会科学》1993 年第 3 期。

一、计划经济体制下的国有企业劳动关系（1956—1978）

有学者研究指出，计划经济体制下的劳动关系是利益一体型劳动关系。社会主义生产资料公有制的经济基础决定了国有企业劳动关系中工人和企业的利益的一致性、非对抗性和共生性。在生产资料公有制经济基础上，国有企业的产权所有者是工人，工人既是国有企业的生产者，也是国有企业的所有者，既是“劳动者”也是“主人翁”。工人劳动所创造的价值，或者由企业以税金、利润的形式上缴国家，形成国家的财政收入，或者作为企业国有资产的增值继续用于企业的扩大再生产。总之，职工所创造的剩余价值最终又回到了生产资料的所有者职工手中。国有企业剩余价值的生产和分配过程表明，生产资料所有权的性质决定着生产关系和生产方式，更决定着劳动关系的性质。因此，从理论上来讲，不存在工人自身所创造的剩余价值被资本家无偿占有的问题，国有企业、工人和经营管理者的利益一致，劳动关系双方不存在利益冲突，二者之间的劳动关系是利益一体型劳动关系。①这种劳动关系具有以下三个特点。

（一）行政管理是国有企业劳动关系调控的主要手段

在计划经济时代，肇始于新中国成立初期为解决失业工人就业而建立的国家“统包统配”的劳动管理体制，事实上使各类国有企业的劳动关系成为劳动者与国家之间的具有浓厚政治色彩的劳动行政关系。对此，我国第一任劳动部长李立三在《关于中华

---

① 高爱娣：《利益一体和公私兼顾的劳动关系理论概述》，《中国劳动关系学院学报》2006 年第 8 期。

人民共和国工会法草案的几点说明》一文中指出，在国营企业中既然还有工资制度存在，那么，雇佣关系的形式也仍然存在，但这种雇佣关系在实质上已经不同于资本主义企业的雇佣关系，这种雇佣关系是一种公私关系。[①]常凯研究认为，在计划经济体制下的国有企业中，劳动关系调控的主要手段是自上而下的政府行政管理。政府的行政手段发挥了主导性的调控作用。政府的行政指令促进了国有企业和工人之间劳动关系的形成，并通过自上而下的行政手段来确定劳动者的劳动条件、劳动标准和劳动待遇等问题，工人和企业几乎不享有任何的自主权，企业仅仅需要执行国家的政策或者服从国家的行政指令。因此，计划经济条件下国有企业的劳动关系可以界定为：是一种“开放”式的自上而下的行政隶属关系而非雇佣关系，或者称之为劳动行政关系。[②]

（二）固化的雇佣方式导致国有企业劳动关系的封闭与僵化

有学者研究指出，在计划经济体制下，国有企业劳动关系的封闭主要体现在国家计划分配劳动力资源和劳动者的终身就业制。因为没有劳动力市场的调节，劳动力由国家计划分配，劳动者不能自由选择就业方式、内容和类型，同时，国有企业没有招收或辞退劳动者的权利。国有企业雇佣方式的本质是政府决定着劳动力资源的分配，政府替代了国有企业与劳动力市场的配置劳动力资源的作用。终身就业成为一种普遍现象，解

---

① 李立三：《关于中华人民共和国工会法草案的几点说明》，《人民日报》1950 年 6 月 28 日。

② 常凯：《劳动关系・劳动者・劳权：当代中国的劳动问题》，北京：中国劳动出版社，1995 年。

雇很少，甚至辞职也是困难的。虽同属工人阶级，工人却因单位类型和身份类别被分割为国有企业职工、集体企业职工、城市临时工、集体乡镇企业工人这四类群体，不仅工资和福利差距明显，且有严格的流动限制（Walder，1984）。通过国际比较可以发现，新中国成立后参加工作的职工年龄层次越高，相对职业流动率越低。根据 1986 年在天津对 1000 多名职工的抽样调查，差别最大的是 40—54 岁这一年龄组。该组中的天津职工只在 1.9 个单位工作过，而日本职工是 4.2 个，美国职工是 10.3 个。[①] 吴思嫣和崔勋研究发现，到了计划经济末期，顶替制允许工人可以提前退休，让其子女来同一单位工作，这使工作发生了代际传承。这种现象即便是在东欧，也是不曾发生的。此外，通过户籍制度、城市行政官僚体系和有计划的定量供应制度，政府有效地限制了流动人口从农村到城市寻找工作，减少了城市人口的失业率，维护并强化了封闭的用工体制。[②] 董克用在对计划经济体制下政府行政管理机制进行系统研究的基础上，提出这一时期国有企业劳动关系呈现出僵化的特征，主要体现为限制劳动力的自由流动，政府为城镇劳动力统一确立工资标准，并且统一确定职工工资变动的时间、变动的程度，并由政府决定劳工的福利。这种情况下依然存在劳动关系的冲突现象，但职工的不满不是针对管理层或企业，而是对政策本身不满。所以解决冲突的方式往往是减少劳动的实际投入，降低工作效率，甚至上访；当政府无法满足居民的需求时，通常需要采取政治教育

---

① 陈少晖：《从计划就业到市场就业：国有企业劳动就业制度的变迁与重建》，北京：中国财政经济出版社，2003 年。

② 吴思嫣、崔勋：《中国国有企业员工参与的演进路径》，《现代管理科学》2013 年第 5 期。

的办法。[①]

有学者研究认为，劳动关系的封闭和僵化意味着职工对企业具有完全的依赖关系，这种封闭和僵化的特征产生了正反两方面的影响：正面影响在于保证了工人的职业稳定，客观上维护了国有企业工人的政治地位和经济地位，使工人能够成为国家和企业的“主人”；负面影响则是政府对劳动者的统包统分、劳动者的终身雇佣，貌似充分就业，但实际情况是劳动者的高福利、低工资，这种劳动关系所付出的代价是国有企业经济效率低下与经济增长停滞，就业的实际情况是显性失业被隐性失业所掩盖。同时，固化和封闭的劳动关系导致国有企业缺乏有效的劳动关系退出机制，极大地削弱和降低了国有企业的生产经营效率和劳动效率，从而降低了国家发展的经济效益。[②]

（三）隐性化的劳资冲突降低了国有企业的经济效率

有学者认为，国有企业利益一体型劳动关系中所隐含的基本逻辑是工人和企业利益关系一致性，不应该存在劳资矛盾与冲突。但在国有企业劳动关系实践中，依然存在工人和企业作为不同利益主体之间不可避免的矛盾和冲突。学术界将其总结为：国有企业劳动关系双方在总体利益一致的前提下，存在公私矛盾，即工人阶级整体利益与个人利益、长远利益与日常利益之间的矛盾。[③] 只是在计划经济体制下，这种矛盾冲突具有隐性化的特点，

---

① 董克用：《中国经济体制改革以来劳动关系的变化与调节机制》，《经济理论与经济管理》2001 年第 4 期。

② 董建才：《论市场经济与我国劳动关系的调整》，《山东社会科学》1993 年第 3 期。

③ 高爱娣：《利益一体和公私兼顾的劳动关系理论概述》，《中国劳动关系学院学报》2006 年第 8 期。

例如工人消极怠工，劳动过程中出现“出工不出力”“降低工作效率”等情况造成的劳资冲突，往往认为是国有企业领导干部的素质问题或是领导方式与能力问题，并不把劳资冲突看作国有企业劳动关系固有的矛盾和冲突。这种隐性化的劳资冲突与计划经济劳资利益一致性有着极为紧密的因果关系，大大降低了国有企业的经济效率。

二、社会主义市场经济转型中的国有企业劳动关系（1978—2002）

（一）关于利益分化型劳动关系的研究（1979—1992）

有学者认为，社会主义市场经济体制建立初期，我国的劳动关系由利益一体型转变为利益分化型。① 社会主义市场经济体制建立后，国有企业开始建立现代企业制度，并且逐步成为社会主义市场经济的主体，中国政企关系的变革是以对企业放权让利为突破口的。1978 年 10 月，中央先在四川省选择了 6 家国企进行扩大企业自主权的试点。1984 年 5 月，国务院颁发了《关于进一步扩大国营工业企业自主权的暂行规定》，对企业在生产经营计划、资金使用、人事劳动管理、工资奖金等 10 个方面的自主权作出了规定。② 同年 10 月，中共十二届三中全会通过的《中共中央关于经济体制改革的决定》指出，增强企业活力是经济体制改革的中心环节，“围绕这个中心环节，主要应该解决好两个方面

---

① 陈微波：《利益分析视角下我国国有企业劳动关系的定位思考》，《当代经济研究》2011 年第 10 期。

② 《国务院关于进一步扩大国营工业企业自主权的暂行规定》，《人民日报》1984 年 5 月 12 日。

的关系问题，即确立国家和全民所有制企业之间的正确关系，扩大企业自主权；确立职工和企业之间的正确关系，保证劳动者在企业中的主人翁地位”，“要使企业真正成为相对独立的经济实体，成为自主经营、自负盈亏的社会主义商品生产者和经营者，具有自我改造和自我发展的能力，成为具有一定权利和义务的法人”，“为了增强城市企业的活力，提高广大职工的责任心和充分发挥他们的主动性、积极性、创造性，必须在企业内部明确对每个岗位、每个职工的工作要求，建立以承包为主的多种形式的经济责任制。这种责任制的基本原则是：责、权、利相结合，国家、集体、个人利益相统一，职工劳动所得同劳动成果相联系”。[①] 之后，国企进行了相应的配套改革：一是企业实行厂长（经理）负责制，支持厂长行使统一管理生产经营活动的职权；二是国企实行工效挂钩制度，将职工工资的多少同企业的效益联系起来；三是国企开始实行劳动合同制，新进职工必须同企业签订劳动合同。随着承包经营责任制在国企中逐步推开并成为主要的经营方式，国家与企业的分配关系基本固定下来。1988 年 2 月，国务院发布《全民所有制工业企业承包经营责任制暂行条例》[②]，对完善承包制、规范国家和企业的责权利关系起到了积极作用，不仅促进了国企行为的市场化取向，而且加快了国企从国家所有、国家经营向国家所有、企业经营转变。同年 4 月，七届全国人大一次会议通过了《中华人民共和国全民所有制工业企业法》，规定：“企业的财产属于全民所有，国家依照所有权和经营

① 《中共中央关于经济体制改革的决定（中国共产党第十二届中央委员会第三次全体会议一九八四年十月二十日通过）》，《人民日报》1984 年 10 月 21 日。

② 《全民所有制工业企业承包经营责任制暂行条例（一九八八年二月二十七日国务院发布）》，《人民日报》1988 年 3 月 3 日。

权分离的原则授予企业经营管理。企业对国家授予其经营管理的财产享有占有、使用和依法处分的权利。企业依法取得法人资格，以国家授予其经营管理的财产承担民事责任。”[①] 这不仅使国企改革有了法律保障，而且为企业转换经营机制和建立现代企业制度奠定了基础，同时也使国家对企业管得过多过死和企业吃国家“大锅饭”的局面开始改变，国企开始成为相对独立、自主经营、自负盈亏的经济实体，行政性劳动关系逐渐松动，企业经营管理者在劳动关系中的地位逐步确立。

有学者指出，国有企业劳动关系管理模式也发生了重大变革，以行政手段为主导的劳动关系调整机制逐渐被以市场机制为主导的劳动关系调整机制所取代，随着国企经营管理者权利和地位的逐步确立，传统的由企业和劳动者构成的利益共同体开始分化。为了推进国企内部的改革，进一步落实企业用工自主权，1986 年 7 月，国务院公布了关于劳动制度改革的 4 项暂行规定，即《国营企业实行劳动合同制暂行规定》《国营企业招用工人暂行规定》《国营企业辞退违纪职工暂行规定》和《国营企业职工待业保险暂行规定》[②]，并颁布了一系列配套改革政策，全面推行以合同制为主的雇佣模式。例如《国营企业实行劳动合同制暂行规定》（1986）规定，“企业在国家劳动工资计划指标内招用常年性工作岗位上的工人，除国家另有特别规定者外，统一实行劳动合同制”，“企业与被招用的工人签订劳动合同时，必须遵守国家政策和法规的规定，坚持平等自愿和协商一致的原则，以书面

① 《中华人民共和国全民所有制工业企业法（1988 年 4 月 13 日第七届全国人民代表大会第一次会议通过）》，《人民日报》1988 年 4 月 16 日。

② 周长新：《我国行政管理逐步纳入法制轨道 去年已经颁布行政法规六十九件》，《人民日报》1987 年 2 月 16 日。

形式明确规定双方的责任、义务和权利。劳动合同一经签订，就受到法律保护，双方必须严格遵照执行”。[①]《国营企业招用工人暂行规定》（1986）规定，“企业不得以任何形式进行内部招工，不再实行退休工人‘子女顶替’办法”。《关于扩大试行全员劳动合同制的通知》（1992）规定，“实行全员劳动合同制，重点是在国营大、中型企业和新建国营企业，其他有条件的企业也要积极实行”。同时，政府也积极推动上海、北京、广西、广东、河南与湖北等地实行劳动合同制试点。[②] 随着国有企业全面实施和推行劳动合同为主的雇佣方式，国有企业的雇佣关系开始走向成熟。根据《中国劳动统计年鉴（1993）》的数据整理可知，到1991年，全国国有企业劳动合同制职工已达到1588.64万人，占国企职工总数的14.9%。契约型的市场化劳动关系开始逐步形成。

在市场转型期，国有企业作为单位共同体的许多职能开始淡化、消失。相对于计划经济时代，无论是工人作为企业雇佣劳动者的地位，还是管理者解雇工人的权利的合法化程度，都在市场化背景下得以强化。陈微波研究认为，随着各方主体所表达出来的不同利益诉求，劳资之间的利益结构出现分化态势，经营者的地位开始上升，工人的地位开始下降。自此，国有企业劳动关系各方的独立主体地位开始形成，面对劳动者和经营管理者相区别的利益诉求以及对自身利益的积极争取与博弈行为，国有企业内部利益格局开始显现出分化态势。在这样一个利益关系演变的过

① 国务院1986年颁布的《国营企业实行劳动合同制暂行规定》，http：//baike. so. com/doc/4021143－4218443. html。

② 《关于扩大试行全员劳动合同制的通知》（劳动部劳力字〔1992〕7号），http：//www. hroot. com/contents/128/48730. html。

程中，不可避免地出现了劳资之间的利益分化。因此，社会主义市场经济条件下国有企业的劳动关系定位为利益分化型的劳动关系。[①]

（二）关于利益冲突型劳动关系的研究（1992—2002）

有学者认为，随着社会主义市场经济制度的建立，国有企业的产权、在国民经济中的地位以及所占比重都发生了很大的变化。1992—2002 年，国有企业全面建立起契约化的劳动关系，产权改革和建立现代企业制度使国有企业成为独立的经济主体和企业法人，加速了劳动关系由计划经济下的国家化、行政化向以劳动力供求双方利益关系为基础的契约化转变，基本实现了劳动关系的市场化和法制化。国有企业劳动关系进入契约化的新阶段。1992 年 2 月，劳动部发布《关于扩大试行全员劳动合同制的通知》，要求各省、市、区以及计划单列市应选择一两个市县试行全员劳动合同制，国务院各产业部门也应选择若干个直属大中型国企试行。在企业内部，试行全员劳动合同制的范围包括企业干部、固定工人、劳动合同制工人及其他工人。[②] 1993 年 12 月，劳动部发布《关于建立社会主义市场经济体制时期劳动体制改革总体设想》，提出了推行全员劳动合同制的任务，并制定了全面推行劳动合同制的时间表。张琪等研究认为，劳动合同制的全面推广客观上就要求劳动合同的规范化、合法化、可操作性强。[③]

---

① 陈微波：《利益分析视角下我国国有企业劳动关系的定位思考》，《当代经济研究》2011 年第 10 期。

② 宋力刚：《企业现行政策法规及国际惯例全集》（第 2 卷），北京：中国商业出版社，2011 年。

③ 张琪、刘雄：《社会保障制度改革》，北京：经济管理出版社，1996 年。

1994 年 7 月，第八届全国人大常委会第八次会议通过了《劳动法》，这是新中国成立以来第一部全面调整劳动关系、确定劳动标准的基本法。《劳动法》规定："在中华人民共和国境内的企业、个体经济组织（以下统称用人单位）和与之形成劳动关系的劳动者，适用本法""劳动合同是劳动者与用人单位确立劳动关系、明确双方权利和义务的协议。建立劳动关系应当订立劳动合同""订立和变更劳动合同，应当遵循平等自愿、协商一致的原则，不得违反法律、行政法规的规定"。劳动合同应当以书面形式订立，并具备以下条款：劳动合同期限；工作内容；劳动保护和劳动条件；劳动报酬；劳动纪律；劳动合同终止的条件；违反劳动合同的责任。[①]《劳动法》的颁布与实施，打破了企业的所有制界限，所有企业执行统一的劳动规则和标准，进一步确认了用人单位与劳动者在劳动关系中的主体地位。《劳动法》为市场化劳动关系的建立、维护和解除提供了法律依据和保障，标志着中国劳动关系法制化建设的初步完成，同时，劳动关系的企业化、契约化特征不断增强和凸显。根据《1996 年度劳动事业发展统计公报（摘要）》的数据可知，到 1996 年底，全国城镇企业职工签订劳动合同的人数达 1.06 亿人，占城镇企业职工总数的 96.4%，全国报送劳动行政部门登记审核的集体合同共 6.9 万份，城镇企业实现了全面建立劳动合同制度的目标。

有学者认为，伴随着契约化劳动关系的建立，国有企业进入从放权让利为主转向制度创新为主的新阶段。[②] 1992 年 10 月，

---

① 《中华人民共和国劳动法（1994 年 7 月 5 日第八届全国人民代表大会常务委员会第八次会议通过）》，《人民日报》1994 年 7 月 6 日。

② 朱新红：《国有企业劳动关系的变化与特征》，《学术界》1999 年第 3 期。

中共十四大报告明确提出，“转换国有企业特别是大中型企业的经营机制，把企业推向市场，增强它们的活力，提高它们的素质。这是建立社会主义市场经济体制的中心环节，是巩固社会主义制度和发挥社会主义优越性的关键所在”，要“通过理顺产权关系，实行政企分开，落实企业自主权，使企业真正成为自主经营、自负盈亏、自我发展、自我约束的法人实体和市场竞争的主体，并承担国有资产保值增值的责任”。[①] 这标志着国有企业真正开始政企分开，国有企业改革进入了新的阶段。1993 年 11 月，中共十四届三中全会通过的《中共中央关于建立社会主义市场经济体制若干问题的决定》明确提出，“进一步转换国有企业经营机制，建立适应市场经济要求，产权清晰、权责明确、政企分开、管理科学的现代企业制度”，[②] 这成为国企改革的新方向。同年 12 月，第八届全国人大常委会第五次会议上通过了《中华人民共和国公司法》。这是新中国成立以来第一部公司法，[③] 它以法律的形式界定了国家和企业（含国有投资的公司）对国有资产的所有形式和处置权利，为国企公司制改革和产权运作提供了法律依据。为了加快国有企业改革步伐，将国有企业身份转换和现代企业制度的建立落在实处，1993 年 11 月，国家体改委会同有关

---

① 江泽民：《加快改革开放和现代化建设步伐 夺取有中国特色社会主义事业的更大胜利——在中国共产党第十四次全国代表大会上的报告》，《人民日报》1992 年 10 月 21 日。

② 《中共中央关于建立社会主义市场经济体制若干问题的决定（中国共产党第十四届中央委员会第三次全体会议 1993 年 11 月 14 日通过）》，《人民日报》1993 年 11 月 17 日。

③ 《八届全国人大常委会五次会议闭幕　决定明年 3 月 10 日召开八届全国人大第二次会议　我国第一部公司法通过　乔石作重要讲话》，《人民日报》1993 年 12 月 30 日。

部门选择百家国企进行建立现代企业制度的试点[①]，各省、市、区也选择了2000余家企业参与建立现代企业制度试点，一批国有企业率先完成了经营机制的转变，构建起现代企业管理制度，形成了企业法人治理结构。

国有企业劳动关系进入市场化的新阶段。1992年，党的十四大报告提出“我国经济体制改革的目标是建立社会主义市场经济体制”，确立了“以公有制包括全民所有制和集体所有制经济为主体，个体经济、私营经济、外资经济为补充，多种经济成分长期共同发展”的基本经济制度。特别是1997年以后，随着国企“抓大放小”改革战略的实施，国有经济战线收缩，国有企业数目逐年减少，但国有企业总产值增速相对较快。1996年5月，劳动部下发了《关于私营企业和个体工商户全面实行劳动合同制度的通知》，6月，农业部和劳动部联合下发了《关于乡镇企业实行劳动合同制度的通知》。[②]《1999年度劳动和社会保障事业发展统计公报》的数据显示，到1999年底，城镇私营企业实行劳动合同制的从业人员为612万人，签订劳动合同的个体工商户雇工人数为474.7万人，乡村集体企业实行劳动合同制的从业人员为2326万人。私营企业和个体工商户的劳动合同化管理大幅提升了我国劳动关系市场化的比重。截止到2002年底，我国劳动关系市场化转型任务基本完成。

有学者认为，随着国有企业成为独立的市场主体、契约化劳动关系的合法化和劳动关系市场化的完成，国有企业在国民经济

① 张锦胜：《建立现代企业制度试点工作启动 百家国有企业将先行一步》，《人民日报》1993年11月23日。

② 《中华人民共和国劳动合同法典（最新升级版）》，北京：中国法制出版社，2015年。

的重要行业和关键领域发挥着重要的主导作用，国有企业职工的政治和经济地位下降，国有企业经营者的地位则呈逐渐上升的态势。劳动关系市场化使国有企业的经营者获得了广泛的劳动用工权，决定了工人被雇佣或解聘的命运。随着经济社会制度转型所导致的权利、收入、地位跌落，工人的社会态度也发生了变化，具体表现为：地位失落感、社会不公平感、被剥夺感强烈，即马克思曾经描述过的异化感增强。[①] 随着国企高管年薪制的推行，管理层与工人之间的收入差距持续拉大，加剧了资源分布不均，进一步激化了国有企业劳资冲突。在所有制改革过程中，铁饭碗式的终身就业制被市场型的就业机制所取代，国企下岗职工和失业人员的再就业以及如何对下岗职工进行安置及补偿问题、企业改制所产生的工人身份置换及买断工龄问题、社会保障机制不完善问题等均成为国有企业劳资双方不可避免的利益冲突。

有学者研究发现，除了客观存在的国企下岗职工企业民主管理意识淡化、收入差距扩大、劳动争议案件增多等问题，集体停工和群体性事件也时有发生。从 1994 年到 2003 年底，全国群体性事件从 1 万起快速增长到 7. 4 万起，年均增长 22. 2%，参与人数从 73 万人次上升到 376 万人次，年均增长 17. 8%。因国有企业劳资双方利益冲突造成的群体性事件在其中占有很大比重。一些具有参与的工人人数众多、工人多采取冲突化的行为方式等特点的标志性群体事件反映了劳资之间的冲突达到了一种激化状态，对社会的稳定产生很大的负面影响。[②]

① 陆学艺：《当代中国社会阶层研究报告》，北京：社会科学文献出版社，2002 年。

② 胡联合、胡鞍钢、王磊：《关于我国社会不稳定因素变化态势的实证分析》，《探索》2007 年第 6 期。

（三）关于社会主义市场经济转型阶段国企劳动关系变化与特征的研究

随着社会主义市场经济体制的建立，学术界对于国有企业劳动关系的变化与特征进行了深入研究。

1. 关于社会主义市场经济转型阶段国有企业劳动关系变化方向的研究

有学者研究指出，我国国有企业向现代企业制度迈进，国有企业的劳动关系也正在发生着前所未有的变化：企业劳动关系的主体正在由国家主体变为企业管理者和劳动者双方主体，企业劳动关系的确立正由行政手段变为契约手段，企业劳动关系的运作正在由国家调控向市场调控转变，企业劳动关系的发展正在步入法治化轨道。[①] 郭庆松研究认为，我国国有企业劳动关系变化总的来说是向着规范化、市场化、契约化和法治化方向发展的。[②]

2. 关于社会主义市场经济转型阶段国有企业劳动关系特征的研究

有学者认为，这一时期我国国有企业劳动关系所具有的一般特征可以概括为两个大的方面：过渡性和复杂性。所谓企业劳动关系的过渡性，是指这种企业劳动关系尚处于计划经济向社会主义市场经济的过渡时期，无论是在其外在形态上还是在其内在本质上，都既保留有部分计划经济的旧的成分，又带有社会主义市场经济的某些新的特点。就企业劳动关系的主体身份而言，劳动

---

① 朱新红：《国有企业劳动关系的变化与特征》，《学术界》1999 年第 3 期。

② 郭庆松：《试论我国国有企业劳动关系的变化和特征》，《中国经济问题》1999 年第 5 期。

者和管理者双方都尚处于形成过程之中；就企业劳动关系的运作机制而言，国家调控和行政手段还起着相当大的作用；就企业劳动关系的具体调控手段而言，法治化还有一个渐进的发展过程。国有企业劳动关系的复杂性是相对于非国有企业而言的。国有企业劳动关系所具有的过渡性的特点，则决定其劳动关系及其运作具有复杂性的一面。这种复杂性特征主要表现在人们的认识上、历史遗留问题上以及不同企业的巨大差别上等诸多方面，主要包括对主人翁地位的认识存在困惑，一些老大难问题给劳动者权益的保障带来更加复杂的局面，企业经营状况的好坏决定企业劳动关系的基本状况及其调整的难易程度。①

（四）关于社会主义市场经济转型阶段国企下岗工人再就业问题的研究

随着我国经济体制和政治体制改革的进一步深入，失业人员数量的不断上升已经成为影响社会稳定和经济健康发展的突出问题。学术界对于国有企业下岗工人再就业问题进行了系统研究。

1. 关于国有企业职工下岗性质的研究

有学者认为，国有企业职工下岗从性质上看，属于劳动关系变更，但这种变更在当前尚未理顺有关劳动关系。在劳动关系规范上，政策与法规不协调，将基本生活保障和再就业协议作为劳动合同附件有悖法理，难以协调“协议”与“合同”的期限，同时用人单位与再就业服务中心关系的处理也缺乏依据；在实践上，不仅存在双重劳动关系，而且存在劳动合同与劳务合同大量

---

① 郭庆松：《试论我国国有企业劳动关系的变化和特征》，《中国经济问题》1999年第5期。

混用的状况。这种状况带来的直接后果是：企业“减员增效”无法实现，隐性就业日益盛行，社会保障功能弱化，劳动者合法权益受损，劳动力市场发育受阻，宏观调控失灵。国有企业下岗职工劳动关系的处理应遵循逐步推进、分类处理的原则，即一方面通过托管方式将企业内失业人员改为企业外失业人员，另一方面在就业市场化、失业公开化条件基本具备时，将企业外失业人员注入社会失业系统，形成统一的劳动力市场体系。① 何筠等研究认为，“下岗”是一种“准显性失业”，再就业工程只是一种具有过渡意义的特殊的社会保障制度，因此，存在着局限性。这些局限性不可避免地导致了在再就业工程的实施中隐性就业与下岗职工生活保障权利虚置，所以，必须有步骤地采取措施，推进国有企业劳动就业机制的完全转换。他指出，应该在确立新型劳动就业体制建立的时间表基础上，用法规来保障下岗职工的基本权利，建立有效的就业统计申报制度，提高职工的劳动技能，为职工再就业提供优惠政策及必要的帮助；在做好上述工作的同时，还应探索各种职工与企业解除劳动关系的路子（例如在一些经济发达地区建立跨企业、行业的社会托管机制），严格实行下岗限时制，完善社会保障制度。②

2. 关于国有企业职工下岗状况的研究

劳动和社会保障部劳动科学研究所课题组从 1998 年下半年开始，先后在北京、上海、重庆 3 个直辖市和山东、广东、广西、湖北、贵州和云南 6 省（区）的 17 个城市进行了调研。研

① 王长城：《国有企业下岗职工劳动关系及其处理》，《中南财经大学学报》2000 年第 1 期。

② 何筠、何振：《适时地推进国有企业劳动就业体制的转换》，《人口与经济》2002 年第 1 期。

究结果表明，这一时期的下岗职工劳动关系处理面临严峻形势。在下岗职工压力不减、分流困难的同时，各地普遍出现基本生活保障资金筹集困难、资金缺口增大的情况，有的到了难以支撑的地步。而下岗职工讲前途也讲利益，企业讲利益也讲感情，劳动保障部门讲压力也讲政治，各方的顾虑和担心不尽相同，劳动关系处理具有复杂性和难度。其原因具体包括：社会保险关系难以续接，经济补偿政策和标准不明确，企业无力承担经济补偿、无力偿还历史欠债，下岗职工再就业能力偏低等。应该正确认识政府对下岗职工转换身份的补偿责任和雇主责任，处理好劳动力重组中“进中心”和“进市场”的并行与转变，“企业分流”和“社会再就业”两条途径的拓展，疏导并促使隐性就业显性化，发挥失业保险兜底作用，促进下岗职工再就业。课题组还提出通过制定中心与市场衔接的政策、促进再就业政策、加强劳动合同管理政策、过渡性保险政策、经济补偿金、历史欠债清偿政策以及其他政策措施，处理好国有企业职工下岗问题。[①]

3. 关于国有企业下岗职工劳动关系处理对策的研究

有学者认为，失业既是一个严重的经济问题，也是一个严重的社会问题，这一问题的存在与发展对企业改革以及社会稳定的影响是显而易见的。党和国家对这一问题高度重视，各级地方政府也都制定并实施了各种解决再就业问题的政策措施，其中，有些举措已经收到了较好的成效。但从整体来看，社会就业的压力仍然巨大，仅仅依靠政府强制力的推动，不可能从根本上缓减社会就业的压力。应该说，再就业是一项动态的系统工程，其中，

---

① 劳动和社会保障部劳动科学研究所课题组：《国有企业下岗职工劳动关系处理问题研究》，《管理世界》2000 年第 1 期。

劳动力资源的市场配置与劳动管理规范化、法治化建设，将是引导劳动力的合理流向、完善社会就业体制的重要环节。[①]

有学者从国有企业改革过程中出现大量国有企业困难职工这一现实问题出发，以迅速建立起国有企业困难职工社会救济制度为前提，论述了对国有企业困难职工进行的社会救济，其实质是对经历传统就业体制的国有企业职工过去劳动贡献的一种劳动关系补偿。并在此基础上，以马克思主义理论为指导思想，结合国情，提出应在坚持适度、合理原则的基础上，转移部分“国资”充入救济金，并依据中国二元经济结构的特点，有区别地对各地区国有企业困难职工进行救济。[②] 孙勇研究发现，国企减员增效过程中存在着劳动法规制度执行不力，企业包袱仍然沉重，企业和职工认识不到位，影响减员增效与再就业进程，社会保障体系不够完善，职工存在后顾之忧，职业教育和再就业渠道不能满足国有企业改革的需要等情况。面对这些问题，他提出应认真贯彻劳动法规，减轻企业负担，转变就业观念，妥善解决隐性就业问题，完善社会保障体系，为国有企业改革营造宽松的环境，建立职业教育网络，拓宽再就业渠道。[③] 吕政和黄速建研究发现，国家根据《关于国有大中型企业主辅分离辅业改制分流安置富余人员的实施办法》对国有企业进行主辅分离辅业改制的工作进展迅速，几年内全国1000多家大中型国企实施了主辅分离辅业改制，涉及改制单位近万个，分流安置富余人员200万人左右，积极稳

① 陈孝兵：《我国劳动力市场配置的两个问题》，《经济学家》1998年第4期。

② 高兴民：《论国有企业困难职工社会救济内含的历史命题——劳动关系补偿》，《财经问题研究》1999年第11期。

③ 孙勇：《浅谈国有企业减员增效与再就业问题和对策》，《江西社会科学》1999年第1期。

妥地处理国有企业下岗职工的劳动关系。[1]

三、社会主义市场经济完善阶段的国有企业劳动关系（2002—2012）

（一）关于社会主义市场经济完善阶段利益依附型劳动关系特征的研究

有学者认为，社会主义市场经济完善阶段的国有企业劳动关系是利益依附型劳动关系。随着国有企业改制的基本完成，国有企业内部的劳动关系状况又发生了新的变化，下岗职工妥善安置、企业职工收入提高和企业整体布局的改变缓解了企业内部的劳动冲突，劳动关系由大规模改制时期的利益冲突型向现阶段的利益依附型转变。[2]

1. 关于工人与国有企业利益依附性与新型合作关系的研究

第一，关于工人对国有企业存在利益依附性的研究。有学者认为，与其他就业单位人员的平均工资水平相比，相对高额的薪酬福利待遇强化了劳动者对国有企业利益依附的现实性。工人对国有企业的利益依附性主要体现在：由于高额薪酬、福利等利益因素的影响，工人在国有企业中长期工作的意愿较高，主动退出企业的意愿较低。由于国有垄断企业员工对于失去大大高于社会其他行业薪酬、福利水平的超额收入的巨大恐惧心理，他们在垄断权力面前成为难以保持人格尊严的纯经济“仆人”。由此，在

① 吕政、黄速建主编：《中国国有企业改革30年研究》，北京：企业管理出版社，2008年。

② 陈微波：《利益分析视角下我国国有企业劳动关系的定位思考》，《当代经济研究》2011年第10期。

劳动关系的框架里，国有资本取得了绝对的话语权，而工人对资本的从属性和依附性进一步强化。①

第二，关于工人与国有企业新型合作关系的研究。有学者认为，国有企业劳动关系转型的起点是计划体制下的利益一体型劳动关系，这种关系在改革中被打破后，工人采取了一系列“生存型行动”，他们的行动没有改变改革的进程。随着社会主义市场经济体制的建立，国有企业改革在“生存逻辑”和“守法逻辑”的双重作用下，对企业形成了新的认同。虽然这种认同的建构是以强制为导向的，但工人们与企业建立了一种既不同于计划体制下的利益一体型劳动关系，也不同于私营企业内部劳动关系的新型合作关系，这种合作关系正是社会主义市场经济中国有企业内部秩序的基础，也是我们研究新形势下国有企业劳动关系的社会背景。②

2. 关于国有企业工人内部分化与劳资冲突较少的研究

关于国企改制中工人的内部分化及其行动策略的研究。有学者在具体分析了国有企业改制过程中企业内部职工受雇身份的区别的基础上发现，社会主义市场经济改革时期国企职工内部因身份不同而明显地分化为四个利益不同的群体，即国企退休职工、全民所有制固定工、全民所有制合同工以及国有企业内部的集体企业下岗工人。面对市场化改革，在同样的体制环境下，四个不同的群体选择了不同的行动策略。从以往文献来看，学者们在研究工人的集体行动时，往往忽视了退休职工这一行动主体。退休

---

① 谢茂拾、唐晓曼：《我国垄断企业劳动关系中的人身依附及其治理》，《甘肃社会科学》2010 年第 3 期。

② 孙远太：《从依附到合作：国有企业内部劳动关系再形成研究》，《江苏社会科学》2009 年第 5 期。

职工通常因为历史上遗留下来的一些福利与债务问题（如被拖欠的医药费、冬天房屋采暖费等）以公开聚会、集体上访和公开揭露工厂领导侵吞国有资产的行为这三种形式进行有组织的公开抗争。全民所有制固定工则因为生存压力和利益诉求渠道不通畅"消极顺从"。合同工通常是以"买断工龄"的方式与工厂解除劳动关系，由于其再就业相对比较容易，生存压力、劳动合同期限迫使他们离开，对工厂的未来失去信心，在解除劳动关系时选择离开、退出的行动策略。集体企业下岗工人则是采取有组织的隐秘抗争策略。身份、生存压力、再就业能力以及制度设计等要素是影响他们行动策略的主要因素。①

3. 关于社会主义市场经济完善阶段国企劳动关系协调与治理机制的研究

第一，有关国有企业劳动关系协调机制的研究。有学者认为，在社会主义市场经济完善阶段，国有企业劳动关系的调控机制是以行政手段与市场手段相结合为主。从实践情况来看，相对于非国有企业，国有企业的劳动关系更具有稳定性和规范性。学术界认为对于国有企业的职工而言，劳动合同有时仅仅是一种形式，在正常情况下，他们一般不会被轻易辞退，劳动合同到期后续签是理所当然的事情。尤其在一些国有垄断企业中，入职员工均获得一种类似于政府公务员的"国家职工"的身份，享受准公务员待遇。在社会主义市场经济完善阶段，国企改制基本完成之后，保持国有企业劳动关系的稳定，进而增强国有企业的竞争力将是政府的基本目标，在这种目标的驱动下，市场化的手段仅仅是国有企业劳动关系调控机制的一部分，政府所采取的行政手段

① 吴清军：《国企改制中工人的内部分化及其行动策略》，《社会》2010 年第 6 期。

依然发挥较大的作用。但是，与计划经济时代利益一体型劳动关系不同的是，在利益依附型劳动关系框架里，劳资双方具有各自的独立性，政府所采取的行政手段必须与市场手段相结合，主要是通过出台相应的政策来稳定和引导企业劳动关系的发展。这也弱化了市场化因素对国有企业工人的冲击，使他们享受了国家的庇护，从而衍生了工人对国有企业产生利益依附。①

第二，关于社会主义市场经济完善阶段国有企业治理机制的研究。有学者就我国国有企业劳动关系的性质进行分析，认为由于政府在国有企业劳动关系中具有“隐性雇主”的角色，同时，现阶段的国有企业实质上是一种特殊的公共机构，因此，我们可以将我国国有企业劳动关系重新定位为公营部门劳动关系。在理论上将国有企业劳动关系重新定位有利于强化政府的雇主意识，有利于建立双轨制的企业劳动关系治理机制。针对国有企业劳动关系在理论上的重新定位，对国有企业劳动关系的治理，一个切实可行的政策建议是在适当时机进行国有企业劳动关系的单独立法，可以考虑实行公开考试的方式面向全社会招考国有企业的（尤其是垄断国有企业）员工来解决目前的不公平问题，通过一定的薪酬调查机制来确定国有企业员工的薪酬，规划制定《国有企业劳动关系法》以加强国有企业民营化过程中对员工的保护。②

第三，关于社会主义市场经济完善阶段国有企业劳资冲突较少的研究。有学者认为，这一阶段劳资冲突较少。从理论上进行分析，相对于利益冲突型劳动关系，在利益一体型劳动关系和利

① 谢茂拾、唐晓曼：《我国垄断企业劳动关系中的人身依附及其治理》，《甘肃社会科学》2010 年第 3 期。

② 陈微波：《公营部门劳动关系：对我国国有企业劳动关系的重新定位》，《现代经济探讨》2011 年第 12 期。

益依附型劳动关系中，劳资冲突较少。从实践状况来看，我们所了解的一些劳资冲突事件多发生在非国有企业和正在改制的国有企业中，而在包括垄断国有企业的其他国有企业中，劳资冲突的发生并不多见。尽管近年来在全国范围内发生的劳动争议案件仍呈逐年递增的态势，然而，自 2006 年以来，国有企业的劳动争议案件数量较大规模改制阶段显著减少。与此同时，近期发布的多数研究报告均显示，私营企业、合资企业和外商投资企业逐渐取代国有企业成为劳动争议案件爆发的“重灾区”。①

（二）关于社会主义市场经济完善阶段国有企业劳动关系新变化的研究

1. 关于国有企业单一劳动关系改变的研究

有学者认为，社会主义市场经济深化改革时期，建立现代企业制度，使国有企业改革进入企业改制的阶段，对劳动关系的建设与发展起到了历史的、重大的促进作用。企业改制，其特征集中表现在两个方面：一方面，改变原有的单一所有制关系，由纯而又纯的国有经济，转为多元素的、多种类的经济形式及其所有制结构；另一方面，改变原有的单一劳动关系，转变国家职工身份，变国家与劳动者之间的直接的、行政化、承包式劳动关系为市场劳动关系，让劳动者进入市场，按照市场法则与企业双向选择，建立起一种市场化、竞争性劳动关系，以期提升企业或社会的劳动关系效应。企业改制的这两个方面的内容特征，事实上也是中国改革开放的最具实质性意义的内

① 刘洋：《改制后国有企业的劳动关系：现状、问题与协调治理路径》，《教学与研究》2018 年第 7 期。

容特征，反映了中国社会主义生产关系的改革与完善。[①] 项光勤研究认为，改制企业劳动关系的新变化主要表现在劳动关系利益主体日益明确，劳动关系日益多样化、契约化，同时显得不稳定，并且存在着劳动关系复杂化、矛盾显性化、劳动者差距扩大以及劳动争议上升等问题。应对改制企业劳动关系的新变化，解决其中存在问题，必须加强下岗职工基本生活保障工作，并与失业保障并轨；妥善处理下岗职工的经济补偿金；扩大再就业；加强劳动争议仲裁制度；建立下岗职工社会保障金筹措机制。[②]

2. 关于国有企业简单控制型劳动关系的研究

有学者以四家国有工业企业为研究样本，分析了转制后国有工业企业存在的简单控制型劳动关系。这种劳动关系表现为企业目标已经转变为绩效目标，国有企业劳动关系主体等级化，经营管理者与国家保持着紧密的联系，得到其政治与经济的双重庇护，并具有绝对支配权；技术人员有明确的市场优势，却是个体化和碎片化的；技术工人虽享有传统国有企业的保护，但却呈现老龄化趋势；而大量低价非正规劳动力的使用使等级化的用工模式达到极端。简单控制型的劳动关系与非正规劳动力市场有着重要的依存关系，它有效地瓦解了工会的作用，并使固定工以及劳务工们在市场中碎片化。[③]

---

① 郭军：《中国劳动关系发展演变探析》，《中州学刊》2012 年第 7 期。

② 项光勤：《改制企业劳动关系的新变化及其协调对策》，《中州学刊》2005 年第 3 期。

③ 佟新：《国有工业企业简单控制型的劳动关系分析》，《开放时代》2008 年第 5 期。

（三）关于社会主义市场经济完善阶段国有企业和谐劳动关系构建的研究

1. 关于社会主义市场经济完善阶段国有企业面临问题的研究

有学者认为，改革开放以来，国有企业经营领域不断收缩，劳动关系发生了巨大变化，主要面临五个方面的问题：第一，拿着最低生活保障的国有企业的下岗、失业人员有强烈的精神上和经济上的进一步补偿要求。第二，现有国有企业在业工人仍然具有的在传统体制下被强化了的“主人翁”意识与实际处在“被雇佣”地位的巨大反差，使他们的心理并不平衡。第三，经营管理者阶层和工人阶层之间的收入分配差距越来越大。第四，工人阶层的发展需求被忽视。第五，许多国有企业工作条件很差，存在许多安全隐患，职业病和工伤事故频繁发生。而造成这些问题的原因在于国有企业工人阶层的“不公平感”和地位落差，从主人到被雇佣者的地位转变；经营管理者阶层和工人阶层之间的收入分配越来越悬殊，管理者阶层在企业中处在强势地位，工人阶层则相对处在弱势地位；我国有关劳动关系的立法不完善、执法不严格，工人阶层的发展需求被忽视和工作条件差。① 吴坤埔研究认为，党的十七大以来，一大批国有中小企业遵循着“国退民进”的方针，通过改组、联合、兼并、租赁、承包、股份制、股份合作制、出售等方式放开搞活，真正走向了市场。毋庸置疑，改革是有成效的，但是这其中也暴露出了不少的问题。其中，能否适当地处理员工的劳动关系是企业改制能否成功的一个关

---

① 丁晓强、杨小勇：《中国当前劳动关系面临的问题及其思考》，《毛泽东邓小平理论研究》2010 年第 6 期。

键因素。在全面贯彻科学发展观的前提下，改制期间国有企业的劳动关系可以说总体上是和谐的。但是，由于历史和现实的客观原因，我们也不能不看到其中存在的隐忧，如企业内部用工形式过于多元化，企业内部缺乏高效的矛盾协调机制，改制期间的劳动关系处理不规范等，应在清理劳动关系过程中把握正确的原则和方式，工会应在构建和谐劳动关系中发挥组织保障作用，企业管理中必须树立以人为本理念，建立依法治企的法律制度，依法妥善处理劳动纠纷，构建国有企业改制中的和谐劳动关系。[①]

2. 关于马克思主义劳资关系理论的当代价值的研究

有学者认为，马克思劳资关系理论的当代价值，在于它为审视劳动关系的变化提供了一种根本性的视角，具体表现为：首先，它揭示的劳动和资本的关系仍然是当代社会最基本的经济社会关系，当代社会仍然必须注重对劳资关系的研究。其次，它还揭示出在社会生产力水平低下和产权实现形式单一的时候，往往也是劳资矛盾容易激化、对立双方走向对抗的时候。因此，应加强对劳资双方对立和对抗的研究，寻求预防和解决的方案。最后，马克思主义政治经济学在研究生产关系时特别注重研究劳资关系，十分注重人的研究，比如工人、资本家等。马克思劳资关系理论的当代意义，还体现为它能够指导研究者客观认识当代资本主义社会的劳资关系的新特点与新问题，如“股票分散化”“经理革命”“工人参与制”“福利国家”，甚至“工人控制技术与策略”等，将劳资双方的对立或对抗性转换为各种复杂的系统性合作形式。问题的根本不是证明劳资对立是否存在，而是如何

---

① 吴坤埔：《论企业改制时期的和谐劳动关系构建》，《生产力研究》2011 年第 5 期。

看待这种对立的转换对于国企劳动关系管理的启示。马克思劳资关系理论不仅给我们分析资本主义社会劳资关系提供了一把钥匙，也为我们透视当代中国国有企业劳动关系问题提供了十分有益的借鉴。[①]

3. 关于社会主义市场经济完善阶段国有企业工会作用的研究

有学者认为，构建和谐劳动关系，是推进企业和谐、社会稳定的必然要求。工会要以民主协商、民主管理、公开透明的管理方式推进和谐劳动关系的建立。一方面，构建和谐劳动关系必须健全工会组织，工会组织是党联系职工群众的桥梁和纽带。构建和谐劳动关系是工会组织的优势和特点，应不断健全工会组织，为构建和谐稳定劳动关系夯实组织基础。另一方面，构建和谐劳动关系必须充分发挥工会的作用。按照《中国工会章程》要求，在上级工会和本企业党组织的领导下，企业工会组织应依托企业行政的支持，围绕中心、服务大局，贯彻“组织起来、切实维权”的工作方针，认真履行好“维护、建设、参与、教育”四项职能，发挥好五个作用，构建和谐稳定的企业劳动关系，促进企业健康发展。发挥工会依法维权的作用，发挥工会民主管理的作用，发挥工会监督保障的作用，发挥工会教育引导的作用，发挥工会劳动争议调解的作用。[②]

4. 关于社会主义市场经济完善阶段构建和谐劳动关系对策的研究

有学者认为，构建社会主义和谐社会，必须协调劳动关系。

---

① 郭庆松：《发展国有企业和谐劳动关系的理论反思与实践启示》，《中国人力资源开发》2007 年第 6 期。

② 刘晓宁：《在构建国有企业和谐劳动关系中的工会作用问题研究》，《中国劳动关系学院学报》2010 年第 2 期。

协调劳动关系是构建和谐社会的内容，是构建和谐社会的基础和条件，同时也是衡量和谐社会的重要尺度之一。应建立健全劳动法律体系，尽快修改《劳动法》，加快配套法律的立法；提高党政干部认识，正确处理优化投资环境与保护劳动者合法权益之间的关系；贯彻“组织起来、切实维权”的工作方针，发挥工会在协调劳动关系工作中的作用，借鉴其他市场经济国家协调劳动关系的经验和做法，加强大众传媒对协调劳动关系的宣传，营造关爱劳动者的舆论氛围，提高劳动者自身素质，加强维权意识，依法维护劳动者合法权益。[①] 张耀华研究认为，国有企业劳动关系不稳定加剧是改革改制时普遍存在的问题，薪酬利益调整在从贫困走向发展时更为突出，企业员工观念冲突和基础管理达不到法律法规的要求也都是经济转型期的必然产物。他指出，要构建和谐劳动关系，首先要创新管理维护稳定，树立以人为本的理念，完善人力资源开发管理的职责和流程，加大企业人才激励与约束机制，按“两个发展”协调一致的原则强化培训；其次要协调关系维护稳定，加强劳动管理规章制度建设，充分利用集体合同协调机制，大力完善员工动态资料管理，引导职工依法处理劳动争议；最后要依法管理维护稳定，即严格执行法规，积极反映问题，把握适度灵活，维护社会稳定。[②] 李钧奇研究认为，开展创建劳动关系和谐企业活动，对于推动企业建立规范有序、公正合理、互利共赢、和谐稳定的社会主义新型劳动关系，有着十分重要的现实意义。他以中国石化镇海炼化分公司为例，从企业人力

① 马子富：《劳动关系的协调与和谐社会的构建》，《当代世界与社会主义》2006年第1期。

② 张耀华：《国有企业和谐劳动关系管理对策》，《中国人力资源开发》2007年第3期。

资源管理的角度提出，在生产力诸要素中，人是最活跃的因素，激发职工的活力是人力资源管理的目标。国有企业要大力推进人才强企战略，培育一支忠诚企业的高素质职工队伍，这是企业长盛不衰之源。企业与职工共谋发展、互利共赢、共同成长、共享成果是创建和谐劳动关系的重要途径。①

四、党的十八大以来的国有企业劳动关系（2012 年至今）

党的十八大以来，习近平总书记站在党和国家发展全局的战略高度，针对国有企业改革发展作出了一系列重要指示批示，以一系列相互联系、相互贯通的重大理论创新和科学判断，深刻回答了在新的历史条件下要不要办国有企业、办成什么样的国有企业、怎样办好国有企业等重大理论和实践问题，为国企改革提供了强大的思想武器和科学指南。党的十八大报告指出，“要毫不动摇巩固和发展公有制经济，推行公有制多种实现形式，推动国有资本更多投向关系国家安全和国民经济命脉的重要行业和关键领域，不断增强国有经济活力、控制力、影响力”。2015 年 8 月 3 日，国家发改委网站发布《经济体制改革取得新进展》一文。文中指出，今年是全面深化改革的关键之年。今年以来，企业改革取得积极进展，其中，国有企业改革系列配套文件基本形成。《中央全面深化改革领导小组 2015 年工作要点》和《国务院批转发展改革委关于 2015 年深化经济体制改革重点工作意见的通知》部署的各项经济体制改革重点任务落实情况良好，改革在激发市场主体活力、促进经济平稳增长和提质增效升级方面发挥了重要

① 李钧奇：《论国有企业创建和谐劳动关系的方法与途径》，《中国劳动关系学院学报》2011 年第 5 期。

作用。习近平总书记 2015 年 7 月中旬在吉林省考察调研期间提出“推进国有企业改革，要有利于国有资本保值增值，有利于提高国有经济竞争力，有利于放大国有资本功能”，为国企改革确立了价值判断标准。国资委、国家发改委、人社部 2016 年 2 月 25 日联合召开发布会，披露国企“十项改革试点”落实计划。“十项改革试点”具体包括落实董事会职权试点，市场化选聘经营管理者试点，推行职业经理人制度试点，企业薪酬分配差异化改革试点，国有资本投资运营公司试点，中央企业兼并重组试点，部分重要领域混合所有制改革试点，混合所有制企业员工持股试点，国有企业信息公开工作试点，剥离企业办社会职能和解决历史遗留问题试点。

（一）关于党的十八大以来国有企业劳动关系演变的研究

党的十八大之后，日益深入的改革形势，势必触动企业的核心利益，也必然会损害部分国企职工的现有利益，对不同层次的职工产生一定的影响，出现阶段性的利益失衡，产生一定的内部矛盾，阻碍国企改革进行。面对企业内部的劳动关系状况，再加上国际经济不景气、国内经济下行压力较大的局面，如何保证职工与企业同舟共济、荣辱与共，如何把职工凝聚起来形成企业改革发展的强大能量，实现国企改革的最终目标，是党和国家亟待解决的问题。

1. 关于国有企业工人身份认同及劳动关系转变的研究

有学者认为，国有企业改制以来，劳动关系变迁的根本在于产业工人身份及其认同的转变。市场转型导致劳动关系逐渐被商品化，具体表现为国家与产业工人之间综合性社会契约向功能分化的现代契约转变。一方面，国家与产业工人的契约表现为调控性的政策和法律；另一方面，工人和企业的契约表现为市场劳动合同。契约关系建立在产业工人的身份及其认同的基础上，而契约关系的变化则基于产业工人集体主义的单位身份向个人主义公民身份的转变。①

2. 关于劳动关系演化的逻辑与产权制度的研究

有学者认为，劳动关系演化背后的逻辑主要有三种，即政治权利的逻辑、资本的逻辑和人权拓展的逻辑。这三种逻辑实际体现的是政府、资本所有者和劳动者三者之间利益的相互交织与冲突，三者既相互制约又相互促进。当良性互动时，产生的结果是共赢；而当相互之间无法实现良性互动甚至恶性竞争时，产生的结果不是共损就是以牺牲某一方的利益为代价来实现另一方的利益。产权制度是影响劳动关系演化的一项重要制度。产权的组合形式决定劳动关系的结合方式。企业治理结构作为产权制度的具体体现形式，决定着劳动关系的治理方式和运行特征。但是产权制度的选择与变迁在很大程度上要受国家政治经济体制的影响，遵循政治权利竞争、资本逐利和人权拓展的逻辑。要营造和谐的劳动关系就需要对产权制度进行改革，明确政府、资本所有者（或劳动力使用者）、劳动者等利益相关者在企业治理中的权利边界，平衡好股东、经营者和劳动者在企业治理中的代表权和话语权，充分尊重和保障劳动力产权。②

3. 关于政府和市场关系对劳动关系制度演变的研究

有学者在对新中国成立以来劳动关系制度演变进行系统分析

---

① 李锦峰：《国企改制以来的工人身份认同——产业工人的身份、契约与劳动关系变迁》，《太平洋学报》2012 年第 7 期。

② 张静：《劳动关系演化的产权制度分析》，《马克思主义与现实》2018 年第 5 期。

的基础上，提出进入全面深化改革新时期后，我国劳动关系制度建设的目标任务必将使我国社会主义劳动关系更加完善，近年来的实践也对此作出了证明。一是劳动合同与集体合同制度得到全面贯彻，劳动关系的三方协调机制运行从务虚进入务实。目前，我国全面实施了劳动合同与集体合同制度，有力地保障了两个“维护”（维护企业合法权益，维护劳动者合法权益）的实现，加之三方协调机制的运行，国有经济劳动关系冲突大大减少。二是强化了政府治理、依法治国和完善劳动关系三者之间运动的内生动力性，在明确国有企业经营者收入分配关系的同时，积极引导和改变民营企业收入分配扭曲的状况，采取各种措施，规避了社会分配不公、收入差距扩大的风险。①

（二）关于党的十八大以来国有企业薪酬公平化的研究

1. 关于国有企业内部分化与劳动报酬的研究

有学者认为，劳动报酬问题中，国有企业分配问题值得重视。21 世纪以来，国有企业产权改革使得企业内部分化严重，财产性收入分配不公。一部分人（特别是管理者）由于在股权认购分配时购买了更多国有资产，从而既有按劳取酬的收入，又有按股分红的收入；另一部分人（通常是普通员工）则因无力购买企业资产而成为纯粹意义上的雇佣劳动者，只能按劳取酬。这引发了员工内部的分化特别是管理层与普通员工之间的巨大财富差距，不利于企业的良性运行和健康发展。另外，近年来年薪制引起的国企负责人薪酬与职工工资差距过大的问题也引起了广泛关

① 郭军：《从政府和市场关系看中国劳动关系制度的演变》，《毛泽东邓小平理论研究》2015 年第 3 期。

注。尽管国务院规定国企内部负责人薪酬与职工平均工资的倍数不能超过 12 倍，但实际上因企业改制不规范造成的财产性收入差距依然很大。①

2. 关于国有企业劳动关系特征与分配公平的研究

有学者认为，随着我国社会主义市场经济体制的建立与完善，国有企业也进行了走向市场的公司制改造，改制后的国有企业内的劳动关系由以行政型为主向以契约型为主转变。契约型劳动关系有以下特征：企业管理者与劳动者之间是雇佣与被雇佣关系，劳动关系中的劳动者正处于由“主人翁”向“劳动者”的转变中。契约型劳动关系不利于初次分配中的公平。改制后的国有企业，资本所有者（股东）是国家，国家把企业的经营权委托给企业经营者，而劳动者与企业之间实际上是一种雇佣关系，劳动者处于被动地位，企业内部初次分配的主动权和决策权属于企业。加之国有企业改制初期，最终所有者（政府国有资产管理机构）的所有者权没能完整履行，对企业管理者的所有权约束不够，致使企业管理者有超越其职责的权限，表现在收入分配关系上尤其明显，结果是严重地损害了国有企业初次分配中的公平，存在雇佣关系背景下劳动者收入由市场供求决定，企业管理层收入过高等问题。②

3. 关于国有企业管理民主化与薪酬公平化的研究

有学者认为，国有企业的治理机制改革不能简单地照搬欧美企业的模式，而是要利用特有优势创造出新型的劳动关系，这表

---

① 洪泸敏：《中国企业劳动关系的变迁》，《企业管理》2009 年第 3 期。

② 康静萍：《改制后的国有企业劳动关系特征及其协调机制研究——基于公平分配的视角》，《教学与研究》2012 年第 4 期。

现为构建民主化的管理体系和公正化的薪酬体系。其原因在于：（1）基于契约主义观点，企业本身就是所有成员共同拥有，所有成员是平等的成员关系而非雇佣关系，从而应该基于契约规则实行共同管理；（2）国有企业并不是一个完全由企业内部人治理的民主组织，而是必须接受企业外部的社会规制和监督，尤其需要建立合理的收入分配体制。[①] 近年来中央也特别关注国有企业的收入分配问题。2015 年 1 月 1 日正式实施的《中央管理企业负责人薪酬制度改革方案》就致力于对薪酬结构进行调整和优化。2015 年 8 月 24 日，中共中央、国务院发布《关于深化国有企业改革的指导意见》，对国企改革作出全局性指导的同时，也提出要实行与社会主义市场经济相适应的企业薪酬分配制度，探索实行混合所有制企业员工持股。2017 年 12 月，人社部、财政部联合印发《企业年金办法》，强调企业要完善职工薪酬体系、增强人才吸引力、稳定职工队伍，建立我国多层次社会保障体系。改革后的薪酬结构由基本年薪加绩效改为基本年薪、绩效年薪加任期激励收入，薪酬改革的主要对象是央企中由中央管理的负责人。事实上，这些央企负责人往往具有双重身份：一是职业经理人，二是高级别的公务员。显然，由组织任命、有行政身份的国企负责人不能再拿着市场化的薪资，否则就会既享“高官”待遇又拿“高管”工资。同时，此次薪酬改革不是“一刀切”的，而是根据企业高管的身份和选拔任用机制来确定不同的薪酬。其基本原则是：（1）对于国有公益、垄断以及行政任命类的央企负责人薪酬参考国家相应级别的公务员薪酬；（2）对于央企竞争性

① 朱富强：《国企的改革导向：管理民主化和薪酬公平化》，《浙江工商大学学报》2015 年第 5 期。

行业职业经理人实行随行就市的市场化薪酬。尤其是此次改革方案明确规定了信息公开制度：上市公司企业老总严格按照信息披露制度公开薪酬，非上市公司参照上市公司公开企业负责人薪资。

（三）关于党的十八大以来国有企业工会改革发展的研究

1. 关于国有企业工会职能转变动因与维权问题的研究

第一，关于国有企业工会职能转变动因的研究。有学者从新中国成立以来国有企业工会职能的转变历程入手，分析了传统国有企业工会组织模式和社会主义市场经济体制下国有企业劳动关系的变化，指出目前我国国有企业现行的工会组织及其运作模式基本沿袭或依照了计划经济时代的传统工会模式，与社会主义市场经济条件下工会组织的要求还存在很大差距。传统的国企工会以计划经济体制为基础，是一元化利益结构的产物，具有工会以维护企业利益为主要职能、工会组织行政化、不存在代表工人利益的组织化机制等特征。在现代工业条件下，工会是雇佣工人自我保护的社团。我国国有企业正在向现代企业迈进，随着国企改革的深入，国有企业的劳动关系、人事制度、分配方式发生了巨大变化，国有企业工人所处的外部环境及其内部结构不断变化。但一些企业工会并没有根据这一系列的变化及时调整工作思路和工作模式，使职能发挥出现缺失现象：职工队伍结构和分配方式的变化，使工会工作对象变得复杂；劳动关系趋于紧张，工会维权的难度增大。这些都是国有企业工会职能转变的动因。工会必须适应新的形势和要求，积极维护和保障职工的合法权益，为协调企业劳动关系，构建和谐社会作出应有的贡献。[①]

第二，关于国有企业工会维权问题的研究。有学者研究认为，40 多年的改革实践证明，只有坚定不移地维护职工群众的权益，确保职工合法权益实现的最大化，才能最大限度地保护、调动和发挥广大职工的积极性、创造性和主体能动作用，才能凝聚广大职工的勤劳与智慧，为企业的改革发展提供人力和智力支持。在深化国有企业改革的进程中，工会的维权职能并没有得到有效的发挥，在思想认识、工作格局、维权层次以及维权机制方面还存在诸如思想认识不到位，维权观念和意识不强，维权工作格局不高，维权质量和层次不佳，维权机制不健全，依法维权能力不强等突出问题。随着国企改革的深入，企业法人治理结构发生了巨大变革，而企业工会的工作方法和维权方式却没有随之改变，没有形成系统化科学化的维权机制，不能适应形势的需要按照法律规定、通过法律途径有效开展维权。面对工会维权存在的突出问题，国有企业要以本轮深化改革为契机，以相关法律法规为依据，加强对维权工作的思想认识，提升维权的工作格局，建立健全各项维权机制，严格做到主动、依法、科学维权。[②]

2. 关于国有企业工会利益表达与权益机制的研究

第一，关于国有企业工会利益表达的研究。有学者认为，工会组织在利益表达上具有“制度性弱势”。在市场化改革以后，根据一些学者的观点，工会被政府赋予两种角色：一是充当原有的“传送带”角色，负责党和工人之间的信息沟通；二是充当协调

---

① 邸敏学、宋璐鹏：《我国国有企业工会职能转变的动因分析》，《学海》2016 年第 6 期。

② 宋璐鹏：《国有企业工会维权的突出问题及破解思路》，《理论探索》2017 年第 5 期。

人，负责工人与管理方之间的联络工作，或者作为两者之间矛盾的“缓冲器”。在国有企业中，工会一方面负有维护员工利益的职责，另一方面兼有企业行政方面的职责。例如，实践中有些国有企业党委、行政与工会之间存在交叉任职现象。①

第二，关于国有企业工会权益机制的研究。有学者认为，国有企业工会在社会主义市场经济条件下，虽然在法律上具有维护职工权益、代表职工进行集体谈判的地位，但在现实中，有的国有企业工会由于缺乏职工的信任而代表性不足，对国家和企业存在一定程度的依附性而独立性不足，无法形成对企业的制衡。也就是说，有的国有企业工会虽然有维权的“名分”，但呈现出来的是国有企业工会“有压无力”的状况。而作为能动性的社会主体，国有企业工会应尝试通过与其他主体互动中的不同路径及策略选择，构建维护职工权益的多重机制。国有企业工会通过“政治忠诚”获取国家、企业党委的信任，通过“情感沟通”获取职工的信任。信任既建基于国有企业工会维权功能的实现，又有助于维权功能的增强。与此同时，国有企业工会能够突破“有压无力”的传统性特征，积极从不同的互动主体中寻找力量支持，通过力量整合而实现维护职工权益的基本目标。②

（四）关于新常态下国有企业和谐劳动关系构建的研究

1. 关于国有企业和谐劳动关系发展评价的研究

有学者从伙伴关系的视角出发，构建了新时代中国和谐劳动

① 陈微波：《基于劳资冲突治理视角的利益表达问题研究》，《求实》2013 年第 1 期。

② 原会建：《转型期国有企业工会维护职工权益的机制分析》，《江西社会科学》2014 年第 12 期。

关系评价体系，提出包括员工参与、工作激励、沟通与发展和雇佣保障4个一级指标，直接参与、工会参与、工作柔性、绩效反馈、薪酬设计、利益分享、员工发展、沟通平台和权益保障等10个二级指标，29个三级指标的和谐劳动关系评价指标体系。运用因子分析方差贡献率确定一级指标、二级指标和三级指标的权重。通过对建立了工会的328家企业2396名员工样本进行验证，结果发现，当前企业和谐劳动关系指标整体得分较高。对不同地区、所有制和行业比较分析发现，不同行业间的和谐劳动关系指标并没有显著差异，国有企业和中外合资企业的和谐劳动关系指标较高。就所有制而言，和谐劳动关系呈现出较明显的所有制特征。总体上来看，国有企业和中外合资企业在和谐劳动关系指标以及员工参与和雇佣保障一级指标的得分，都要显著高于私营企业和外资企业。这可以从产业视角和人力资源管理视角来分析。国有企业不和谐因素更多来源于企业内部管理不善，可以通过完善企业内部管理和组织创新来化解。研究表明，指标体系能客观反映企业和谐劳动关系建设现状，为新时代国有企业构建与提升和谐劳动关系的管理能力提供了参考。[①]罗明忠等基于广东省广州市部分企业员工的调查数据，采用有序probit回归分析，对企业特性、工会服务于企业劳动关系情况进行评价，结果显示国有企业和外资企业员工劳动关系评价明显高于私营企业；企业规模与员工劳动关系评价显著负相关；是否成立工会与员工劳动关系评价显著正相关；对工会服务越满意，员工劳动关系评价越高。[②]

---

① 左静、王德才、冯俊文：《伙伴关系视角下的和谐劳动关系评价指标体系构建——以建立工会的企业为例》，《经济管理》2018年第4期。

② 罗明忠、罗发恒：《企业特性、工会服务与员工劳动关系评价》，《经济经纬》2015年第1期。

2. 关于新常态下国有企业劳资冲突与治理的研究

第一，关于新常态下国有企业劳动关系存在新问题的研究。有学者认为，我国经济发展进入新常态，对国有企业劳动关系产生了直接而深刻的影响。新常态呈现出的不同以往的特点，对包括国有企业在内的企业劳动关系产生了直接而深刻的影响：经济增长放缓影响国有企业员工工资增长，但生活费支出并不会同步降下来，甚至还可能有所增长，增加了员工的不安全感；经济结构调整导致加快企业兼并重组，涉及更多批企业员工下岗、解雇或分流安置问题，劳动关系矛盾进入凸显期和多发期；产业结构偏向于第三产业的发展，将对工会的组织化程度提高提出严峻挑战。[①]

第二，关于利益表达视角下国有企业劳资冲突与治理的研究。有学者将劳动关系各主体的利益表达状况作为一个研究劳资冲突治理的新视角，对我国企业劳资冲突成因中的利益表达因素进行了归纳分析，研究发现我国企业劳动关系中主要存在以下三个方面的问题。一是员工在利益表达上具有局限性。员工利益表达的效能低，员工的利益表达行为对雇主决策和政府所出台的劳动政策具有较低的影响力，进一步来讲，当员工的利益表达对涉及自身利益的决策无法产生影响时，劳资冲突产生的可能性就会增加。二是雇主在利益表达上具有优势地位。凭借其所占有的经济资源，雇主不仅具有多元化的利益表达方式，而且其利益表达活动往往具有主导性、集团性和信息充分性的特点，这都是员工的利益表达所无法比拟的。三是政府在利益表达制度建设上存在错位。随着 2008 年《劳动争议调解仲裁法》的颁布实施，员工个体利益表达制度有了一定程度的完善，但是集体利益表达制度

① 韩喜平：《新常态下国有企业和谐劳动关系的构建》，《理论探索》2016 年第 1 期。

体系仍然存在很多问题。例如，由于没有制定《集体谈判法》或《集体合同法》，我国虽然在一些法规中规定工人可以通过集体谈判向企业提出集体性的利益诉求，但是并没有把进行集体谈判当作企业必须履行的义务，这就导致了在许多企业中集体谈判流于形式，无法作为工人利益表达的平台。我们应以劳资冲突的治理为目标，从提高员工的利益表达能力，规范雇主的利益表达行为，强化工会的利益表达载体功能，政府完善相应的利益表达制度等方面予以改进。①

第三，关于后单位背景下国企劳动纠纷与消解的研究。有学者认为，20 世纪 90 年代以来，伴随着社会主义市场经济体制的建立及单位制的消解，国企单位的用工方式和组织形态都发生了巨大变动。国企内部工人身份日益复杂化，以合同制为主的正式雇佣工人与以劳务外包为主的非正式雇佣工人共存于同一生产组织之内，但其间却存在重大的身份差异和同工不同酬问题，由此引发的劳动纠纷不可避免。企业出于利益最大化愿意使用劳务派遣工，但却不愿兑现同工同酬，而工会组织的不健全及劳务派遣工外在于企业组织的现实，使得工会发挥作用注定不畅。基层政府面对行政级别高于自身的大型国企也只能充当单一的“灭火者”。当矛盾激化到一定程度并形成僵局时，只能重新回到单位制模式进行有限度的内部解决。后单位背景下国企劳动纠纷调解的上述困境，凸显出转型过程中国企劳动关系的复杂化，急需通过实践中的制度创新加以解决。②

① 陈微波：《基于劳资冲突治理视角的利益表达问题研究》，《求实》2013 年第 1 期。

② 田毅鹏、王浩翼：《后单位背景下国企劳动纠纷及消解之道——以 C 市 A 厂为例》，《福建论坛》（人文社会科学版）2018 年第 3 期。

3. 关于新常态下国有企业劳动关系和谐发展对策研究

有学者认为，随着社会主义市场经济的发展，劳动用工形式日益多样化，劳动关系日渐复杂化，出现了一些新型的劳动关系，如非全日制用工、劳务派遣工、家庭用工、个人用工等。同时，在劳动合同制的实施过程中也出现了一些问题，如用人单位不签订劳动合同、劳动合同短期化、滥用试用期、用人单位随意解除劳动合同、把正常的劳动用工变为劳务派遣等，侵害了劳动者的合法权益，破坏了劳动关系的和谐稳定，也给整个社会的稳定带来隐患。《劳动合同法》《劳动争议调解仲裁法》等一系列法律法规颁布实施，特别是中共中央、国务院发布《关于构建和谐劳动关系的意见》，对构建和谐劳动关系作出了顶层设计和部署，进一步推动了劳动关系协调机制的完善。中国正处于经济社会转型时期，劳动关系的主体及其利益诉求越来越多元化，劳动关系矛盾进入凸显期和多发期。同时，随着经济发展进入新常态，中国也迎来了完善劳动关系协调体制机制的窗口期。因此，构建中国特色的和谐劳动关系，既需要认清新时代劳动关系的特点、趋势和治理短板，也需要遵循劳动关系发展的一般规律，找准着力点，采取有力措施，加强劳动关系法律制度和劳动标准体系建设，进一步提升劳动关系法治效能。[①] 韩喜平研究认为，面对经济新常态对国有企业劳动关系造成的影响和挑战，迫切需要从短期措施和长效机制两方面寻求妥善防范和有效化解的对策。国有企业构建和谐劳动关系，政府引导是重要保障，要完善相关法律，健全工资决定和正常增长机制，完善劳动关系协调机

① 宋士云：《改革开放以来中国企业劳动关系变迁的历史考察》，《当代中国史研究》2018 年第 1 期。

制；劳资力量均衡是基础条件，企业要承担劳资和谐的社会道德责任，政府要创造条件促进劳资力量均衡，工会要切实发挥维护职工合法权益的职能等；集体协商是重要机制，完善相关法律法规，解决国有企业集体协商中工会与谁协商的问题，政府要在集体协商制度中发挥指导与服务作用。①

五、国有企业构建和谐劳动关系实践案例

中国北车股份有限公司，简称中国北车（CNR），是由国资委领导和管理的国有大型骨干企业，包括长春轨道客车装备有限责任公司 、长春轨道客车股份有限公司、齐齐哈尔轨道交通装备有限责任公司等23 家企业，共有职工 10 万余人。主要经营铁路机车车辆、城市轨道交通车辆、铁路起重机械、各类机电设备及部件、电子电器及环保设备等产品的开发设计、制造修理等。自成立以来，中国北车就始终贯彻执行《工会法》《劳动法》《劳动合同法》等法律法规，注重通过抓好集团公司及所属企业的民主管理工作，构建和谐的劳动关系，促进企业的改革发展稳定，实现了企业和职工共同发展的良好局面。2015 年 8 月，中国北车荣登《中国制造企业协会》主办的“2015 年中国制造企业500 强”榜单，排名第 21 位。

（一）领导班子团结协作，党群工作成效显著

中国北车公司党组织健全，各级党组织坚持牢牢把握发展第一要务，发挥政治优势，能认真执行党的民主集中制的组织原则，为实现集团公司全年改革发展目标提供了有力的政治保证和

① 韩喜平：《新常态下国有企业和谐劳动关系的构建》，《理论探索》2016 年第 1 期。

组织保证。一是注重抓领导班子的自身建设，坚持党委中心组学习制度。二是严格执行和认真落实党风廉政建设的各项规定，在中层以上领导人员中开展了作风整顿建设活动。三是不断巩固和扩大党员先进性教育成果，建立健全了党员先进性教育长效机制，党组织和党员队伍建设不断加强。四是企业文化建设稳步推进。具有中国北车特色的企业文化得以建立和推广。以“文明和谐”为主题的群众性精神文明创建活动蓬勃开展，15 个企业保持了省级文明单位称号，2 个企业荣获全国文明单位称号。党风建设和反腐倡廉工作不断深化。效能监察工作取得实效。各级工会组织在支持企业改革发展、维护职工权益等方面发挥了重要作用。共青团工作和青年工作生动活泼、富有成效。涌现出 5 名全国劳动模范，10 名全国五一劳动奖章获得者；6 个集体荣获全国五一劳动奖状，一批先进集体和个人荣获省部级荣誉称号；14 个企业荣获全国厂务公开先进单位称号，18 个企业荣获并保持了全国模范职工之家称号。18 个青年集体荣获和保持了全国青年文明号称号，12 个团委被命名为省级以上五四红旗团委。

（二）完善民主管理制度，加强职工民主管理

中国北车自成立以来，始终将构建公司民主管理制度框架作为重点工作认真抓好，不断完善民主管理制度，制定了一系列民主管理工作的制度性文件，搞好制度建设。2001 年，集团公司党政工联合下发了《中国北车集团关于推行厂务公开的意见》《厂务公开工作标准及检查考核办法》两个文件，从制度上明确在集团公司所属企业全面推行厂务公开，并且成立了集团公司厂务公开领导小组、办公室和监督小组，加强了对厂务公开工作的领

导。2002 年，集团公司党政工联合下发了《关于全心全意依靠职工群众办企业的指导意见》《关于规范职工代表大会工作的若干意见》和《关于职代会民主评议企业领导干部工作的指导意见》三个文件，就坚持和完善以职工代表大会为基本形式的民主管理制度、开展职代会民主评议企业领导等重要工作对所属企业提出要求，并以制度的形式固定下来，在集团公司领导层面，初步形成了北车集团公司民主管理制度框架。所有厂都根据集团公司的指导意见，结合企业实际重新修订完善了民主管理制度，制定了职代会、平等协商签订集体合同、厂务公开、民主评干等工作的实施细则，民主管理的各项制度已经成为北车所属各企业管理制度的重要内容，在企业的改革发展中发挥着日益重要的作用。

（三）坚持职代会制度，保持企业劳动关系和谐稳定

在推进民主管理工作中，中国北车注意一手抓制度建设，一手抓重点落实，保证了民主管理真正在促进企业生产经营、改革发展、协调劳动关系、保持企业和职工队伍稳定中发挥作用。一是加强了职代会制度建设，全面落实职代会各项职权，坚持每年召开至少一次职代会的制度，并对职代会提出的建议和意见逐条梳理，分解落实，充分发挥了职代会的民主管理主渠道作用。二是注重教育和引导职工选举那些关心企业发展、作风正派、主人翁责任意识强、有一定思想政治水平和参政议政能力的职工当职工代表和职工代表团组长。三是加强对职工代表的教育和培训，帮助职工代表不断提高参与企业管理的能力和水平，组织职工群众对职工代表进行民主测评，对职工代表团组长的工作进行评议和考核，增强了他们提高参政素质和认真履行民主管理职责的自

觉性。四是将职工代表团组长联席会议制度作为职代会闭会期间企业日常民主管理工作的实现形式，凡重大决策和科研生产的目标及有关重大问题都提交职代会审议后再进行：一方面充分发挥职代会专门委员会的作用，开展专门委员会的专项调研和工作检查，不断提高职代会各项提案的质量和水平，督促职代会各项决议的贯彻落实；另一方面把好超前审议关，根据实际需要，增加对涉及职工切身利益方案的预审时间，并且不断加强企业重大事项的前期调研论证工作，使各项重要的改革发展方案建立在民主化、科学化的基础上，保证决策的正确性。

（四）实现厂务公开管理，实现企业与职工共赢

坚持实行厂务公开制度，积极推动厂务公开向企业管理纵深发展。建立健全中国北车各企业中的职工代表大会制度，实行厂务公开制度，建立完善职工董事、职工监事制度，倡导平等协商和集体合同制度，尝试建立职工持股会制度。在厂务公开制度初步形成并全面推行的基础上，厂务公开工作重点已转到了抓深化、促提高，推动厂务公开向企业管理纵深发展，中国北车各公司制定了具体的工作标准，明确提出了关系职工切身利益的重大问题、党风廉政建设方面的问题、企业改革中的重点难点问题、生产经营管理中的重大问题四个方面必须公开的问题和情况；围绕改革方案、重要规章制度、基建技改项目、劳动用工、重点物资采购、生产经营决策、工资分配方案、干部人事任免等方面的工作，确定具体的公开内容；在推行劳动分配制度改革、实施企业组织结构调整、实行大宗物资采购招标等工作中，取消暗箱操作，实现过程、结果公开；以职代会作为厂务公开的基本载体和

主要渠道的同时，还要充分利用闭路电视、厂内刊物、企业内部局域网、电子显示屏、厂务公开栏、各种会议等多种形式进行公开，形成工厂、车间、班组三级公开网，及时或定期向广大职工公开有关情况，落实职工群众的知情权，为广大职工行使各项民主管理权力奠定基础；厂务公开由结果公开向过程公开转变，由抓厂务公开向生产经营、内部管理、改革发展等重大问题延伸，使厂务公开较好地融入企业管理，切实解决了一些影响企业改革发展稳定的突出问题；积极引导所属企业将厂务公开与现代企业的各项管理制度相结合，使其成为加强企业管理的内在需要，增强企业行政实行厂务公开的自觉性，变要我公开为我要公开，发挥厂务公开在加强管理、堵塞漏洞等方面的作用，在理顺劳动关系、维护职工利益的同时，提高企业管理水平，建立起企业、职工利益共同体，增强企业凝聚力，调动职工积极性和创造性，促进企业健康、和谐发展。

（五）充分发挥工会职能，构建和谐劳动关系

企业工会积极开展平等协商，工会代表职工与企业签订集体合同。集体合同覆盖了全体职工，工资集体协商制度覆盖近10万人。一是加强工会组织建设，为公司工会开展工作提供组织保障。通过组织职工学习和活动，使工人认识到工会是职工的“娘家”，是为职工维权的组织机构。目前职工入会率达到100%。二是加大工会经费投入，为工会开展工作提供载体。公司工会投入资金购买各类健身、活动等器材，建立职工之家，并购置书架、书籍等建立了职工书屋，满足了工会会员开展活动的需要。三是工会委员分工明确，按时换届，人员变动及时补选，工会管理和

各项制度日趋规范完善。每年组织召开职工代表大会，为广大职工更好参与企业管理提供平台。四是建立了劳动争议调解组织，健全制度。职工反馈意愿和诉求渠道畅通，及时化解矛盾。各企业工会不断加大参与协调劳动关系的力度，在企业深化改革中认真履行维护职能。

此外，中国北车集团公司在充分考虑管理层次的不同、审议公开事项范围的不同以及效率、成本等多方面因素的基础上，结合自己的特点，并没有刻意去建立集团公司层面的职代会制度，而是对各层面不同的工会制度、职代会制度进行建设，抓好对下属企业民主管理工作的指导、检查、考核，大力推进厂务公开工作、工资集体协商制度，以及改制企业民主管理制度的建设，把职工民主管理制度纳入企业管理制度体系，向企业生产经营工作纵深推进，促使所属企业认真搞好企业民主管理，进而达到集团公司整体构建和谐劳动关系，实现企业跨越式发展的目标。

第二节　民营企业

改革开放后，随着社会主义基本经济制度确立，作为社会主义市场经济重要组成部分的民营经济，其合法地位逐渐被政策认可。党的十八届三中全会提出，公有制经济和非公有制经济都是社会主义市场经济的重要组成部分，都是我国经济社会发展的重要基础；公有制经济财产权不可侵犯，非公有制经济财产权同样不可侵犯；国家保护各种所有制经济产权和合法利益，坚持权利平等、机会平等、规则平等，废除对非公有制经济各种形式的不合理规定，消除各种隐性壁垒，激发非公有制经济活力和创造力。党的十八届四中全会提出要“健全以公平为核心原则的产权保护制度，加强对各种所有制经济组织和自然人财产权的保护，清理有违公平的法律法规条款”。党的十八届五中全会强调要“鼓励民营企业依法进入更多领域，引入非国有资本，参与国有企业改革，更好激发非公有制经济活力和创造力”。党的十九大把“两个毫不动摇”写入新时代坚持和发展中国特色社会主义的基本方略，作为党和国家一项大政方针进一步确定下来。

2001 年，中共中央总书记江泽民在庆祝建党八十周年大会上的讲话指出，“改革开放以来，我国社会阶层构成发生了新的变化，出现了民营科技企业的创业人员和技术人员、受聘于外资企业的管理技术人员、个体户、私营企业主、中介组织的从业人员，自由职业人员等社会阶层”，“他们与工人、农民、知识分子、干部和解放军指战员团结在一起，他们也是有中国特色社会主义事业的建设者”。[①] 2018 年 11 月 1 日，习近平总书记在民营企业座谈会上的讲话指出，“民营经济是我国经济制度的内在要素，民营企业和民营企业家是我们自己人。民营经济是社会主义市场经济发展的重要成果，是推动社会主义市场经济发展的重要力量，是推进供给侧结构性改革、推动高质量发展、建设现代化经济体系的重要主体，也是我们党长期执政、团结带领全国人民实现‘两个一百年’奋斗目标和中华民族伟大复兴中国梦的重要力量。在全面建成小康社会、进而全面建设社会主义现代化国家的新征程中，我国民营经济只能壮大、不能弱化，不仅不能‘离

① 江泽民：《在庆祝建党八十周年大会上的讲话》，《十五大以来重要文献选编》（下），北京：人民出版社，2003 年。

场’，而且要走向更加广阔的舞台”。[①] 从改革开放后党的重要文件对于民营经济的观点可以看出，民营企业主作为民营企业劳动关系的雇主一方，其作为“中国特色社会主义建设者”和基本经济制度的“经营主体”的合法地位完全被确立、肯定与重视。

自1978年党的十一届三中全会揭开了改革开放的帷幕，中国从计划经济向社会主义市场经济转变。劳动关系的治理也发生了根本的变化，从计划经济下由国家代表的利益一体型劳动关系转变为企业和劳动者两个独立的利益主体所构成的劳动关系。劳动关系的运行机制也由以政府为主体的行政手段的控制转变为以企业为主体的市场机制的调节。在市场化条件下，劳动关系双方的利益差别和利益分化不断扩大和增强。在此阶段，学者们的研究成果主要集中于民营企业劳动关系协调主体的角色定位，民营企业规章制度在劳动关系治理中的作用和影响，劳动关系法律法规的分类研究，劳动争议及其处理的案例实证分析研究，民营企业劳动关系的研究趋势等方面，本文将对上述研究作出梳理与总结。

（一）民营企业劳动关系的相关主体

1. 劳动者

第一，注重自身素质的提高。一般来说，越是先进的、管理规范的大企业对劳动者素质要求就越高，对人的尊重和重视程度也会越高，其劳动关系也越和谐。劳动者素质的高低变相决定了劳动关系的和谐与否，文化技术素质偏低的劳动者在就业过程中往往会处于弱势地位，十分不利于维护自己的应有利益。所以，

① 习近平：《在民营企业座谈会上的讲话》，新华网2018年11月1日。

提高劳动者素质势在必行。具体来说，劳动者必须努力学习科学文化知识，努力提高自身的专业技能和职业道德修养，并且树立终身学习的理念，深刻认识到知识的重要性，积极地进行自学，主动学习并且掌握相关知识和技能，力求能够更好地胜任工作岗位的需求。

第二，树立权利意识，提高劳动者的维权意识。陈星汶、陈玉明的研究证明，随着劳动争议的频繁发生，劳动者对于维权的热情和敏感度持续上升，但是由于中国法治化程度的局限性，劳动者对于权利义务的认识度不高，往往是人云亦云，并不清楚什么是自己的合法权益，应该如何合理维权，也容易在受到资方恐吓以及威胁时退出维权队伍，组织化意识贫乏。因此，应该加强对劳动者进行《劳动合同法》等法律制度的培训，提升劳动者的整体法律意识和组织化观念，积极主动地组织起来通过法律途径维护自身合法权益。作为社会生产经营的主体，劳动者应该清醒地认识到，只有及时、依法、有序地运用法律武器来维护自身的权益，才能从根本上有效遏制企业侵害行为的延续，促使企业自觉依法进行管理，全面保障职工生存与发展的权益①。

第三，增强集体意识。集体意识，是指职工应当加入到工会组织中去，利用组织的力量发出自己的声音，表达自己的意愿，实现和企业所有者力量的均衡。刘西林认为，劳动者之间基于共同的社会地位和共同的价值追求，他们之间的互助更具现实性和必要性。从法律意义上看，完整意义上的劳动权既包括劳动者为自己的利益而行使的权利，也包括劳动者在为自己争取利益的同

---

① 陈星汶、陈玉明：《我国劳动关系组织化的障碍及应对策略》，《中国人力资源开发》2015 年第 1 期。

时，兼为其他劳动者利益而行使的权利。可见，劳动者之间互助还体现为一种法律上的要求。因此，劳动者之间应该加强集体意识，互帮互爱，同舟共济①。

2. 工会

工会是现代企业生产经营活动中协调企业经营者和劳动者之间权利义务关系的一个重要组织，也是企业构建和谐劳动关系的有力推动者，特别是在协调劳动关系，维护劳动者权益方面具有突出作用。然而在现实中，工会组织在维护职工合法权益上与理想的状况还存在着一定的差距，其代表劳动者权益的地位和作用还需加强。

首先，工会应该转变服务理念。工会应从被动地解决问题转变为主动了解情况，预防为主，积极排查隐患，防微杜渐，从源头上抓实效。其次，加强人文关怀。工会应充分运用“微时代”的新媒体传播工具，做好对员工的人文关怀和心理疏导，让员工感受到企业的关怀和组织的温暖。同时，杜瑾秋强调工会为职工维护利益的职责作用。当企业利益主体与职工发生矛盾时，工会应该代表职工的利益，尽量为职工积极主动地调解矛盾，维护职工的正当权益。在调解方式上，要更多地依靠法律和制度而不是上级对下级的压力开展工作。工会在履行维权职能时，可以借鉴国际上的一些方法，例如集体谈判制度和协调机制，因地制宜地处理好工会与企业、工会与劳动者之间的关系，避免工会与企业的对立，促进企业的发展和和谐劳动关系的建立。最后，各级工会应该在各级党委部门的领导下，积极争取政府部门的支持，主动加强同社会各界的联系与合作，注重整合社会资源，激发和借

① 刘西林：《构建和谐劳动关系的三个基点》，《经济研究导刊》2015 年第 21 期。

助社会力量开展维权工作[①]。

要进一步强化工会维权职能，提升工会在企业管理中的真正地位，增强企业工会的代表性，改善工会组织在企业中定位不清的现状。游正林认为，工会与雇主之间针对工作报酬、工作时间等雇佣条件进行集体谈判是市场经济国家规范和调整劳动关系的基本手段，工会的存在有利于加大职工参与民主决策和民主管理的力度[②]。蔡禾提出，对于当下私营企业工会组织体制改革问题，应使其从私营企业组织内部单纯的劳动关系协调者角色转变为独立于私营企业的劳动者利益代表者角色，避免沦为私营企业主的"生产动员"组织[③]。李亚雄、荀延峰认为，要平衡劳资双方的力量，使工会及工人与私营企业能够开展平等化、制度化的协商，从而不仅有助于维护广大工人的利益，也有助于劳动关系的和谐[④]。

3. 雇主和雇主组织

第一，履行经济契约，规范劳动合同管理。企业应在相关法律制度的规定范围内与劳动者签订劳动用工合同或协议，不能利用其在劳动力市场的优势地位约定有损于劳动者合法权益的协议或合同条款。不能履行经济契约是导致劳动关系破裂的潜在原因。企业应该率先履行经济契约责任，保障员工的休息休假、工

① 杜瑾秋：《国有企业改革对劳动关系的影响》，《淮海工学院学报》（人文社会科学版）2015 年第 7 期。

② 游正林：《管理控制与工人抗争——资本主义劳动过程研究中的有关文献述评》，《社会学研究》2006 年第 7 期。

③ 蔡禾：《从"底线型"利益到"增长型"利益——农民工利益诉求的转变与劳资关系秩序》，《开放时代》2010 年第 9 期。

④ 李亚雄、荀延峰：《中小私营企业劳动关系的多维困境及平衡机制——基于广东省问卷调查的实证分析》，《经济问题》2015 年第 6 期。

资等方面的基本权益，遏制企业劳动关系由冲突型向破裂型的转化。

第二，企业应树立以人为本的管理理念，实施人本管理，构建和谐劳动关系。邓丽芳和郑日昌的研究表明，人力资源管理的精髓是以人为本，只有提高企业的人力资源管理水平，改善员工的工作环境，关注员工的切身利益，才能真正实现以人为本。企业应该尊重人，当企业的员工有被尊重感的时候，他们就会尽最大努力去主动完成自己的应尽职责，同时还会去做很多有利于企业的员工本职工作以外的事情。改变劳资双方零和博弈的思维，形成劳资互利的观念，注重满足员工多元需求，不仅给予员工公平合理的工资，而且创造条件满足员工人际交流与文化娱乐需求。有关研究表明，一方面，员工通过与同事分享自己的工作经验、日常见闻、心理感受等，能增强彼此的亲密关系、情感支持，释放内心的压力，提高合作意愿。另一方面，员工与领导之间通过沟通和交流，可以转变员工态度和行为，提高工作热情和工作效率，激发员工的创新能力①。李亚雄、荀延峰认为，只有使员工认同企业，他们的步伐才会与企业发展的步伐相一致，进而增强对企业的忠诚，提高企业凝聚力，形成团队意识，完成企业使命。遵循与践行以人为本的企业管理哲学，构建和谐劳动关系，不仅对劳动者有利，而且对企业发展有利，最终对社会也有正面的意义②。

第三，建立高效的沟通机制，满足员工的真实需要。刘西林

---

① 邓丽芳、郑日昌：《组织沟通对成员工作压力的影响：质、量结合的实证分析》，《管理世界》2008 年第 1 期。

② 李亚雄、荀延峰：《中小私营企业劳动关系的多维困境及平衡机制——基于广东省问卷调查的实证分析》，《经济问题》2015 年第 6 期。

认为，员工的需要日益多样化，良好的沟通机制是满足员工需要的根本。一方面要建立有效的沟通渠道，沟通渠道的畅通是沟通有效的前提。另一方面要根据不同的信息发送和接收状况，运用合适的沟通方式，加强管理者与员工的沟通。沟通的实质是传递和理解，而非谈判或说服。管理者要具有良好的倾听习惯，经常倾听下属的心声，了解下属的需要。唯有这样，企业才能了解员工的真实需要，从而最大限度提高员工的满意度，真正实现人本管理①。

第四，健全激励机制。现代企业管理理论认为，有效而合理的激励会让员工产生强烈的工作动机，提高工作的主动性和积极性。企业不仅是一个以盈利为主要目的的社会组织，也是一个主要由人组成的社会共同体，因此，企业也要承担起为组织员工创造良好发展机遇，实现个人理想的责任和义务。企业应该完善企业相关的劳动报酬和福利制度，使得劳动者在企业生产经营活动中能够得到公平公正的待遇，进而帮助其实现应有的社会价值。为此，企业管理者需要特别注意建立公平的薪酬机制，所有职位的薪资标准应当客观、公正，同时又反映出不同等级的差距。通过薪酬杠杆的调节作用，企业所有者和经营者要对工作绩效优秀员工进行表彰和奖励，对于在同一岗位上创造不同价值的员工可以享受不同的薪资待遇，使员工的报酬与其工作业绩密切挂钩，从而调动劳动者工作的积极性、主动性和创造性②。具体来说，企业可以采取物质奖励、精神奖励及个人价值激励相结合的方

---

① 刘西林：《构建和谐劳动关系的三个基点》，《经济研究导刊》2015 年第 21 期。

② 李春生：《转型进程中我国企业劳动关系状况动态演进研究——基于系统论的视角》，《经济问题探索》2015 年第 7 期。

式，其中，物质奖励应是直观的，通常包括工资、奖金、福利等；精神奖励属于较高的激励层次，这是激发人、鼓舞人的重要组成部分；个人价值激励则是个体内心深处最崇高的信仰或追求。由于劳动者个人的需要往往是多元化的，因此企业可以综合考虑客观实际条件，把物质激励与精神激励、短期激励与长期激励有效结合起来，综合制定出更加合理科学的企业发展激励机制。

4. 政府

第一，建立完善相关的法律法规，加强劳动关系法治建设。通过比较西方发达国家在协调劳动关系方面的做法可以发现，健全、完善的法律制度和严格的监督机制对构建和谐稳定的劳动关系，协调劳资纠纷具有十分重大的现实意义。相比西方发达国家而言，当下我国在劳动法律体系建设方面还有很多路要走，一些重要的劳动法律规范还处于缺位状态，例如《劳动标准法》《集体合同法》《最低工资标准法》《劳动者权益保护法》等，对劳动者的工资、工作时间、集体劳权的规定多散见于相关部门的规章或规定，立法层次不高，因此急需在法律层面进行补充完善。比如，应在劳动法律体系建设中进一步明确集体协商和鼓励劳资双方签订集体合同等方面的法律条文，以及违法后应承担的相关责任。要进一步明确未签订集体合同或未进行集体协商所要承担的法律责任等，从而构建健全、完善的劳动用工法律体系。同时，要加大宣传力度，强化劳动执法力度，对现行法律制度严格执行到位，确保企业劳动用工能够在法律体系内规范有序运行[①]。

---

① 周建明：《用人单位试用期管理的法律适用问题探析》，《中国人力资源开发》2015 年第 6 期。

加强劳动关系法治建设。胡磊认为，构建和谐劳动关系离不开严格的法治。如果劳动立法失当、过于带有前瞻性或明显滞后于现实，其强制执行可能产生与立法初衷相悖的经济社会效果，还可能给执法人员带来较多的借法扩权机会和寻租空间。一方面，要健全劳动标准体系，增强劳动法规的制度刚性和可操作性。在全面评估劳动标准实施状况的基础上，修订和完善工时、休假、劳动定额等劳动标准，加强对企业实行特殊工时和同工同酬制度的管理和服务。同时，完善劳动法规实施细则，明确企业、政府部门和工会在劳动关系调处中的具体职责及考核问责办法，建立劳动争议或裁或审机制，将劳动法规的落实情况和实施绩效纳入各地政府议事日程，改变部分劳动标准的实践运行与文本规定背离、劳动者权益保护名不副实的现状。另一方面，加强对停工行为的立法引导和规制，提高劳资双方的法治观念，使劳资博弈在利益相对合理和法治轨道上运行。①

第二，加强劳动监察执法。在法律法规建立和完善的前提下，政府应该加强监管，强化依法治理。现阶段，虽然我国劳动法规依然有需要完善的方面，但是已经基本完备，企业之所以存在诸多损害劳动者劳动权益的情况，并不是无法可依，与有法不依以及政府相关职能部门监管不到位有很大关系。因此，加强政府监管，强化依法治理，必定有助于促进中小私营企业劳动关系的制度化与和谐运行。

政府在处理劳动关系问题时应该秉承依法原则。依法原则意味着政府介入劳动关系的行政职权的取得和行使等都必须符合有

---

① 胡磊：《更好发挥和谐劳动关系构建中政府作用》，《党政干部学刊》2015 年第 1 期。

关法律法规的规定，不允许有超越法定权限范围的任何法外特权。任何违反法律和超越法律的行为均无效，且要承担相应的法律责任。一方面，通过法律、法规对政府干预劳动关系的行为进行规范，有助于保障政府行为的合法性、权威性和公平性，增强政府介入劳动关系的实效性。另一方面，通过法律、法规限定政府干预劳动关系的职权、范围、实现方式和界限等，有助于防止政府滥用权力。

第三，健全利益表达和争议预警机制。通过适当增加劳动者在各级人代会和政协中的代表名额、提高新兴媒体运用能力（例如开办法律援助微博）等方式，加大劳动者维护和发展自身权益的发言权，引导其通过体制内途径将自身合理诉求传送给政府有关部门。建立健全劳动争议源头预防和分类分级调处的体制机制，加强对经济结构调整和企业改制重组中劳动关系处理的指导和规范，制订各类劳动争议和纠纷的排查、预警、调解、应急联动处理工作方案，推动劳动关系治理走向标本兼治、事后救济和事前防范并举。

第四，政府既要推动劳动制度的完善，又要兼顾效率与公平。目前，劳动关系呈现临时、无序、无预期等缺乏组织性特点的一个很重要的原因是我国劳动制度的不完善。劳动者遭遇利益之争时，往往自行组织起来与企业抗争，且没有细致的讨论、明确的代表以及可执行的行动方案，造成许多劳动争议无疾而终。因此，完善企业劳动制度很有必要。一方面，坎贝尔·R. 麦克南等认为应加强工会参与率，使雇佣从交易市场合同向雇佣合同转变，并加强雇佣合同的标准化，促进工人的组织化，保障工人的集体利益①。另一方面，陈星汶、陈玉明的研究表明，应制定系统的制度

① 威茨曼：《分享经济——用分享制代替工资制》，北京：中国经济出版社，1988 年。

规则，建立建全集体协商制度，明晰劳动争议处理办法，做到“有法可依，有法必依”，用制度规范企业的行为，用章程引导劳动者的行动。当劳动争议再次发生时，工会组织能够切实倾听劳动者诉求，有组织地与企业开展平等对话，促进劳资双赢①。

5. 三方合作

构建和谐劳动关系应当健全三方协调机制，依托三方力量。三方机制涉及范围十分广泛，如劳动立法、经济与社会政策的制定、就业与劳动条件、工资水平、劳动标准、职业培训、社会保障、职业安全与卫生、劳动争议处理以及对产业行为的规范与防范等，都应在三方机制的工作范围之内。而我国三方机制涉及的广度与深度还远远不够，需要政府进一步简政放权，职工代表组织与企业代表组织的健全程度和代表性也有待进一步加强。在当前劳动争议持续上升、涉案范围和处理难度日益加大的情形下，如何做实三方仲裁也是三方机制面临的重要而迫切的问题。三方合作原则的精髓在于，和谐的劳动关系只能建立在劳动者、雇主和政府三方合作的基础之上。离开了企业的主动配合，仅靠政府监管和工会或劳动者维权是不可能实现并维持劳动关系和谐的。三方合作原则中，最重要的就是劳动者和用人单位之间的协商对话机制。只有通过双方的协商对话，才能实现劳资合作的双赢。在劳动关系双方能够实现充分合作的情况下，政府完全可以不进行过多干预，这并不违反三方合作的基本宗旨。劳资双方协商机制是实现劳资合作的必要前提，和谐劳动关系应当建立在劳动者与用人单位充分协商的基础之上。无论是从理论还是从实践的角

① 陈星汶、陈玉明：《我国劳动关系组织化的障碍及应对策略》，《中国人力资源开发》2015 年第 1 期。

度来看，和谐劳动关系的构建都依赖企业、劳动者和政府三方之间的紧密合作。政府适当干预劳动关系，促成双方的对话与合作固然十分必要，但无论是赋予劳动者更多法定权利，还是加强行政执法监察，都不可能建立起真正和谐稳定的劳动关系。各级政府应当加快建立健全劳资双方的利益代表机制，切实落实三方合作原则，这是构建和谐劳动关系的关键①。

6. 五力联动

政府、企业管理者、工会、新闻媒体及劳动者是企业劳动关系协调的重要主体，也就是说，完善劳动关系协调机制不仅要重视劳动关系的直接关系方——企业管理者和劳动者自身的力量，还要重视政府、媒体、工会的力量。要使五个主体的作用发挥最大化，就必须进行协作，减少彼此之间不必要的内耗，总之，只有各个主体之间相互配合，实现真正意义上的“五力联动”，才能发挥整体的效应。媒体的作用可以将劳动争议的关注范围扩大，对企业施加舆论压力，将其推到公众关注的焦点，企业会慎重作出决策，不敢草率使用威胁引诱的方式解决劳资矛盾。因此，必要时劳动者可以寻求媒体帮助②。

（二）民营企业劳动关系的相关法律规制

1. 民营企业规章制度

企业规章制度作为企业运营的规则之一，在企业劳动关系治

---

① 中央有关部门联合调研组，唐方裕、戴木才、白莲湘、朱华东、林燕玲、应三玉、徐仲仪、周一民、胡一峰、毛红杏：《构建和谐劳动关系调研报告》，《中国劳动关系学院学报》2011 年第 6 期。

② 李长江、赵慧祎：《构建企业和谐劳动关系的“五力”联动管理机制与对策》，《安徽行政学院学报》2014 年第 1 期。

理中有着重要的地位和作用。企业规章制度在劳动关系中有着重要的现实意义：第一，它可以保障劳动者的权利和义务；第二，它可以明确劳动条件与行为规范；第三，它是劳动关系的基本规范，劳动合同的基本依据；第四，它可以统一企业的劳动条件，预防和减少劳动争议；第五，它可以约束企业行为，促进企业的自律。

企业规章制度中工作环境对劳动关系的影响。这里的工作环境主要指的是员工工作场所的健康与安全环境两个方面。工作环境对企业劳动关系有正向影响，即工作环境越健康、安全，企业的劳动关系越趋向稳定、和谐。这主要是因为健康、安全的工作环境既可以减少生产事故，维护工人的生命健康安全，又可以刺激工人的生产积极性，提高工作效率。

企业规章制度中工资待遇对劳动关系的影响。克扣工资对企业劳动关系有负向影响，也就是说，克扣工资的企业，其劳动关系相对较差，纠纷亦多。研究表明，病假工资、工伤请假工资对企业劳动关系有正向影响，即为员工提供病假工资待遇、工伤请假工资待遇的企业的劳动关系更好、更和谐。

企业规章制度中人际交往环境对劳动关系的影响①。企业内良好的人际交往环境对劳动关系有正向影响，即人际环境越好，企业的劳动关系越和谐。Catherine 和 Kevin 通过研究指出，良好的人际交往环境可以促进成员互帮互助、共享团队知识。人际交往环境越好、人际交往越密切，员工之间的相互信任度和互惠感就会越强，所以就越倾向于与他人分享，进而形成共同的认识与

① 罗明忠、罗发恒：《企业特性、工会服务与员工劳动关系评价》，《经济经纬》2015 年第 1 期。

评价。而这种分享的行为会进一步促进人们彼此尊重、关心，增强团队内聚力，从而有利于和谐劳动关系的建立。

2. 劳动关系法律法规

法律是社会关系的调节器。法律的主要功能就是解决纠纷，一旦劳动者与用人单位之间发生了纠纷，申诉各方都希望赢得诉讼或者得到最起码的公平对待，而法律可以维持这种公平，所以与劳动关系相关的法律至关重要。对劳动关系进行调整和规范的法律主要是《劳动法》与《劳动合同法》。

杨欣的研究主要介绍了我国解决一线工人劳动收入偏低的方法——“法律赋权”，并分析了这种方法的不足之处。他指出，初次分配中一线工人劳动收入偏低已是不争的事实，尽管尚存其他原因，但法律对这一事实的产生起了基础性作用。为了矫正两次法律“形塑”对工人低收入的影响，国家选择了“事前劳动规制”的“法律赋权”道路，通过立法设立最低工资基准，构建工资集体协商框架，规范工时、加班工资等，保障一线工人的基本劳动收入，但受制于劳动立法目标的多重性以及执法环节的消极，“法律赋权”的功效被消减。为提高一线工人劳动收入，有必要突破静态的“法律赋权”，在动态的“法律赋能”之下寻找新路径。向一线工人“法律赋能”或许可以成为新选择。“法律赋能”是联合国“贫穷人口法律赋能委员会”和联合国开发计划署近年来推广的一个旨在提高穷人收入的概念，其将“法律赋能”定义为“使穷人受到保护并运用法律来推动其在国家和市场中的权利和权益的过程”。与“法律赋权”相比，“法律赋能”不停留在法律对于弱势人群权利的书面确认，而是在此基础之上寻求权利和能力的实现，其着眼于如何将权利上升为实在的能力，着眼于能力的发展与提升[①]。

对于劳动立法的解读，秦国荣界定了一个重要的概念——劳动法上用人单位，这是个极为复杂的学术与实践用语，与我国劳动立法对用人单位进行列举式限定，而不给予明确内涵界定形成鲜明对照的是，域外劳动立法大多以界定劳动者（雇工）的方式对用人单位进行法律“推定”，同时赋权司法机关根据案件具体情况认定用人单位。从学术研究角度来说，对用人单位概念的研判，是关涉劳动关系和劳动法学基本理论研究的重要问题。从社会发展角度来看，这个概念也是关乎劳动立法自身发展与社会改革变迁的重要范畴，因而研究这一概念有助于理解劳动力市场化改革和劳动用工关系的本质特征[②]。

李雄等对我国的劳动合同立法的宗旨、功能与治理作了论述。他在研究中指出，劳动合同立法作为劳动者权利保障与劳动关系治理的一项重大制度安排，在日益弹性的劳动力市场与法治中国语境下，正面临现代化转型与发展的纠结。劳动合同法治的现代化是劳动合同立法与司法良性互动的结果，促进这一理想状态达成，最为关键的是先进思想观念对劳动合同立法与司法的指导。现行劳动合同立法尽管在一定程度上继承并发扬了我国劳动立法的成就，但依然缺乏一个清晰、合理、科学的思想观念，核心是劳动合同立法的宗旨、功能与治理这三个要害问题尚未真正达成普遍共识并用以指导劳动合同立法与司法，从而根本制约了我国劳动合同制度科学发展与劳动合同法治的现代化转型。面对

① 杨欣：《从“法律赋权”到“法律赋能”：突破一线工人劳动收入偏低的制度困局》，《中国劳动关系学院学报》2015 年第 1 期。

② 秦国荣：《劳动法上用人单位：内涵厘定与立法考察》，《当代法学》2015 年第 4 期。

这些基础性和全局性问题，劳动合同立法急需重建话语体系，形成新的认识框架。《劳动合同法》的一个改革方向是：准确定位劳动合同立法的宗旨与功能，以此指导并调适整个劳动合同立法的具体制度安排；回归固定期限劳动合同与无固定期限劳动合同的本原，在分类规制基础上使两种合同互为补充，共同对劳动力市场进行有效调整；构建劳动合同立法的治理新机制，核心是在倾斜保护、三方共同治理、管理创新三个层面寻求系统突破[①]。

太月对于《劳动合同法》属于私法还是社会法的问题给出了自己的解读。他认为，虽然现阶段认为其具有社会法属性的观点得到普遍认同，但仍缺乏系统的论证。而厘清《劳动合同法》法律属性，对《劳动合同法》具体制度的构建具有重要意义。为了更为充分地论证《劳动合同法》的社会法属性，就要从广义社会法和中义社会法两个层面入手，分别予以证成。广义社会法角度的证成，以作为第三法域应当具有的逻辑体系为切入点；而中义社会法角度的证成，则从社会法立法的域外经验和本土选择、理念上的契合入手。《劳动合同法》社会法属性的证成，亦是对《劳动合同法》所具有的社会法理念的论证，能为《劳动合同法》理论基础研究的深化奠定基础[②]。太月的另一篇文章对劳动合同中的自由原则给予了解释，他认为契约自由作为近代民法的一项基本原则，在劳动合同领域有着不同的适用路径。通过考察劳动合同的历史变迁，以“契约”与“身份”关系的演变为中轴，可以清晰地梳理出契约自由原则在劳动合同中的历史嬗变。契约

① 李雄、田力：《我国劳动关系认定的四个基本问题》，《河南财经政法大学学报》2015 年第 3 期。

② 太月：《劳动合同法的社会法属性之证成》，《学术交流》2015 年第 8 期。

自由在遭遇劳动合同缔约主体的不平等、劳动合同的附和性、劳动合同形式的羁绊等适用困境时，对其适用予以限制是行之有效的解决之道。基本思路在于通过国家公权力的介入，将劳动合同双方当事人的契约自由限制在合理的范围之内。以期使契约自由原则在劳动合同领域能够得到有的放矢的运用，进而更好地发挥劳动合同在规范劳动关系运行中的作用①。

3. 劳动争议及规制处理

劳资双方是矛盾的对立统一体，既要互相依赖，又有利益冲突，在劳动过程中发生争议不可避免。劳动争议如果得不到很好的协调和解决，对企业来说，会影响管理和生产效率；对社会来说，则影响安全稳定。所以，对于劳动关系的争议的研究也是学者们关注的要点之一。

（1）劳动争议

劳动争议经常发生在用人单位与员工解除劳动合同的过程中，在这方面，屈鲁宁发现了有用人单位以严重违纪为由解除与劳动者劳动关系时，未安排该劳动者进行离职前职业健康检查，并指出其有可能引起劳动争议。他列举了《劳动合同法》和《职业病防治法》的有关规定，并对两法适用的诸多案例作了剖析，最后指出两法之间并无本质冲突，提出用人单位应该做好离职前职业健康检查，以避免劳动争议的隐患②。罗勇在论述不当解雇时指出，我国现行法律缺乏对劳动者在司法救济期间的保护，并指出建立行为保全措施，给予部分劳动者在解雇争议期间

---

① 太月：《劳动合同中契约自由原则的适用限制》，《湖北社会科学》2015 年第 10 期。

② 屈鲁宁：《劳动合同解除与离岗前职业健康检查——〈职业病防治法〉第三十六条在劳动关系管理中的适用问题分析》，《中国人力资源开发》2015 年第 22 期。

享有继续工作的权利是必要的。

一些学者基于实际的案例提出自己对于劳动关系争议的看法。段华以中石化中原油田工会劳动争议调解工作实践为例，阐述了工会在劳动争议中的重要性，并指出劳动关系的和谐稳定是企业发展的前提和保障，工会做好劳动争议调解工作是维护企业发展稳定大局，依法维权，推动企业发展的重要举措。各级工会组织要认清形势，转变观念，完善机制，依法做好劳动争议调解工作，促进企业和谐健康发展①。可以看出，学者们的主要关注点在于如何通过细化法律的实施及制定各种规定来减少劳动争议的发生，并对已有的法律及实施情况进行了研究，给出了自己的观点。

（2）劳资冲突

劳资冲突又称产业冲突，是指劳资矛盾激化和公开化，劳动关系双方以某种方式来表达自己的诉求和争取自己的权益的社会行为。劳资冲突就其实质而言，是一种经济社会利益的冲突。在市场经济条件下，资本居于经济社会关系中主导和核心的地位，而劳动者居于从属和被动的地位，所以，劳资冲突产生的一般原因，都是由于劳动者一方的利益或权利被侵害或其合理要求未能实现。针对现阶段我国劳资矛盾的类型，劳动矛盾分为工资拖欠抗争型、薪酬福利不满型、工伤争议型、辞职辞退博弈型及社会保障薄弱型这五大类别。基于我国的制度、经济、人口等因素综合判断，未来劳资矛盾发生频率将呈“倒U”型态势，矛盾的集体化、组织化程度将会逐步增强，但矛盾的尖锐程度会趋于弱

---

① 段华：《关于新形势下做好劳动争议调解工作的思考——以中石化中原油田工会劳动争议调解工作实践为例》，《中国劳动关系学院学报》2015 年第 2 期。

化，矛盾主体日益多样化且诉求领域将进一步拓展，经济新常态还将会催生新的劳资矛盾增长点。

在经济新常态这一大背景下，杨正喜等针对广东省具体的劳资纠纷特征给出了解析。他们的研究表明，在经济新常态下，广东劳资纠纷有四个主要特点：一是劳资纠纷数量从剧增向缓慢下降发展；二是劳资纠纷诱因由权利争议向利益争议发展；三是劳资纠纷方式由法律行动向集体行动发展；四是劳资纠纷在区域、产业以及企业中表现出较大差异性①。另两位学者李艳和曹芳基于演化经济学的视角，提出我国转型期新生代农民工劳资冲突发展路径。她们指出，随着近年来我国经济社会转型及劳动者选择力量的增强，以新生代农民工为主体的劳资冲突行为也进入了全新的发展阶段。当前新生代农民工劳资冲突行为存在多种方式：既有对上一代惯例的遗传（如隐忍），又有边界内的渐变（如体制内投诉），还产生边界外的突变（如用脚投票、集体行动）。新生代农民工个体通过选择机制产生适应性冲突行为，而群体则通过扩散机制形成新的路径依赖，他们的行为变异是多种因素共同作用的结果。劳动关系系统中的行为变异一旦发生就不可能倒退回初始状态，因此政府和企业只有重视劳动者利益诉求变化，改变原有的利益分配格局，才能使劳动关系系统跳出目前的“不良锁定”状态，从而获得有利的制度安排②。

孟泉、章小东则通过对中国工人集体行动的研究提出了新问题：到底是制度化结果还是制度化效应？他们针对这一问题进行

---

① 杨正喜、黄茂英：《经济新常态下广东劳资纠纷特征解析》，《中国劳动关系学院学报》2015 年第 2 期。

② 李艳、曹芳：《转型期新生代农民工劳资冲突行为演化路径及机理——基于演化经济学的视角》，《深圳大学学报》（人文社会科学版）2015 年第 1 期。

了探讨，认为在对集体行动权利进行规制的模糊地带中，工人集体行动在一定程度上得到了解决，却也反映出了我国劳动关系情境下的特殊逻辑。我国工人集体行动行为催生出制度化效应，却未能形成制度化结果，在这样的状况下，劳动关系中的各主体的利益关系与权利关系也实现了重构①。

对于劳资冲突的解决，王琳和曹大友从另一个维度给出了评述。他们在分析了已有处理劳资冲突的手段后，发现关于“企业如何运用人力资源管理手段应对当下正在发生的劳资冲突”的研究较为鲜见。因此，他们对未来劳资冲突的研究方向进行了展望，并指出未来的劳资冲突应对研究将围绕三个问题展开：“第一，中国情境下企业的劳资冲突应对策略有哪几种？第二，劳资冲突的哪些特征会影响到雇主的策略选择？第三，劳资冲突特征对雇主策略选择的影响机制是什么？”②

（3）集体劳动争议

常凯认为，集体劳动争议是指集体劳动关系中存在共同性或关联性权利义务的劳动者或者劳动者集体，因为劳动条件、社会保障等方面的权利义务问题，与雇主发生的法律纠纷。它是与个体争议相对应的争议形式。一般来说，集体劳动争议与个体争议的分类标准有两种：一是按照劳动争议的当事人是集体还是个人，即争议当事人中劳动者的一方，在人数和组织性方面的特征；二是按照争议的标的，即劳动争议所指向的权利、义务，是集体共同所享有、承担的还是个体所享有、承担的。集体劳动关

① 孟泉、章小东：《制度化结果还是制度化效应?》，《中国人力资源开发》2015年第19期。

② 王琳、曹大友：《基于时间维度的劳资冲突解决述评及展望》，《中国人力资源开发》2015年第15期。

系引发的集体争议，是市场经济国家常规性的劳动争议，在我国社会主义市场经济初步建立的时期，也在一定范围内存在，可称为古典型的集体劳动争议、常规性的集体劳动争议；因相同或者近似利益诉求而导致劳动者在争议过程中联合起来，即是在争议中的团结联合，是中国的一大特色，可称为个体争议集合而成的集体劳动争议①。

目前我国发生的集体行动，大多数有集体劳动争议的基本特征，其调处方式基本上以劳、资、政三方协商机制为基础，通过劳资共同协商来化解争议。而劳动关系群体性事件，常常会冲击正常的生产和生活秩序，其处置方式应以预防和应急处置机制为核心，通过多方应急联动和快速反应机制来防范和处置。

冯喜良对中国当前实际发生的集体劳动争议和劳动关系群体性事件的内涵、社会影响以及调处方式进行了分析比较，并且指出，如何区分集体劳动争议与劳动群体性事件是正确把握和化解劳资矛盾的关键环节。他对当前中国的集体劳动争议的主要特征进行了描述，指出当前我国发生的集体劳动争议的本质属性未变，与市场经济国家成熟的集体谈判引发的劳资争议及其调处机制相比，虽然具有缺乏规范性，处理任意性等特征，但就其本质来看，仍然属于集体劳动争议。具体来说有以下特点：第一，其目的是签订集体合同或专项集体合同；第二，目前我国集体劳动争议和集体停工事件大多是由前期沟通协商无果的状态引发的；第三，目前实际发生的劳资之间的前期集体协商，虽然在协商代表的法定资格、甄选程序、上级工会的指导、政府管理部门的介

① 常凯：《劳动关系的集体化转型与政府劳工政策的完善》，《中国社会科学》2013年第6期。

入等多方面存在着许多不规范之处，但是为了签订某项集体合同而进行的劳资之间的集体协商这一本质属性清晰可见①。

靳凤林从伦理原则的角度阐述了对集体协商制度的看法。文章首先列举了西方国家集体谈判制度形成的曲折历程和价值原则，指出尽管西方各国的政治、经济、法律、文化背景不同，但面对劳资双方的利益冲突，它们却在共同的价值观指导下，形成了各具特色的集体谈判模式。这对我国解决集体争议有一定借鉴。文章其次论述了我国政府在集体协商中的角色定位与伦理取向，并针对政府在经济和政治伦理观念的转变提出三点：第一，政府要转变通过行政干预协调各方利益的老办法，必须构建劳、资、政协商谈判机制，其中政府要鼓励劳资自治，善于统合双方利益，在《劳动法》的指导下，多以协调者和仲裁者的身份出现，主要为双方搭建协商平台。第二，政府必须树立公平、正义和和谐的现代经济政治伦理观。第三，政府要树立三方协商机制和集体合同制度的真实性要求，以防上下串通、联合造假、数字工程出政绩式的恶性循环。文章最后得出了三点结论，要在当代中国构建和谐劳动关系，就要求我国政府必须尽快转换自己在集体协商中的角色定位和伦理取向；劳动者和工会组织要科学把握自己的应得权利与人格独立；而雇主组织在获取自身合法利润的同时，则要进一步提高企业的道德责任意识与管理伦理水平②。

对于集体争议的调处，一般而言“三方主体”概念经常被提及，然而在现实中，集体劳动关系虽然在劳、资、政三方关系主

① 冯喜良：《“集体劳动争议”与“劳动关系群体性事件”的对话——集体劳动争议相关概念之辨析》，《中国人力资源开发》2015 年第 9 期。

② 靳凤林：《劳资冲突的集体协商制度：伦理原则及其反思》，《马克思主义与现实》2015 年第 5 期。

体间运行，但是其他外部因素也会随之直接或者间接地参与其中，从而会对集体劳动关系的运行产生不同程度的影响（Cooke，2014）。随着西方传统集体谈判机制对于解决集体劳资冲突发挥的作用逐渐式微，劳、资、政三方主体之外的另一个因素，即社会力量，对集体劳资争议的调解作用在实践中逐步凸显出来（Frege&Kelly，2012）。反观我国，集体劳动关系还处于生成到发展的初级阶段，劳、资、政各方主体并不成熟，跨地区以及跨行业的劳方、资方主体更是还有待进一步发挥作用，集体劳动关系运行的内在规则和机制还处于模式探索中，这就使民间组织作为中立方介入劳资争议具有必要性，因此我们可以把社会组织作为集体劳动关系中的“第四方”加以考量。实际上，近年来党中央和国务院在关于“全面深化改革”和“构建和谐劳动关系”的文件中已经把“激发社会组织活力”“推进社会组织发挥作用”明确列入工作范围，并且把“社会力量”与“党政力量”“群团力量”“企业力量”，一并列为构建和谐劳动关系协调机制的力量来源。

王弟伦和沈彩虹对集体争议的具体案例和实践中的办法作了研究。他们从自己所在城市的实际案例出发，分析了集体劳动争议协调的具体做法，指出由第三方指导处理集体劳动争议的方法，依然是该市解决集体劳动争议的最佳方法。之后他们简略介绍了西方国家三方协商制度，并给出了集体劳动争议中三方协商的策略：一是选好三方协商代表，各司其职；二是集体协商注意方式方法，慎用“不”字，做到“四谈四不谈”；三是集体协商三方善于倾听，集思广益，营造良好的协商氛围。在此基础上，他们总结了在集体协商中应遵守的原则：一是坚持以尊重事实为基础，注重自愿、民主协商；二是注重平等协商，保证形式和实质上的平等；三是注重合法公正原则。最后将重点落在协商上，并指出，协商是法治基础上和法治框架下的协商，法律是我们衡量是非的准绳，不能以变通法律、损害法律权威，来实现协商目的。劳动人事争议仲裁院组织指导职工、用人单位协商调解劳动争议纠纷时，不仅要做到依法协商，更要注重中立、平等协商。协商调解中，鼓励双方通过平等的协商和谈判来解决争议，不仅保护了弱势劳动者的权益不受侵犯，也保护了用人单位的合理诉求，使协商取得了事半功倍的效果①。

（三）新时代民营企业劳动关系的多元化、网络化与国际化相关研究

习近平同志在全国构建和谐劳动关系先进表彰暨经验交流会上的讲话明确指出，改革开放给劳动关系带来了变化，但是这种变化没有改变我国劳动关系的社会主义性质，没有改变我国工人阶级和劳动者国家和社会的主人的地位。对现阶段的劳资矛盾，习近平同志认为是在根本利益一致基础上具体利益差别的矛盾，这种矛盾是人民内部矛盾，完全能够通过协调、协商、合作和依法调处的方式得到解决。这是对中国劳动关系基本性质研究的基础前提，学界对民营企业劳动关系基本性质的研究也是围绕这一前提展开的，主要研究方向可分为“多元化”“网络化”“国际化”等方面。

1. 对当前劳动关系主体及其利益诉求多元化的相关研究

当前中国劳动关系主体及其利益诉求多元化，是劳资冲突多

① 王弟伦、沈彩虹：《依法、平等协商是仲裁调解之精髓——劳动报酬争议集体协商案例探析》，《中国人力资源开发》2015 年第 6 期。

元化的一项重要内容，学界对此的研究也是十分丰富的。学界对当前中国劳动关系主体及其利益诉求的研究主要从法律完善、不同群体类型等角度进行剖析。整体来看，学者们分别按照劳动主体的不同，分析研究了其相应的利益诉求，分为农民工、集体劳动、女性员工、“90后”员工等多种主体。李雄经过分析，结果表明当前市场化劳动用工背景下，存在“一是劳动者对主人翁地位感受不深，二是劳动者对共享发展成果感受不深，三是劳动者对法律保护感受不深”三个显著性缺陷[①]。郭军认为，新中国成立以来，我国对政府和市场关系的认识依次经历了“计划经济为主，市场调节为辅”“经济计划的综合平衡和市场调节的辅助作用”“使市场在国家宏观调控下对资源配置起基础性作用”“使市场在资源配置中起决定性作用和更好发挥政府作用”四个阶段[②]。有学者指出，近几年，一方面是劳动力从富余逐渐转向紧缺，另一方面是积累的资本大量增加，这意味着资本与劳动强弱不均的态势逐渐转向均衡，从而必然为社会主义市场经济中的合理模式，即共融共赢的劳动关系创造必要条件。王兴化认为，劳动者的利益诉求已从原来单纯的收入，扩展为包括薪酬福利待遇、工作环境、职业愿景与职业生涯规划、对企业的归属感在内的全方位的需求，而这一切的实现均需要国家力量的介入，通过对资方追求利润最大化冲动的抑制，平衡双方利益需求来实现[③]。

---

① 李雄、田力：《我国劳动关系认定的四个基本问题》，《河南财经政法大学学报》2015年第3期。

② 郭军：《从政府和市场关系看中国劳动关系制度的演变》，《毛泽东邓小平理论研究》2015年第3期。

③ 王兴化：《全球劳动关系的演变与中国劳动关系的转型》，天津：南开大学出版社，2015年。

2. 对当前劳动关系受网络化影响的相关研究

针对网络平台经济时代的劳动关系变革与挑战，许多学者认为，旧的传统劳动关系必须作出调整和改变，以适应新的网络化时代的挑战，从劳动法、劳动合同、网络监管等方面着手，应对中国劳动关系网络化的趋势。除此之外，学界对中国劳动关系受网络化趋势影响的这一特征也有一定的研究。适应时代发展的必然趋势，互联网信息时代，对于劳动关系而言既是机遇也是挑战。如何在传统的劳动关系基础之上，探索互联网时代劳动关系的完善与发展，是当今学界面临的重要问题①。

3. 对当前劳动关系受国际化影响的相关研究

受当今世界全球一体化趋势的影响，各个国家的经济发展早已不是单一的结构。近年来，中国日趋成为世界经济发展中的重要角色，由此，中国劳动关系的一大不容忽视的特征即是日趋国际化。学界对劳动关系受国际化影响的这一鲜明特征的研究主要集中在外企、跨国公司、国际交流等相关领域。如何与国际化接轨，如何在世界经济联系日益紧密的今天，将中国经济进一步发展，都是我们这个时代急需解决的问题。

（四）民营企业和谐劳动关系的构建

近年来中国展开了对构建中国特色和谐劳动关系的探索，并逐步形成了迥异于工业化国家的治理理念和体制机制格局。构建中国特色和谐劳动关系是中国社会治理的一部分。学界从不同角度对如何构建中国特色民营企业和谐劳动关系进行了相关研究，

---

① 刘剑：《实现灵活化的平台：互联网时代对雇佣关系的影响》，《中国人力资源开发》2015 年第 3 期。

部分学者从劳动关系主体方向对该问题进行研究，提出不同主体应该如何构建民营企业和谐劳动关系的建议；有的学者提出了构建民营企业和谐劳动关系的思路和原则；有的学者则从制度保障、原则等角度分析该问题。

1. 构建思路

马继宪、张志文认为，构建民营企业和谐劳动关系，“以企业发展为基础，以保障劳动者的合法权益为根本，以建设和谐社会为目的”。随着我国经济和政治体制改革的不断推进，社会物质文明与精神文明程度的不断提高，各地产业结构的优化升级，劳方对工作条件和劳动报酬的期望必然与资方所提供的标准产生差距，劳资矛盾会成为一种常态。建设和谐劳动关系的关键是，在社会主义市场经济条件下如何对劳资双方之间的利益差距进行集体协调和交涉，在最终利益统一的基础上达成谅解。必须坚持“企业发展是基础，劳工权益是根本，社会和谐是目的”这样的宗旨来处理劳动关系①。

2. 构建原则

乔健认为，第一，构建和谐劳动关系治理体系，必须坚持系统治理，加强党委领导，发挥政府主导作用，鼓励和支持社会各方面参与，实现政府治理和社会自我调节相结合的原则。习近平总书记强调，党委要把握全局和方向，及时研究解决重大劳动关系议题。要把构建和谐劳动关系纳入经济社会发展规划。政府部门要认真履行职能，做好决策咨询、调查研究、协调服务、监察执法和调解仲裁工作。各级工会和企业组织要发扬民主问责，及

---

① 马继宪、张志文：《改革开放以来我国企业劳动关系变迁与和谐劳动关系构建》，《学术论坛》2015 年第 5 期。

时反映代表主体的诉求呼声，引导主体在劳动法律范围内活动，同时防范敌对势力打着维权旗号进行渗透破坏活动。第二，构建和谐劳动关系要坚持促进企业发展和维护职工权益相统一的原则，坚持以和谐的方式，包括沟通、协商、调解、合作的方法解决劳动关系矛盾。不赞成、不鼓励将停工作为维护职工权益的最后手段，不支持用对抗的方法解决劳资纠纷。中华全国总工会将企业发展作为实现职工权益的前提条件，提出促进企业发展、维护职工权益的工作方针。同时推出主动、依法、科学维权观，将维权活动限定在法律框架内，通过协商、调解解决劳动争议；通过依法仲裁解决调解不成的争议；通过法律援助，协助职工以诉讼方式解决当事人不服仲裁的案件，但尽可能减少诉讼之累。不赞成采取停工等过激手段来解决劳资冲突，认为它无助于问题解决。当劳资双方的利益协调处于僵局时，主张建立党政主导的维权机制协调处理①。

3. 构建机制

乔健预测，以下三大机制将会被作为协调民营企业劳动关系的主要方法在未来发挥更大作用：在宏观层面：创新民营企业劳动关系三方协调机制。首先，加强和创新三方机制建设，使其成为我国劳动关系协调的顶层制度，是构建和谐劳动关系的现实要求。人社部已提出，以健全组织和完善职能为重点加强协调劳动关系三方机制建设。其次，要对三方机制的工作职能进行扩展：不仅包括狭义上的劳动关系事项，还应包括就业和社会保障等相关议题。最后，将三方机制立法提上议程，通过三方机制的法治化建设实现体制机制创新。在中微观层面：加强区域和行业工资

① 乔健：《略论中国特色和谐劳动关系》，《中国劳动关系学院学报》2015 年第 2 期。

集体协商制度建设，并与企业协商相协调。如何改进制度建设，除进一步扩大覆盖面，提高协商层次，推动各行业制定劳动定额标准外，乔健建议，将行业协商与企业协商协调起来，结合企业工会的民主直选、针对雇主的广泛宣传教育及劳动执法监察，推动签约企业履约。此外，还可探讨在未来的集体合同立法中引入不当劳动行为裁决机制，促进劳资双方诚信协商。在劳资冲突处理方面：推进劳动争议"大调解"机制建设和效能提升。应当为集体劳动争议处理制度进行立法创制，明确区分利益争议和权利争议的概念。对待集体利益争议，应建立以协商调解为核心的争议处理制度，并完善代表人参与争议处理的制度。根据集体争议性质的不同设置自愿调解和强制调解的不同程序，后者主要适用于"重大争议"及有关国计民生的行业，调解机构可主动介入，调解协议具有集体合同的效力。同时，完善调解机构设置，在省一级设立常设或特设调解委员会，吸纳各方人士参加，提升调解员的专业能力①。

（五）民营企业劳动关系的研究趋势

第一，从产业层次来看，劳动关系研究的未来在于拓展研究领域。全球化让西方社会出现了"双重危机"——劳工运动本身的危机以及劳工研究的危机。传统的稳定型的劳动关系格局发生了重大变化：一是工会组建率大幅度下降、集体谈判制度大规模萎缩；二是集体谈判机制开始被个体合同取代；三是采用非标准劳动合同形式从事临时性工作的劳动力比例逐年上升；四是正式的劳资争议数量大幅度减少。这些现象表明，尽管劳动关系问题

① 乔健：《略论中国特色和谐劳动关系》，《中国劳动关系学院学报》2015年第2期。

对社会和经济发展的影响未曾减弱，但因过于关注集体谈判和产业冲突，其研究领域日渐狭窄。因此，有不少学者主张，劳动关系研究的范围应当扩大到与工作相关的全部问题，诸如“高绩效”工作、职业安全和健康、就业歧视、雇员满意度、工作安全以及国际劳动关系比较研究等。劳动关系应当继续秉承多学科的研究方法去探讨与工作和雇佣关系有关的一系列问题。同时，还应当把工作场所的微观问题与社会和经济中的宏观问题结合起来。劳动关系除了需要继续关注传统主体——劳、资、政等社会伙伴，还需要关注新的主体——对工作和工作场所有密切影响的非政府组织和其他社会群体。学术界和实业界处理劳资集体争议的一些宏观层面的经验，可以推广适用到工作场所等微观层面的纠纷中。同时，创新员工在工作场所的意见表达和影响力机制是劳动关系研究人员和管理人员的新课题。

第二，从国际环境来看，劳动关系研究的未来在于拓展研究层次。虽然大部分国家仍把劳动关系的重点保持在国内层次上，但劳动关系在国际和区域层次上的迅猛发展，要求劳动关系必须采用多层次的研究视角。经济全球化加深了劳动关系和国际贸易问题的相互影响，故而提高了国际劳工组织、世界银行和世贸组织等正式国际组织和国际雇主群体、国际工会联合会、各种非政府组织等非正式国际组织在劳动关系事务中的影响力。跨国公司必将成为吸纳就业的主要形式，将在未来的劳动关系事务中扮演越发重要的角色[①]。

第三，从国内环境来看，劳动关系研究的未来在于立足本国

① 安增科、内曼贾·柏柏尔：《劳动关系的未来：学科的终结?》，《贵州社会科学》2015 年第 10 期。

国情。劳动关系在中国等发展中国家具有更为广阔的前景。近半个世纪以来，国际舞台正在进行一场“产业工人的国际重组”：在西方发达国家逐步消逝的产业工人阶级，却在诸多发展中国家和转型国家中迅速崛起。其中，作为“世界工厂”的中国，其产业工人的规模成为世界翘楚。然而，传统的劳动关系理论已经不能完全分析和解释这一庞大的群体，分析和解释这个群体的研究更像是一个全新的未知领域。因为中国并不存在西方国家那样的制度环境，却要和西方一样直面全球化的冲击。如果说西方国家的政府机制是“残缺性”的，那么中国的政府机制则是“初生性”的，因为中国与西方的历史背景和制度环境迥然不同，“具有独有的复杂性和动态性”①。因此，中国劳动关系的未来更具挑战。总之，虽然北美和欧洲的劳动关系模式将继续发挥重要影响，但中国与亚洲等其他地区新兴工业国家应该根据本国传统和需要发展出独具特色的劳动关系模式。

第三节　合资企业

长期以来，合资企业作为我国非公有制经济的重要组成部分，对于推动经济发展具有重要作用，尤其是其在资金、人才和技术方面的不断引入，使得我国在国际上的综合竞争力显著提高。截至 2017 年末，我国外商控股企业总数达到 111628 家②。根据最新数据显示，2019 年前六个月外商直接投资金额达

① 李敏、吴梦涛、张春阳：《全球化背景中的劳动关系与政府规制》，《中国人力资源开发》2015 年第 21 期。

② 国家统计局：《中国统计年鉴（2018）》，北京：中国统计出版社。

707.36亿美元，同比增长3.50%[①]；2018年全年外商直接投资金额为1349.70亿美元，同比增长3.00%；2017年全年外商直接投资金额为1310.40亿美元，同比增长4.00%。整体而言，我国合资企业吸引外资能力水平不断增强，东部沿海地区出口创汇显著提升，大批落后企业通过合资实施“嫁接型”改造，获得了较强的企业活力。因此，正确地处理好合资企业内部劳动关系和谐发展问题有利于我国劳动者平稳就业，实现企业高质量发展，进而推动社会平稳运行。同时，在政府一系列的法律措施下，合资企业也得到了快速的发展。2020年1月1日正式实施的《中华人民共和国外商投资法》加快了我国中外合资企业内部运行效率，进一步完善了我国对合资企业的法律管理模式；新时代下供给侧改革的不断推进也为合资企业注入一剂瘦身剂；中共中央、国务院颁布的《关于构建和谐劳动关系的意见》（中发〔2015〕10号）提出了要全面实行劳动合同制度以及集体协商和集体合同制度。但现阶段合资企业在构建和谐劳动关系的过程中，仍然受到组织形式、高层管理模式、价值取向以及企业与员工之间的关系等状况的影响，因此本节拟对合资企业的劳动关系现状以及典型案例进行总结与梳理。

从历史角度分析，我们可以将中国合资企业的发展大致分为五个阶段：

准备阶段（1978—1982）。这一阶段是我国突破了长时间的计划经济体制后，较快地适应对外开放的客观实际的过程。这一时期我国政府建立了有关外商在中国投资办企业的各种基本法律法规，在制度上形成初步成效。同时在广东、福建两地实施“特

---

① http：//data. eastmoney. com/cjsj/fdi. html.

殊政策、灵活措施”原则，试办了四个对外开放的经济特区。

起步发展阶段（1983—1985）。这一阶段，国家逐年调整了涉外基本法规以及利用外资的政策方针，扩大了各地方吸收外资的权限，优化了外商投资的环境，加快了兴办合资企业的步伐，使合资企业在数量和规模上有了明显的增加。

持续上升阶段（1986—1991）。鉴于第二阶段的优良发展态势，国务院实施进一步对外开放的战略举措。1988 年设立海南经济特区，借此来扩大沿海地区的合资企业发展规模。1990 年，我国决定开发上海浦东等一系列地区，进一步推动了合资企业在我国市场的发展。

快速发展阶段（1992—2001）。中国自 1992 年进行市场化改革，并在党的十四届三中全会上通过建立社会主义市场经济体制的决议。此后，市场开放程度日益提升，国内市场容量随着外商的投资而逐步扩大，法律法规建设得到了进一步完善，加强了外商投资的安全性。从 1993 年起，中国在随后的四年中成为吸引外资最多的发展中国家，在世界上仅次于美国。

全面发展阶段（2002 年至今）。随着我国加入 WTO 以及社会主义市场经济体制的初步确立，海外企业纷纷在中国建立中外合资企业，实现共同经营、共同管理、共荣共生。在这一时期，中国社会主义市场经济已经和全球化市场经济接轨，合资企业在我国蓬勃发展。同时，中外合资企业在规模和数量上达到了前所未有的高度。2002 年，中国成为吸引外资数量最多的国家。

一、研究现状

从跨文化管理角度出发，管洪大（2017）认为，文化差异会在战略、经营管理、形象等多方面影响企业的发展，如果处理不当，很容易导致企业管理的失败。文化差异主要表现在价值观、经营理念、管理方式、企业形象等方面。因文化背景的不同，合资企业在管理模式上势必存在冲突与碰撞，只有不断借鉴和融合各方文化，才能使得企业良性发展[①]。张丹丹（2019）从中外合资企业跨文化人力资源管理现状出发，通过大量的数据研究发现，有30%—40%的中外合资企业会因为外界冲击而难以顺利发展。[②]

从劳资矛盾宏观层面出发，常凯（1995）认为外资企业中难以形成强有力的法律监督，在程序、合同认定等方面存在着一定的不合理性[③]。根据集体谈判制度一般的特点要求，结合我国外资企业中的具体情况，并参照国际劳工立法的原则，在外资企业中实行集体谈判和集体合同制度应该遵循和坚持以下法律原则：主体独立原则、权利对等原则、工会代表原则、双方合作原则。周长城、吴淑凤（2000）认为，中外合资企业从起初的零零散散到现在的星罗棋布，其发展的速度与质量和我国社会主义市场经济发展紧密相连，在特定时期内代表了新型所有制结构和先进的经营手段。但它触及工人阶级主人翁的地位，导致工人在企业中的地位及从属性发生变化，从而在形式上表现为劳资冲突。从中外合资企业劳动关系特征分析，中外合资企业劳动关系具有劳动关系的一般特征，即劳动关系是由工业企业中雇佣关系而

---

① 管洪大：《浅析合资企业文化管理的融合》，《现代经济信息》2017年第7期。

② 张丹丹：《中外合资企业跨文化人力资源管理模式及应用分析》，《时代金融》2019年第6期。

③ 常凯：《外资企业中集体谈判和集体合同制度的法律问题》，《中国法学》1995年第1期。

产生的关系。没有雇主和工人的参与，就不可能有雇主与工人的这种关系；劳动关系强调和解的过程，靠这种和解，参与双方学会了相互合作、相互适应的方法与技能。同时，劳动关系结构由三个子系统构成，即技术子系统、经济子系统和政治子系统。与之相对应，影响劳动关系的因素包括技术因素、经济因素和制度因素。这些子系统和影响因素共同构成了劳动关系的内外部环境[①]。王铁男、冯赜（2000）认为合资企业劳动争议主要发生在以下几个方面：劳动用工制、劳动报酬、工作时间、劳动保护、社会保险等，而解决的关键是实现劳资合作，但由于劳动管理的滞后性以及合资企业劳资双方的地位不平等性，致使劳动者在薪酬、工作时长、社会福利等方面受到不公平待遇[②]。于欣（2008）认为，随着我国1979年第一家外资企业成立至今，外资企业发展势头强劲。外资企业劳动关系特殊性体现为外资企业的资产所有者、经济管理者和劳动者之间的利益关系，因其主体的特殊性从而呈现出鲜明的特点，如资本对管理权和劳动的占有，劳资利益对立且差别很大以及受企业社会责任因素的影响等。作者从劳动合同、集体谈判等方面分析了我国外资企业劳动关系现状及问题，并综合文化背景、政府治理理念等因素进行了梳理[③]。彭生法（2013）认为，中外合资企业存在劳动合同内容表述不规范、滥用劳务派遣工、劳动关系主体地位不平等、工会力量薄弱、管理制度过于严苛等问题，因此提

---

① 周长城、吴淑凤：《中外合资企业中的劳资关系探讨》，《经济评论》2000年第4期。

② 王铁男、冯赜：《中外合资企业的劳资争议》，《辽宁经济管理干部学院学报》2000年第3期。

③ 于欣：《外资企业劳动关系分析》，《生产力研究》2008年第5期。

出要完善劳动合同管理制度、依法签订并履行劳动合同、建立合理性的激励机制和人性化的管理制度、完善工会监督协调的重要作用①。

从劳资矛盾案例分析角度出发，“中外合资企业劳资关系研究”课题组（2000）在武汉进行涉及多家中外合资企业的个案访谈。个案访谈是通过熟人介绍或偶遇抽样进行的。问卷调查采用非全面调查方法抽取。结果显示：在劳动强度方面，中外合资企业的劳动强度要大于相同行业的国有企业；在劳动时间方面，中外合资企业工人平均每天劳动8 小时的占65. 6% 。有33. 4% 的工人平均每天的工作时间超过了国家规定的 8 小时；在劳动报酬方面，大部分工人每月平均工资在 401—800 元之间，21% 的工人遇到过工资拖欠现象。中外合资企业具有其制度的特殊性，劳动关系的发展逐步演变为管理人员与工人的冲突，政府要在劳资冲突中扮演重要角色，发挥统筹协商作用②。南开大学针对 HS 合资企业公司治理的一项调查报告（2001）显示：企业文化可以通过将母公司的经营理念和行为方式传导给职员，进而促进其按照母公司所倡导的方式行事。这样的管理模式具有两点优势：一是增强了员工对企业价值观的认同感，二是使员工可以在一定层面上监督管理人员，形成良好的“双向模式”。杨洪斌（2011）通过分析福建炼化林德气体有限责任公司案例，认为和谐劳动关系的建立，必须通过制度建设、组织建设、文化融合等途径和方法，以员工为本，以推进企业稳步发展、企业员工互利双赢为目标。

---

① 彭生法：《分析中外合资企业劳动关系如何实现和谐管理》，《中外企业家》2013 年第 19 期。

② “中外合资企业劳资关系研究”课题组：《关于中外合资企业中劳资关系的调查》，《社会科学研究》2000 年第 2 期。

同时要打造高度负责任、高度受尊敬企业，完善组织建设、保障职工权益，加强人力资源管理、解除员工后顾之忧，坚持以人为本、重视思想工作①。韩宝林（2012）以福建联合石化公司为例，认为现如今的中外合资企业存在以下三方面问题：一是多元文化下不同理念的相互激荡，延宕了共同价值观形成；二是员工对企业文化的认识参差不齐，难以形成认同；三是制度文化的差异，难以凸显员工的职业满足感和幸福感。管理层需要大力推行跨文化建设工作，确立实施机构并做好宣传鼓动工作，坚持以人民为中心，营造舒适的工作气氛②。李亚雄（2012）通过列举富士康的样本分析了国内代工厂劳资失衡的问题，从四个方面揭示代工厂失衡的劳动关系的形成，即工人公民权的缺失、增长第一的制度模式、工人的原子化及打工意识，并进而提出了从“社会——政治”框架研究代工厂劳动关系的价值③。胡佳音（2014）通过分析开利空调销售服务（上海）有限公司的案例，认为在外资持股比较大的合资公司中，西方管理模式普遍与国内管理制度水土不服，文化差异明显，工资的滞后性增长成为阻碍劳动关系和谐发展的重要因素，劳动合同在签订和解除时存在大量的纠纷问题。因此，作为企业领导角色，管理层要转变管理观念；工会要依法、合理行使职能，充分保证劳动者的权益；企业应大力表彰“创新新星”“劳动模范”等个人荣誉，加大职工先进事迹的

① 杨洪斌：《中外合资企业构建和谐劳动关系的探索与实践》，《石油化工管理干部学院学报》2011 年第 4 期。

② 韩宝林：《中外合资企业跨文化建设的探索与思考》，《中国劳动关系学院学报》2012 年第 3 期。

③ 李亚雄：《论代工厂的劳资关系——基于富士康的分析》，《社会主义研究》2012 年第 1 期。

宣传力度；落实工资集体协商制度，保障职工的核心利益，切实关心职工生活疾苦，做好帮扶工作①。陈云天（2016）以长安福特马自达公司为例，认为该公司跨文化管理存在矛盾，双方都为了容忍与接纳对方观点与作风作出了努力，但仍有许多价值观与管理观念方面的管理思想差异，中国模式的“论资排辈”与美国模式的“能力至上”相矛盾。跨国合资企业需要经受多重文化的考验，将视野放眼全球，构建自身的跨文化管理体系，从而缓解员工与企业的紧张。作者通过列举长安福特马自达的实例指出：合资企业公司应树立文化交融、创新为主的文化战略，大力推行跨文化培训工作，采用本土化的经营战略进行公司管理②。潘莉君（2017）以上海高桥加德士润滑油有限公司为例，指出合资企业工会大致有四方面难点：文化理念难融合、管理模式难转换、维权职能难落实、工会干部素质难适应。只有坚持民主管理，加大员工参与力度，严格执行公司《员工手册》条例，方能使合资企业在国内的现有制度下实现市场效率最大化③。

国外研究主要是从合资企业文化背景角度出发，古斯塔夫森和卡尔森（Tomas Gustafson &Peter J. Karlsson）通过研究西方跨国公司在中国工作的外国经理的工作情况发现，对于在中国工作的西方经理来说，最常见的挑战在于如何有效地鼓励本地员工积极参与会议，并在日常工作中采取主动行为，从而促进问题的解

① 胡佳音：《合资企业劳动关系矛盾的成因及其对策研究》，《中国职工教育》2014 年第 18 期。

② 陈云天：《合资企业跨文化管理要点探究——以长安福特马自达为例》，《现代商业》2016 年第 24 期。

③ 潘莉君：《浅谈在合资企业中如何发挥工会的作用》，《化工管理》2017 年第 21 期。

决。倘若调动好职工的积极性，合资企业劳资问题便能得到大幅度改善。霍夫·斯泰德（Geert Hofstede）对中国与西方国家的文化维度进行了比较研究，在跨文化管理中运用了中国的儒家文化思想。他在此基础上得出了文化价值观的第五个维度——儒家推动力，并在《文化与组织》（1991）一书中发表了该研究成果，从而进一步丰富和完善了他的文化维度理论。尼根希（Nequndhi）和普拉萨德（Placade）在《经济增长中的管理》一书中提到，企业的经济管理可以分为哲学管理、管理过程和管理效果三部分，针对中国合资企业指出：鉴于中国合资企业的环境和管理哲学的复杂性，具有不同于双方母公司的跨文化冲突。

一些外国学者也分析了跨国公司对部分发展中国家的影响，如 Hansen M. W.（2009）将丹麦一家跨国公司作为研究对象，通过建立数学模型，分析了其战略决策对亚洲、非洲等发展中国家的就业情况的影响。同时，部分外国学者也对中国的劳动关系现状进行深入剖析，如 Guthrie D.（2002）曾指出，中国正逐步形成一种社会主义市场经济下的劳动关系模式，重点体现在制度体制改革、职工权利的劳动制度变革以及劳动力市场的流动性三大方面[①]。但从研究的整体数量来看，外国学者对跨国公司在中国发展后形成的劳动关系模式分析较少。

综上所述，国内合资企业虽在推进我国经济建设方面发挥重要作用，但在劳动关系治理方面普遍存在问题，在集体谈判、激励机制、薪酬制度、员工生活保障、工会职能确立等方面稍显滞后，建设合资企业的和谐劳动关系仍面临着重大考验。

---

① Guthrie D. "The transformation of labor relations in China's emerging market economy", *Research in Social Stratification & Mobility*, vol. 19, no. 2（2002）, pp. 139 – 170.

二、合资企业劳动关系政策性文件

我国在中外合资经营企业劳动合同上有明确的规定，如合同期限的约定需明确具体，不应签订没有明确合同期限的合同；工资标准的规定，应避免使用模棱两可的语言约定；劳动保险、劳动保护和福利待遇，必须严格执行国家有关规定，禁止降低劳动保险的费用和劳动保护、福利待遇的标准等。1994 年 5 月 7 日颁布的《劳动法》从宏观层面指出，在中华人民共和国境内的企业、个体经济组织（以下统称用人单位）和与之形成劳动关系的劳动者，适用本法。这一法律先后在 2009 年 8 月 27 日第十一届全国人民代表大会常务委员会第十次会议与 2018 年 12 月 29 日第十三届全国人民代表大会常务委员会第七次会议进行修正。1994 年 12 月，中华全国总工会十二届二次执委会议通过的《关于贯彻实施〈劳动法〉的决定》指出：应分层次、有步骤地在所有企业实行集体合同。当前，要把外商投资和私营企业作为推进集体合同的重点；进行现代企业制度试点企业要把集体合同作为一项制度固定下来。1986 年 11 月，劳动人事部颁发了《关于外商投资企业用人自主权和职工工资、保险福利费用的规定》。2006 年 10 月，中共十六届六中全会通过了《中共中央关于构建社会主义和谐社会若干重大问题的决定》，首次提出“发展和谐劳动关系”的主张。2015 年 3 月，中共中央、国务院发布《关于构建和谐劳动关系的意见》，对构建和谐劳动关系作出顶层设计和部署，强调合资企业要主动转型升级①。

① 《中共中央、国务院关于构建和谐劳动关系的意见》，《人民日报》2015 年 4 月 9 日。

为了全面落实党的十九届三中全会审议通过的《中共中央关于深化党和国家机构改革的决定》《深化党和国家机构改革方案》和十三届全国人大一次会议批准的《国务院机构改革方案》，确保行政机关依法履行职责，进一步推进简政放权、放管结合、优化服务改革，更大程度激发市场、社会的创新创造活力，国务院对机构改革、政府职能转变和“放管服”改革涉及的有关行政法规进行了进一步的改革与完善，也对新时代中国合资企业的发展产生了积极影响。

第四章
工会组织与劳动关系

工会组织在劳动关系的发展过程中发挥着重要作用，中国共产党领导下的工会为新中国的劳动关系发展作出了卓越贡献。中国工会是在 1919 年的五四运动后，随着马列主义与中国工人运动的结合，在中国共产党领导下建立和发展起来的。早在 1920 年，上海、北京、长沙、武汉、广州、济南等地的共产主义小组，就开始在各地工人群众中进行了马列主义的宣传工作和组织工作，不久就在上海、北京等地建立了我国最早的几个工会。1921 年 7 月，中国共产党成立后，立即把发动和组织工人阶级，作为领导全国革命的第一步。[①] 1921 年 8 月 11 日在上海成立的中国劳动组合书记部，是中国共产党早期公开领导工人运动的领导机关。1922 年 5 月在广州河南机器维持会召开的第一次全国劳动大会，提出了“争取 8 小时工作制”“罢工援助”“打倒军阀”“打倒帝国主义”等口号，标志着中国工人阶级开始走向团结统一。[②] 第二次全国劳动大会通过了《中华全国总工会章程》，宣告中华全国总工会成立，建立了中国工人阶级的领导机关，实现了中国工会运动的统一和工人阶级的团结。在中华全国总工会的领导下，全国地区性总工会和全国性产业工会在第二次全国工人运动高潮中纷纷建立。自此，1926 年 5 月召开第三次全国劳动大会，1927 年 6 月召开第四次全国劳动大会，1929 年召开第五次全国劳动大会，1948 年召开第六次全国劳动大会，中国工会在不同历史时期为中国和世界的工人运动、工会事业的组织与发展作

---

① 唐玉良：《〈中国工会章程〉讲话》，北京：工人出版社，1979 年。

② 李良志、肖效钦：《中国革命史（上册）》，北京：红旗出版社，1983 年。

出了艰苦卓绝的努力。[①]

第一节　新中国成立至社会主义改造基本完成（1949—1956）

新中国成立后，我国很快建立了以中国共产党和中央政府为主导，在纵向上以行政机关为依托，在横向上覆盖各个行业的工会组织体系。[②] 在此基础上，工会制度逐步搭建并形成。中华全国总工会在 1949 年 11 月 22 日发布《关于劳资关系暂行处理办法》《劳动争议解决程序的暂行规定》《关于私营工商企业劳资双方订立集体合同的暂行办法》三个文件，并由各地总工会提请当地政府采纳。这三个文件在维护职工权益及稳定劳资关系方面起到了非常重要的作用。

其中，《关于劳资关系暂行处理办法》第七条规定，工会认为资方对工人职员之处分与解雇不合理时，有向资方提出抗议之权。如资方不接受抗议，得依本办法第二十七条解决劳资争议手续处理之。第十一条规定，资方已得政府批准而停工歇业时，如无力偿还所欠职工之工资与解雇费或其他债务者，须报告劳动局，由劳动局召集劳资双方协商合理办法处理之。资方所有之房屋、机器、原料、家具等，均不得迳交劳方或工会处理，劳方及工会亦不得自行接收和分配上述财产。第十四条规定，劳方参加工会开会及其他娱乐教育活动，均不得占用生产时间。工厂中的

---

① 中华全国总工会组织部：《中国工会章程简史》（第 2 版），北京：中国工人出版社，2018 年。

② 田芝健、韦刚：《政治文明视野下的工会维权》，北京：人民出版社，2007 年。

工会组织负责干部如有必要占用生产时间，须取得资方同意，但平均每月不得超过两个工作日，工资照发。如职工根据市政府、军管会、市总工会之指示，被选为人民代表或团体代表参加会议者，在参加会议期间之工资，由召集会议之机关或团体发给。第二十五条规定，劳资双方订立集体合同时，应由各行各业订立总的集体合同，各个企业工厂可根据总集体合同订立单独之集体合同。总集体合同应由各业劳方之工会代表（在工会未成立时由该业职工代表会议选出之代表）与由资方之同业公会会员所选出之代表在自愿平等之基础上协议签订之。此项总集体合同须经人民政府劳动局批准。所有该业参加签订集体合同之劳资双方，均应遵照执行。在总合同签订之后，该行业中之各个企业劳资之间可根据总合同订立单独的集体合同，如有特殊问题在总集体合同中未包括者，可在该企业之单独集体合同中作补充之规定，但此项补充规定不得与总集体合同之内容相抵触，并须经该行业的工会组织及同业公会之同意。订立集体合同之详细办法由劳动局另行规定之。第二十六条规定，各企业职工如未订立集体合同或在集体合同之外向资方提出要求者，应事先经由该业工会与市总工会审查，并由该业工会与市总工会派人会同该业之职工代表向资方或资方之同业公会交涉，以平等协商方法，订立协定，由劳资双方共同遵守之。第二十七条规定，在某一企业之劳资双方发生争议无法取得一致意见时，应由劳资双方请求该业工会与同业公会派出之代表会同双方当事人共同协商解决之，如仍无法取得一致意见时，任何一方得请求当地人民政府劳动局调解之。调解无效得由劳动局组织仲裁委员会仲裁之。在协商调解仲裁未成立前，双方均应维持生产原状，资方不得有关厂、停资、停伙及其他减低待遇之处置；劳方也应照常生产与遵守劳动纪律。劳资双方之任何一方对劳动局仲裁不服时，得依司法程序向法院提出控诉，由法院判处之。在法院未判决之前，双方均应遵照劳动局仲裁之决定办理。上述法规的制定、贯彻和落实，开启了新中国工会参与劳动关系协调的历史大幕。

为明确规定工会组织在新民主主义国家政权下的法律地位与职责，使全国工人阶级更好地组织起来，发挥在新民主主义建设中应有的作用，新中国中央人民政府委员会第八次会议于1950年6月29日颁布了《工会法》。该法对于工会的性质，工会在国家政治、经济和社会生活中的地位，以及工会的权利和职责等作了全面的规定。该法第一条规定，工会是工人阶级自愿结合的群众组织。凡在中国境内一切企业、机关和学校中以工资收入为其生活资料之全部或主要来源之体力与脑力的雇佣劳动者及无固定雇主的雇佣劳动者，均有组织工会之权。① 《工会法》规定：在国营及合作社经营的企业中，工会有代表受雇工人、职员群众参加生产管理及与行政方面缔结集体合同之权。在私营企业中，工会有代表受雇工人、职员群众与资方进行交涉、谈判、参加劳资协商会议并与资方缔结集体合同之权。工会有保护工人、职员群众利益，监督行政方面或资方切实执行政府法令所规定之劳动保护、劳动保险、工资支付标准、工厂卫生与技术安全规则及其他有关之条例、指令等，并进行改善工人、职员群众的物质生活与文化生活的各种设施之职责。在国营及合作社经营的企业中，各级的工会组织有要求其同级企业行政当局在工会委员会全体会员

---

① 《中华人民共和国工会法》，北京：人民出版社，1950年。

大会或代表会议上报告工作之权。[①]《工会法》是新中国成立后最早公布施行的重要法律之一，与其后不久颁布的《婚姻法》和《土地改革法》并称新中国成立初期三大法律。《工会法》以法律形式确定了中国工会组织在人民民主专政的国家政治体系中的地位和作用，明确规定了工会应有的权利和职责。相比新中国成立以前其他政府的《工会法》，其显著特点是：一是以保护工人阶级利益为根本的职责；二是贯彻了“发展生产、繁荣经济、公私兼顾、劳资两利”的原则。《工会法》颁布后，一方面加快了工会组建工作；另一方面各地根据《工会法》检查本地工会工作，取得了较好的社会效果。《工会法》的颁布，标志着新中国工会第一部法典的诞生，使新中国的工人运动建立在国家立法的基础上，在中国工运史上具有划时代的意义，充分体现了中国工人阶级的利益和意志，以法律形式确定了工会组织在人民民主政权中的地位、作用。《工会法》的颁布，充分反映了中国共产党对我国工人民主权利和经济权利的重视，有利于改善企业行政与当时资方和工人的关系，极大地促进了当时的工会组织及工人运动的发展，实现了我国工人阶级自由组织工会的权利。总之，这部法律明确了工会在新中国的法律地位，对于建立和发展工会组织，团结教育广大职工积极投身社会主义革命和建设，巩固人民民主专政的政权，维护职工的合法权益起到了重要作用。

为了动员和组织工人阶级投入国民经济恢复和巩固新生人民民主政权的斗争，按照《工会法》的规定，中国工会迅速把工人阶级组织起来，按照产业和地域，建立起各级工会组织。到中国

---

① 《中华人民共和国工会法》，北京：人民出版社，1950年。

工会七大召开前夕，全国产业工人90%以上都参加了工会，工会基层组织有20.7万个，工会会员达1020万人。这极大地增强了工人阶级的凝聚力和战斗力，成为国家生产建设和社会政治经济生活中一支极为重要的力量。[①] 秉持第六次全国劳动大会上确立的“发展生产、繁荣经济、公私兼顾、劳资两利”原则，中华全国总工会在新中国成立前后的工会工作呈现出欣欣向荣的局面。

1950年7月，中共中央中南局第三书记邓子恢在中南总工会筹委扩大会议上作的关于中南区工会工作的报告中指出，工会工作发生脱离群众的现象，其原因是工会工作者缺乏明确的阶级立场，未能及时反映和切实代表工人阶级利益及在工作方法中存在严重的官僚主义。邓子恢的报告得到了时任中华全国总工会副主席李立三的肯定，并引起新中国成立后关于工会理论问题的第一次争论。中共中央东北局书记高岗对邓子恢的报告进行了批判。为了统一思想，刘少奇写了一篇笔记，对国营企业的基本矛盾和工会存在的客观基础、性质、地位和任务等重大问题作了认真的研究和思考，对邓子恢、李立三的观点从理论上予以了肯定。

首先，肯定了李立三处理劳资关系的理论及意义。在处理劳资纠纷的基本原则方面，“发展生产、繁荣经济、公私兼顾、劳资两利”是新民主主义的经济政策和劳动政策的总方针。李立三认为，“发展生产、劳资两利”也应该是私营企业中劳资双方解决一切问题的出发点。“发展生产、劳资两利”即只有发展生产，才能达到“劳资两利”；也只有实行“劳资两利”政策，才能达到“发展生产”的目的。工会在解决劳资纠纷中的问题时，新中

① 王永玺：《从一次劳大到工会十五大：中国工会历次代表大会巡礼》，北京：中国工人出版社，2013年。

国成立初期，工会出现了脱离群众和不起作用的现象。李立三认为工会在解决劳资纠纷中的立场是：在处理劳资关系时，工会的职责只限于交涉、谈判，调解是劳动局做的。不少地方工会脱离群众的原因就是站在资本家与工人阶级之间进行调解、仲裁，使工人觉得工会不是代表他们的。如果工人提出过高要求，工会也不能站在两个阶级之间去调和，而要站在工人的立场上去说服工人。李立三还认为，订立集体合同在今天是解决劳资纠纷、实行“劳资两利”的中心环节，主张分行业来订立集体合同，但是要让群众自己动手、自己讨论、自己协商、自己签字，工会只是在其中领导，绝对不要包办代替，更不要强迫命令。这对当下同样具有现实针对性和启示意义。在劳资关系理论意义方面，李立三认为正确处理劳资关系，关系到共产党对民族资产阶级实行改造的路线的贯彻执行，关系到生产的恢复和发展。李立三时任劳动部长，他的劳资关系理论直接促成了当时中华全国总工会颁布《关于劳资关系暂行处理办法》《劳动争议解决程序的暂行办法》及《关于私营工商企业劳资双方订立集体合同的暂行办法》三个文件。这三个文件后来成为各级人民政府、工会组织处理劳资问题的重要依据。李立三的劳资关系理论，推动了劳资关系较迅速地纳入民主的、平等的、契约的正常轨道，因而大大减少了劳资纠纷，促进了私营企业改进管理方式，提高了职工的劳动积极性，有利于私营企业发展生产和对其进行社会主义改造。

其次，肯定了李立三企业管理民主化的思想及意义。具体而言，其意义在于使新中国的工人不仅在政治上获得解放，而且真正在生活和生产中拥有了民主权利；有力地促进了生产力的发展，为新中国的经济恢复打下了一定的基础；实施企业管理民主化对于调动工人的积极性和创造精神起到了极大的促进作用。新中国成立后，工厂管理者主要分为两种：一是资本家或资本家雇佣的管理者，二是老根据地来的共产党干部。两种企业性质不同，但在企业管理方面都存在严重缺陷，因此要把生产搞好，都需要实行民主管理。为了实现企业管理民主化，李立三进行了大量的理论研究。特别是1950年2月，他为《人民日报》撰写了《学会管理企业》一文，分析了中国工人阶级所面临的形势和任务，提出了学会管理企业，把官僚资本主义企业改造为新民主主义企业，是中国工人阶级目前的中心口号。

最后，充分强调了李立三在失业人员救济以及工会组织发展中的突出作用。新中国成立初期出现了大量失业问题，李立三领导劳动部和其他机关部门同心协力，认真贯彻党中央、政务院的方针，千方百计地解决失业人员基本生活和再就业问题，为国民经济恢复和发展、国家财政经济的好转作出了应有贡献。李立三主持起草的《救济失业工人的指示》和《救济失业工人暂行办法》，成为指导失业工人救济的纲领性文件，“把救济失业工人同组织他们从事生产劳动结合起来，指导各地采取以工代赈、生产自救、还乡生产、发给救济金和介绍就业等一系列措施，有步骤地解决失业问题，避免了单纯救济加重国家负担、失业人员一味依赖政府的消极作用”，这些措施具有相当的针对性和现实性，具有开创性的意义，对于当今救济失业工人的工作亦有一定的指导意义。随着新中国巩固政权、恢复经济各项工作的开展，工会组织的作用日渐凸显，需要建设强有力的工会组织并开展卓有成效的工作。随着新中国工会组织迅速发展，在工会的组织发动下，工人阶级以主人翁的姿态和新社会建设者的身份，积极参与各项经济社会变革，参与各项生产活动，在恢复和发展国民经济中发挥着主力军的作用：一是协助政府接管官僚资本企业、支援农业合作化；二是开展清查仓库、献纳器材和创造新纪录运动；三是协助政府稳定物价，打击投机倒把的非法活动；四是开展爱国增产节约运动；五是积极参与城市民主改革、推动企业管理民主化；六是积极推动工人劳动生活条件的改善（推动劳动保护法规的制定、劳动报酬制度的初步形成、劳动保险制度的建立、职工福利事业的发展）；七是积极投身大规模工业建设（厂际劳动竞赛、合理化建议、技术革新运动的广泛开展，集体合同制度的推行，统一的工人招收和调配制度①的建立）。

1951 年 2 月 23 日，《劳动保险条例》颁布。这一条例的主要特点是经费由企业负担，职工不缴纳保险金，劳动保险事业交由工会办理，并且还举办各种集体劳动保险事业，这虽然从长远来说是不妥当的，但在当时的历史时期，还是具有很大作用的。《劳动保险条例》制定和颁布时，正值国家财政经济状况尚未根本好转和抗美援朝战争时期，当时国民经济条件不是很好，但这一条例已经实现了列宁所坚持的社会保险制度的纲领。1951 年 12 月，按照中共中央指示，召开了中华全国总工会党组第一次扩大会议，通过了《关于全国总工会工作的决议》。该决议指出，组织劳动与发展生产是工会的中心任务；组织和教育工人、努力提高劳动生产率、保障国家生产计划的完成和力求超额完成、在提高生产的基础上经常关心工人群众的日常利益、为群众需要服

---

① 统一的工人招收和调配制度最早是在建筑业开始实施的，主要与建筑业本身的季节性强、流动性大的用工特点有关。早在“一五”计划以前，东北地区建筑业就已经开始实行统一调配制度，建筑业所需的劳动力由工会组织、建筑部门和劳动行政部门共同管理，最后发展到由劳动部门归口管理。这一管理模式逐渐向全国扩散。

务，是工会在人民民主主义制度下最基本、最重要的任务；接受党的领导，无条件地帮助党在群众中的工作，扩大党在群众中的影响，帮助党在工人群众中发展组织，是工会天经地义的任务。该决议的出台，进一步明确了工会在国家政权体系中协助行政的职能。会议认为，李立三在主持中华全国总工会工作中犯了“经济主义”“工团主义”等错误，认为李立三的错误倾向“是完全反马克思列宁主义的，是对职工运动和我们党的事业极其有害的”。新中国成立后关于工会工作和工会理论的第一次争论，实质在于贯彻什么样的工运方针，关系到坚持还是放弃新民主主义工运方针的原则问题。中华全国总工会党组第一次扩大会议所表现出来的急于结束新民主主义工运方针的观点，同党内急于结束过渡时期的倾向是一致的，都是“左”倾急性病的表现。会议给中华全国总工会领导工作戴的“经济主义”和“工团主义”这两顶帽子，成为禁锢广大工会工作者思想、束缚广大工会工作者开拓精神的桎梏，对工会运动造成了消极影响。[①]

1953 年 5 月，中国工会第七次全国代表大会在北京召开，总结六次劳大以来我国工人运动和工会工作取得的成绩与经验，制定国家进入大规模计划经济建设时期工会工作的方针任务，动员全国工人阶级为完成国家经济建设任务而努力奋斗。赖若愚代表中华全国总工会第六届执行委员会向大会作《为完成国家工业建设的任务而奋斗》的工作报告，明确提出了国家建设时期的工会工作任务：在中国共产党领导下联系并教育工人群众，不断提高工人群众的觉悟和组织程度，巩固工农联盟，团结各阶级人民，

① 《当代中国工人阶级和工会运动》编辑委员会：《当代中国工人阶级和工会运动》（上册），北京：当代中国出版社，1997 年。

积极完成国家建设计划，并在发展生产的基础上，逐步改善工人阶级和全体劳动人民的物质生活与文化生活，为逐步实现国家的工业化和过渡到社会主义而斗争。大会通过了《关于修改中国工会章程的决议》，决定将《中华全国总工会章程》改为《中华人民共和国工会章程》。工会七大修改通过的《中华人民共和国工会章程》，是新中国成立后的首部工会章程，规定工会应经常地关心工人群众的生活状况和劳动条件，并应在发展生产的基础上，逐步地、积极地改善工人群众的物质生活和文化生活。这一规定表明，人民民主专政下的工会，必须以搞好生产为自己经常的中心任务。可以说《中华人民共和国工会章程》基本符合新中国成立后工人运动实际要求，明确了中国工会在国家建设时期的任务、方针，对指导工会发动全国工人群众贯彻党的过渡时期总路线，提前和超额完成第一个五年计划，实现社会主义改造发挥了巨大作用。①

第二节　社会主义基本制度确立至改革开放前（1956—1978）

1956 年，我国基本实现了对农业、手工业和资本主义工商业的社会主义改造，确立了社会主义基本制度。我国的经济结构发生了根本变化，全民所有制和劳动群众集体所有制这两种社会主义公有制形式，已经在整个国民经济中占据了绝对优势。1956 年 9 月，中共八大明确指出，我国无产阶级同资产阶级之间的矛盾

---

① 中华全国总工会组织部：《中国工会章程简史》（第 2 版），北京：中国工人出版社，2018 年。

已经基本上解决，国内的主要矛盾，已经是人民对于建立先进的工业国的要求同落后的农业国的现实之间的矛盾，已经是人民对于经济文化迅速发展的需要同当前经济文化不能满足人民需要的状况之间的矛盾。党和全国人民当前的主要任务，就是要集中力量解决这个矛盾，把我国尽快地从落后的农业国变为先进的工业国，从而开启了探索社会主义发展事业的良好开端。[①] 自 1957 年起，我国进入了全面建设社会主义时期。社会主义新型劳动关系成为社会主义生产关系的重要内容。“三大改造”“一五计划”使我国的经济得到初步恢复，但随后产生“大跃进”“人民公社运动”以及人们对社会主义的认知误区，中国实行计划经济体制，由多元产权经济形式变为单一公有制形式。这一时期的劳动关系具有以下四个特征。一是劳动关系的类型是单一化的。在劳动关系中，用人单位的性质是全民所有制或城镇集体所有制；而劳动者则是全民所有制固定工身份的职工，基本上不存在其他劳动关系。二是劳动关系双方的身份是抽象化的。劳动关系双方没有构成相对独立的利益主体，用人单位没有自主招工的权利，劳动者也没有自主择业的权利，这些均由国家统一安排。工会不是工人的代表，而是作为行政助手发挥作用。三是劳动关系内容是统一化的。劳动者是生产资料的所有者，反映在劳动关系中就是就业形式的终身制，工资福利都有统一的政策安排。四是劳动关系运行具有行政化特点，劳动关系的各个方面都由国家统一安排，用人单位与劳动者之间的关系建立、变更均由行政命令来实现。

---

① 中共中央党史研究室：《中国共产党历史》（第 2 卷），北京：中共党史出版社，2011 年。

我国刚刚解决了工人阶级同资产阶级的矛盾之后，人民内部矛盾显现出来。受国际影响，以及我国社会改造的急促和社会形势的快速变化、经济建设中未能克服急躁冒进等因素的影响，1956 年下半年，社会上相继出现了一些不安定的情况，许多城市出现粮食、肉类、日用品短缺；少数学生、工人、转业军人的升学、就业和安置问题得不到妥善解决；在一些企业中对工人阶级内部矛盾处理不及时或处理不当，致使一些城市或地区发生学生罢课、工人罢工请愿和农民闹缺粮退社的事件；工人阶级内部出现了很多亟待研究解决的新问题；等等。这些问题都引起了党中央的高度重视。为积极响应党中央在全党和全国人民中开展增产节约运动的号召，1957 年 1 月，中华全国总工会召开群众生产工作会议，讨论如何开展好增产节约和先进生产者运动。随即各级工会组织广大职工积极投入以增产节约为中心的先进生产者运动中。首先，抓好思想教育工作，为增产节约和先进生产者运动的深入开展注入强大的动力。其次，扩大企业民主管理。1957 年，中共中央决定在企业中试行职工代表大会制度，工会组织职工通过职代会提出合理化建议，献计献策，改进技术和生产管理，取得了良好效果，也受到企业行政方面的赞誉和支持。最后，组织开展多种形式的劳动竞赛。各级工会特别是基层工会，以极大的努力动员组织广大职工，广泛开展了以提高、改进技术和学习掌握新技术为主要内容的劳动竞赛，以提高劳动生产率，确保完成各项生产任务。

1957 年 2 月，吸取苏联教训，结合我国建设实际，毛泽东在有 1800 多位各界人士出席的最高国务会议上发表了《关于正确处理人民内部矛盾的问题》的讲话，系统阐释了关于严格区分社会主义社会的敌我矛盾和人民内部矛盾两类矛盾以及正确处理人民内部矛盾的问题，继续和发展了党的八大路线，[①] 为工会在社会主义建设时期发挥更大作用提供了空前的历史机遇。

然而，随后的反右斗争扩大化给工人运动和工会工作造成了严重的灾难。自工会七大以来，各级工会组织贯彻执行社会主义建设时期工会工作方针，为提前、超额完成“一五”计划和实现私营工商业的社会主义改造作出了重要贡献。但是整风运动中出现的反右斗争扩大化造成了严重的思想混乱和组织混乱。1957 年 9 月，中华全国总工会党组召开第二次扩大会议，为即将召开的工会八大做准备工作。赖若愚作了《关于当前工会工作的若干问题》的报告。报告明确指出，脱离群众仍然是最主要问题，特别是人民内部矛盾比较突出的情况下，工会更应当在正确处理人民内部矛盾中发挥调节作用。1957 年 12 月，工会八大召开，赖若愚强调指出，对工会来说，最重要的问题就是要认真地贯彻执行党的群众路线，密切联系群众。因此要广泛地吸引职工群众参加企业管理，代表群众积极地参与国家关于劳动工资、劳保福利、职工住宅问题等政策法令的制定和执行。从全局出发，逐步改善职工生活，加强对职工的政治、文化、技术教育，组织职工的文化体育活动。工会八大的重要精神之一，就是提出企业管理工作中的民主管理和发挥群众的监督作用问题。刘少奇指出，第一，一切企业必须服从党和国家统一领导和统一计划，并且以严格的劳动纪律来保证千百万人的意志和行动的统一，同时又必须充分发挥职工群众的主动

① 中共中央党史研究室：《中国共产党历史》（第 2 卷），北京：中共党史出版社，2011 年。

性和积极性，发挥群众的监督作用，吸引群众参加企业管理。第二，要求在企业中进一步扩大民主生活。认为实行党委领导下的职代会制度和正在进行的整风运动是扩大民主生活的有效形式。赖若愚指出，民主集中制是我国社会主义企业管理工作的根本原则。职代会是职工群众参与企业管理、监督企业行政、加强自我教育的组织，它不是企业的自治机关。它的任务是充分反映和正确集中群众的意见和要求，帮助并监督企业行政不断改善企业生产管理和有关职工福利的工作，并且充分开展批评和自我批评，增强职工的团结，以保证国家计划和政策、法令的正确执行。另外，工会八大通过《中国工会章程》，对工会组织原则作了重大修改。一是将中国工会的组织原则是民主集中制，改为“工会的各级领导机关实行集体领导和个人负责相结合的原则”，一切重大问题都要经过集体讨论和决定。二是将按照产业原则组织工会，改为按照产业和地区相结合的原则。1958 年以后，由于始终没有解决好如何在社会主义条件下更好地发挥工会作用的问题，加之工会七大、八大提出的正确主张也没有得到很好的贯彻，特别是“文化大革命”的冲击，工会运动遭遇严重挫折。[①] 在粉碎“四人帮”之后，工会系统通过开展揭批查斗争，在许多重大问题上分清了思想理论是非，干部队伍的阵线明朗起来。党中央对中国工会第九次全国代表大会筹备组原主要负责人实行隔离审查，并于 1977 年 8 月批准成立了由中华全国总工会书记处书记马纯古主持的中华全国总工会机关领导小组。全国有半数左右的省、自治区、直辖市总

① 中华全国总工会组织部：《中国工会章程简史》（第 2 版），北京：中国工人出版社，2018 年。

工会调整了领导班子，工会组织初步恢复了正常工作。[①] 1978年4月，中华全国总工会八届七次执委扩大会议和全国劳动模范座谈会的召开，标志着停止了12年的全国工会系统的组织活动正式恢复。工会九大上通过的《中国工会章程》在密切联系群众方面，规定工会的各级组织必须发扬群众路线、实事求是和批评与自我批评的优良传统和作风，并以说服教育作为基本的工作方法；必须围绕党的中心任务，深入基层，深入生产，深入群众，依靠群众和积极分子，积极主动地做好工作。根据党的十一大制定的路线和新时期总任务的要求，规定中国工会在新时期的基本方针是：在中国共产党的领导下，遵循党的十一大路线，团结、教育、吸引广大职工不断提高政治觉悟，掌握现代科学技术，积极参加企业管理，广泛开展社会主义劳动竞赛，努力提高劳动生产率，并在发展生产的基础上逐步改善职工群众的物质文化生活，为实现新时期总任务而奋斗。[②]

总而言之，工会九大是我国社会主义建设事业进入新的历史发展时期工会的首次盛会，是我国工人运动经历了“文革”破坏后得以复兴的标志。工会九大通过的章程，阐述了工会的地位和作用，明确了工会在新时期的基本工作方针。但是由于工会九大是在党的十一届三中全会之前召开的，当时党的指导思想尚处于徘徊中前进的局面，在思想、政治、组织等领域的拨乱反正还未全面展开，国家还未实现“以阶级斗争为纲”到“以经济建设为中心”的历史性转变。限于当时的历史条件，大会通过的章程，依然沿用了一些

① 中华全国总工会组织部：《中国工会章程简史》（第2版），北京：中国工人出版社，2018年。

② 中华全国总工会组织部：《中国工会章程简史》（第2版），北京：中国工人出版社，2018年。

“左”倾思想的提法，如“无产阶级专政下继续革命”等错误口号和理论；在工人运动和工会工作的方针方面，没有突出工会维护职工权益的本质属性与独特作用。同时应该看到，在拨乱反正之初，工会长期受“左”倾思想的束缚尚未被根本冲破的情况下，这些问题是难以完全避免的，在总体上不影响工会章程主导方向的正确性。①

第三节　改革开放至社会主义经济体制转轨（1978—1992）

1978 年 12 月，党的十一届三中全会召开，毅然抛弃了“以阶级斗争为纲”的“左”的错误方针，我国开始实行改革开放政策。改革开放之后，在认识到我国社会主义初级阶段的基本国情，也认识到市场经济的优点之后，我国开启了从计划经济体制向社会主义市场经济体制转轨的市场化改革进程，中国劳动关系格局随之发生了重大而深刻的变化。

1979—1982 年，实行“计划经济为主，市场调节为辅”的经济管理原则。在此原则下，中国沿着放权让利、双轨并行，向着计划与市场结合的方向进行改革。1983—1986 年，实行“有计划的商品经济”。总体上来说，我国实行的是计划经济，但是是有计划的商品经济，在理论上突破了把社会主义和商品经济对立起来的传统观念，第一次提出了与社会主义相连的商品经济的概念（传统的提法是商品生产或商品交换而不是商品经济），但这种突破不是根本性的和总体性的，突破不到位，没有从根本上承认企业和经营者作为经济主体的独立自主地位。1987—1992

① 中华全国总工会组织部：《中国工会章程简史》（第 2 版），北京：中国工人出版社，2018 年。

年，实行“国家调节市场，市场引导企业”。这完全突破了改革初期计划与市场各分一块的老框架。在本阶段中，“市场”已在国民经济中占有相当的比重，在某些领域甚至开始起主导作用。

转轨时期，我国劳动关系从计划经济条件下的行政性关系逐步转变为社会主义市场经济条件下的契约性关系，在这个过程中，旧的劳动关系模式难免会对新的劳动关系建立带来影响和羁绊。随着私营经济的发展（包括外企），劳资矛盾日益凸显，甚至呈加剧之势。东南沿海一带私营经济比重大，外资企业比例相当大，劳动争议问题就更严重一些。有学者指出，这个阶段私营企业劳动关系是一种不成熟、不规范的劳动关系，是一种以资方为主的不平衡的劳动关系，也是一种合作与冲突并存但冲突居于主导地位的劳动关系，是一种边缘性的、非主流的、尚未与国家接轨的劳动关系。

一、拨乱反正、改革开放起步阶段

从 1979 年开始，工运领域拨乱反正，各项工作深入开展。1979 年 9 月，中华全国总工会向中央报送《关于对原工商业者的若干具体政策的规定》的报告，经中央同意后，自 1980 年以来，各地工会认真执行对原工商业者在政治上与其他干部、工人一视同仁的方针，按照工会章程规定的程序，陆续吸收在职原工商业者参加工会，大大调动了他们为四化建设作贡献的积极性。推动恢复和发展企业民主管理，维护职工在企业中当家做主的地位和权利，推动企业民主管理进入法制建设的轨道。工会九大以来，在各级工会的努力下，我国大部分企业都恢复了职工代表大会制度，并且在参与企业经营决策、维护职工利益、民主选举和评议干部方面发挥了重要作用，取得显著成绩，标志着我国企业民主管理和职工代表大会制度开始进入新的历史发展阶段。1981 年 5—6 月，中华全国总工会会同其他部委召开全国第一次企业民主管理座谈会，制定了《国营工业企业职工代表大会暂行条例（草案）》。同年 7 月，中共中央、国务院批准并转发该草案，这标志着我国以职工代表大会制为核心的企业民主管理开始纳入法制建设的轨道。协助行政大力推行经济责任制。经济责任制，是在国家计划指导下，以提高经济社会效益为目的，实行责权利紧密结合的生产经营管理制度。各级工会协助企业行政根据责权利相结合的原则，坚持按劳分配原则，搞好定额管理，改进劳动组织，加强劳动纪律，注意发挥群众的监督作用，既维护了职工的正当权益免受侵犯，又维护了国家和集体利益免受损害。恢复和加强工会劳动保护工作。一是建立健全了工会劳动保护机构，加强了劳动保护的制度建设和组织建设；二是参与重大事故的调查处理，维护职工合法权益；三是以安全生产为中心，组织劳动竞赛；四是广泛开展职业病防治工作；五是认真抓好女工的劳动保护工作。此外，恢复和加强工会劳动保险工作。为职工排忧解难，切实解决职工实际生活问题。比如，职工的住房困难问题，各级工会组织都以此为重点，采用多种途径，协同行政部门妥善加以解决；协助劳动部门和企业行政，积极安排职工子女就业。

二、改革开放的展开、深化阶段

1984 年 10 月，党的十二届三中全会后，全面改革逐步展开。城市经济体制改革特别是全民所有制企业改革，对工人运动和工会工作提出了新课题。比如，如何在企业改革中既要尊重职工群众的主人翁地位，激发他们的生产热情和改革热情，确保生产任务的完成和改革的顺利进行，又要看到企业改革是对原有经营管理体制机制的大幅度调整，不可避免地要带来意想不到的阵痛。因此，工会在动员组织职工积极支持参加改革的同时，还必须切实维护职工的合法权益，把对职工的不利影响减小到最低限度。所以，在城市经济体制改革特别是全民所有制企业改革中，工人运动和工会工作的新任务就是要正确对待改革，积极参与和推进改革，充分发挥工人阶级改革的主力军作用；工会组织则要在改革中开掘企业活力源泉，做好职工群众工作，切实维护好职工合法权益，大力激发职工群众的劳动积极性和创造活力，切实担当起自身所应负的历史责任。例如，提出以经济建设为中心，把发展生产力同维护职工利益统一起来的指导思想（1984 年 12 月中华全国总工会十届二次执委会提出）；继续支持参与改革、推进和完善企业职工民主管理；积极参加分配制度和福利制度的改革，开拓引导职工勤劳致富的新领域。各级工会带头贯彻党的富民政策，支持帮助职工落实各种形式的责任制，积极参加企业分配制度、福利制度的改革，调动职工的积极性，引导职工走勤劳致富的道路；参加工资制度、劳动制度改革，维护职工切身利益。

在劳动制度改革中，工会参加了《国营企业实行劳动合同制暂行规定》《国营企业招用工人暂行规定》《国营企业辞退违纪职工暂行规定》《国营企业职工待业保险暂行规定》四个暂行规定的制定与宣传，并参加调查研究，协助有关部门研究制定有关劳动制度改革的法规和实施办法，了解和解决劳动制度改革中出现的新情况和新问题，参加同级劳动争议仲裁委员会，做好劳动争议和调解的仲裁工作。积极参政议政，发挥工会在社会主义民主建设中的作用。比如中华全国总工会1986年向党中央、国务院报送《关于企业工资制度改革的若干建议》，参与改革劳动制度四项暂行规定的起草工作，提出了意见和建议；1987年向党中央、国务院提出《关于实行基本生活费用与相应的价格指数挂钩的建议》；1988年号召广大职工积极参加《企业法》的全民大讨论，并向全国人大常委会提出意见；等等。

为了更好贯彻执行对外开放方针，发挥工会组织在"三资"企业中的作用，1985年1月，中华全国总工会在广东省深圳市召开全国经济特区、沿海开放城市中外合资企业工会工作座谈会，对中华全国总工会起草的《关于中外合资、合作企业和外商独资企业工会暂行条例（初稿）》进行了讨论。1985年5月，广东省颁布了我国经济特区第一个工会规章——《广东省经济特区企业工会规定》，对经济特区工会的地位、职责以及港澳台、华侨和外籍员工入会等问题都作了详细规定。1987年全国有近千家"三资"企业建立工会，并有不断发展的势头，为适应改革开放形势下的工会工作提供了经验，开辟了道路。乡镇企业的发展，带来工人人数的大量增加，同时也产生了劳动关系矛盾，以及维护乡镇企业工人权益问题，这就需要尽快把乡镇企业工人组织到工会中来。乡镇企业和"三资"企业工会组建工作的开展，相对缓解了劳资矛盾和稳定了劳动关系，促进了改革开放的发展。

三、改革深入阶段

1987年10月，中共十三大召开，提出全面深化改革的方针任务。工会十一大以后，在治理经济环境、整顿经济秩序、全面深化改革深入进行的同时，一些社会矛盾也日趋突出、尖锐，维护社会稳定的问题凸显。为此，工会一方面积极参与和支持治理整顿工作；另一方面为化解社会矛盾、维护社会稳定发挥了重大作用。

治理整顿和经济调整，不可避免地会给部分职工的工作生活造成某些暂时困难。各级工会认真贯彻执行中央精神，坚持把治理整顿、深化改革同反映职工合理诉求、维护职工切身利益统一起来，主动提出有利于缓解矛盾的各种政策建议，尽最大可能帮助职工解决实际困难。比如，采取措施保障停产、半停产企业职工的基本生活；妥善安置企业富余人员，减轻社会就业的压力；实行分配公开制度，解决企业内部分配不公问题；正确处理劳动争议问题，努力把矛盾解决在基层，解决在萌芽状态。随着经济体制改革和劳动制度改革的不断深入，劳动关系错综变化，劳动争议时有发生。各级工会注意发挥劳动争议调解组织的作用，维护职工的合法权益，巩固了安定团结的政治局面。

伴随着对内改革、对外开放的逐步深入，中国社会的转型步伐日益加快，在多种所有制、多种经济成分、产权多元化以及经营管理方式多样化的条件下，劳动关系越发呈现出多维、多元、多变的复杂敏感特性。作为劳动关系领域中最重要的组织之一，中国工会为我们研究该领域的相关问题提供了重要的切入点。一方面，作为职工利益的代表者和维护者，中国工会是我国劳动关系协调和治理的直接参与者，其制度变迁为我们考察劳动关系问题提供直接的重要视角；另一方面，作为党联系职工群众的桥梁和纽带，以及国家政权的重要社会支柱，中国工会的制度变迁也为我们考察国家与工人关系提供了重要视角。[1]

四、国外研究成果译介

从1979年开始，国内学者开始译介国外有关工会与劳动关系之间关系问题的论述。中国社会科学院法学研究所吴云琪在1979年摘译了苏联内务部莫斯科高级警校教研室主任奥尔洛夫斯基教授的《劳动集体在劳动关系体系中的地位和作用》。文中提到，苏联职工会中央理事会曾参与苏联宪法关于劳动集体权利的法案起草。随着劳动集体在解决国家和社会事务中重要作用的日益增长，在行使劳动集体权利的过程中，工会起着特殊作用。这是由于在法律规范中规定了工厂工会或基层委员会领导职工大会，工会在劳动、生活和文化的一切问题上拥有代表劳动集体的权利，并对劳动集体通过的各项决议的执行情况实施监督。工会与劳动集体一样，是社会团体，尤其是按照其在国家赋予它的使职工劳动合作化方面的权利中反映出来的特点，工会的活动对发挥劳动集体的积极性和创造性，对满足集体的所有成员的利益具有重要意义。因此，扩大劳动集体的权利同时也就是扩大工会的权利。反过来说也是一样，扩大工会权利也就是扩大劳动集体的权利。工厂工会或基层委员会是工会的基层组织，法律赋予它在生产、劳动、生活和文化方面代表职工的利益，它实施的代理行为就是工会基层组织的职权。因此，工厂的工会或基层委员会在与行政部门的法律关系中，不是作为一个机构，而是作为职工集体的代表出现的。这个思想明确地表现在企业条例中，企业行

---

① 吴清军：《中国劳动关系学40年（1978—2018）》，北京：中国社会科学出版社，2018年。

政部门通过厂长与作为企业职工代表的工厂工会或基层委员会签订集体合同。在用来说明行政部门与工会之间关系的用语中，最恰当的用语是“集体劳动关系”。其好处不仅在于说明了这个关系的主体构成，而且更主要的是，它反映了行政与工会之间这些关系的实质：通过这种关系达到最符合集体的利益的效果。作者认为，在拟定的关于劳动集体权利的立法文件中，应当体现出劳动集体在集体劳动关系中通过工会所行使的基本权利。否则，如果仅仅规定了劳动集体亲自直接实现的权利，则劳动集体的地位将是规定得不完整的。①

劳动集体通过它的代表——工厂工会或基层委员会解决涉及其利益的范围广泛的问题。集体劳动关系的内容可以划分出三组强调通过工会行使的作为劳动法主体的劳动集体的职权。这些规范之一是规定属于局部调整范围的劳动条件方面的关系。通常，考虑到具体生产的特点，通过局部调整把一般规范具体化。不仅如此，没有局部规范，相应的一般规范根本不能适用，因此，对于工作人员——劳动法律关系的主体来说，局部调整乃是补充权利的渊源。工作人员或者通过同时签订劳动合同获得这些补充权利（如无偿得到工作服、工作靴和由于有害的劳动条件获得牛奶的权利），或者经过一定期限的劳动法律关系行为后，获得这些补充权利（如按企业工作的成果每年获得一定数量报酬的权利）。行政和工会在劳动条件方面解决问题的范围基本上是由企业条例和生产联合企业（联合工厂）条例规定的。但在没有关于工会参加规定劳动条件的具体形式的直接指示的情况下，则可适用苏维

① ［苏］奥尔洛夫斯基著，吴云琪译：《劳动集体在劳动关系体系中的地位和作用》，《环球法律评论》1979 年第 6 期。

埃国家管理的所特有的一般规则。对于集体关心的任何问题，相应的工会组织可以提出自己的意见。这项权利是有法律根据的，因为根据《苏联和各加盟共和国劳动立法纲要》第九十六条规定，工会在生产、劳动、生活和文化方面代表职工的利益。局部调整广泛地反映出了集体在规定劳动中的可能性，而不仅仅限于把一般规范中的规范原则具体化。实践中有一系列由企业行政部门和工会委员会协商制定的局部规范。这些局部规范调整那些没有一般意义规范的社会关系。采用这类规范，不能解释为由于立法上存在空白，也不是由于现行的劳动立法不能充分调整社会劳动关系，而是由于劳动集体在劳动关系方面的规范创制的可能性更加扩大了，这种劳动关系只有在考虑到生产的具体条件后才能更正确地得到解决。扩大劳动集体在社会生活各方面，包括参加调整劳动关系的权利，导致更广泛地利用局部的规范创制。这样大规模地适用局部规范，就产生了一个它们的使用限度问题。对于把一般规定具体化的局部规范来说，这种限度就是一个：一般法律规范应当是具有任意性原则的。否则劳动条件不能成为代表劳动集体利益的工会和企业行政部门之间协议的客体。①

在一般和专门劳动立法规范没有加以调整的那些社会劳动关系中，局部规范创制的可能性问题更为复杂。看来，似乎可以提出一些颁布局部规范的条件。第一个条件是，调整那些不属于全苏和加盟共和国立法专属权限的社会关系。第二个条件是，局部规范对社会关系主体的约束只有在立法对有关问题无硬性规定时才可以适用。还有，第三个条件不是基于一般规范基础上的局部

① ［苏］奥尔洛夫斯基著，吴云琪译：《劳动集体在劳动关系体系中的地位和作用》，《环球法律评论》1979 年第 6 期。

规范的有效性条件，即通过这种规范要遵守一定的规则。这种规范应是企业行政部门与工会组织共同行为的结果。工会用与行政部门共同决定的形式参加调整劳动关系是工会的一项活动。它不仅反映了集体利益，而且表现了集体的意志，在调整劳动关系中体现集体意志的最明显例子是集体合同中的规范性。如果在签订集体合同前事先搜集职工的各项建议以便把它们列入新的合同草案中，事先在车间、科室、工段，联合企业的生产单位讨论集体合同草案，以及在全体大会上通过合同，那么在这些条件下就能得出这样一个结论：在签订集体合同时表现了集体的意志。因此，应当规定，不是把一般和专门规范加以具体化的局部规范，只能用集体合同的规范性规定的形式通过。颁布不是把一般规定具体化的局部规范的这种特殊程序，就能保证最充分地考虑集体利益。因为决定可以局部调整的劳动集体本身就反映了这些利益。此外，这种可能性是由国家预先认可的，这种认可表现为国家规定了签订集体合同的程序、集体合同的内容、对执行集体合同的监督。尽管局部调整的作用是提高了，但是工会与行政部门的关系并非仅限于此。在工会对行政部门的活动实行监督职能时发生的关系具有重要意义。它们的特征是确定法律事实的关系。这些法律事实之所以必需，在第一种情况下是为了产生具体的劳动法律关系，在第二种情况下是为了在劳动关系过程中行使有关的权利和履行义务，在第三种情况下是为了中止劳动关系（由行政部门解雇）。因此，在企业与工会委员会关系中确定的法律事实是在劳动关系发展的各个阶段上发生的。一般来说，这些事实在劳动关系的开始和结束阶段具有工会组织认可和同意的形式。在劳动法律关系存在的过程中，工会对适用劳动条件的参加表现为，或者是同意行政的有关决定，或者是共同决定（在对职工产生劳动立法规定的某些权利时），或者是工会同意行政适用法律规范（在企业正常工作过程中适用一般原则效力以外的规范）。现行的劳动立法固定了职工参加生产管理的权利，并且强调在一些情况下这种参加是通过工会来实现的，工会在生产、劳动、生活和文化方面代表职工的利益，与行政部门发生相应的关系；在另一些情况下，职工在工会的协助下直接参加生产管理，工会进行协助，同样要与企业行政部门发生关系。这些关系的内容是在创造保证职工参加生产管理的条件方面的权利与义务。可见，由工会实现的集体的权利包括调整劳动、监督行政部门的活动和参加生产管理的权利。①

1980 年，中国社会科学院任允正摘译了波兰人民共和国弗罗茨瓦夫大学劳动法教研室主任约奇克教授撰写的《波兰人民共和国劳动法典概述》。文中提到，一切基本问题在劳动法典里都得到了规定，只是在一些个别情况下，法典规定由执行性文件（基本形式是由部长会议征得中央工会理事会同意后发布的命令）作详细规定。因此，劳动立法包括劳动法典、单行法规和补充法典的执行性命令。集体合同和内部劳动规章在波兰劳动法中占有重要地位，它们在理论和司法实践上被认为是规范性文件（法的渊源）。劳动法典对签订集体合同作了规定（第 238—241 条），而且没有修改集体合同的法律结构。集体合同是由中央主管部门的部长和部门工会中央机关签订的。集体合同是比劳动合同更高的文件，它可以依法废除同法律和集体合同相抵触的劳动合同规

---

① ［苏］奥尔洛夫斯基著，吴云琪译：《劳动集体在劳动关系体系中的地位和作用》，《环球法律评论》1979 年第 6 期。

定，但是劳动合同可以包含比集体合同更有利于工作人员的规定。该法典在序言中就已规定：在巩固社会主义劳动法律关系方面，工会起着重要作用；法典规定了劳动法律关系的基本规范，保证工会参加这些关系的形成，调整（企业）领导人同工会组织合作的形式。法典保证工会参加劳动法规范的制定及其适用，规定了企业机构领导人同工人委员会相互配合的基本形式。法典保证集体（其劳动关系由法律加以特别调整的集体除外）的代表在决定干部问题上有建议的权利。工会对巩固社会主义劳动关系起着特殊作用。虽然波兰人民共和国最高法院的指示，根据法律只对劳动和社会保险法院有约束力，但无疑地，它们对调解委员会和劳动纠纷冲突调查委员会的裁决内容将有重大影响。同时，对处理劳动纠纷机关的组织和诉讼程序的监督分为：对调解委员会和劳动纠纷冲突调查委员会的这种监督，由劳动、工资和社会事务部长在工会中央理事会的同意下进行；对劳动和社会保险法院的这种监督，由司法部长在劳动、工资和社会事务部长和工会中央理事会的同意下进行。①

1981 年，国有资产法学专家谢次昌翻译了日本学者片冈升的《日本现行劳动法及其体系》。作者认为，由于劳动者的生活关系或劳动关系被划分为个别劳动者对雇主的关系（个别劳动关系）和以工会等劳动者的团结为中心而展开的关系，所以可以把劳动法区分为个别劳动关系法和集团劳动关系法两个部门，并以这两个部门为中心构成各自的体系。集团劳动关系法这个部门包括以集团劳动关系的产生和发展为基础的劳动者的团结，特别是有关

① ［波］约奇克著，任允正译：《波兰人民共和国劳动法典概述》，《环球法律评论》1980 年第 1 期。

工会的组成、机构、活动的法规，以及规范有关集团劳动关系中特有的各种关系，即日常的团结和组织活动等法规，团体交涉、劳动争议、劳动协约、不当劳动行为等法规。在这里，基于把工会组织作为当事者一方的“团体自治”之原理，其使劳动关系得到维持和发展，因此被当成了一项原则。国家法律的任务是为此而确定必要的法律范围，据此，其干涉劳动关系法的程度是受到限制的。因此，集团劳动关系法的具体内容是根据工会规则、劳动协约等劳动自主法进行调整的结果。①

通过上述观察不难发现，我国学者在改革开放初期对国外相关著述的译介，均取材于以劳动法为框架的工会视角分析，这似乎也直接影响了这一时期我国学者的学问路径。中国人民大学法学院关怀教授所撰《劳动法学教学大纲》便是在劳动法的框架下探讨工会法以及工会在劳动关系中的地位和作用的。② 此外还包括中国社会科学院法学研究所史探径所撰《劳动法与经济体制改革》，③ 以及湖北省工会干部学校阎向东所撰《关于建立工会法律工作机构必要性的思考》④ 等。

五、全新的理论与实践探索

改革开放初期，虽然非公有制经济开始得到发展，但是直到20世纪80年代末，公有制经济仍然占据绝对优势，所以不存在

① ［日］片冈升著，谢次昌译：《日本现行劳动法及其体系》，《国外法学》1981年第4期。

② 关怀：《劳动法学教学大纲》，《中国工运学院学报》1987年第2期。

③ 史探径：《劳动法与经济体制改革》，《法学研究》1988年第5期。

④ 阎向东：《关于建立工会法律工作机构必要性的思考》，《中国劳动科学》1989年第8期。

市场化的劳资矛盾以及资方对劳方的剥削和压迫，在此背景下，如何确定工会的角色与性质就成为一个重要的问题。常凯在《试论社会主义初级阶段工人阶级内部的基本矛盾和工会的代表性》一文中认为，管理者和被管理者之间的矛盾是社会主义时期工人阶级内部的基本矛盾；防止管理者脱离被管理者是社会主义时期工人阶级在政治上面临的一个重大历史任务；工会代表被管理者的利益来调节工人阶级的内部矛盾，是工会工作的基本出发点。正因如此，在社会主义初级阶段，作为工人阶级群众组织的工会只能是工人阶级群众组织，或称是职工群众的代表。[①]

1988 年 10 月在北京召开的中国工会第十一次全国代表大会，是在贯彻党的十三大确定的社会主义初级阶段基本路线，适应我国经济体制改革和社会发展需要，推进政治体制改革，并实施工会改革基本设想背景下召开的一次重要会议，以其改革主题被纳入中国工会运动的史册。此次大会提出工会组织的维护、建设、参与、教育四项职能，并把维护职能放在首位。新通过的工会章程将“总则”的第一段修改为：中国工会是中国共产党领导的职工自愿结合的工人阶级群众组织，是重要的社会政治团体；工会坚持以经济建设为中心，在维护全国人民总体利益的同时，更好地表达和维护职工群众的具体利益，为职工说话、办事，建设一支有理想、有道德、有文化、有纪律的职工队伍，充分发挥工人阶级在社会主义物质文明和精神文明建设中的主力军作用。实现了工会理论与实践的重大突破。[②]

---

① 常凯：《试论社会主义初级阶段工人阶级内部的基本矛盾和工会的代表性》，《中国工运学院学报》1987 年第 3 期。

② 中华全国总工会组织部：《中国工会章程简史》（第 2 版），北京：中国工人出版社，2018 年。

第四节　社会主义市场经济初步确立阶段（1992—2002）

20 世纪 80 年代末 90 年代初，东欧剧变，国际形势动荡，相当一部分干部和群众的思想出现困惑。在此形势下，邓小平在南方谈话中针对社会上否定社会主义市场经济的思潮以及双轨制格局下计划经济体制因素的重新抬头，作了大量的理论阐发。邓小平的谈话主要解决了两个问题：一是社会主义市场经济体制的基本框架构建问题，认为社会主义市场经济体制的基本框架由市场主体、市场体系、宏观调控体系、收入分配制度和社会保障制度“五大支柱”构成。二是社会主义与市场经济的结合问题，提出“社会主义市场经济体制是同社会主义基本制度结合在一起的”论断。

在向社会主义市场经济转变过程中，经济领域最为重要的变化是经济关系和劳动关系。就经济关系而言，由于实施的是坚持社会主义方向下的市场化改革，这就打破了计划经济体制下单一所有制的经济结构及其分配方式，代之以公有制为主体、多种经济成分并存，国有经济、集体经济、私营经济、个体经济、联营经济、股份制经济、外商投资经济、港澳台胞投资经济等共同发展。在分配方式上，坚持以按劳分配为主体，同时也有按资分配、按生产要素分配、按股息分配等。

经济关系的新变化必然带来劳动关系的多样化和复杂化。在不同类型的劳动关系中，劳动者的地位、作用、权益、状况不同，调解劳动关系、维护劳动者利益的方式、手段、途径也有所区别。国有企业的改制，非公有制经济的发展，使劳动关系呈现出多样化的发展趋势。其中，既有产权关系明晰、权责明确、管理规范的新型股份制和股份合作制国有企业及外商投资企业的劳动关系；也有以使用廉价劳动力赚取高额利润为目的的出口加工企业的劳动关系；还有以地域和宗族为纽带的正在向现代企业过渡的乡镇企业中不成熟和不规范的劳动关系；更有大量存在的带有资本原始积累性质的家族式的私营个体经济的劳动关系，以及伴随着经济结构调整出现的灵活、松散和多重的劳动关系等形态。

社会主义市场经济体制建立带来的经济关系、劳动关系、利益关系等一系列深刻变化，使得工会代表和维护劳动者合法权益的身份与作用更加明确、明晰。社会主义市场经济的发展要求工会发挥更加重要的作用。进入20世纪90年代，大量国有企业效率低下，三角债频发，国有企业重组已成必然，进而引起重组后各企业大量裁员的下岗潮；同时，90年代初期，我国逐步松动了有关异地工作流动的各种限制，打工者不再被视为“盲流”，而被称为“外来务工人员”。我国沿海开放城市出现大量劳动力缺口而掀起了中国农民数以亿计的“进城打工潮”，进城务工的农民工就此进入一个快速增长期。这些劳动关系领域的动荡与激变，必然引发劳动矛盾的复杂化与阶段性的尖锐化。在中国工会十三大上，时任中共中央政治局常委、书记处书记、国家副主席胡锦涛在讲话中指出：工会要针对社会主义市场经济条件下劳动关系出现的新变化，更好地代表和维护职工的具体利益，切实把维护职工合法权益放到突出位置，使工会真正成为“职工之家”。

1992年党的十四大确定了建立社会主义市场经济体制的改革目标，我国的劳动关系开始朝着市场化方向改革，这就需要工会探索其在社会主义市场经济体制下的角色和性质。为了摸清底数，找准切入点，中华全国总工会 1992 年组织了 8 个调查联络组，分赴全国各地 8 个城市开展调研，形成《国营企业深化改革试点情况的调查和意见》。1993 年 9 月，中华全国总工会召开全国乡镇企业工会工作会议，形成了《中华全国总工会关于加强乡镇企业工会工作的意见》。1993 年 10 月，中国工会第十二次全国代表大会在北京召开，会上新修订的工会章程增写了在社会主义市场经济条件下，工会在参与协调劳动关系、调节社会矛盾、促进社会长期稳定和经济发展方面应当发挥重要作用的内容。[①] 山东工会干部学院刘福元、常保芳所撰《工会十二大对工会性质表述的新特点》一文认为，尽管工会章程屡经修改，但只有到了工会十二大，工会的身份和角色才真正得以明确，即“党联系职工群众的桥梁和纽带”“国家政权的重要社会支柱”“会员和职工利益的代表”。1994 年 6 月，中华全国总工会召开全国职工民主管理工作会议，通过了《全国总工会关于在建立社会主义市场经济体制中加强职工民主管理工作的意见》，形成了新时期职工民主管理工作的基本思路。中华全国总工会参与制定的《公司法》《劳动法》等法律法规也都对企业民主管理作出了规定。1994 年 7 月，《中华人民共和国劳动法》颁布。作为一部全面规定劳动制度、调整劳动关系、保护劳动者合法权益的综合性法律，《劳动法》在工会表达和维护劳动者合法权益、依法独立自主地开展活动、依法对用人单位遵守劳动法规的情况进行监督等方面，赋予工会各项职责，使工会更好地维护职工劳动权益有了基本法律

---

① 中华全国总工会组织部：《中国工会章程简史》（第 2 版），北京：中国工人出版社，2018 年。

保障。这给各级工会组织贯彻落实《劳动法》赋予工会的各项权利，更好地维护广大职工的合法权益，做好工会工作，带来了重大的机遇和挑战。

1994 年 12 月召开的中华全国总工会十二届二次执行会议中，时任中华全国总工会主席尉健行在会议上提出“工会工作总体思路”，即工会要把贯彻《劳动法》作为社会主义市场经济条件下工会组织职能转变的切入点，把维护劳动者的合法权益作为工会组织的基本职责，把建立集体合同制度作为工会工作的重点。总体思路的提出和实施，表明工会进一步明确了其在劳动关系中劳动者代言人的身份，提高了工会的社会影响力和对职工群众的凝聚力，体现了工会在劳动关系调整中的地位和作用。1995 年 2 月，中华全国总工会下发《全国总工会关于在建立集体协商和集体合同制度中做好工会工作的意见》。平等协商和签订集体合同的推行，开始显现出在维护职工的整体利益、调整劳动关系、推动企业改革等方面的积极作用。同年，中华全国总工会结合起草《工会参与劳动争议处理试行办法》和劳动争议调研工作，推动企业劳动争议调解委员会的组建。针对深化企业改革过程中下岗职工数量增加，就业矛盾十分突出的情况，各级工会加大工作力度，以多种形式、多种渠道协助政府做好下岗职工分流安置工作。1996 年 8 月，中华全国总工会下发《关于工会促进失业职工再就业和企业富余职工分流安置的意见》，要求各级工会贯彻全心全意依靠工人阶级的指导方针，依靠职工群众深化企业改革，提高经济效益，从根本上解决失业职工再就业和富余职工分流安置问题。在宏观参与方面，工会坚持以调查研究为基础，加大宏观参与和群众监督的力度，推动了再就业政策的制定和落实。在建立和完善再就业服务中心、“两个确保”等政策的制定上，工会代表职工群众的意愿提出了许多可行性政策建议，较好地履行了维护职能。如最低生活保障线的建立和落实、建立下岗申报制度、下岗分流方案必须经过职代会讨论、规范裁员行为和企业用工行为、保障下岗职工基本生活费的发放、夫妻双方不能同时下岗、保护劳动模范人物的权益等问题，这些建议，被各级政府和有关部门采纳，在政策中得到体现。1998 年 10 月，工会十三大在北京召开，大会贯彻党的十五大精神，提出用邓小平理论指导工人运动与工会工作，在新的形势与任务下，提出必须坚持服务全局、必须突出依法维权、必须抓住工作重点、必须以改革精神加强自身建设的总体要求。在随后召开的中华全国总工会十三届二次、三次、四次执委会议中，先后提出了贯彻坚持和发展工会工作总体思路的“五突破一加强”的基本工作框架、“三个最大限度”的工作目标和“抓机制、办实事、转作风、求实效、促发展”的工作思路，强调一手抓调整劳动关系机制建设，一手抓为职工群众特别是困难职工办实事。[①] 此后，1999 年 10 月，中华全国总工会召开十三届三次主席团会议，明确提出要实现工会工作的“五突破一加强”。“五突破”是积极协助党政做好国有企业减员增效、下岗职工基本生活保障和再就业工作，深入实施送温暖工程，对特困职工承担“第一责任人”职责的工作要有新的突破；坚决维护职工的经济利益，进一步理顺劳动关系，推行平等协商和集体合同制度的工作要有新的突破；切实保障职工的民主权利，坚持和完善以职工代表大会为基本形式的企业民主管理

① 高爱娣：《改革开放 30 年来工会工作方针的发展演进》，《中国劳动关系学院学报》2009 年第 1 期。

制度，实行厂务公开和民主评议企业领导人的工作要有新的突破；推动国有独资和国有控股公司的董事会、监事会中都要有职工代表参加的工作要有新的突破；加快新建企业工会组建步伐，最大限度地把职工组织到工会中来的工作要有新的突破。“一加强”是以改革的精神加强工会自身建设。为贯彻落实“五突破一加强”，1999 年 12 月召开的中华全国总工会十三届二次执委会议，又进一步提出“最大限度地把广大职工组织到工会中来，最大限度地维护广大职工的合法权益，最大限度地保护、调动和发挥广大职工的积极性、创造性”的“三个最大限度”的工作要求。

事实上，相关研究在这个阶段也明显增多，而且通常是在对比计划经济和市场经济的体制差异的过程中进行的。[①] 常凯所撰的《试析社会主义市场经济下的劳动关系与工会》一文认为，建立社会主义市场经济，是我国经济体制改革的目标。社会主义市场经济的建立，必然要使我国现行的劳动关系发生重大的变化，而劳动关系的变化，又会对我国工会工作产生重大的影响。在由计划经济向社会主义市场经济转化的过程中，我国现行的劳动关系也将发生许多重大的变化。首先，劳动关系的性质将由同志式的互助合作的关系变为以利益调节为主的合作关系；其次，劳动关系的处理手段将由行政控制为主转变为经济契约调节为主；最后，劳动关系双方的利益分化和利益差别将会加强和扩大。社会主义市场经济下劳动关系的变化必然对工会工作产生重大影响，首先，工会必须明确自己作为劳动者代表的身份；其次，工会在

① 吴清军：《中国劳动关系学 40 年（1978—2018）》，北京：中国社会科学出版社，2018 年。

社会主义市场经济中的主要作用与任务是通过维护劳动者的利益来调节劳动关系并以此促进生产力的发展；最后，在社会主义市场经济下，工会主要是以经济组织的面目，通过经济手段来处理社会关系，特别是劳动关系的。在计划经济条件下，工会的经济特征很难得到体现，因为在计划经济体制下经济与政治交织在一起，工会主要是作为一个社会政治组织发挥作用。而在社会主义市场经济条件下，经济与政治交织在一起的状况被理顺。工会经济组织的作用也将突显出来，也就是说，工会首先是作为经济关系特别是劳动关系的组成部分存在的。工会作为一方经济利益的代表来处理劳动关系，利益原则同样是工会处理问题的基本原则。经济手段如集体谈判、集体合同以及其他一些市场经济条件下的工会运动中通用的各种具体方式，也将是我国工会调节劳动关系的方法和手段。[①]

常凯、吴亚平所撰的《工会：集体劳权的代表——向市场经济过渡中工会的社会定位问题初探》一文认为，向社会主义市场经济过渡，随着劳动关系的变化，工会组织的地位和作用也将发生重大变化。工会在我国政治、经济和社会生活中处在一个什么样的位置，是一个急需从理论上进行回答的重要问题。作者认为，向社会主义市场经济过渡中的工会运动的历史性转变，对工会最主要的要求就是必须真正成为劳动者的代表，成为劳动者集体劳权的代表，维护劳动者的合法权益，以完成协调劳动关系的社会任务。[②] 曹凤月所撰的《论市场经济条件下工会代表身份的

---

① 常凯：《试析社会主义市场经济下的劳动关系与工会》，《工会理论与实践》1993年第1期。

② 常凯、吴亚平：《工会：集体劳权的代表——向市场经济过渡中工会的社会定位问题初探》，《当代工会》1996年第6期。

角色转换》一文认为，工会作为劳动关系主体一方劳动者权益的代表，是在我国由计划经济体制向社会主义市场经济体制转型过程中，在社会利益格局呈现多元化的情况下，特别是在国家、企业和劳动者作为不同的利益主体日益清晰的基础上，逐步明确起来的。传统计划经济体制下的利益机制实质上是一种一元化的、单一的国家利益机制，在此背景下，工会组织自然依附于国家和企业行政；在传统计划经济体制下，整个社会的劳动管理和运作是政府直接控制的，企业和职工均依附于政府，工会只是作为企业党政的辅助者外在于企业的劳动管理体系。但随着我国由计划经济向社会主义市场经济体制过渡，特别是在两权分离的基础上进行的以产权制度改革为核心的现代企业制度建设工作向纵深发展，利益格局不断分化和多元化，劳动关系正在发生深刻的历史性转变，劳动者作为利益主体从单一的国家利益机制中分立出来，工会进入劳动关系并成为劳动关系主体一方劳动者的代表，工会代表劳动者行使和实现基本劳动权益是现代市场经济的一个普遍原则。总之，在由计划经济向社会主义市场经济体制转变的过程中，工会作为劳动者权益的代表身份已经明确，并在现代企业制度的建设过程中得到进一步的体现。至此，工会代表职工权益的角色转换初步完成，但是，仍需在实践中进一步丰富、发展，以得到彻底的巩固。[①]

随着改革开放的深入，工会如何在社会主义市场经济条件下发挥劳动关系协调作用成为一个新的热点问题。崔生祥所撰的《社会主义市场经济条件下劳动关系的共性与个性：兼论工会在

---

① 曹凤月：《论市场经济条件下工会代表身份的角色转换》，《工会论坛》1997 年第 3 期。

协调劳动关系中的作用》一文认为，任何一个社会所追求和希冀的都是一种促进生产力发展的稳定协调的劳动关系，社会主义市场经济也不例外。作为一定经济关系和劳动关系产物的工会，对于建立适合社会主义市场经济要求的稳定协调的劳动关系负有重要使命。正确处理和协调劳动关系，切实维护劳动者的合法权益，是社会主义市场经济条件下工会的主要社会职能；工会要区别社会主义市场经济条件下劳动关系的个性与共性，有针对性地协调和处理好劳动关系；工会要转变观念，正确认识社会主义市场经济条件下劳动关系的变化，并教育广大职工群众适应和跟上这种变化。总之，为了建立协调、稳定的适应社会主义市场经济要求的劳动关系，工会要紧紧以经济建设为中心，综合履行四项社会职能，运用法律武器切实维护广大职工的合法权益。[①]

林春森所撰的《试析社会主义市场经济的劳动关系：兼谈工会协调劳动关系的思路》一文认为，工会本身在协调劳动关系过程中遵照以下三条思路：第一，坚持把全心全意依靠工人阶级作为协调劳动关系的指导思想，充分发挥工会这个党领导下的工人阶级群众组织的作用，一切从实际出发，把教育职工支持改革开放和维护职工合法权益结合起来，把维护职工工资、工时、劳动保护、劳动保险（社会保障），调动职工积极性，作为工会协调劳动关系的基本出发点。第二，努力学习劳动法规，积极主动地参与劳动法规的制定和完善。劳动法中涉及的劳动用工、劳动工资、劳动工时、劳动保护、劳动保险、民主参与、劳动教育、劳动奖惩和劳动争议处理等法规是协调劳动关系的准绳，工会干部

① 崔生祥：《社会主义市场经济条件下劳动关系的共性与个性：兼论工会在协调劳动关系中的作用》，《工会理论与实践》1993 年第 3 期。

应学会依法维护职工的基本劳动权益。第三，积极主动依靠党的领导和政府的支持，尽快地在所有“三资”企业和私营企业组建工会，指导职工与经营者签订劳动合同，并在各种所有制企业中，由工会代表职工与管理者签订集体合同，使劳动关系具体化、契约化等。[①]

同时，各级工会积极参与推动养老、失业、医疗保险和住房制度的改革，取得显著效果。进入20世纪90年代后，国有企业产业结构的调整全面铺开。随着调整力度的加大，计划经济体制的一些弊端开始逐渐暴露出来，一些企业生产经营困难，下岗职工逐年增多，形成了新的城市困难群体。针对此情况，1991年末，中华全国总工会决定，1992年元旦春节期间，在全国范围内开展送温暖活动。1994年，基于经济体制改革深化和国有企业改革力度加大、困难职工问题更加突出的现实背景，中华全国总工会再次作出决定，将一年一度的送温暖活动拓展为“送温暖工程”，以实现送温暖活动的经常化、制度化、社会化。各级工会积极行动，定计划、抓落实，以基层为重点，进一步深化职工帮扶解困、互助救济活动，促进失业职工再就业，建立群众性、公益性、互助性基金组织，推动离退休职工生活问题解决，并努力争取社会的广泛支持与合作，形成“送温暖”的合力。大规模送温暖工程的实施，形成了党政工和社会各界共同开展“送温暖”活动的大气候，推动了扶持困难企业和困难职工的政策措施的出台和落实。困难职工帮扶中心是各地工会适应新形势新要求，在实践中扶持困难职工的新举措。

---

① 林春森：《试析社会主义市场经济的劳动关系：兼谈工会协调劳动关系的思路》，《工会理论与实践》1993年第6期。

进入21世纪，我国社会主义建设事业迎来了一个新的战略机遇期，工会工作同时面临新的发展条件。2001年10月，第九届全国人民代表大会常务委员会第二十四次会议修订通过《工会法》，这是对1992年《工会法》的首次修订。本次修订主要体现在以下方面：明确维护职工合法权益是工会的基本职责，同时规定了工会维护职工合法权益的两个主要手段。《工会法》第六条规定，工会通过平等协商和集体合同制度，协调劳动关系，维护企业职工劳动权益。工会依照法律规定通过职工代表大会或者其他形式，组织职工参与本单位的民主决策、民主管理和民主监督。从而强化了工会维权的法律约束力和强制力，明确了工会存在的必要性和法律依据。修订后的《工会法》从法律层面对社会主义市场经济环境下的工会改革提出了更为清晰的要求，突出了工会的维权职能，明确了职工代表大会和集体合同制度这两个主要的维权手段。在此基础上，针对现实生活中不断发生的侵犯工会合法权益与打击报复工会干部的行为，修订后的《工会法》在第六章增加了法律责任的相关规定，这为工会组织依法行使维权职责提供了强有力的法律保障。修订后的《工会法》的实施与一系列工会改革举措的有力落实，推动了我国工会组织围绕维护职工合法权益的各项制度的建设工作。

第五节　社会主义市场经济改革与完善时期（2002—2012）

在新的发展阶段，“公有制为主体、多种所有制经济共同发展”这一基本经济制度的确立，使我国劳动关系由计划经济下的单一形式转换为社会主义市场经济条件下的多元形式。由此产生大量的新矛盾和纠纷，劳动争议案件增多，职工群体性事件时有发生，劳动关系矛盾增加，成为影响职工队伍和社会稳定的重要因素。职工的利益只有在促进国家和企业发展中才能真正得以实现保障，中央针对这一实际，提出了构建和谐社会的要求。对于工会而言，推动社会主义和谐社会建设，就是要以建立稳定协调的劳动关系为着力点，进一步实现好、维护好、发展好职工群众的积极性，努力保持工人阶级队伍的团结统一，保持社会的稳定和谐，而这需要工会进一步突出维权职能。①

2002 年 1 月召开的中华全国总工会十三届四次执委会则强调：一手抓调整劳动关系机制的建设；一手抓为职工群众办实事工作方针。“五突破一加强”“三个最大限度”及“两手抓”的提出和有效开展，更好地保护、调动和发挥了广大职工投身改革与发展的积极性、创造性，在进一步突出履行维护职能的同时，带动了其他各方面工作的开展和创新，提高了工会工作的整体水平。中国工会十三大后，各级工会在积极参与国有企业公司制改革中，着力探索在公司制企业中职工参与管理的新形式。加大参与立法和制定政策的力度，特别是推动《公司法》的修改，在职工代表进入董事会、监事会的人员比例、运作程序、作用发挥等方面提出具体意见，为这项工作创造了良好的法律和政策环境。在各级工会的不懈努力下，职工代表进入董事会、监事会取得明显进展。2002 年 11 月，中国共产党第十六次全国代表大会在北京召开，会议描绘了 21 世纪头 20 年的宏伟蓝图，吹响了全党全国各族人民加快推进社会主义现代化建设的号角，我国进入了全面建

① 王永玺：《从一次劳大到工会十五大：中国工会历次代表大会巡礼》，北京：中国工人出版社，2013 年。

设小康社会、加快推进社会主义现代化阶段。随着我国经济社会生活和社会结构的深刻变化，特别是所有制结构和产业结构的调整，新的社会阶层出现（主要指私营企业主）。工人阶级队伍本身也发生巨变，知识分子作为工人阶级的一部分，作用更加突出（包括中产阶层的崛起和迅速壮大），非公有制企业职工、乡镇企业职工和社会中介组织从业人员大量增加，一大批进城务工人员成为工人阶级的新成员，集中表现为：一是工人阶级队伍进一步壮大；二是工人劳动权利意识逐渐加强；三是农民工成为工人阶级的重要组成部分；四是工人阶级内部出现阶层分化（包括“蓝领”“白领”“金领”的分层出现和变化），并形成大量低收入劳动者群体；五是劳动关系的性质和特征发生根本性和显著性的改变（企业和职工之间，既存在合作共赢的关系，又存在相对独立的利益诉求，尽管工人阶级作为国家领导阶级的政治地位没有改变，但是在社会主义市场经济条件下，企业成为自主经营的市场主体，工人阶级在劳动过程中对企业的依附性增强，经济关系和劳动关系中的利益矛盾更加复杂和突出）。这些变化都对工会工作提出了新需求与新挑战。

2003 年 8 月 7 日，中华全国总工会下发《中华全国总工会关于切实做好维护进城务工人员合法权益工作的通知》，要求各级工会要采取有力措施，依法把进城务工人员组织到工会中来，要切实解决侵犯进城务工人员合法权益的突出问题。2003 年在北京召开的中国工会十四大通过了《中国工会章程》，强调维护职工权益，时任中华全国总工会主席王兆国精辟地将其概括为八个字：“组织起来、切实维权。”将维权由工会的“主要社会职能”明确为“基本职责”，解决了长期困扰工会的“四项职能孰主孰从”的问题，为广大工会会员和工会干部指明了方向，表明了工会将在改革、发展、参与、帮扶的过程中全面维权。[①] 2004 年 4 月，中华全国总工会印发《关于进一步加强国有企业改制过程中工会工作的意见》，针对国企改制过程中存在的操作不规范，改制方案不经职代会审议，对职工的经济补偿不落实，严重侵犯职工民主权利和经济利益，经营者利用不法手段转移、侵占、侵吞国有资产、产权，造成国有资产流失；基层工会组织、工作机构被撤销或合并，工会工作受到削弱；未能妥善处理矛盾，引发职工群体性事件等问题给出了指导意见。针对劳动用工制度改革深化后，各种所有制企业、事业单位和机关劳务工大量增加，但是大部分劳务工没有组织到工会来的现状，中华全国总工会于 2004 年 8 月 4 日发出《关于组织各种所有制企业、事业单位及机关的劳务工加入工会的通知》：凡在各种所有制企业、事业单位及机关从业并与用人单位建立劳动关系（含事实劳动关系）的劳务工，不论户籍关系在哪里、用工形式如何、就业时间长短，都要依法把他们组织到工会中来。同时，为加强乡镇（街道）工会建设及外商投资企业工会组建工作，中华全国总工会印发了《中华全国总工会关于开展建立乡镇（街道）总工会试点工作的意见》，召开了两次关于外商投资企业工会组建工作座谈会。以沃尔玛为代表的世界 500 强在华企业工会组建工作的历史性突破就是最好的明证。

2004 年 9 月，中华全国总工会下发《关于进一步加强非公有制企业职工民主管理工作的通知》，要求各级工会积极探索非公

① 中华全国总工会组织部：《中国工会章程简史》（第 2 版），北京：中国工人出版社，2018 年。

有制企业以职工代表大会为基本形式的民主管理的有效途径，努力推进非公有制企业职工民主管理工作；要求加大对企事业单位民主管理工作的政策指导力度，积极推进职工民主管理的立法工作，推动企业职工代表大会条例的制定，为普遍建立以职代会为基本形式的职工民主管理制度提供法律保障。2004 年 12 月召开的中华全国总工会十四届六次主席团会议通过了《关于坚持走中国特色社会主义工会发展道路的决议》，该决议回答了新世纪新阶段中国工会的发展方向和发展道路问题。2005 年 5 月 11 日，中华全国总工会发出《中华全国总工会关于进一步推进劳动合同制度实施的通知》，明确了工会进一步推进劳动合同制度实施工作的重点和任务。各级工会推动企业实施劳动合同制度和建立平等协商、集体合同制度，积极推进劳动关系三方协调机制的建设与发展。2005 年 12 月，中华全国总工会出台《关于加强协调劳动关系 切实维护职工合法权益 推动构建社会主义和谐社会的决定》，对工会维权提出了基本设想。该决定明确了工会维权的七项基本任务，即维护职工的劳动就业权利、劳动报酬权利、社会保障权利、劳动安全卫生权利、民主权利、精神文化权利和社会权利；提出了建立工会维权的六种机制，即工会宏观参与机制、基层劳动关系协调机制、职工民主管理机制、工会劳动法律监督机制、工会劳动争议预警和处理机制，以及工会困难职工帮扶机制。为加强和改进企业工会工作，发动企业工会团结组织职工，维护职工权益。2006 年 3 月 28 日，中华全国总工会在总结各地实践经验的基础上，发布《中华全国总工会关于开展创建劳动关系和谐企业活动的意见》，要求全国各级工会积极开展创建活动，推动建立和谐稳定的劳动关系。2006 年 5 月，中华全国总工会制定了《关于进一步推行职工董事、职工监事制度的意见》，要求各地方工会和各产业工会进一步加强对职工董事、职工监事工作的领导。2006 年 7 月，中华全国总工会第十四届执行委员会第九次主席团全体会议审议通过了《企业工会工作条例》，该条例就企业工会组织的职权、基本任务和活动方式、工作机制和制度、工会经费和资产等事项进行了详细的规定。

中国工会十四大以来，中华全国总工会重点参与了《劳动合同法》《就业促进法》《劳动争议调解仲裁法》《社会保险法》《公司法》《企业破产法》《物权法》《职工带薪年休假条例》《生产安全事故报告和调查处理条例》《集体合同规定》《最低工资规定》《最高人民法院审理劳动争议案件适用法律若干问题的解释（二）》等法律法规的制定工作。中华全国总工会组织力量对农民工权益保障问题进行了调研，报告提出的许多意见和建议被国务院 2007 年出台的《关于解决农民工问题的若干意见》所采纳。2007 年 3 月 23 日，中华全国总工会制定下发了《中华全国总工会关于推进维护农民工合法权益十项机制建设的意见》，从源头入会、双向维权、法律援助等十个方面作出了明确规定，指导各地对推进十项机制落实情况进行自查。各级工会依法建立健全劳动关系预警机制和劳动法律监督组织，进一步加大工会劳动法律监督工作力度。各级工会还积极参与全国人大常委会组织的《工会法》《劳动法》《安全生产法》《劳动合同法》等执法检查，协助政府加强劳动监察工作。

如何破解“共决、共享、共赢”三共体制框架中“共决”一环所发生的“悬空”问题，这是工会组织长期以来一直认真探索研究的问题。早在 1996—1998 年，我国沿海一些省市工会就在此方面作了不少创新性探索，如由中华全国总工会在一些省市推行的中小企业工会主席直选制和委派制的试点已经在当时取得了成功经验，特别是湖北省黄石市全面在企业内推广工会主席直选制的成功做法，更在全国产生轰动的效应。但从当时整个社会层面来看，特别是非公有制企业内，工会主席职业化的步履维艰，并没有在体制上达到根本性和实质性的突破。2005 年 7 月 29 日，吉林省长春市朝阳区清河街道率先启动非公有制企业工会主席职业化试点，面向社会公开招聘工会主席候选人。同时，吉林市总工会也迅速启动工会主席职业化探索的试点工作。在取得近一年成功经验的基础上，吉林省小型非公有制企业工会主席职业化这一创举在全省迅速推开。王兆国对吉林工会探索小型非公有制企业工会主席职业化的创新成果给予了高度重视和密切关注，曾先后三次作出重要批示。2007 年 4 月 10 日，全国工会贯彻《企业工会工作条例》暨推行非公有制企业工会主席职业化现场会在吉林省长春市召开，时任中华全国总工会副主席徐德明代表中华全国总工会对吉林省总工会的经验给予了充分的肯定，工会主席职业化的“朝阳经验”走向全国。2007 年 10 月召开的中国共产党第十七次全国代表大会，在我国现代化进程明显加快，社会结构深刻变动，利益格局深刻调整，我国的经济社会协调发展的任务更加艰巨的背景下，针对形势变化，大会报告强调要规范和协调劳动关系，依法维护劳动者权益；坚持实施积极的就业政策，完善市场就业机制；提高劳动报酬在初次分配中的比重，加快完善社会保障体系；健全面向全体劳动者的职业教育培训制度；完善和落实国家对农民工的政策等。既对各级党委和政府提出了更高的要求，也为工会团结动员全国广大职工、切实维护职工群众合法权益明确了方向。[①]

2008年，全球金融危机爆发，给世界经济带来严重影响。中华全国总工会十五届二次执委会要求各级工会组织要主动加强形势政策教育，切实把广大职工的思想认识统一到中央对国内外经济形势的分析判断上来，统一到中央决策部署上来，进一步坚定战胜困难的信心和决心，使广大职工充分理解和支持中央关于扩大内需、保持经济平稳较快增长的一系列政策，充分理解和支持各项深化改革措施，从而凝聚起共克时艰的强大合力。回顾工会组织在应对国际金融危机中的积极作为，几个“坚持”值得珍视。一是坚持着眼全局，紧紧围绕党政的中心任务来谋划工作，在全国范围内组织开展了“同舟共济保增长、建功立业促发展”竞赛活动、“共同约定行动”“千万农民工援助行动”等，为促进企业发展，维护职工权益，稳定和发展社会主义和谐劳动关系，推动落实党中央关于保增长、保民生、保稳定，扩大内需、促进经济平稳较快发展的一系列措施发挥了积极作用，受到社会的广泛关注和好评。二是坚持以人为本，切实履行维护职工合法权益的基本职责。面对金融危机带来的下岗失业人员增多、侵犯职工合法权益现象增多、维权难度增大等严峻现实和挑战，各级工会在各级党委的领导下密切关注职工群众的切身利益，用实际行动切实履行了维护职工合法权益的基本职责。在应对金融危机中中华全国总工会始终高举维权的旗帜，向全社会传达了一种理念：越是在困难的时候，越要重视维护职工的合法权益；绝不允许以困难为由变相侵犯职工群众的合法权益，绝不允许打着应对

① 中华全国总工会组织部：《中国工会章程简史》（第2版），北京：中国工人出版社，2018年。

金融危机的旗号在维护职工合法权益上“打折扣”。三是坚持依靠职工，充分发挥工人阶级的主力军作用。四是坚持关注民生，竭诚帮扶困难职工。2009 年，各级工会积极加强与政府有关部门及社会各界的协调与合作，切实加大对受国际金融危机冲击较大的行业和企业职工的帮扶力度，开展“送温暖”活动，实施“千万农民工援助行动”“家政促就业工程”“困难职工家庭高校毕业生阳光就业行动”，协助政府保障下岗失业职工、生活困难职工和农民工的基本生活。

2008 年以后，根据劳动关系领域发生的新情况、新问题，中华全国总工会坚持“组织起来、切实维权”的工会工作方针，贯彻“以职工为本，主动依法科学维权”工会维权观，提出了“两个普遍”的工作要求和目标。改革开放以来，特别是建立社会主义市场经济体制以来，各级工会围绕建立稳定和谐的劳动关系进行大胆探索和创新，为牢固树立中国特色社会主义维权观奠定了实践基础。按照党的要求和职工群众的意愿，工会组织坚持走中国特色社会主义工会发展道路，提出保障工人阶级和广大劳动群众的经济、政治、文化权益是发挥他们积极性创造性的根本途径，明确维护职工合法权益是工会的基本职责，确定“组织起来、切实维权”的工作方针，把维护职能贯穿于推动改革、促进发展、积极参与、大力帮扶的全过程，完善工会组织领导下的维权机制，做到主动维权、依法维权、科学维权，逐步形成了中国特色社会主义维权观：以职工为本，主动依法科学维权。2008 年 10 月，中国工会十五大在北京召开，本次大会修订的《中国工会章程》明确规定：中国工会在社会主义市场经济条件下，坚持走中国特色社会主义工会发展道路，坚持组织起来、切实维权的工作方针，坚持以职工为本，主动依法科学维权的维权观，维护职工的经济、政治、文化和社会权利，参与协调劳动关系和社会利益关系，努力构建和谐劳动关系，促进经济发展和社会的长期稳定，为全面建设小康社会、构建社会主义和谐社会作贡献。[①]

2009 年 8 月，第十一届全国人民代表大会常务委员会第十次会议修订了《工会法》，在第三章“工会的权利和义务”中较大程度地充实并明确了工会在劳动关系协调事务中的职责。其中第二十条规定：工会帮助、指导职工与企业以及实行企业化管理的事业单位签订劳动合同。工会代表职工与企业以及实行企业化管理的事业单位进行平等协商，签订集体合同。集体合同草案应当提交职工代表大会或者全体职工讨论通过。工会签订集体合同，上级工会应当给予支持和帮助。企业违反集体合同，侵犯职工劳动权益的，工会可以依法要求企业承担责任；因履行集体合同发生争议，经协商解决不成的，工会可以向劳动争议仲裁机构提请仲裁，仲裁机构不予受理或者对仲裁裁决不服的，可以向人民法院提起诉讼。第二十一条规定：企业、事业单位处分职工，工会认为不适当的，有权提出意见。企业单方面解除职工劳动合同时，应当事先将理由通知工会，工会认为企业违反法律、法规和有关合同，要求重新研究处理时，企业应当研究工会的意见，并将处理结果书面通知工会。职工认为企业侵犯其劳动权益而申请劳动争议仲裁或者向人民法院提起诉讼的，工会应当给予支持和帮助。第二十二条规定：企业、事业单位违反劳动法律、法规规定，有下列侵犯职工劳动权益情形，工会应当代表职工与企业、事业单位交涉，要求企业、事业单位采取措施予以改正；企业、

① 《中华人民共和国工会法 中国工会章程》，北京：中国法制出版社，2010 年。

事业单位应当予以研究处理，并向工会作出答复；企业、事业单位拒不改正的，工会可以请求当地人民政府依法作出处理：(1）克扣职工工资的；(2）不提供劳动安全卫生条件的；(3）随意延长劳动时间的；(4）侵犯女职工和未成年工特殊权益的；(5）其他严重侵犯职工劳动权益的。第二十三条规定：工会依照国家规定对新建、扩建企业和技术改造工程中的劳动条件和安全卫生设施与主体工程同时设计、同时施工、同时投产使用进行监督。对工会提出的意见，企业或者主管部门应当认真处理，并将处理结果书面通知工会。第二十四条规定：工会发现企业违章指挥、强令工人冒险作业，或者生产过程中发现明显重大事故隐患和职业危害，有权提出解决的建议，企业应当及时研究答复；发现危及职工生命安全的情况时，工会有权向企业建议组织职工撤离危险现场，企业必须及时作出处理决定。第二十五条规定：工会有权对企业、事业单位侵犯职工合法权益的问题进行调查，有关单位应当予以协助。第二十六条规定：职工因工伤亡事故和其他严重危害职工健康问题的调查处理，必须有工会参加。工会应当向有关部门提出处理意见，并有权要求追究直接负责的主管人员和有关责任人员的责任。对工会提出的意见，应当及时研究，给予答复。第二十七条规定：企业、事业单位发生停工、怠工事件，工会应当代表职工同企业、事业单位或者有关方面协商，反映职工的意见和要求并提出解决意见。对于职工的合理要求，企业、事业单位应当予以解决。工会协助企业、事业单位做好工作，尽快恢复生产、工作秩序。第二十八条规定：工会参加企业的劳动争议调解工作。地方劳动争议仲裁组织应当有同级工会代表参加。第二十九条规定：县级以上各级总工会可以为所属工会和职工提供法律服务。第三十四条规定：县级以上地方各级人民政府可以召开会议或者采取适当方式，向同级工会通报政府的重要的工作部署和与工会工作有关的行政措施，研究解决工会反映的职工群众的意见和要求。各级人民政府劳动行政部门应当会同同级工会和企业方面代表，建立劳动关系三方协商机制，共同研究解决劳动关系方面的重大问题。①

2012 年，为进一步加强基层工会规范化建设，充分发挥基层工会作用，根据《中华人民共和国工会法》和《中国工会章程》，总结推广福建省总工会等地方工会开展“工会组织亮牌子示职责、工会干部亮身份许承诺”活动的创新实践，中华全国总工会提出在企业工会特别是非公有制企业工会实施“工会组织亮牌子、工会主席亮身份”的“双亮”意见。虽然中国工会在理论上逐渐明晰了其在国家发展建设中的地位和角色、职责与权利，但在实际运行过程中，工会开展工作又面临一定的现实困境，这也引发了对工会实践问题的讨论。冯钢教授在《企业工会的“制度性弱势”及其形成背景》一文中认为，工会在代表和维护职工权益过程中存在的困难或问题的根源，在于企业工会“制度性弱势”的特性，具体而言，我国现行工会组织及其运作模式源于改革开放前的计划经济体制，相对于当前社会利益分化的现实，一些传统的工会组织及其运作模式存在着三方面的“制度性弱势”：工会组织对行政主管和企业领导的高度依赖；工会组织无法代表职工的利益；集体谈判、集体协商和集体合同制度缺乏集体行动的合法性基础。在社会主义市场经济的发展过程中，劳动关系性质的变化、企业所有权性质的变化、国有企业所

① 《中华人民共和国工会法 中国工会章程》，北京：中国法制出版社，2010 年。

有权与经营权的分离以及企业经营自主权的不断扩大，这一切都向计划经济时代的传统工会组织及其运作模式提出了挑战，决定了传统工会的改革势在必行。在社会主义市场经济条件下，市场化的劳动关系取代了原先行政性的劳动关系，在企业（资方）获得产权的同时，劳动者也恢复了其作为劳动力产权所有者的地位，在法律形式上已成为劳动法律关系的主体，已成为享有权利、承担义务的劳动法律关系的参与者。劳动力市场化意味着工会必须是工人自己独立的利益代表，工会必须从国家政权组成部分转变成工人阶级的利益组织化机构，因为相对于实力雄厚的雇主强势，工人的力量非常薄弱，加之其他不利条件，工会真正成为工人利益的聚合组织必须经过长期而曲折的发展过程。①

徐小洪在《中国工会的双重角色定位》一文中认为，中国工会的理论、法律、体制及其运行都体现了中国工会的双重性定位：既作为劳动关系主体劳动者的集体代表者、维护者，又成为劳动关系的协调者、中介者、调解者。即“协调劳动关系、维护职工权益”。中国工会改革的矛盾焦点，实质上就是这双重角色定位的争论与演变。当前，现实中出现的“工人运动”也对工会的这一双重定位提出了质疑。中国工会角色定位的走向取决于中国社会基本制度、中国工人和中国社会的发展。② 许晓军、吴清军在《对中国工会性质特征与核心职能的学术辨析：基于国家体制框架内工会社会行为的视角》一文中认为，随着社会主义市场经济的发展和工薪劳动者队伍的迅速扩大，工会如何面对劳动关系的新变化也格外引人关注。中国工会在政治上具有与西方工会

---

① 冯钢：《企业工会的“制度性弱势”及其形成背景》，《社会》2006 年第 3 期。

② 徐小洪：《中国工会的双重角色定位》，《人文杂志》2010 年第 6 期。

不同的特点，对中国工会的性质特征、力量来源与核心职能的学术探讨和实证分析，可以概括为三点：第一，虽然工会的各级领导机关已被整合进了党政的社会管理系统之中，但在劳动关系领域，工会并非直接支配权力的党政管理机构，而是一个“类政府机关”的群团组织；第二，中国工会的组织力量既来自自身动员工人的能力，也来源于它在党政系统中的合法地位与身份；第三，工会具有实践意义的核心职能是“维权”与“维稳”，这恰恰符合中国工会的性质特征，而在当前，则需要中国工会在中国特色的社会管理体系中充分发挥作用。[①]

第六节　中国特色社会主义新时代（2012 年至今）

这一时期，尽管国内外环境错综复杂、世界经济复苏艰难曲折、国内经济下行压力加大，但我国经历经济社会深刻转型与重大变革，已进入了一个崭新的、更高的阶段。特别是当下，我国经济正经历“三期叠加”，即增长速度换挡期、结构调整阵痛期、前期刺激政策消化期。再加上社会转型也面临小康决胜期、脱贫攻坚期等复杂局面，可谓“五期叠加”。处于这样一个特殊的时代背景和节点，我国劳动关系矛盾也进入一个凸显期和多发期。其主要表现在：劳动关系主体及其利益诉求越来越多元化，以及广大劳动者自我维权意识日趋觉醒与强烈，劳动争议案件逐渐由个体为主转向集体争议局面，部分地区和行业群体性事件跨区域流动明显，其中不可忽视的因素是随着互联网的发展，它对人类

① 许晓军、吴清军：《对中国工会性质特征与核心职能的学术辨析：基于国家体制框架内工会社会行为的视角》，《人文杂志》2011 年第 5 期。

各方面乃至底层社会自由发声、集体维权都产生了重大改变和影响，在一定程度上也加剧了劳动关系风险。与此同时，新兴产业和新业态的崛起和快速增长，特别是其用工方式（劳动关系界定模糊化、用工关系从属复杂化、劳动关系存续松散化）已与以往劳动关系存在明显或根本区别，以及其劳动权益保障严重缺失——这些对我国工会事业及工会工作都产生重大影响，并提出了诸多新问题与新挑战。比如，如何应对国家进一步加大对外开放后改革深度、广度加大和劳动关系国际化这一重大时代变化，对工会组织需要进一步按符合市场规律及工会自身规律要求提升工会维权能力提出艰巨挑战；如何正确处理好整体利益（国家、企业）与具体利益（职工群众切身利益）二者之间关系的问题；如何摆正维权与维稳二者之间关系的问题；如何切实尊重职工群众主体地位和民主权利，以及切实回应职工群众迫切要求和新期待，以果断和担当的改革精神、有力的改革举措冲破工会体制、机制和工会工作方式中存在诸多弊端制约的问题；如何有效解决工会自身专业型、复合型人才资源（特别是基层和企业）极其匮乏，促进工会干部职业化的问题，以及大力吸纳和借助社会资源（专家、学者、律师）积极参与工会队伍建设和助推工会有效维权的问题；如何在城镇化建设进一步加快的形势下，进一步增大工会对进城务工人员进行维护、帮扶、就业一系列服务的影响与挑战；如何将工资集体协商制度真正构建为企业文化并成为工会维护与协调好劳动关系的有力平台；如何切实将从事新业态的大量用工者组织、吸引到工会中来，特别是工会加大参与维护新业态用工者权益的立法；等等。

2012 年 11 月，中国共产党第十八次全国代表大会在北京召开。这是我国在进入全面建成小康社会决胜阶段召开的一次重要大会，大会提出了“两个一百年”奋斗目标：在中国共产党成立一百年时全面建成小康社会，在新中国成立一百年时建成富强民主文明和谐的社会主义现代化强国。之后，习近平总书记在参观《复兴之路》主题展览时鲜明地提出了“中国梦”的概念。从此，以“两个一百年”为奋斗目标的中华民族伟大复兴中国梦，成为凝聚全党全国各族人民团结奋斗的一面旗帜。从国际形势来看，全球正处于大发展大变革大调整时期，和平与发展仍然是时代主题，世界多极化和经济全球化趋势继续在曲折中前进，保护主义抬头，霸权主义、强权政治和新干涉主义有所上升，局部动荡频繁发生，世界政治、经济、社会等领域不稳定不确定因素增多，各种思想文化相互激荡，敌对势力妄图西化分化我国职工队伍，企图建立“独立工会”“第二工会”的图谋没有改变，对我国劳动关系、职工队伍和工会工作带来了多方面的不利影响。

2013 年 4 月，习近平总书记在同全国劳动模范代表座谈时指出，中国工会是中国共产党领导的工人阶级群众组织，是党联系职工群众的桥梁和纽带，是社会主义国家政权的重要社会支柱。中国特色社会主义工会发展道路是中国特色社会主义道路的重要组成部分，深刻反映了中国工会的性质和特点，是工会组织和工会工作始终沿着正确方向前进的重要保证。时代在发展，事业在创新，工会工作也要发展、也要创新。要顺应时代要求、适应社会变化，善于创造科学有效的工作方法，让职工群众真正感受到工会是“职工之家”，工会干部是最可信赖的“娘家人”。要把竭诚为职工群众服务作为工会一切工作的出发点和落脚点，全心全意为广大职工群众服务，认真倾听职工群众呼声，维护好广大职工群众包括农民工合法权益，扎扎实实为职工群众做好事、办实事、解难事，不断促进社会主义和谐劳动关系。[①]

在此背景下，2013 年 10 月召开的中国工会第十六次全国代表大会具有重要意义。自中国工会十五大以来，工会在努力构建和谐劳动关系、维护职工合法权益、促进企业发展和社会稳定方面取得了显著成绩。联合召开全国和谐劳动关系先进表彰暨经验交流会，有力推进了构建和谐劳动关系工作。健全工会与政府联席会议制度、协调劳动关系三方机制，发挥劳动合同、集体合同和职代会制度作用，推进企业民主管理，开展和谐劳动关系企业创建活动，健全劳动关系矛盾预警、协调机制，促进了劳动关系总体稳定。[②] 从工会组织多年的理论实践探索上来看，面对经济关系、劳动关系变化给工会工作带来的新情况新问题，各级工会以党的理论创新为先导，深入研究新的历史条件下工会工作的特点和规律，探索并坚持和丰富了中国特色社会主义工会发展道路，确立了“组织起来、切实维权”的工作方针，提出了建立规范有序、公正合理、互利共赢、和谐稳定的中国特色社会主义新型劳动关系，明确了“促进企业发展、维护职工权益”的企业工会工作原则等，在回答“建设什么样的工会、怎样建设工会”等重大理论和实践问题上取得了积极突破，有力地推动了工会工作健康发展。各级工会大胆探索、积极实践，在组织职工、引导职工、服务职工、维护职工合法权益方面取得了积极进展，这些理论和实践的丰硕成果，为工会工作在新形势下实现创新发展打下

① 中共中央文献研究室：《习近平关于社会主义政治建设论述摘编》，北京：中央文献出版社，2017 年。

② 中华全国总工会组织部：《中国工会章程简史》（第 2 版），北京：中国工人出版社，2018 年。

了坚实基础。[①]

为贯彻党的十八大精神，工会十六大修订并通过了《中国工会章程》，体现了中国特色社会主义工会发展道路的主要内容，并在第二十八条“工会基层委员会的基本任务”中增写了部分内容。一是根据《劳动合同法》第六条的规定，将第三项中“帮助和指导职工与企业、事业单位行政方面签订劳动合同”修改为“帮助和指导职工与企业、事业单位行政方面签订和履行劳动合同”。二是推进企业文化职工文化建设，已经成为推进企业工会工作的重要抓手，成为构建和谐企业、和谐劳动关系的重要载体。因此第五项增写了“推进企业文化职工文化建设”的内容。三是对困难职工进行帮扶是中国工会维护职工权益、服务职工群众的重要内容，也体现了工人阶级互相济困、团结友爱的精神。因此，第六项增写了“对困难职工开展帮扶”的内容。四是全国工会开展建设“职工之家”活动30年的实践证明，这是加强基层工会组织建设、夯实组织基础的重要抓手，始终是工会自身建设的关键环节。因此，第八项增写了“加强职工之家建设”的内容。[②]

2013年10月，习近平总书记在同中华全国总工会领导班子成员集体谈话时强调，我国工人运动的时代主题，是为实现中华民族伟大复兴的中国梦而奋斗。工会要牢牢抓住这个主题，把推动科学发展、实现稳中求进作为发挥作用的主战场，把做好新形势下职工群众工作、调动职工群众积极性和创造性作为中心任

---

① 中华全国总工会组织部：《中国工会章程简史》（第2版），北京：中国工人出版社，2018年。

② 中华全国总工会组织部：《中国工会章程简史》（第2版），北京：中国工人出版社，2018年。

务，把巩固党执政的阶级基础和群众基础作为政治责任，竭诚为职工群众服务，切实维护职工群众权益，不断焕发工会组织的生机活力。工会在维护全国人民总体利益的同时，要更好维护职工群众具体利益。要健全以职工代表大会为基本形式的企事业单位民主管理制度、厂务公开制度，组织职工依法实行民主选举、民主决策、民主管理、民主监督，使职工群众的知情权、参与权、表达权、监督权得到更充分更有效的保障。要推动发展和谐劳动关系，代表职工群众主动参与立法和政策制定，从制度上源头上保障职工群众利益、发展职工群众利益。① 2013 年 11 月，党的十八届三中全会《中共中央关于全面深化改革若干重大问题的决定》中提出创新劳动关系协调机制，对新时期工会在劳动关系协调中发挥更大作用提出了新的时代要求。

为了全面贯彻习近平总书记关于工人阶级和工会工作的重要论述，贯彻党的十八大、十八届三中全会精神，落实中国工会十六大关于"继续普遍开展工资集体协商，扩大覆盖面，提高协商质量"的工作部署，着眼充分发挥集体协商制度对调整劳动关系的基础性作用，以提升集体协商质量、增强集体合同实效为主线，有效解决一些企业职工参与协商程度不够、协商过程流于形式，一些集体合同内容不够翔实具体、实际作用不够明显等问题，推动形成制度支撑有力、机制运转高效、职工参与广泛、实施效果明显的集体协商工作推进局面，使越来越多的职工对集体协商的效果感受明显，能够认可、趋于满意，实现促进企业发展与维护职工权益相统一，推进广大职工实现体面劳动、舒心工

① 中共中央文献研究室：《习近平关于社会主义政治建设论述摘编》，北京：中央文献出版社，2017 年。

作、全面发展。为进一步夯实工会基层基础，增强基层工会组织吸引力凝聚力，2014 年 8 月，中华全国总工会发布《关于新形势下加强基层工会建设的意见》，指出了新形势下加强基层工会建设的重要意义、指导思想和目标要求，明确了基层工会建设的主要任务为教育引导职工、推动改革发展、履行维权职责、协调劳动关系、服务职工群众，强调了坚持分类指导、完善工作格局、强化激励机制等加强基层工会建设的方法措施，阐明了加强统筹谋划、落实领导责任、强化宣传引导等加强基层工会建设组织领导的基本路径。为贯彻落实党的十八届四中全会精神，大力推进工会工作法治化建设，充分发挥工会组织的作用，团结动员广大职工投身全面推进依法治国的伟大实践，2014 年 12 月，中华全国总工会第十六届执行委员会第三次全体会议在北京召开，会议发布了中华全国总工会《关于贯彻落实党的十八届四中全会精神大力推进工会工作法治化建设的实施意见》，提出坚定不移走中国特色社会主义法治道路，大力推进工会工作法治化建设，坚持党的领导、法治原则、职工为本、和谐发展。强调充分发挥工会组织积极作用，加强源头参与，促进科学立法；强化监督管理，促进严格执法；化解劳动争议，促进公正司法；加强法治宣传，促进全民守法。指出通过牢固树立法治观念、努力掌握法治知识、壮大法律人才队伍等途径，努力增强工会干部运用法治思维和法治方式开展工作的能力，不断提高工会工作法治化水平。

当代中国劳动关系是一种转型过程中的劳动关系，即由计划经济向社会主义市场经济转型过程中的劳动关系。[①] 20 世纪 80

① 常凯：《中国劳动关系报告：当代中国劳动关系的特点和趋向》，北京：中国劳动社会保障出版社，2009 年。

年代以来，中国劳动关系政策经历了历史性的转变，即从计划经济时期国家统一劳动计划与管理的政策转向了以市场化的劳动关系为核心的政策。在欧美国家，劳动关系政策主要是为了解决劳工问题；在中国，为了配合劳动力市场的建立与发展，劳动关系政策除了实现劳工权益保护的目标之外，另一个需要解决的核心问题是劳动关系的市场化。所以在市场转型时期，劳动关系的市场化和解决劳工问题成为中国劳动关系政策的两大核心目标。① 这种转型过程是市场化和国际化的结果，当前，这一转型过程至今仍在进行，并且与全球化浪潮相重叠。中国的劳动关系未经过美国等发达国家市场经济的逐步演变过程就进入了全球化竞争时代，传统的与现代的、不规范的与规范的劳动关系处理机制交织在一起，各种新出现的问题与劳动关系中的老问题交织在一起。② 当前，中国劳动关系的发展阶段与基本状态是，传统的集体劳动关系尚未建立，新型雇佣关系已经开始发展，这是全球化、技术创新及管理创新速度加快的必然结果。各种类型的劳动关系交织在一起，劳动关系的复合程度及复杂程度远远高于美国等发达国家。由于集体劳动关系处理机制需要公共政策认定和保障工会的代表权、谈判权，与国家的劳动关系政策关系密切。③

从国情来看，我国改革发展正处在关键时期，经济社会在保持快速发展的同时，还存在不平衡不协调不可持续的问题，全面

---

① 吴清军、刘宇：《劳动关系市场化与劳工权益保护：中国劳动关系政策的发展路径与策略》，《中国人民大学学报》2013 年第 1 期。

② 王兴化：《全球劳动关系的演变与中国劳动关系的转型》，天津：南开大学出版社，2015 年。

③ 王兴化：《全球劳动关系的演变与中国劳动关系的转型》，天津：南开大学出版社，2015 年。

深化改革、转变经济发展方式对调整产业结构、提高技术创新能力提出了新要求，工业化、城镇化进程不断加快，非公有制及混合所有制企业迅速发展并逐步占据主体地位，劳动关系类型多样，社会利益矛盾和劳动关系矛盾日益突出，职工在劳动就业、收入分配、社会保障、安全生产和职业卫生等方面还存在不少问题，协调劳动关系的难度加大，这些都使得工会组织维护职工权益、保持社会和谐稳定的任务越来越繁重。从职工队伍的发展变化来看，职工队伍内部结构多样，非公有制企业职工队伍迅速扩大，农民工成为产业工人的主体，劳务派遣工大量出现，职工队伍内部出现不同的利益群体，职工劳动经济利益、民主政治权利和精神文化权益实现程度差异较大。职工队伍思想观念、利益诉求多样，“80 后”“90 后”的新生代职工价值取向更加务实，法律意识和维权意识日益增强，对工会维权的要求更加迫切、期望越来越高。与职工的期待相比，工会工作还存在一定差距，工会组织体制、运行机制、工作方式还需要进一步转变，协调劳动关系的能力还有待提高。[①]

劳动关系发展与一国的政治、经济和社会紧密相连。在经济全球化的今天，资本、生产与技术的全球流动，并没有导致劳动关系的全球趋同，美国、日本、德国、法国、韩国等都建立了不同模式的劳动关系。在世界范围内，没有一个放之四海而皆准的劳动关系模式。随着中国政治、经济与社会的快速变化，中国的劳动关系也表现出不同于其他国家模式的独特性，中国的劳动关系正在构建自身的模式。茅于轼重视工会的力量，强调集体协商

---

① 中国工会十六大文件组：《中国工会十六大报告学习问答》，北京：中国工人出版社，2013 年。

机制在我国和谐劳动关系构建中的重要地位和作用。作者认为劳动是创造性的活动，劳动关系是以雇佣关系为基础的劳资关系的范畴。劳资关系不仅涉及企业和工人的发展，还涉及国家和社会的关系，是非常重要的问题。在市场经济条件下，劳资双方共同创造财富。劳资关系让劳资双方合作生产，劳资双方合作生产的场所就是企业，企业是由劳资双方共同构成的，企业生产出财富，所以劳资合作创造了财富。从短期来看，资方处于有利地位。在微观层面，一个企业中劳资的力量不一样，资方的力量强，如果没有工会，资方很容易压制劳方，会让劳动者受到损失。也就是说，在微观层面上，劳资关系是存在不公平的。所以，我们更需要工会来介入，保证市场信号的传递，减少市场信号的人为干预。市场和权利交织成了劳动关系，资方和劳方在工资上有对立，市场决定了工资水平。在微观上，工人是弱势方，资方是强势方，因此需要有工会，要有劳资博弈，让劳资双方都有权利。劳方有了权利，就能够博弈。权利博弈的最后结果是让劳资双方取得互相理解的状态。集体谈判对于工会来讲作用很大，应该是工会开展工作的重点，也是工会建立影响力的基础。在微观层面，集体谈判能够扭转劳方的弱势地位。在劳资力量平衡过程中，集体谈判是有益的。中国劳动关系模式的建立，就是强调和谐的理论，而不是旧的政治经济学。劳动关系会有斗争，但是斗争是微观层面的、暂时的，劳资利益合作是长期性的。当今的中国，政治、经济和社会都在快速变化，这不仅对劳动关系有挑战，对政府更有挑战。政府行为会从根本上影响劳动关系模式的建立，政府的每一项政策、举措都要考虑到老百姓的利益，不能因为国家利益、既得利益、集团利益而牺牲老百姓的利益。

一切事情从老百姓出发，社会就太平了，和谐的劳动关系模式也就容易建立起来了。[①]

王兴化认为，随着企业工会组织的逐渐建立，我国工会组织的作用日益加强，但尚未完全顺应社会主义市场经济的要求及时转变自己的职能，并没有完全成为维护员工利益的组织。适应社会主义市场经济和体制转变的需要，工会需要完成以下四个方面的转变：一是突出工会作为员工利益代表者的地位；二是充分发挥工会在企业和员工之间的调节作用；三是更多地依靠法治而不是行政力量开展工会工作；四是围绕企业绩效与经营目标塑造工会的新功能。[②]

吴建平所撰的《劳动关系转型中的中国工会：以国家治理参与为视角》一文，尝试从宏观制度层面对转型时期的中国工会角色与职能进行理论探讨，即随着劳动关系的市场化转型，中国工会逐步成为在国家与工人之间发挥国家治理参与职能的中介性组织，通过这种国家治理参与模式，一方面，有助于支部建在连队上和落实群众路线，以重塑国家与工人之间的社会主义关系；另一方面，各级工会的运作机制，能够调和综合各行政部门的力量，从而在一定程度上能弥补行政科层制内部可能存在的结构性矛盾，以强化国家的基层治理能力。[③]

而在有些学者看来，工会活动是以经济社会关系特别是劳动关系为基础的，同时也受社会政治和文化诸多因素的制约。中国是一个改革中的国家，政治、经济、社会、文化都处于转型阶

---

① 茅于轼：《茅于轼谈劳动关系》，《中国工人》2014 年第 6 期。

② 王兴化：《全球劳动关系的演变与中国劳动关系的转型》，天津：南开大学出版社，2015 年。

③ 颜辉：《中国工会·劳动关系研究（2013）》，北京：光明日报出版社，2014 年。

段，传统计划经济下的集中体制被打破了，但旧体制的影响并未完全消失；以社会主义市场经济为基础的新体制正在发育，但并不完善。处于这样一种社会环境下的工会，在维护职工权益时存在一定的现实困境。

第一，体制的依赖性与形势要求的自主性的矛盾。一是以行政关系为纽带的计划经济体制和企业体制逐步改革了，工会工作的行政化方式受到冲击。传统的工会工作体制，在很大程度上依托行政体制，其活动方式也基本沿袭了行政化命令的方式。政企逐步分开后，企业成为独立的市场主体，工会行政化失去了依托，工会工作需要在新形势下进行创新。二是随着所有制形式的多样化，不同所有制性质的企业大量出现。随着国家管理经济的方式以及企业体制的变化，工会过去拥有的某些近似于行政的权利开始受到削弱或消失，一些工会一时还找不到一种适合发挥自己作用的方式和途径，因而感到无所适从。

第二，体制的行政化与其组织性质的群众化、民主化之间的矛盾。条件变化了，行政化和脱离群众仍然是制约工会发展的主要问题之一。一些工会在工作上依然是眼睛向上等、靠、要，把主要精力用在应付上级，照搬、照抄、照转上级的工作安排；对下习惯于搞命令，不结合下级的实际安排部署工作，对基层的情况心中没数，工会内部的民主决策、民主监督不健全。

第三，体制运作力量的分散性与工会目标的唯一性的矛盾。工会的主要精力应该用在职工群众身上，但目前一些地方工会、企业工会干了一些工会可干可不干或者不应该干的事。有的地方工会热衷于搞一些与工会职责关系不密切或者根本无关的活动，热衷于做热热闹闹的表面文章。有的企业工会更是兼管了一些行政交给的非工会领域的工作，工作思路不清晰，工作要求不具体，工作目标不明确。工会应该根据国家政治、经济关系的调整，适应社会主义初级阶段的要求，集中力量开展工作。

第四，机关化、行政化与工会组织的改革创新之间的矛盾。工会是中国共产党领导下的独立自主开展工作的群众性组织。由于行政化思维影响，一些派到工会来的干部保留着自己官员的角色和意识，不能把自己的身份工会化。因此，一部分工会和工会的领导干部，在涉及职工利益的大是大非问题上，不敢说话，成为新的“工人贵族”。[①] 总而言之，社会转型时期的工会工作面临着复杂艰巨的挑战，而上述问题的存在极大地限制和制约了工会在劳动关系协调中应有作用的发挥。

为了应对上述挑战，社会转型时期的工会应着重做好几个方面的工作：构建和谐劳动关系、推进集体合同制度、推进工资集体协商制度、做好工会劳动保护工作、推进工会社会保障工作。

第一，构建和谐劳动关系。工会在构建和谐劳动关系中的作用，就是要以职工代表的身份协调劳动关系，解决劳动过程中出现的矛盾和问题，维护劳动者的利益，保护劳动者的积极性，同时促进企业的和谐发展。工会作为职工利益的代表者和维护者，应该而且能够在协调和构建和谐劳动关系中发挥作用。这就要求基层工会要首先树立和谐发展、互利共赢的维权理念，善于通过协商协议、调解仲裁等手段，协助政府、企业行政和有关方面通过法律、经济、行政等途径解决劳动关系矛盾。并依照法律法规，坚持科学推进，把维权纳入规范化、制度化、法治化的轨道，确保劳动关系双方的协商共谋、机制共建、效益共创、利益

---

① 章铮、杨冬梅：《工会和谐劳动关系创建实务》，北京：红旗出版社，2013 年。

共享，建立和发展规范有序、公正合理、互利共赢、和谐稳定的社会主义新型劳动关系。

第二，推进集体合同制度。集体合同制度是社会主义市场经济条件下调整劳动关系的重要形式，也是发挥工会在协调劳动关系中地位和作用的有效形式，建立并推行集体合同制度有利于弥补劳动法律的不足，有利于从整体上维护劳动者的合法权益，有利于促进企业职工民主管理、调动广大职工的生产积极性，巩固并发展和谐稳定的劳动关系。全力推进集体合同制度是工会应当抓好的一项重点工作。

第三，推进工资集体协商制度。工资集体协商是指职工代表与企业代表依法就企业内部工资分配制度、工资分配形式、工资收入水平等事项进行平等协商，在协商一致的基础上签订工资集体合同的行为。所谓工资集体合同，即专门就工资事项签订的专项集体合同。已订立集体合同的，工资集体合同作为集体合同的附件，并与集体合同具有同等效力。鉴于工资作为劳动者的劳动报酬直接关系到劳动者的切身利益，且目前在劳动收入分配上存在不少问题，因此，工会应当积极抓好建立和推进工资集体协商制度工作，切实维护好职工的劳动报酬权。

第四，做好工会劳动保护工作。保护劳动者在生产劳动过程中的安全健康合法权益，是社会文明的重要标志，是建设社会主义和谐社会的内在要求，也是工会履行维权职责的重要任务。作为党和国家长期坚持的一项重要政策，劳动保护是我国作为社会主义的、工人阶级当家做主的国家，为保障职工在生产过程中的安全与健康而设立和实施的一项保护制度。它是指国家加大对职工的劳动保护而设立制定的管理体制、组织机构、干部队伍、法律法规、政策措施、运行机制以及提供的必要物质条件等一系列管理制度的总称。做好工会劳动保护工作的基本方法，简而言之就是八个字，即监督、参与、组织和教育，具体化为监督于配合之中，参与于解决问题之中，教育于宣传之中，组织于活动之中。

第五，推进工会社会保障工作。社会保障制度是现代经济社会最重要的劳动保障制度之一。建立健全与经济发展水平相适应的社会保障体系，是经济社会协调发展的必然要求，也是社会稳定和国家长治久安的重要保证。工会组织与社会保障制度和社会保障工作紧密联系，这是因为社会保障制度和社会保障工作关系到每个职工的切身利益，不仅政策性强，而且有着广泛的群众性。工会作为职工自愿结合的工人阶级群众组织，作为职工合法权益的代表者和维护者，要履行好维护基本职责，就必须高度重视社会保障制度建设和开展好社会保障工作，充分发挥好自身在其中的作用。这要求工会抓好参与和监督工作，开展好职工互助补充保险工作，开展好职工生活福利工作，积极协助党政做好困难职工群体的帮扶工作。①

王兴化在《全球劳动关系的演变与中国劳动关系的转型》一书中，将中国劳动关系的转型纳入全球劳动关系变革的大背景下进行考察，预测了工会的发展前景，并就工会在我国劳动关系转型与发展过程中能够起到的作用作出了简要的概括。作者认为，未来工会的发展状况与劳动关系的发展息息相关，一个国家和地区，如果工会能够在某些特定条件下迅速发展，就意味着集体劳动关系处理机制在这个国家或地区进入了快速发展阶段。在集体

① 章铮、杨冬梅：《工会和谐劳动关系创建实务》，北京：红旗出版社，2013 年。

劳动关系尚未充分发育的新兴市场经济国家和地区，这实际上就是集体劳动关系构建的过程。在这些国家和地区，工会组织、集体谈判或协商机制等的发育既是劳动关系和劳工运动推动的结果，也是公共政策提供更加有效的保障的结果。在经历了集体劳动关系充分发育的发达国家，如果工会按照目前的衰退态势发展下去，集体谈判或协商机制还将继续衰落。在一定的条件下，如果出现了工会数量及入会率的大幅反弹，就意味着集体谈判或协商机制的再度加强，这不仅仅是集体劳动关系在发达国家的重新恢复，更有可能出现集体劳动关系基本内涵与运作特征的重大变化。但是以往的工会发展历史告诉我们，工会在某些特定的法律、市场、劳动关系以及社会关系变动的情况下，常常会出现井喷式的增长与发展。全球未来工会的井喷式增长与发展将在两大群体中展开：其一是新兴市场经济国家的大规模制造业和服务业雇员，工会将代表他们越发强烈的基本劳动权益保障要求，仍然主要集中在工资福利、工作安全、工作条件等基本利益方面，这与西方国家在“二战”后的情况较为相似。随着全球资本向发展中国家的流入及发展中国家本土企业的迅速成长，雇员的基本劳动权益保障仍然必须借助集体劳动关系解决机制，目前尚未找到更好的解决途径，谈判与协商对于解决集体劳动争议仍然是有效的。其二是在全球范围内普遍出现的年青一代就业难、高学历就业难、工作满意度低、对职位及岗位不满意、工作环境不理想、自身价值难以实现、压力过大与过劳等问题，雇员们的家境更为富裕，对未来的工作也有着较高的期盼，但现实与理想之间的巨大差距使他们看不到希望，找不到改变现状的突破口，他们自己的人生规划在现实世界中屡屡碰壁，自身所具备的知识和能力与企业的需要总是难以契合，企业感到寻找人才总是非常困难，而年轻人感到自己的才华与能力总是不能被发现和认可，甚至认为自己在企业中受到了领导的歧视和同事的排挤。随着现代交流方式的普及，这类人中所产生的负面情绪极易在他们之间传播并产生共鸣，弗里曼预测，工会的井喷式增长可能在这类人中展开。事实上，无论是发达国家还是发展中国家，都已经普遍地出现了这样的问题。未来的工会，在代表青年雇员的权益方面，将更多地集中在实现发言权、参与权、尊重与信任、多技能的培训与开发、更多的轮岗机会、更优越的人文环境或人际关系环境、组织帮助雇员实现自身价值的责任与义务等方面。当然，这种更高的利益与价值诉求还是相当难以操作的，难以用明确的数量指标来衡量结果，需要工会职能的重大转变。与工资谈判或协商完全不同，这需要工会在理论研究与实践上作出更为深入的探索。①

2015 年 7 月，中央党的群团工作会议召开，会议指出，要分析研究新形势下党的群团工作面临的新情况新问题，总结成功经验，解决突出问题，推动改革创新。8 月 26 日，习近平总书记对群团改革工作作出重要指示强调：要推动各群团组织结合自身实际，紧紧围绕增强“政治性、先进性、群众性”，直面突出问题，采取有力措施，敢于攻坚克难，注重夯实群团工作基层基础。习近平总书记在党的十九大报告中又进行深刻阐述，提出了一系列新思想新观点新要求。2015 年 11 月 9 日，中央全面深化改革领导小组第十八次会议审议通过了《全国总工会改革试点方案》，提出要深入贯彻习近平总书记系列重要讲话精神特别是关于工人

① 王兴化：《全球劳动关系的演变与中国劳动关系的转型》，天津：南开大学出版社，2015 年。

阶级和工会工作的重要论述。第一，在改进工会领导机构人员构成和中华全国总工会机构设置方面，为聚焦工会法定职责，强化维权服务职能，突出农民工入会和服务工作，拟整合集体合同部、保障工作部，设立职工权益工作部。第二，在完善维护职工权益制度和机制方面，首先，突出维护职工基本权益。以提质增效为重点，全面深化集体协商工作，扎实开展区域（行业）集体协商，推广制定行业劳动定额标准的经验。积极主动促进中国特色和谐劳动关系建设，推动和谐劳动关系创建活动由工业园区向企业比较集中的乡镇（街道）、村（社区）扩展。建立健全工会劳动法律监督制度和职工法律援助制度，督促企业履行社会责任。其次，健全职工协商民主机制。推动涉及职工利益法律法规政策的制定和执行，引导职工群众增强法治意识和依法理性维权能力。促进提高一线职工在人大代表、政协委员中的比例，充分发挥人大代表中职工、工会工作者和政协工会界别委员的作用。推动健全和落实协调劳动关系三方机制、政府与工会联席会议制度。完善以职工代表大会为基本形式的企事业单位民主管理制度，在中小企业相对集中的地方和产业集群推行区域（行业）职代会制度，推进厂务公开制度化、规范化，在公司制企业推行职工董事、职工监事制度。第三，在坚决维护职工队伍和工会组织团结统一方面，首先，加强工会系统维护稳定工作。建立与国家有关部门会商协调和联动处置机制，加强对劳动关系领域的风险评估和会商研判，及时有效排查和化解劳动关系矛盾，依法参与对渗透破坏事件、劳动关系群体性事件的调查处置工作。建立各级工会上下联动的维稳机制。对那些以“维权”旗号破坏职工队伍与工会组织团结统一的行为和组织进行坚决斗争，决不允许成立“独立工会”“民间工会”等非法工会组织。其次，探索联系引导劳动关系领域社会组织机制。发挥工会组织作为枢纽型组织的作用，加强对劳动关系领域社会组织的政治引领、示范带动和联系服务。探索与共青团、妇联等群团基层组织合作建立社会组织，增强群众工作合力。在一些关键领域、重要群体中培育孵化工会直接领导的职工服务类社会组织和志愿者队伍。通过项目招标、购买服务等市场化方式，引导社会组织为职工提供专业化的服务。第四，加强和改进工会理论研究工作。深入学习领会习近平总书记系列讲话重要精神特别是关于工人阶级和工会工作的新思想、新观点、新要求，紧密结合我国经济关系、劳动关系和工人阶级队伍发展变化的实际，建立定期分析研究经济社会发展新形势、劳动关系变化新特点、职工队伍稳定新情况和国际工会运动新动向的制度，健全深入基层调查研究和理论研究制度，认真研究体现工人阶级主人翁地位的改革举措，以理论创新推动工会实践创新和制度创新。①

党的十八大以来，习近平总书记对党的工运事业和工会工作高度重视，深刻阐明了工会工作的地位作用、目标任务、实践要求，科学回答了工人阶级和工会工作的一系列方向性、根本性、战略性重大问题，形成了习近平总书记关于工人阶级和工会工作的重要论述，主要包括以下几个方面：

一是坚持党对工会工作的领导。强调中国共产党领导是中国特色社会主义最本质的特征，是中国特色社会主义制度的最大优势，党是领导一切的。做好群众工作，保持党同人民群众的血肉

---

① 李玉赋：《新的使命和担当Ⅱ：中国工会改革创新实录（2015—2017）》，北京：中国工人出版社，2017 年。

联系，是全党重大而紧迫的政治任务。工会工作是党的群团工作、群众工作的重要组成部分，是党治国理政的一项经常性、基础性工作。各级党委要加强和改进对工会的领导，注重发挥工会组织的作用，加大对工会工作的支持保障力度，为工会工作创造更加有利的条件。这是做好工会工作的政治原则和根本保证。

二是坚持全心全意依靠工人阶级。强调工人阶级是我们党最坚实最可靠的阶级基础，是我国的领导阶级。坚持和发展中国特色社会主义，必须巩固工人阶级的领导阶级地位，充分发挥工人阶级的主力军作用。全心全意依靠工人阶级要贯彻到党和国家政策制定、工作推进全过程，落实到企业生产经营各方面，做到在政治上保证、制度上落实、素质上提高、权益上维护，更好地把广大职工群众紧紧团结在党和政府周围。这是党和国家始终坚持的根本方针。

三是坚持为实现中华民族伟大复兴的中国梦而奋斗。强调实现中华民族伟大复兴，是中华民族近代以来最伟大的梦想，根本上要靠包括工人阶级在内的全体人民的劳动、创造、奉献。工会要牢牢抓住这个主题，把推动科学发展、实现稳中求进作为发挥作用的主战场，建设知识型、技能型、创新型劳动者大军，在改革发展稳定第一线建功立业。这是我国工人运动的时代主题。

四是坚持中国特色社会主义工会发展道路。强调中国特色社会主义工会发展道路是中国特色社会主义道路的重要组成部分，深刻反映了中国工会的性质和特点，符合我国国情和历史发展趋势。要始终坚持这条道路，不断拓展这条道路，做到自觉接受党的领导、团结服务职工、依法依章程开展工作相统一，努力使这条道路越走越宽广。这是工运事业和工会工作发展的正确方向。

五是坚持弘扬劳模精神、劳动精神、工匠精神。强调要树立劳动最光荣、劳动最崇高、劳动最伟大、劳动最美丽的理念，倡导辛勤劳动、诚实劳动、创造性劳动，尊重劳动模范，用劳模的干劲、闯劲、钻劲鼓舞更多的人，激励广大劳动群众争做新时代的奋斗者，营造劳动光荣的社会风尚和精益求精的敬业风气。这是引领教育广大职工的重要抓手。

六是坚持高举维护职工合法权益旗帜。强调保障职工权益是我国社会主义制度的根本要求，是党和国家的神圣职责，也是发挥广大职工群众积极性、主动性、创造性最重要最基础的工作。工会要坚决维护职工合法权益，把竭诚为职工群众服务作为一切工作的出发点和落脚点。要发挥协调劳动关系的作用，健全劳动关系协调机制，及时正确处理劳动关系矛盾。这是工会组织的基本职责。

七是坚持增强政治性、先进性、群众性的工会改革方向。强调时代在发展，事业在创新，工会工作也要发展、也要创新。加强和改进新形势下工会工作，最重要的是要保持和增强政治性、先进性、群众性。政治性是工会组织的灵魂，先进性是工会工作的重要着力点，群众性是工会组织的根本特点。在建机制、强功能、增实效上下功夫，创新组织体制、运行机制、活动方式、工作方法，让职工群众真正感受到工会是“职工之家”，工会干部是最可信赖的“娘家人”、贴心人，把工会组织建设得更加充满活力、更加坚强有力。这是推进工会工作创新发展的根本要求。

八是坚持加强基层工会建设。强调必须以职工为中心、让职工当主角，眼睛向下、面向基层，力量配备、服务资源向基层倾斜，着力扩大覆盖面、增强代表性，着力强化服务意识、提高维权能力，着力加强队伍建设、提升保障水平，切实增强工会组织的凝聚力。最大限度地把农民工吸收到工会组织中来，使他们成为工人阶级坚定可靠的新生力量。这是工会工作彰显活力的基础和关键。

这八个方面的论述，涵盖了工会工作各个领域、各个方面，其关键是坚持党的领导，根本是增强政治性、先进性、群众性，重点是维护职工权益、服务职工群众。这些重要论述是习近平新时代中国特色社会主义思想的重要组成部分，为新时代工运事业和工会工作创新发展提供了理论指导和行动指南。[①]

2017 年 10 月，中国共产党第十九次全国代表大会在北京召开。大会回顾和总结了过去 5 年的工作和历史性变革，作出了中国特色社会主义进入新时代、我国社会主要矛盾已经转化为人民日益增长的美好生活需要和不平衡不充分的发展之间的矛盾等重大政治论断，深刻阐述了新时代中国共产党的历史使命，确立了习近平新时代中国特色社会主义思想的历史地位，提出了新时代坚持和发展中国特色社会主义的基本方略，确定了决胜全面建成小康社会、开启全面建设社会主义现代化强国新征程的目标，对新时代推进中国特色社会主义伟大事业和党的建设新的伟大工程作出了全面部署。

进入新时代，国际国内形势发生了广泛而深刻的变化。面对时代发展、社会变化和职工需求带来的新情况新任务，工会工作面临新形势和新任务。深刻领会和切实践行习近平总书记关于工人阶级和工会工作的重要论述，必须立足新时代中国特色社会主

---

① 中华全国总工会组织部：《中国工会章程简史》（第 2 版），北京：中国工人出版社，2018 年。

义的新方位、社会主要矛盾的新变化、共建共治共享社会治理的新格局、全面深化改革的新阶段，把握工会组织新使命、新目标、新要求，在工会各项工作中全面体现、全面落实，形成新的生动实践。一是要立足新时代中国特色社会主义新方位，在实现党的十九大描绘的宏伟蓝图中贡献力量。二是立足社会主要矛盾新变化，在不断满足职工群众美好生活需要中担当作为。三是立足共建共治共享社会治理新格局，在推动构建中国特色和谐劳动关系中履职尽责。四是立足全面深化改革新阶段，在构建联系广泛、服务职工的工会工作体系中开拓创新。①

在此背景下，2018 年 10 月在北京召开的中国工会第十七次全国代表大会意义重大。大会审议通过了《关于〈中国工会章程（修正案）〉的决议》（以下简称《决议》），《决议》指出，在工会章程中把习近平新时代中国特色社会主义思想确立为中国工会的指导思想，为推进新时代党的工运事业和工会工作提供了根本遵循。鲜明强调中国工会坚持自觉接受中国共产党的领导，增加工人阶级是中国共产党最坚实最可靠的阶级基础这一内容，明确中国工会承担团结引导职工群众听党话、跟党走的政治责任，中国工会的基本职责增写竭诚服务职工群众的内容，能够更好地把党的领导和党的意志贯彻落实到工会工作的各方面和全过程，始终坚持工会工作正确政治方向。强调中国工会落实新时代党的建设总要求，以党的政治建设为统领，对全面加强工会系统党的建设提出明确要求，为开创新时代工会工作新局面提供坚强的政治保证。大会号召各级工会组织和广大工会会员更加自觉地学习章

① 中华全国总工会组织部：《中国工会章程简史》（第 2 版），北京：中国工人出版社，2018 年。

程、遵守章程、贯彻章程、维护章程，加强自身建设、履行使命担当，凝心聚力、开拓进取，为决胜全面建成小康社会、实现中华民族伟大复兴的中国梦凝聚磅礴力量。① 2018 年 10 月 29 日，习近平总书记在同中华全国总工会新一届领导班子成员集体谈话时强调指出，工会要坚持以职工为中心的工作导向，抓住职工群众最关心最直接最现实的利益问题，认真履行维护职工合法权益、竭诚服务职工群众的基本职责，把群众观念牢牢根植于心中，哪里的职工合法权益受到侵害，哪里的工会就要站出来说话。

2019 年 7 月 11 日，全国构建和谐劳动关系先进表彰会在京召开，中共中央政治局委员、国务院副总理胡春华出席会议并讲话。大会强调了以下几方面内容：

第一，深入开展维权服务工作，切实维护和发展职工权益，构建服务职工工作体系。坚持以职工为本、主动依法科学维权，突出维护职工群众的劳动经济权益。高举维护职工合法权益的旗帜，围绕职工最关心最直接最现实的利益问题开展工作。积极推动收入分配制度改革，继续普遍开展工资集体协商，扩大覆盖面，提高协商质量，健全完善企业职工工资协商共决、正常增长、支付保障机制，督促企业解决欠薪问题，提高劳动报酬在初次分配中的比重。推动实施符合技术工人特点的分配制度和长效激励机制，促进多劳者多得、技高者多得，加快职工科技创新成果转化，提升产业工人的政治待遇、经济待遇、社会待遇。积极推动社会保障制度改革，提高社会保障水平和统筹层次，加强对

① 中华全国总工会组织部：《中国工会章程简史》（第 2 版），北京：中国工人出版社，2018 年。

社会保障的群众性监督，促进农民工、困难企业职工公平享有社会保障权利。健全完善工会农民工维权服务体系，推动落实农民工欠薪报告制度，推动解决拖欠农民工劳动报酬和社保转移接续等问题，逐步实现平等享受城镇基本公共服务。推动建立适应新业态的用工和社保制度，建立健全互联网平台用工等新就业形态劳动标准体系。贯彻落实《劳动合同法》，遏制滥用劳务派遣工行为，推动实现同工同酬、同工同权。

第二，大力发展和谐劳动关系，促进社会主义和谐社会建设。深化和谐劳动关系创建活动，充分发挥全国模范劳动关系和谐企业与工业园区的示范作用。充分发挥劳动合同、集体合同制度对调整劳动关系的基础性作用，督促企业严格用工管理、履行合同义务、纠正不规范合同，推动劳动用工规范管理。推动完善劳动保障监察执法与工会监督联动工作格局，完善工会劳动法律监督“两书”制度，督促企业履行社会责任，引导职工增强守法诚信意识，推动国家诚信体系建设。参与加强和创新社会治理。推动社会治理制度建设，发挥工会组织的协同作用。加强对劳动关系领域社会组织的政治引领、示范带动和联系服务，通过项目合作、购买服务等社会化、市场化方式，引导社会组织为职工提供专业化服务。加强劳动关系矛盾预防和化解机制建设，总结推广源头治理劳动纠纷经验，建立健全工会、法院、人社、司法联动机制，健全工会劳动关系发展态势监测和分析研判制度，推动建立在线解决机制。重视各种劳动争议的调处化解，加强调解组织建设，健全预防、预警、调处机制，加强矛盾纠纷排查，主动反映问题，协助党政妥善处理职工群体性事件，努力把劳动关系矛盾化解在基层、解决在萌芽状态。积极推动劳动争议处理工作，通过协商、调解、仲裁诉讼等方式依法调处劳动关系矛盾。增强政治敏锐性和政治鉴别力，加强劳动关系领域风险排查化解、应急处置，坚决防止敌对势力煽动渗透破坏，坚决维护职工队伍和工会组织的团结统一，坚决维护企业和社会大局和谐稳定。

第三，不断强化源头参与和制度创新，增强工会工作的法治基础和制度保障。加强源头参与，代表职工主动参与涉及职工利益的法律法规政策的制定修改。加大参与立法和制定政策的力度，重点推动企业工资支付、工资集体协商、企业民主管理等方面的法律制定；积极参与就业、分配、社保、安全卫生、住房、教育等政策的制定，在参与各项改革中充分反映职工群众利益诉求。推动制定符合国情的社会责任标准，督促企业自觉履行社会责任。着眼于发挥制度的规范作用、保障作用、基础作用，自觉推动制度完善和制度创新，把在实践中行之有效的做法上升为制度。推动完善工会与政府联席会议制度、协调劳动关系三方机制，健全党委领导、政府支持、工会运作、职工参与、社会协同的工作格局，完善组织机构，严格工作程序，推动决策的科学化、民主化。

当前经济下行压力加大，大量外企、私企撤资转移，还有不少私企破产和转移资产，特别是中美贸易战造成不少对外代工、加工、主要从事外贸的企业经营困难等突出问题，对劳动关系构成的负面影响日益显现，致使维护劳动领域政治安全和职工队伍的稳定（最主要体现在困难企业出现欠薪和众多职工下岗、失业，招工难、就业难压力同样增大）成为工会工作重点之一。一是按照党中央的决策部署开展针对性教育引导。构建思想引领平台，加强职工队伍思想建设，推动核心价值观弘扬践行和职工文化繁荣发展。二是引导企业适应市场变化，科学调整生产经营思路策略。深入开展职工职业技能竞赛活动，大力宣传“劳模精神”“工匠精神”。三是推动解决中美贸易战冲击企业的经营困难，组织有关企业抱团取暖、共克时艰，增强企业应对风险的坚韧性。各级工会加大企业走访调研力度，了解企业经营现状、职工队伍稳定状况、工会工作情况，引导企业工会发挥作用，做好节能、增效、技改等工作。四是稳妥处理劳资纠纷，妥善安置失业职工，依法保护职工权益，扎实有效开展维权服务工作。积极做好防范抵御敌对势力向劳工领域渗透的工作，深入推进集体协商工作，工会法律服务扎实有效推进。并持续深入开展“送温暖”“春送岗位”“送文化、送才艺、送培训”进企业品牌活动，为职工群众提供具有工会特点的普惠性、实效性、精准性服务。

第 五 章

劳动价值与劳动文化

劳动是创造财富的基本手段，是经济社会良好运行的必要条件，同时也是实现个人价值、获得自我认知的重要基石。在劳动基本手段基础上进行社会生产和服务工作，构建和谐劳动关系，并对国家社会发展和个人进步作出突出成就，就形成了劳动精神，实现了从劳动谋生手段向劳动精神信念的突破性转化；将劳动文化运用于重大技术领域，推动实现技术进步和技术突破，就形成了工匠精神；而建立在中华优秀传统文化基础之上的，经过劳动实践得以传承和发展的劳动思想、劳动价值观以及劳动精神等，组成了劳动文化的基本要素。近些年，学术界对劳动价值与劳动文化展开了更广程度、更深层次的研究，主要围绕劳模精神、劳动精神、工匠精神、劳动教育、劳动文化等核心主题进行，以下是对这些研究成果的系统梳理。

第一节　劳模精神

一、对劳模精神的基本认识

劳模精神是我国劳动人民千百年来逐渐形成的，是劳动者个人的基本素养，它折射出一个时代的人文精神，体现了一个民族的思想。劳模是劳模精神的具体载体，回首新中国走过的几十年风风雨雨，其引领着社会和时代的进步，是劳动人民的杰出代表。劳模所体现出来的人文精神，代表着一个时代的价值观和精神风貌。[①] 张志元（2018）认为，劳模精神是一种推动人们改造客观世界和主观世界的精神动力，集中表现为劳动者的能动作用和创新意识。新时代劳模精神基本内涵是爱岗敬业、争创一流，艰苦奋斗、勇于创新，淡泊名利、甘于奉献。[②] 彭维锋（2019）认为，劳模精神具有鲜明的实践特色、理论特色、民族特色和时代特色，体现了我们民族开拓创新的精神风貌，是根植于中国大地、反映中国劳动者意愿、适应时代发展要求的精神品格。[③] 张祝平（2019）认为，在不同的历史时期，劳模精神的内涵被赋予特有的时代元素。在战争年代，劳模精神被定义为中华民族为革命甘于奉献、苦干加巧干、经验加创新的精神；新中国成立后，劳模精神的内涵转变为顽强拼搏、自强不息的崇高品格；到 21 世纪后，劳模精神被定义为爱岗敬业、艰苦奋斗、勇于创新，体现了中华民族开拓创新的优秀品质。[④] 劳模精神源自劳动精神，是劳动精神的进一步升华，弘扬劳模精神要坚持理论创新，不断更新观念，统一思想认识；坚持正面宣传，加强舆论引导，形成学习劳模的浓厚氛围。[⑤] 习近平总书记十分重视对劳模精神的弘扬，他曾多次阐述劳模精神的重要性，用人民的楷模、民族的精英、劳动群众的杰出代表等对劳模精神进行了高度的评价，他强调，劳动最光荣、劳动最崇高、劳动最伟

---

① 李龙熙：《培养有新时代灵魂的大国工匠》，《人民政协报》2019 年 5 月 21 日。

② 张志元：《弘扬劳模精神 助力东北振兴》，《辽宁日报》2018 年 11 月 20 日。

③ 彭维锋：《习近平总书记关于劳模精神的重要论述研究》，《山东社会科学》2019 年第 4 期。

④ 张祝平：《劳模精神与工匠精神的内涵、传承及其弘扬路径》，《学习论坛》2019 年第 6 期。

⑤ 邢亮、刘乾承：《劳模精神、劳动精神的时代内涵探赜》，《山东工会论坛》2019 年第 3 期。

大、劳动最美丽。[①] 劳模精神丰富了民族精神和时代精神的内涵，是我们极为宝贵的精神财富。

二、劳模精神的时代价值分析

新时代新使命呼唤劳模精神。无论时代如何变迁，劳模精神的本质都是永远不变的，都是推动中国社会发展的强大精神力量。庄西真（2017）认为，劳模精神与新中国的命运紧密相连，是劳动者通过劳动实现个体与社会和谐共生的过程，在经济发展、组织创新与社会和谐三个方面具有以点带面的示范效果，劳模精神的核心特征是劳动，劳模精神诞生于劳动，贯穿于劳动的始终。[②] 张志元（2018）认为，创新创造是劳模精神的核心，新时代呼唤的不仅是技艺超群的技术能手、职业先锋，更是广大劳动者爱岗敬业、争创一流，艰苦奋斗、勇于创新，淡泊名利、甘于奉献的劳模精神，弘扬劳模精神的独特价值还在于，促进我国在工艺创新、产品创新和质量提升等方面取得突破，为推动工业转型升级激发新动力，发力创新，引领时代进步的主流价值取向。[③] 田鹏颖、王圆圆（2018）认为，全面且深入地剖析劳模精神，必须要坚定且牢固其实践性、发展性、民本性与民族性特质，以现实劳动为立论基础，体现实践性；以回应时代难题为历史方位，体现发展性；以满足人民群众的需求为价值取向，体现民本性；以中华优秀文化为精神资源，体现民族性。进一步促进

---

① 习近平：《给中国劳动关系学院劳模本科班学员的回信》，《工人日报》2018 年 5 月 1 日。

② 庄西真：《倡导劳模工匠精神 引领劳动价值回归》，《中国职业技术教育》2017 年第 34 期。

③ 张志元：《弘扬劳模精神 助力东北振兴》，《辽宁日报》2018 年 11 月 20 日。

全体人民乐于传承劳模精神，大力弘扬劳模精神，营造劳动光荣的社会风尚。劳动光荣是对人类文明进步规律的重要诠释，在新时代的伟大实践中仍然具有时代价值与永恒魅力。① 总之，劳模精神是伟大的时代精神的体现，有着非凡的时代价值。劳模精神创造了巨大的经济价值，集中体现了中华民族精神、社会主义核心价值观，隐含着人类理想的光辉，新时代大力弘扬劳模精神，能够促进劳动者发展，创造更好的制度环境，为实现中华民族伟大复兴的中国梦添砖加瓦。

三、劳模精神的弘扬与培育路径

推进劳模精神的弘扬与培育，是我国政治生活中的一件大事，是十分必要的。庄西真（2017）认为，劳模精神的弘扬与培育，首先，要表彰劳模精神的体现者，进一步提升对劳动模范的表彰，发挥劳模的榜样作用，在全社会掀起尊重劳动的良好氛围；其次，我们要建立健全相关法律规则，提供传承劳模精神的制度保障，弘扬劳模精神；最后，我们要建立职工工资正常增长机制，提高普通劳动者的待遇，实现工薪劳动者收入稳步增长，打牢劳模精神的群众基础，促使劳模精神和工匠精神发扬光大。② 孙凡（2018）认为，劳模精神是中国共产党人和广大人民群众共同的精神家园，推进劳模精神的弘扬与培育，必须要传承红色基因，弘扬党的精神财富；必须要坚定理想信念，补好党员干部的精神之“钙”；必须要强化问题意识，解决社会的主要矛盾问题；

---

① 田鹏颖、王圆圆：《论劳模精神的科学性及其当代价值》，《东北大学学报》2018年第5期。

② 庄西真：《倡导劳模工匠精神 引领劳动价值回归》，《中国职业技术教育》2017年第34期。

必须要树立理论自觉，提升我们的思想认识，为建设中国特色社会主义添砖加瓦。[①] 李珂（2018）认为，榜样的力量是无穷的，榜样教育在大学生思政课教学中发挥着重要作用，弘扬劳模精神，要在高校构建弘扬劳模精神的有效机制，通过信念引领机制、日常示范机制、故事分享机制、实践育人机制、以文化人机制等，把劳模精神融入大学生入党教育中，让大学生有机会近距离接触劳动模范，增强大学生对劳模精神的认同感和亲近度，自觉践行社会主义核心价值观。[②] 张祝平（2019）认为，弘扬劳模精神，要完善我国技工培训体系，全面落实劳动者素质教育，保障劳动者的专业技能及时更新；切实提升劳动者的薪酬福利，完善相关薪酬福利保障机制，给予劳模充分的物质保障；全面提升劳模的社会地位，发挥其主人翁的作用，让政策和制度推进劳模精神传承；找出最具有代表性的劳模人物，强化对劳模精神的宣传引导，促进劳动者社会地位的提升。[③] 东北地区作为中国工业基础较为完备的地区，具有较强的劳模精神传统，劳模精神、劳模文化是推动东北经济转型升级和文化创新的重要力量。

1. 劳模精神对东北经济转型升级的促进作用

一方面，劳模精神的本质内涵影响着东北经济转型升级的基本脉络。劳模文化是由劳动模范这一集合体所形成的整体价值观

---

① 孙凡：《略论劳模精神的孕育传承和发扬光大——兼谈新时代劳模精神研究的重要任务》，《政治与社会》2018 年第 5 期。

② 李珂：《劳模精神在大学生培育践行社会主义核心价值观中的作用及实践路径》，《社会主义核心价值研究》2018 年第 8 期。

③ 张祝平：《劳模精神与工匠精神的内涵、传承及其弘扬路径》，《学习论坛》2019 年第 6 期。

念、信仰追求和道德规范等品格，[①] 这些品格代表着东北地区社会发展的主流价值观念，构成了引领东北老工业基地振兴的基本价值遵循，推动劳模文化的传承创新，有助于全面准确贯彻落实振兴东北老工业基地的重要战略部署。另一方面，劳动模范的带动作用为推动东北经济转型升级激发新动力。激发劳模文化影响力的主体是劳动模范，他们在各自的工作岗位上承担着重要的使命，不但是关键性技术的开拓者，推动各项任务顺利进行，而且与一般职工相比，他们的坚定信念和高尚修养，使得他们成为新时代的奋进者、搏击者，更加愿意为各行各业的发展贡献自己的力量，他们所创造的经济社会效益要远远地高于普通员工。因此，劳模文化的传承创新，是推动东北经济转型升级、实现高质量发展的助推器。

2. 劳模文化对东北文化创新发展的推动作用

首先，作为促进东北文化创新发展的重要精神资源，挖掘劳模文化的当代价值，是推进东北文化创新发展的重要引擎。伴随着东北老工业基地逐渐走出困境，积极将创新发展理念融入东北文化建设的进程中，有助于形成东北劳模文化的新气象，进而丰富东北文化的内涵。其次，作为培育社会主义核心价值观的重要精神资源，弘扬劳模文化有助于把握东北文化的发展方向。劳模文化集中表现为以爱岗敬业、争创一流，艰苦奋斗、勇于创新，淡泊名利、甘于奉献为本质内涵的劳模精神，[②] 这一精神既与社会主义核心价值观公民层面的道德规范相契合，又高于社会主

① 陈勇：《劳模文化的社会效应及其价值取向》，《中国劳动关系学院学报》2005年第3期。

② 习近平：《习近平总书记在庆祝“五一”国际劳动节暨表彰全国劳动模范和先进工作者大会上的讲话》，《人民日报》2015年4月29日。

义核心价值观中对公民的道德要求，要将其作为东北文化创新发展的重要精神资源。最后，作为具有地域文化特色的宝贵精神资源，东北的劳模文化有利于营造东北文化创新发展的良好氛围。当前我国的发展受国内外各种社会思潮的影响，部分人的思想带有趋利性的特点，功利主义色彩较浓，不利于东北老工业基地的振兴发展。因此，需要以带有东北特色的、具有积极向上正能量的劳模文化为契合点，使东北地区广大人民群众在新时代保持昂扬向上的精神风貌，逐步形成促进东北文化创新发展的风向标。

3. 劳模文化对东北人才队伍建设的积极效应

一方面，从人才培养工程的标准来看东北劳模文化的重要价值。中国特色社会主义进入了新时代，东北老工业基地的振兴由此迈入了一个新阶段，东北人才队伍的建设也面临着新的机遇，劳模文化作为与东北老工业基地共同孕育成长起来的精神财富，在推进我国社会主义工业化进程中，更加注重发挥爱岗敬业和无私奉献的精神品质，与当前对东北人才队伍建设的高标准要求是有机统一的。另一方面，从人才培养的现有条件来看东北劳模文化的应用价值。劳模文化是在社会主义革命和建设时期，劳模这个集合体在长期实践中形成的共同价值观念和道德修养。无论是东北的过去还是现在，都不乏敢为人先、勇于奉献的劳动模范，他们用实际行动彰显了劳动模范的精神品格。榜样的力量是无穷的。劳模典范的先进业绩，能够为培育新时代东北高素质人才队伍提供鲜活“教材”，激发出更多优秀人才的无限潜力，积极投身于东北老工业基地全面振兴的历史洪流中。

第二节　劳动精神

一、对劳动精神的基本认识

劳动精神是劳模文化的核心要素，同时也是新时代研究和培育工匠精神的重要基点，对劳动精神内涵、生成逻辑等的基本认知是理解劳动精神的首要和基础性的工作。贺兰英（2018）认为，劳动精神是劳动者在劳动中展现的精神状态、精神面貌、精神品质，与中国特色社会主义发展实践相结合形成的中国特色社会主义劳动精神既具有民族性，又具有世界性；既具有时代性，又具有传统性；既具有精神性，又具有物质性。中国特色社会主义劳动精神内涵丰富，体现在劳动者的劳动理念、劳动态度、劳动品德、劳动习惯等方面，具体表现为“劳动光荣、劳动伟大”的劳动理念，“爱岗敬业、争创一流”的劳动态度，“淡泊名利、甘于奉献”的劳动品德，“艰苦奋斗、勇于创新”的劳动习惯。[①] 黄燕（2019）对劳动精神的生成逻辑与核心内涵进行了研究，从劳动精神的生成逻辑来看，马克思主义劳动价值论揭示了劳动的本质属性和劳动推动人类发展的重要作用，是新时代劳动精神的理论源头。在中国社会主义革命、建设和改革中，广大劳动者奋勇拼搏、艰苦创业的强大精神力量，是新时代劳动精神的实践基础。中华优秀传统文化是新时代劳动精神的文化基因，社会主义核心价值观则构成了新时代劳动精神的价值导向。

---

① 贺兰英：《中国特色社会主义劳动精神的内涵》，《南方论刊》2018 年第 5 期。

二、劳动精神的时代价值分析

劳动是人类最基本的实践方式和实践活动，通过劳动这一基本手段，有力地推动了整个人类发展和社会进步。从历史的维度来看，我国劳动人民用勤劳和智慧铸就了中华民族辉煌的历史成就，创造了中华民族博大精深的文明，可以说，劳动人民所拥有的劳动精神具有深厚的历史价值。同时，劳动精神在中国特色社会主义发展进程中仍具有其不可替代的时代价值，仍在推动中国特色社会主义理论和实践不断实现新的发展。习近平总书记指出，要始终弘扬劳动精神，为中国经济社会发展汇聚强大正能量，[①] 实指劳动精神在经济社会发展中所发挥的宏观精神价值。司志通（2015）对劳动者伟大精神作了具体阐述，包括劳动者至上、劳动者平等和劳动者可敬，其中劳动者至上是中国共产党治国理政最鲜明的理念，并从美丽劳动、辛勤劳动、诚信劳动和创造劳动四个方面阐述劳动者伟大精神背后的劳动精神内涵。[②] 高洁（2018）以高职院校开展劳动精神教育的状况分析为切入点，阐述了劳动精神教育在学校开展思想品德教育、实现教育目标、学生健康成长与成才方面的重要意义，[③] 表明劳动精神在我国教育事业发展、人才培养等方面所具有的重要价值。郑娓娜（2019）认为，在新时代培育大学生劳动精神有着重要的价值意蕴，高度

---

① 习近平：《始终弘扬劳模精神、劳动精神 为中国经济社会发展汇聚强大正能量》，《党建》2015 年第 5 期。

② 司志通：《劳动精神是新时期党治国理政的崭新理念》，《工会信息》2015 年第 18 期。

③ 高洁：《立德树人视域下劳动精神融入高职教育的思考》，《桂林师范高等专科学校学报》2018 年第 6 期。

契合时代需要，有利于促进大学生全面发展，成为有理想、有本领、有担当的时代新人，培养德智体美劳全面发展的社会主义建设者；彰显中国特色社会主义制度的优越，有利于增强大学生的道路自信、理论自信、制度自信和文化自信；有利于激发新时代青年大学生的斗志，保持锐意进取、奋发有为的精神状态。[①]

三、劳动精神的弘扬与培育路径

习近平总书记在全国教育大会上发表重要讲话，站在传播知识、传播思想、传播真理、塑造灵魂、塑造新人的高度，强调指出坚持中国特色社会主义教育发展道路，培养德智体美劳全面发展的社会主义建设者和接班人，要在学生中弘扬劳动精神，教育引导学生崇尚劳动、尊重劳动，懂得劳动最光荣、劳动最崇高、劳动最伟大、劳动最美丽的道理，长大后能够辛勤劳动、诚实劳动、创造性劳动。[②] 明确了加强劳动教育、弘扬劳动精神的重要性。

鲁满新（2019）认为，新时代背景下应遵循教育规律，遵循社会主义办学规律，遵循教书育人规律，遵循学生成长规律，加强劳动教育、弘扬劳动精神，在青年学生中将教育与劳动紧密结合，将劳动教育写进课程体系，构建德智体美劳全面的科学人才培养体系，以“三全育人”为载体，积极稳妥推进，以文化人，以行导人。[③]郑娓娜（2019）认为，新时代呼唤新使命，大学生

① 郑娓娜：《新时代大学生劳动精神培育的价值意蕴及其实现路径》，《学校党建与思想教育》2019 年第 5 期。

② 《坚持中国特色社会主义教育发展道路，培养德智体美劳全面发展的社会主义建设者和接班人》，《人民日报》2018 年 9 月 11 日。

③ 鲁满新：《论新时代弘扬劳动精神的重大意义与实践路径》，《思想政治教育研究》2019 年第 4 期。

作为社会主义建设者和接班人，应该担当起助力国家富强梦、民族复兴梦的责任。新时代大学生劳动精神培育要以个人幸福梦激发大学生对劳动的热爱，以国富民强激发大学生对劳动的热爱，以科学的劳动精神引领大学生的劳动观念，以良好的社会环境丰润大学生的劳动情感，以丰富的实践助推大学生劳动行为的养成。[①] 商曼（2019）认为，教科书作为学校教育实践的重要依托，其培养手段具有科学化、普遍化优势，因此，弘扬劳动精神，应将劳动精神融入教科书之中，通过“榜样叙事”和“成功激励”的方法，为学生普及劳动教育。[②]

第三节　工匠精神

一、对工匠精神的基本认识

李克强总理在2016年政府工作报告中首次提到“鼓励企业开展个性化定制、柔性化生产，培育精益求精的工匠精神，增品种、提品质、创品牌”。在此之前，学术界已经开始了对工匠精神的研究，而2016年政府工作报告中提出工匠精神后，学术界对工匠精神的研究更加全面和深入，对其内涵认知也不断科学化、学理化和系统化。工匠精神的核心就是精益求精，是对产品制作过程的一丝不苟、严谨细致、追求极致的职业精神，是对本职业敬畏、专注、坚守的职业道德。不忘初心，方得始终；牢记

① 郑娓娜：《新时代大学生劳动精神培育的价值意蕴及其实现路径》，《学校党建与思想教育》2019年第5期。

② 商曼：《论教科书中的劳动精神渗透——以中小学语文教科书为例》，《教材研究》2019年第11期。

使命，砥砺前行。要让工匠精神成为新时代劳动者的精神坐标、永不过时的时代风尚。[①] 肖群忠、刘永春（2015）认为，狭义的工匠精神是指凝结在工匠身上的，广义的工匠精神是指凝结在所有人身上的，在工作中追求精益求精的态度与品质。通过对中西方文化视域下工匠精神的表现进行归纳与对比，他们认为在中国文化视域下，工匠精神表现为“尚巧”的创造精神、“求精”的工作态度、“道技合一”的人生境界，而在西方则表现为非利唯艺的纯粹精神、至善尽美的目的追求以及对神负责的精业作风。[②] 刘建军（2016）认为，工匠精神是人类手工业发展的精神遗产，其内涵主要包括高度认同、敬业乐业的精神，专注专一、全情投入的精神，精益求精、追求卓越的精神。[③] 杨子舟、杨凯（2017）认为，精益求精的敬业精神、富有柔性的制造智慧、精致独特的创造意识以及求真务实的教育观念构成了工匠精神的当代意蕴。[④] 庄西真（2017）则从地域、领域、层次和育人维度分析工匠精神，从地域上看，东西方工匠精神的内涵虽有不同之处，但也有相通之处；从领域上看，不能将工匠精神局限于制造业领域，而应从更加多元的视角理解工匠精神内涵；从层次上看，道德层面的工匠精神固然需要，但制度层面的工匠精神更有现实价值；从育人上看，工匠精神的培育离不开学校与企业两大主体的协作配合。[⑤] 徐耀强（2017）则将工匠精神的内涵简单概

① 李龙熙：《培养有新时代灵魂的大国工匠》，《人民政协网》2019 年 5 月 21 日。

② 肖群忠、刘永春：《工匠精神及其当代价值》，《湖南社会科学》2015 年第 6 期。

③ 刘建军：《工匠精神及其当代价值》，《思想教育研究》2016 年第 10 期。

④ 杨子舟、杨凯：《工匠精神的当代意蕴与培育策略》，《教育探索》2017 年第 3 期。

⑤ 庄西真：《多维视角下的工匠精神：内涵剖析与解读》，《中国高教研究》2017 年第 5 期。

括为敬业、精益、专注、创新。[①] 施思（2018）将工匠精神的时代内涵概括为敬业爱岗、执着专注，一丝不苟、精益求精，追求卓越、崇尚质量，攻坚克难、守正创新。[②] 从学术界对工匠精神内涵的分析来看，这一精神的内涵集中表现在职业态度上的爱岗敬业、职业实践中的精益求精，以及随着时代发展所表现出来的创新、创造思维和能力。

二、各行各业工匠精神的具体表现

工匠精神的内涵认知虽在职业态度、职业实践中有共性，但具体到不同的行业领域，工匠精神的内涵又呈现出具体的表现。学术界对各行各业工匠精神的研究主要涉及出版人、审计人员、教师、媒体人等，张科（2019）从出版人所体现的政治素养、社会使命、文化责任以及技能要求方面出发，提到坚持政治导向、勇于担当，弘扬正气、乐于奉献，坚定自信、做好传承，精益求精、认真履职的工匠精神具体要求。[③] 张小云（2018）阐述了高校思政课教师的工匠精神主要体现在以德为先，立德树人的工匠情怀；以才为基，培养专注的工匠品质；以情为本，干一行爱一行的工匠情操。[④] 唐衍军（2018）认为国家审计人员的工匠精神主要表现为尽责奉献的职业态度，精益求精的职业品格，知行合

---

① 徐耀强：《论“工匠精神”》，《红旗文稿》2017 年第 10 期。

② 施思：《新时代工匠精神的内涵、价值与路径》，《中学政治教学参考》2018 年第 11 期。

③ 张科：《论新时代出版人才的工匠精神》，《科技与出版》2019 年第 3 期。

④ 张小云：《新时代工匠精神与高校思政课教师队伍建设初探》，《学校党建与思想教育》2018 年第 6 期。

一的求真精神。[①] 陈圣来（2016）从工匠精神的产品诉求、职业诉求和精神诉求三个方面阐述媒体人工匠精神的具体表现。[②] 各行各业工匠精神虽有具体的表现，但其精神实质仍然是具有共性的，每一行业、领域工匠精神的表现都是结合工作需求进行的具体深化。

三、工匠精神的时代价值分析

工匠精神是当前我国经济社会发展的重要精神力量，具有重要的现实价值。学术界对工匠精神时代价值的认识主要归纳为青年人才培养、工业制造业发展以及社会主体自我价值实现等方面。王明炎（2018）认为，工匠精神可以与思想政治教育实现高度融合，有利于强化思想政治教育的目标与意义，从而有助于提升青年的综合素质。[③] 王芳、曹云峰（2017）着重阐述了工匠精神在思想政治教育中的价值内涵，包括严谨细致、一丝不苟的敬业精神，精益求精、追求卓越的进取精神，求真务实、知行合一的实践精神以及格物穷理、勇于创新的创新精神等内涵，而工匠精神在思政教育中的价值主要体现在其可以运用到思想政治教育工作的开展实践中。[④] 胡文龙（2019）则将工匠精神在教育中的价值置于智能化时代视角下进行分析，主要表现在推动教育目标

① 唐衍军：《国家审计人员工匠精神的内涵与文化滋养》，《财会通讯》2018 年第 1 期。

② 陈圣来：《谈谈媒体人的工匠精神》，《青年记者》2016 年第 6 期。

③ 王明炎：《工匠精神的时代价值与青年传承》，《中学政治教学参考》2018 年第 5 期。

④ 王芳、曹云峰：《工匠精神在大学生思想政治教育中的价值内涵及培育路径》，《继续教育研究》2017 年第 12 期。

从培养“技术之人”向培养“全面的人”转变，推动教育观念从“传递观”向“变革观”转变，推动工匠精神从匠人教育向全民教育转变三个方面。[①] 曾宪奎（2017）从工匠精神的缺失出发，阐述这一精神对我国制造业发展的影响，主要包括工匠精神的缺失直接导致我国制造业产品无法通过持续的品质提高来不断提升竞争优势，进而推进竞争优势从成本优势向创新优势转变，在国际产业分工体系中无法实现向产业两端的延伸跨越，以及影响了我国企业国际品牌的培育，进而表明工匠精神在制造业发展中的价值主要体现在制造业品牌建设和制造业竞争优势提升两方面。[②] 肖群忠、刘永春（2015）认为工匠精神有助于主体自我价值的实现，主要包括：通过产品生产获得自我满足感，有助于加强与同事间的情感交流，匠人通过对产品制造等各环节的心血倾注，从中实现人与物之间的亲密关系，消费者透过产品感受匠人的精神。[③]

四、工匠精神的弘扬与培育路径

工匠精神既是我国经济社会发展中的重要精神支撑，同时也在德国、日本等国得到高度重视，因此，为使我国借助工匠精神的培育逐步增强我国的文化软实力，并在我国经济社会等各领域的发展中发挥其正向精神引领作用，就必须多维度、全方位地促进工匠精神的弘扬与培育。近年来，学术界对工匠精神的弘扬与培育路径的研究不断深化。就工匠精神的宏观培育路径来看，苏

① 胡文龙：《智能化时代的工匠精神：价值、意蕴与培育路径》，《中国职业技术教育》2019 年第 4 期。

② 曾宪奎：《工匠精神与我国制造业竞争力提高》，《学术探索》2017 年第 8 期。

③ 肖群忠、刘永春：《工匠精神及其当代价值》，《湖南社会科学》2015 年第 6 期。

勇、王茂祥（2018）认为，工匠精神的培育是一项系统工程，既需要企业、学校以及员工个人等多主体的积极参与，同时也需要激励保障机制与宽松文化环境的共同作用，具体措施主要包括营造崇尚工匠精神的浓厚文化氛围，建立健全工匠培养的保障激励机制，企业职工应该培养充分履职的自律自省精神，通过校企合作等内外协同进行工匠技能培养等，力图搭建工匠精神的培育模型。[①] 就微观层面的工匠精神培育而言，学术界主要围绕职业教育和思想政治教育两个视角对其路径进行研究。杨子舟、杨凯（2017）针对广大高职院校中技能人才的培养，主张从改变认知观念、重视合作育人、严格制度管理以及加强仁爱熏陶四方面逐步培养学生的职业自信、职业道德、职业自律和职业诚信。[②] 钱闻明（2018）认为，作为培育高素质技能型人才的主体，高职院校在工匠精神培育中扮演着重要角色。具体路径主要包括文化引领、品牌打造和平台搭建三个方面，把工匠精神培育作为校园文化构建过程中的切入点和制高点，塑造工匠文化氛围；创新基于行业标准的工匠培育模式，不断创新技能人才培养模式，逐步构建在特色专业背景下的工学结合人才培养模式；搭建基于行业标准的工匠实践平台，为青年学生提供实践情境，使工匠精神与技术活动深度融合，将工匠精神内化在内在精神结构之中。[③] 匡瑛（2018）则在智能化背景下分析了工匠精神的培育路径：其一，关注技术的人文向度和人的整体性育成；其二，推动学习方

---

① 苏勇、王茂祥：《工匠精神的培育模型及创新驱动路径分析》，《当代经济管理》2018 年第 11 期。

② 杨子舟、杨凯：《工匠精神的当代意蕴与培育策略》，《教育探索》2017 年第 3 期。

③ 钱闻明：《基于行业标准的新时代工匠精神培育路径研究》，《江苏高教》2018 年第 11 期。

式由习得性学习向探究性学习变革；其三，着力搭建工匠精神培育的社会支持体系。[①] 刘向兵（2018）认为，大力培育和弘扬工匠精神，是增强高校思想政治教育工作时代感和实效性，培育和弘扬社会主义核心价值观，促进大学生成长成才的有效途径。从思想政治教育视域下探索工匠精神的培育路径，将工匠精神全面深入地纳入思想政治教育大系统中，把工匠精神贯穿到专业课程的教学中，以及把工匠精神融入特色校园文化的建设进程中，进而潜移默化地引导学生职业素养的形成。同时，应将工匠精神作为师德师风建设的主要内容，努力培养高校教师里的工匠。[②]通过对学术界关于工匠精神培育路径的梳理，可大致将工匠精神的弘扬与培育路径概括为平台搭建、文化引领和文化氛围创造，以及工匠精神与专业课程教学的融合等，而这些路径要实现其既定目标，就必须号召企业、学校、学生、教师、员工等不同主体的积极参与。

第四节　劳动教育

2018 年 9 月 10 日，习近平总书记在全国教育大会上指出，教育是国之大计、党之大计。[③] 教育不仅对国家富强、民族复兴以及党的事业发展具有关键性意义，而且就任何文化的发展而

① 匡瑛：《智能化背景下“工匠精神”的时代意涵与培育路径》，《教育发展研究》2018 年第 1 期。

② 刘向兵：《思想政治教育视域下工匠精神的培育与弘扬》，《中国高等教育》2018 年第 10 期。

③ 《坚持中国特色社会主义教育发展道路，培养德智体美劳全面发展的社会主义建设者和接班人》，《光明日报》2017 年 9 月 11 日。

言，将文化发展与教育事业真正联系起来，将教育作为推动文化发展的重要路径，是推动文化创新发展的根本之路。

近年来，学术界对劳动教育的关注度较高，所进行的研究主要包括：劳动教育内涵、概念等的基本认识，劳动教育重要性阐述以及针对不同群体开展劳动教育的路径思考等。

一、对劳动教育的基本认识

劳动教育是一项不同于知识教育的素质教育，从狭义的角度来看，劳动教育是针对学校学生开展的树立科学劳动价值观和掌握一定劳动技能的课程；从广义的角度来看，劳动教育是覆盖社会全部主体的，提高广大人民群众劳动素质的全民教育。文新华（1995）认为，在我国，劳动教育的根本目的是要提高受教育者劳动素质，也就是要培养受教育者正确的劳动态度，提高他们的劳动能力，养成他们良好的劳动习惯，这一对劳动教育根本目的的阐释实际上也阐述了劳动教育基本内涵应包括劳动素质和劳动能力的提高、劳动态度的培养以及劳动习惯的养成等主要方面。[①] 班建武（2019）从劳动教育的立场、内容、功能及实践四个方面阐述了劳动教育的变化即“新”劳动教育的内涵，认为劳动教育的内容主要包括生产和技术的培训、消费教育以及闲暇教育等。“新”劳动教育具有使人获得自我存在的价值感和意义感，丰富人的关系属性以及培养学生审美人格方面的重要功能，并从坚持马克思主义教育与生产劳动相结合的指导思想，培养学生劳动价值观和劳动态度，构建整合性的劳动教育实践体系以及构建开放性的劳动教育实践体系等方面阐述了“新”劳动教育的实

① 文新华：《论劳动、劳动素质与劳动教育》，《教育研究》1995 年第 5 期。

践路径。[①] 檀传宝（2017）以现实劳动教育开展过程中发生的诸如演变为技艺学习、休闲娱乐和惩罚手段的“畸变”表现为切入点，着重阐述劳动教育的本质在于培育学生尊重劳动的价值观，培育受教育者对于劳动的内在热情与劳动创造的积极性等劳动素养。[②] 王连照（2016）分析了劳动教育的主要特征：本质自然性、目标改造性、概念发展性、内涵统领性、内容强联结性、执行适度性、价值召唤性以及评价自发性。[③] 司图南（2018）认为，劳动依然是人类社会赖以生存和发展的基础，劳动教育依然是立德树人的基本内涵之一，应透过社会发展变化的实践对劳动教育予以科学定位。[④] 有的学者对高校劳动教育进行了研究，对劳动教育的研究更加深化和精细化。刘向兵（2018）从形成正确劳动价值观、培育积极劳动态度、养成良好劳动品德、掌握必备劳动知识技能等方面阐述高校劳动教育的主要内涵，强调要形成劳动最光荣、劳动最崇高、劳动最伟大、劳动最美丽的正确劳动价值观，强化辛勤劳动的劳动意识与态度，培养诚实劳动、人本关怀、家国情怀兼具的优良劳动品德，强化劳动科学知识教学和劳动技能的提升等。[⑤] 综合可见，劳动教育是对受教育者进行思想层面的科学劳动观树立，培养其正确的劳动态度，进而促使其接纳科学劳动实践的教育方式。

---

① 班建武：《“新”劳动教育的内涵特征与实践路径》，《教育研究》2019 年第 1 期。

② 檀传宝：《劳动教育的本质在于培养劳动价值观》，《人民教育》2017 年第 9 期。

③ 王连照：《论劳动教育的特征与实施》，《中国教育学刊》2016 年第 7 期。

④ 司图南：《劳动教育的定位及意义》，《教育科学与研究》2018 年第 9 期。

⑤ 刘向兵：《新时代高校劳动教育的新内涵与新要求——基于习近平关于劳动的重要论述的探析》，《中国高教研究》2018 年第 11 期。

二、劳动教育重要意义阐述

劳动教育不仅构成了学校德育工作中的重要组成部分，影响着学生劳动价值观的树立和综合素质的提升，从长远来看，劳动教育的开展也对国家治理和社会的良好运作产生重要影响。学术界对劳动教育重要价值及意义的研究主要是针对劳动教育在学校教育中人才培养的微观层面而言的。滕青、杨汝奎、方美君（2008）从培养学生正确的劳动观念，养成良好的道德素质以及有利于促进人文知识内化几方面阐述劳动教育的重要作用，指出大学生劳动教育的主要功能：落实德智体美劳发展目标的有效手段、培养学生的创新意识。[①] 刘向兵、李珂、彭维锋（2018）认为，高校加强劳动教育是坚持和发展马克思主义唯物史观、坚持和发展中国特色社会主义的客观需要，是建设社会主义现代化强国、实现中华民族伟大复兴中国梦的客观需要，是实现高校立德树人根本任务的客观需要，也是当代青年成长为有理想、有本领、有担当的新时代大学生的客观需要。[②] 岳海洋（2019）从中华民族发展、高校教育目标实现以及青年学生成长三个方面阐述新时代劳动教育的重要价值意蕴，认为劳动教育有利于从长远意义上助推中华民族伟大复兴中国梦的实现。加强高校劳动教育有利于使学生在实践中强化对社会主义核心价值观的认知和认同，进而加快实现高校立德树人的根本任务。同时，高校开展劳动教育中的劳动体验有助于实现学生知识的内在化、劳动情感的升华

---

① 滕青、杨汝奎、方美君：《关于大学生劳动教育的思考》，《教育探索》2008 年第 10 期。

② 刘向兵、李珂、彭维锋：《深刻理解新时代加强劳动教育的重大意义与现实针对性》，《中国高等教育》2018 年第 12 期。

和劳动能力的增强，在劳动过程中进行自我改造、自我提升，实现人的全面发展。[①] 综上所述，劳动教育是对劳动是人的第一需要这一科学世界观的方法论体现，因此劳动教育从个体的角度来看，有利于培养其劳动观念、劳动态度及劳动习惯，尤其是在学校教育中，劳动教育是学生成人成才的重要前提，在科学劳动观指导下的每一个个体的劳动实践将从长远角度为国家社会进步奠定坚实的基础，而国家实力的增强、社会生产的发展达到一定程度后，将反作用于每一个个体的成长，促进其实现自由而全面的发展。

三、劳动教育开展路径思考

劳动教育的开展需要从思想认识和实践活动两个方面予以推进。赵荣辉（2017）认为，劳动教育在实践过程中应当以“遵循儿童内在的自然，挖掘自然界的教育资源；尊重儿童的精神生活，深入广阔的社会生活；依托国家共同体，走向教育共同体”为取向。[②] 从树立思想观念看，要消除对劳动教育内涵的狭隘理解，改变将劳动教育等同于体力劳动的传统观念。从具体的实践行为看，劳动教育的开展需要家庭、社会和学校三方的协同推进，将劳动教育的课程予以最大化拓展。同时还要在劳动教育的具体实践中融入现代社会的技术性特征，使劳动教育随着社会实践发展的需求发展探索性、创造性和艺术性劳动。[③] 徐长发（2018）则阐述了新时代劳动教育再发展的逻辑，认为针对新

---

① 岳海洋：《新时代加强高校劳动教育的价值意蕴与实践路径》，《思想理论教育》2019 年第 3 期。

② 赵荣辉：《论劳动教育的实践取向》，《教育学报》2017 年第 1 期。

③ 胡辉平：《劳动教育如何才能落地落实》，《江淮时报》2019 年 4 月 19 日。

时代劳动教育的时代要求，应从政策设计方面做好以下工作：强化和追加劳动教育政策文件的权威性、政治性和法治力度，提升政策文件的层级；恢复和确立劳动教育的独立学科地位和课程地位；恢复和建立健全教育行政部门从上到下的劳动教育组织领导机构和管理体系；支持鼓励体制内外的科研力量加强劳动教育的科研、教研活动；促进社会公共教育资源向劳动教育开放；加强党对劳动教育这项薄弱工作的领导。[①] 综上所述，劳动教育的开展既要党和政府做好对劳动教育工作的宏观安排与指导，同时也要各个主体从微观层面做好对相关政策的落实工作。

第五节　劳动文化

习近平总书记在 2018 年给中国劳动关系学院劳模本科班学员回信中提到，劳动最光荣、劳动最崇高、劳动最伟大、劳动最美丽。以劳动实践为核心构成要素的劳动文化，是中国特色社会主义先进文化的主流。

一、对劳动文化的基本认识

有学者从具体企业的发展中理解劳动文化，认为商业企业劳动文化是指劳模在实践中形成的先进服务理念、服务理论、服务道德、服务艺术以及由此对企业与广大员工产生的影响和形成的氛围，劳动文化是企业精神文明建设的重要内容，是企业的重要组成部分，是企业文化个性的反映。20 世纪 90 年代以来，珠三

① 徐长发：《新时代劳动教育再发展的逻辑》，《教育研究》2018 年第 11 期。

角地区的新生代进城务工人员，率先兴起了一种以“打工文学”和“打工艺术”为主要形式的新型劳动文化——打工文化，它是对新生代进城务工人员这一“世界工厂”劳动主体的经济社会状况的真实反映，是他们的愿望和诉求的真实表达。所谓劳动文化（Labor Culture），是对历史上出现的劳动与文化的对抗性冲突的扬弃，是文化的劳动化或向劳动的回归，是一种彰显劳动的价值和地位、劳动者的尊严和权利的文化，是一种弘扬劳动者的经济政治主体地位、精神文化主体地位和社会历史主体地位的历史观与价值观。劳动文化是指在一定的社会文化环境的影响下，经过劳动者这个集合体长期实践与创新所形成的整体价值观念、信仰追求、道德规范、行为准则、创业精神、助人风尚、劳动品格的总和。有学者通过对企业建设中的劳动文化进行分析，认为劳动文化的内层是核心理念，包括劳动理念、劳动精神、劳动价值观等；劳动文化的中层是执行保障，由劳动文化建设组织机构、实施方案、管理制度和机制等组成；劳动文化的外层是载体建设，主要是宣传媒介、环境氛围、员工活动等。

二、劳动关系发展中的劳动文化

劳动关系是在现实劳动过程中形成的最基本的社会关系，与劳动者有着十分密切的联系。劳动关系中的劳动者要成为用人单位的成员，需要遵守用人单位的内部劳动法规。同时，用人单位需要保护劳动者的合法权益，充分调动劳动者的积极性创造性，建立和谐稳定的劳动关系，大力促进社会生产力的发展。“让劳动本身成为享受”之所以如此重要和必要，正是因为今天的劳动形式仍然带有一定的压迫性和谋生性，以及由此造成的错误劳动价值观大行其道、社会关系全面物化，从而大大降低了劳动的幸福感和享受感。“让劳动本身成为享受”既是社会主义精神的核心主张，同时也是社会主义发展的最终目的。劳动的享受感和幸福感正是劳动过程和劳动结果的有机统一。[①] 目前，在现实的经济社会发展进程中，劳动问题、劳资矛盾和分配不公问题，逐渐引起了党和国家的高度重视。

劳动文化作为劳动者在长期的工作与生活中形成的为劳动者所认可和遵守的精神状态、价值标准、思维方式、行为习惯等，是劳动者在长期的工作、生活、相互交往及与企业的博弈中形成的文化。[②] 党的十九大报告提出，建设知识型、技能型、创新型劳动者大军，弘扬劳模精神和工匠精神，营造劳动光荣的社会风尚和精益求精的敬业风气。积极促进我国现代化生产技术的发展，有利于保证劳动安全卫生，改善劳动条件，充分保证劳动者在劳动过程中的人身安全和健康。当前，学术界对劳动文化的认知与把握，大多是将其与劳动关系发展实践相结合进行研究的。

---

① 何云峰、王绍梁：《“让劳动本身成为享受”何以可能》，《探索与争鸣》2019年第7期。

② 范韶华：《基于劳动者权益保护的劳动文化研究》，《北京市工会干部学院学报》2017年第1期。

第六章 国外劳动关系经验借鉴

本章旨在对大国崛起过程中劳动关系治理经验进行剖析。资本主义生产方式决定了作为资本人格化的资本家与劳动者之间存在资本雇佣劳动，实质是剥削与被剥削的关系，存在劳资矛盾。如何调和劳资矛盾一直是资本主义社会着重探讨的议题。在本章中，本书研究了日本“三大支柱”模式、德国共同决定模式和美国职工持股计划这三个劳动关系治理的典型代表，这有助于追踪国外劳动关系调整的理论前沿与典型案例，认清资本主义劳动关系协调的本质，总结其经验教训，促进中国和谐劳动关系。

第一节　日本“三大支柱”模式

对于日本劳动关系协调模式，国内外学者做了大量研究。研究内容主要包括以下几个方面：日本劳动关系“三大支柱”，即终身雇佣制、年功序列制以及企业工会的形成和演变发展，认为“三大支柱”是支撑日本劳动关系的核心力量，形塑了日本经营家族主义与日本劳动关系，也促进了日本“春斗”的产生与发展。但是，虽然国内外学者对于日本劳动关系协调模式的基本安排进行了详细的阐述，却缺乏系统全面的总结、归纳以及结合中国现有经济形势进行分析。本书在已有的研究成果之上，以定量分析与定性分析相结合的方法对于日本劳动关系协调模式产生的渊源、形成、发展以及前景进行了研究，认为日本完善的劳动关系协调模式在借鉴西方劳动关系协调模式经验的基础上，是与其优良的传统“家”文化密不可分的，并形成以“三大支柱”为特色的企业经营模式。此外，本书从宏观和微观层面对日本劳动关系协调模式进行了探索与研究，认为三方协调机制、“春斗”的集体谈判制度、劳资协商制度及意见处理制度为处理劳动关系搭建了沟通平台，很大程度上减少了日本劳资矛盾出现与激化的可能性。

一、日本劳动关系协调模式的理论来源

（一）儒家家族主义和日本独特的“家”文化

经营家族主义是 20 世纪上半期在日本大企业中普遍实施的一种管理理念，它将传统的“家”文化制度移植到近代企业中，主张按照“家族”的运行机理来经营企业，通过满足员工的社会情感需求以达到提高生产率的经济目的，是日本式经营的源头与本质。经营家族主义的形成很大程度上受中国的儒家传统文化影响。

1. 儒家家族主义

儒家家族主义推崇以家庭为主体，是儒家传统文化的精髓。儒家讲究“修齐治平”，即“个人”（修身）、“家庭”（齐家）、“社会”（治国）。“修齐治平”实际上是指以家庭本位为核心，进而达到治理天下的目的。那么如何以家庭为本位进行“齐家”呢？集先秦儒家大成的《大学》中谈到，“齐家”最主要的就是要正确处理男人与妻子、孩子、兄弟姐妹及亲戚的关系。如果以上关系处理得当，便能使家庭和睦兴旺，进而促进社会和谐，达到“治国”的目的。“齐家”涉及“孝慈”德目和“妇节”德目。

“孝慈”用来处理父母和孩子之间的关系。什么是“孝”？“孝”是指在父母犯错时，子女能够站出来提前劝告父母，父母作出违反正义道德的事情的可能性会缩小。什么是“慈”？“慈”是父母最基本的准则，父亲对子女应做到义，母亲对子女应当做到善，二者统称为慈。同样，“妇节”是指处理夫妻之间的关系时，女子应当在某些方面做到自制、限制，以保持节操。

“孝”和“慈”，都是从纵向维持家庭和睦，“孝”为子女对父母的尊敬和爱，“慈”为父母对子女的教导和规范。“妇节”作为调节夫妇关系的德目，从横向方面维系家族利益。二者相互结合，从横向与纵向两个维度对家庭成员进行规范，要求个人利益服从家庭利益，这就是儒家家族主义的倾向。

2. 日本独特的“家”文化

作为东亚国家的日本，深受中国儒家家族主义的影响，逐渐形成自己独特的“家”文化。日本对于“家”的理解不同于其他国家。在旧民法中有这样的解释：家是户主进行统帅管理的由家庭成员组成的大集团。户主和家庭成员的关系是命令与服从的关系，与是否有血缘关系无关。因此，在日本，“家”并不仅仅局限于血缘这一种因素，居住地点或经济因素也是形成家庭的原因之一。日本学者将这种现象称为以“模拟血缘关系”来判定家庭成员。

这种“模拟血缘关系”主要体现在两个方面。第一是“养子制度”，日本的“家”是立于以婚姻和血缘关系为纽带的具体家庭之上的生活共同体。它超越了血缘的谱系，只要是有利于家业的延续和兴盛，女婿、养子甚至得力的仆佣都可以按照“模拟血缘关系”成为家族一员。在日本，“家”的延续是家族成员的重要事情，在家庭没有男儿的情况下，就以养子或者招上门女婿的方式继承家业。第二是家业的经营，家庭的雇员在一定年龄后，即使与家族成员没有直接或间接的血缘关系，也可成为家族的成员，参与家庭事务的管理与经营，这样的雇员组成的团体被称为“别家”。

3. 经营家族主义的产生

旅日学者孔健说过：“日本经济的高速发展，就是拜儒家的教育思想为师的结果。”企业将日本独特的“家”文化传统运用到企业经营当中，形成经营家族主义制度，主张按照“家族”的运行机理来经营企业。通过提高员工的认同感和归属感，进而达到提高生产率的经济目的，是日本式经营的核心思想。在经营家族主义制度下，企业就像一个由企业主、经营者与劳动者共同组成的“大家族”，企业给员工提供安身、发展的场所，并对员工进行一定的培训和规范，这体现了家族主义中“孝慈”中的“慈”；为了回馈企业，报答此种恩情，员工便会倾尽全力为企业工作，尽最大努力提高劳动效率，充分体现“孝慈”中的“孝”。

日本企业家具有一个共识：企业是一个大家庭，如果像父母栽培子女一样，对员工给予关爱，进行培训和教导，那么每一个员工都会成为企业的栋梁。许多日本企业管理者认为，企业的存在不仅是为了实现利润最大化，而且还是满足企业员工生理、心理、社会等需求的场所。日本独特的“家”企业文化注重提高员工的认同感，因而形成自己独特的日本式经营方式，终身雇佣制、年功序列制以及企业工会是日本式经营的“三大支柱”，其核心思想是“以人为本”与“真诚效忠”的价值观。

（二）埃米尔·迪尔凯姆与管理主义学派

1. 迪尔凯姆的劳动分工理论

迪尔凯姆的劳动分工理论，研究了从前工业化社会向后工业化社会过渡中产生的问题，在前工业化社会中，劳动的社会分工方式并不复杂，人和人之间的各方面能力特质差别不大，形成了大致相同的集体意识。集体意识的存在，有利于增强各个团体组织的凝聚力。但是，随着工业化的推进，社会分工开始越来越明确，由于社会阶层和收入、教育背景等差异的存在，人们在各个方面开始出现较大差距，个人意识产生并对具有机械性团结基础的集体意识产生破坏影响。工人和资本家之间的矛盾开始出现。面对如何解决劳资矛盾，迪尔凯姆认为，传统的工人与资本家的阶级分类已经过时。当产生矛盾时，彼此依赖的利益群体不应该再采取相互对立的方式，而应寻找一条双方互利共赢的解决思路。过去工人经常把不满和冲突带入工作中，而在劳资共赢的情况下，他们有更多的机会分享社会进步带来的利益，参与社会事务的管理，所以他们自然而然地会表现出合作和贡献。迪尔凯姆的理论试图通过社会团结的框架，把劳资双方置于一个有机整体中，以缓解劳资矛盾。

2. 管理主义学派

管理主义学派的思想也正是源于此，迪尔凯姆的劳动分工理论与管理主义学派的观点相契合。实际上，管理主义学派推崇的许多“万能药方”，比如工作轮换制度、工人参与的团队制度、利润分享制度，也都是受迪尔凯姆的劳动分工理论的启发进行设计的。从管理学角度出发，管理主义学派在研究劳动关系时，强调从人力资源开发和企业人事管理制度的角度健全协调劳动关系。日本劳动关系协调模式是以家族理念和集体意识为企业的经营管理文化，由终身雇佣制、年功序列制和企业工会形成其主要管理体系。受迪尔凯姆的工业主义劳动关系理论启发，管理主义学派认为只要雇主善于管理员工，劳资双方的利益是可以合二为一的。管理主义学派提出高绩效管理方式，主要包括较高的工资水平和较好的福利政策，员工在企业中能够获得公平合理的待遇，企业实行一定程度上的岗位轮换等相应措施，若这些管理政策得到切实实施，那么员工的劳动生产率就会提高，员工失业率和迟到早退率就会降低，产生其他矛盾的概率也会下降。

二、日本劳动关系协调模式的基本结构

作为“二战”的战败国，日本经济曾陷入低迷，人民生活一片混沌，企业成为职工唯一的依靠。经营管理者将日本企业经营家族主义的理念运用到现代企业生产经营管理之中，使家族传统通过“劳资一家”和“全员命运共同体”表现出来，形成了“以人为本”和“温情的家长主义”为特点的日本式经营。

（一）终身雇佣制

1. 终身雇佣制的概念

所谓终身雇佣，即劳动者终身在某一特定企业劳动。一旦职工成为某个企业的员工，只要没有做违背法律道德的事情，即使在经济低迷时期，企业也不得解雇员工。同样，员工对企业不满意，由于社会习惯的存在，员工也不会辞职，因为从原企业辞职到一家新的企业工作被视作“背叛”。值得注意的是，终身雇佣制

并非法律明确规定要每个员工终身受雇于特定企业，而是一种关于长期雇佣的心理契约和惯例，员工也只限于人力资本价值比较高的劳动者，例如技师、骨干工人、管理人员等，从事辅助工作的闲杂工作者等则继续采取从人力资源市场随用随雇的劳务雇佣制度。

2. 终身雇佣制的形成

在明治初期的工厂中，随着经营规模的扩大与机械化程度的提高，企业实行“亲方制”,[①] 该种制度成本极高，逐渐显现其局限性，于是，一些大型企业开始直接从应届毕业生中招收新手进行相关生产技能培训，即“童养工”制度。为保证年轻的工人能够在企业的培训下成为企业工作的技术骨干工人，管理者通过建立内部晋升制度，大大降低了员工的流动性，达到防止“童养工”外流的目的。这为后来的终身雇佣制的形成埋下了伏笔。“一战”后，日本经济萧条，民不聊生，大量工人失业，工人们开始采取集会游行、占领工厂等极端方式来要求雇主提高福利待遇并保障雇佣。为了解决劳资之间的矛盾，企业开始寻找一种双赢的方案，终身雇佣制由此应运而生。大企业宣扬企业是资方与劳方通过契约建立雇佣关系而形成的“家”，劳动者、资本家与经营者作为家族成员，要共同维系“终身”的“父子”关系。“二战”爆发后，为供应战时大量资源需要，日本劳动力供不应求，劳动者的流动性不断提高，为此，日本政府颁布相关法律进而强化终身雇佣制。1960—1970 年，日本经济高速增长，多数企业将终身雇佣制纳入管理体系，终身雇佣工的数量在全体劳动力

① 亲方制：亲方即技能师傅。在明治初期的工厂中，经营者将任务承包给亲方，由他们雇佣工人进行生产。

中的比例达到史上峰值。

3. 终身雇佣制的意义

首先，对于企业团体内部的和谐稳定具有重大意义。企业与员工是“命运共同体”，企业对于员工投入大量精力进行培养并在无特殊情况下保障其终身不失业，员工对于企业的认同感和归属感极强，这有利于企业内部形成和谐的组织管理气氛。其次，有利于企业保护自己的科技成果，避免了由于劳动力流动带来的生产技术外流。员工也会自觉学习新技术、新方法，提高效率，增加企业盈利。最后，实施终身雇佣制有利于维护国家和社会稳定。即使伴随大量新技术和机器的引进，减少劳动力的使用，企业也会对员工进行新的培训，将其安排到其他岗位，避免大量失业造成社会动荡。同时，终身雇佣制有利于构建和谐劳动关系。企业是一个家庭实体，员工与企业主的关系不再是命令与服从的关系，而是“父子”关系，因此在劳资之间形成了深厚的感情，有利于消除劳动关系紧张，弥补企业制度本身的局限性，激发了雇员的工作热情。

（二）年功序列制

1. 年功序列制的概念

年功序列制是指由于轮岗制度的实施，随着员工工龄增加，其接触的岗位增多，掌握的工作技能增多，拥有丰富的经验，能够在很多方面的工作中得心应手，促进了企业效率的提高，员工的工资也得到提升。这种工资制是与终身雇佣制相配套的制度，对于构建和谐劳动关系有着重要意义。年功最初的意思是指“多年的功绩与经验”，具体表现为工人的学历、年龄以及在本企业的连续工龄等方面。由于连续工龄在工资结构中比例较高，工人们也认识到与频繁的“跳槽”比较，这种可以预期的、不断增长的年功工资对自身更有利，因此也愿意长期受雇于同一家企业，这从劳动力市场供给方的角度进一步巩固了终身雇佣制。

2. 年功序列制的形成

为了解决“二战”后劳动力流动速度快的问题，企业采取效仿传统文化中“尊老爱幼、长幼有序”的习俗，形成以“年功”为核心的职位和工资制度，这样有利于留下企业经验丰富的骨干。而日本家庭主义传统也为年功序列制的形成奠定了基础。明治维新后，工人们开始上街游行，由于当时的劳工立法还不健全，劳动矛盾频频出现。为减少工人的不满，企业采取以家庭主义为基础的雇佣机制，雇主与雇员之间如同家庭成员一样和谐互敬互爱，工厂中劳动者与管理层之间的关系并不仅仅是基于法律上的契约关系，二者之间以浓厚的情感为基石，如同对待家人一般，劳动者愿意为企业倾尽所有时间和精力来工作。日本企业的管理者也乐于用慈善的家长主义对待员工，为他们提供更高的福利待遇、奖金（年功中的“功”）等，以提高员工的工作积极性。

3. 年功序列制的意义

年功序列制也可以被称作生活工资制。首先，随着企业员工年龄的增加，其家庭的各项支出随之增加，根据“年功”，其工资也将更高，这样可以缓解企业员工的生活压力，这种工资制度为各年龄阶层员工提供了工资保障。因而，年功序列制使员工对于企业的归属感增强，极大地激发了员工努力工作的积极性，进而提升劳动生产率。其次，年功序列制的实施，有利于企业降低成本。“二战”后初期至20世纪60年代，日本的年轻劳动力处于供过于求的状态，日本寻找工作的群体年龄结构以金字塔型分布，企业以较低的薪水雇佣多数刚刚毕业的学生群体，使得劳动力的工资多数分布在平均工资以下，减少企业工资成本。随着员工年龄增加，提升工资，又有利于激发劳动力的工作热情。最后，由于员工一旦“跳槽”，工资将从最低开始增长。通常情况下，员工会始终如一地为一个企业效劳，因而企业会比较重视内部培训，减少劳动力流动的成本。

（三）企业工会

1. 企业工会的概念

企业工会是日本工会组织的主要类型，即以在企业内组建工会组织为主。日本少量的职业工会和产业工会对日本劳动关系的影响相对较小，工会组织主要以企业工会的形式存在，企业工会已成为日本式经营的特点之一。与欧美的产业工会和职业工会不同，日本企业工会的存在有利于劳资矛盾在企业内部得到解决，而欧美的工会往往是劳资矛盾的发起者之一。

2. 企业工会的形成

19世纪末期，日本就多次试图成立工会组织，但是在“一战”已近尾声时，多数劳动者仍然没有参加工会组织。自此以后，日本工会逐渐产生过一些行业工会和职业工会，但成立不久就消失了。1925年，日本企业工会的人数不断增多，甚至超过职业工会和行业工会等其他工会组织。“二战”爆发后，由于工人运动的势力不断扩大，使得战时生产不能顺利进行，于是，政府强制所有的工会解散，所有工会成员组成一个新的组织——产业报国组织。对于企业来说，该组织取代了工会的职能，负责为劳资之间提供沟通途径，代表劳动者与资方协商以改善职工工作条件，该组织可以称作日本企业工会的雏形。第二次世界大战结束之后，由于美国占领日本，在美国的统治下，1947 年日本颁布了《和平宪法》，该宪法确立了“劳动三权”，即团结权、集体交涉权及集体行动权。与此同时，日本先后于 1946 年和 1949 年分别颁布了《劳动关系调整法》和《工会法》，明确规定了集体劳资纠纷的解决方法，强化了工会的谈判地位和集体行动，这为日本劳工运动和工会组织的发展提供了法律支持。

3. 企业工会的意义

首先，企业工会的建立降低了劳资双方矛盾激化的可能性。企业工会只招收正式员工，临时工、外包工均不允许入会，因而大大削弱了企业工会的力量，减少了劳资矛盾的产生。其次，日本的企业工会有利于劳资之间的矛盾在企业内部得到解决，工会管理层的主要干部多数从企业的高层中选拔出来，他们与资方相互了解，便于沟通，并把工会的存亡与企业绑定在一起，在处理劳资矛盾时能够较快达成一致。从短期来看，劳资妥协的确给双方带来了极大的好处——企业稳定发展、职工条件改善。劳资双方能够基于自身利益的考虑，彼此之间作出一些必要的让步，用最小的代价换取最大的收益。

三、日本劳动关系协调体系的运作

“二战”后日本经济高速发展，以“三大支柱”为特色的日本式劳动关系运行模式功不可没，而日本劳动关系的和谐稳定也与日本建立的一套适应国情的劳动用工制度和劳动关系调整机制息息相关。

（一）三方协调机制

三方协调机制是指政府、雇主团体和工会组织三方当事人就劳动关系相关问题进行沟通与协商的制度。三方协调机制的建立有利于三方相互了解，以和平方式化解劳资矛盾。实行三方协调机制是日本一贯的做法，为了使这一机制得到良好运行，日本为此成立相关法律，建立劳动委员会、审议会（劳动政策审议会、产业劳动恳谈会）、国际劳动财团等协商机构。

1. 立法层面

法律作为处理问题的强制性手段，健全的法律制度也是支撑日本和谐劳动关系的基础，并充分体现三方协调原则。“二战”后，日本政府在 1945—1947 年先后颁布了《工会法》《劳动关系调整法》和《劳动基准法》。《工会法》对工会成立所需条件进行规范，确立了不当劳动行为制度及团体协约的规范性约束力，保障了劳动三权；《劳动基准法》旨在尊重和保障劳动者的生存权，对劳动者的劳动报酬和工作条件规定了最低标准；《劳动关系调整法》规定劳动委员会有权对劳动争议进行协商、调解和仲裁，促进了劳资纠纷的解决。上述法律为调整劳动关系提供了一个基本的法律框架。另外，日本还有《国营企业劳动关系法》《工资支付确定法》《最低工资法》《男女就业机会均等法》等多部调整劳动关系的法律。

为更好地解决集体劳动争议问题，日本专门成立了劳动委员会，主要负责处理各种劳动行为产生的争议案件。在与此相配套的立法中，《劳动关系调整法》规定了斡旋、调解和仲裁机制；

《工会法》规定了不当劳动行为救济机制（审查机制）以协调解决劳动争议问题。而政府制定的每项制度规定都必须经过劳动政策审议会讨论才能通过，劳动政策审议会由工会组织、雇主代表、权威的法学专家学者组成，是工会参与国家立法活动和政策制定的重要途径。该立法程序确保了劳动政策的运行过程中充分体现政府、劳动者和雇主的意愿及直接利益。为了促进劳资之间的相互理解，日本建立了由工会、雇主团体、政府代表组成的产业劳动恳谈会。中央级别的产业劳动恳谈会每年至少召开一次，就工作时间、薪资、福利水平等关系到劳动政策和产业政策方面的问题展开讨论协商，在恳谈会期间，三方可以自由交谈，达到合作、共赢的目标。国际劳动财团是以日本工会总联合会为主的三方合作机构，三方通过发表"白皮书"，表达各方对有关劳动立法、劳动政策、处理劳资矛盾纠纷的不同立场与看法。这有利于三方相互了解，增进合作，扩大工会运动的影响，保障了劳动者的基本权利。

2. 主体层面

从政府层面上看，和其他国家相比，日本政府不直接参与劳动关系调整与劳动争议处理，而是为劳动关系的发展创造良好的外部条件。政府作为三方协调机制中的劳动监察者，由于日本劳资之间较为和谐，非法用工较少，所以更加侧重对职业安全、劳动条件、集体协议履行情况的监察。日本的集体谈判多数在企业一级进行，政府干预较少，不过在劳资之间因谈判或者其他问题产生劳动争议问题时，劳动委员会采取相应措施进行处理。

从工会组织层面上看，日本的工会组织对于劳动关系的处理起到基础作用。日本工会多数为企业工会，企业工会可以加入产业工会（如日本海员工会），产业工会可以加入全国工会，但全国工会不直接参与劳资问题的处理，起到总指挥的作用。

从雇主组织层面上看，相比日本的工会组织，日本的雇主组织——“日经联”不直接参与企业内部劳动关系，主要是通过制定各种政策、提供咨询、指导雇主，以此维护和发展良好的劳动关系。

（二）企业集体协商模式

1. “春斗”的集体谈判

“春斗”是日本调整集体劳动关系的重要途径，其对劳动条件的改善和社会和谐稳定起到了积极的促进作用。“春斗”又称“春季生活斗争”或“春季劳资交涉”，是日本工会每年春季组织的为提高工人工资、反对解雇工人和改善劳动条件等而进行的斗争，每年都由各大工会联合组成“春斗委员会”，以谈判形式为主。“春斗”的本质是集体谈判，主要方式大致为先由较有协商能力的产业工会与雇主（或雇主组织）进行集体谈判，再由较弱小的企业工会以这些成果为目标，与其雇主进行集体协商。

在20世纪60年代至70年代初这10多年中，日本的“春斗”取得了辉煌的战果，改善了劳动者经济待遇，并推动了日本经济的高速发展。从表6.1.1可以看出，从1956年开始至1975年，“春斗”所带来的名义工资增长率总体呈现逐年高速增长的态势，最高达到32.9%。即使石油危机发生后工资增长幅度下降到一位数，但至1991年为止也保持着5%左右的增长水平。即便是扣除物价、生活水平等影响因素后，实际工资增长幅度也始终在2%左右。除此之外，“春斗”增加的工资是以固定额增长，对于低收入群体来说增长更加明显，因而也有利于缩小日本社会的收入差距，减少劳资矛盾激化的可能性。

“春斗”在相互交涉谈判阶段，企业与工会之间从企业的经营状况、经营计划等多个方面进行多元化的深入探讨，为劳资之间搭建了面谈沟通的平台，增进彼此的了解，能够有效化解可能产生矛盾的问题。

表 6.1.1　“春斗”取得的工资情况

年度	名义工资增长率/%	实际工资增长率/%	完全失业率/%	年度	名义工资增长率/%	实际工资增长率/%	完全失业率/%
1956	6.3	8.3	2.3	1986	4.55	2.3	2.8
1957	8.6	1.1	1.9	1987	3.56	2.2	2.8
1958	5.6	3	2.1	1988	4.43	3	2.5
1959	6.5	5.5	2.2	1989	5.17	1.9	2.3
1960	8.7	2.5	1.7	1990	5.94	1.5	2.1
1961	13.8	0.1	1.4	1991	5.65	0.2	2.1
1962	10.7	3.4	1.3	1992	4.05	0.1	2.2
1963	9.1	2.6	1.3	1993	3.8	-0.6	2.5
1964	12.4	5.8	1.1	1994	3.13	1.8	2.9
1965	10.6	2.8	1.2	1995	2.83	2.1	3.2
1966	10.6	5.2	1.3	1996	2.8	1.6	3.4
1967	12.5	7.7	1.3	1997	2.9	0.4	3.4
1968	13.6	7.8	1.2	1998	2.66	-2.1	4.1
1969	15.8	9.7	1.1	1999	2.21	-1	4.7
1970	18.5	8.7	1.1	2000	2.06	0.6	4.7
1971	16.9	8.1	1.2	2001	2.01	0	5
1972	15.3	11	1.4	2002	1.66	-1.8	5.4
1973	20.1	8.7	1.3	2003	1.63	0.2	5.3
1974	32.9	2.2	1.4	2004	1.67	-0.9	4.7

续表

年度	名义工资增长率/%	实际工资增长率/%	完全失业率/%	年度	名义工资增长率/%	实际工资增长率/%	完全失业率/%
1975	13.1	2.7	1.9	2005	1.71	1.5	4.4
1976	8.8	2.9	2	2006	1.79	0.7	4.1
1977	8.8	0.5	2	2007	1.87	-1	3.9
1978	5.8	2.5	2.2	2008	1.99	-2.1	4
1979	6	2.3	2.1	2009	1.83	-3.4	5.1
1980	6.74	1.6	2	2010	1.82	2.2	5.1
1981	7.08	0.4	2.2	2011	1.83	0.5	4.6
1982	7.01	1.5	2.4	2012	1.78	-0.9	4.4
1983	4.4	0.8	2.6	2013	1.8	-0.8	4
1984	4.46	8.3	2.7	2014	2.19	-2.4	2.8
1985	5.03	1.1	2.6				

资料来源：日本厚生劳动省劳资关系担当参事官室的各年度统计数据，厚生劳动省《每月劳动统计》。

2. 劳资协商

1946年，日本推出经营协议会制度，后被称作劳资协商制度，是指劳动关系双方就企业经营管理方面的问题进行探讨、协商的制度。为此，日本企业普遍设立“劳资协议会”，由雇主和工会选出一定数量委员组成，针对一些不适合集体谈判解决的生产、经营方面问题展开协商。劳资协商制度在实践中，多数是作为集体谈判的前置程序而规定的，是为了集体谈判的顺利进行而设置的一种协商机制。同时，其通常也约定在协商不成时，劳动者方面不采取罢工、怠工等集体抗争行动。与集体谈判有很大不同，劳资协商的目的在于扩大生产经营成果，在劳动关系上强调如何合作使企业经营得更好、利润达到最大化，彼此达到双赢的目标。集体谈判的目的是促进生产经营成果的公平分配，其间劳资之间分配利益的利害关系更加突出。而劳资协商侧重于劳动者和雇佣者的利益一致性，有利于降低劳资争议事件的发生。

3. 意见处理制度

依据《公共企业劳动关系法》，日本企业还设立了意见处理制度。意见处理制度是针对在集体合同的解释和具体适用上产生的争议，或者个别劳动者在劳动关系方面的不满、意见及权利主张，工会与雇主方基于双方的约定而设立的一种专门处理机制。它与集体谈判不同，可以随时有问题随时处理，处理不了再提交集体谈判或由上级劳资双方解决。这种动态的调整方法，对于缓和企业劳动关系起到了重要作用。

四、日本劳动关系协调模式的变革及原因

“二战”后日本经济的发展大致可以划分为三个时期：高速增长期（1955—1973 年）、稳定增长期（1974—1990 年）与长期萧条期（1991 年至今）。在高速增长期和稳定增长期，日本经济的腾飞与平稳正是由于日本型雇佣体制的存在，与之相对应的是传统的日本型劳动关系，但自从 1991 年日本经济泡沫崩溃之后，日本经济便开始持续低迷，“三大支柱”发生了重大变革，劳动关系转为“新 J 型劳动关系”。

（一）日本劳动关系协调模式变革

日本在“二战”以后，形成了以终身雇佣制、年功序列制及企业工会为主要内容的劳动关系。这种劳动关系对于战后日本的经济发展起到了积极的作用，并成为一种文化现象。进入 20 世

纪80年代，这种劳动关系遇到了越来越多的困难，一部分日本企业不得不进行一些调整。之后，2008年的全球金融危机又使日本的劳动关系发生较大变化。

1. 长期雇佣工减少

日本经济进入长期萧条期后，企业员工构成发生了巨大变化，终身雇佣制面临挑战。首先，20世纪80年代，随着委托加工业务的增加，以前的边缘劳动者，例如家庭妇女、临时工等，这些日益增加的其他雇佣形态的劳动者开始承担这些业务，逐渐取代了20世纪70年代以“正社员”为中心的雇佣制度。专业性强的合同制工人、弹性雇佣制工人的比例大大上升，长期雇佣工的比率下降。其次，企业员工轮岗的范围由过去在公司内部扩大到集团内部，这促进了内部劳动力市场的扩张，用工弹性加大，员工流动出现临时调动和永久调动两种形式。再次，劳务派遣工数量不断扩大。劳务派遣工，指派遣公司将自己的员工派遣到用工企业进行工作，听从用工企业的安排。20世纪80年代末，劳务派遣这种用工形态在最初得到日本法律认可时，只有13个行业得到政府许可可以进行劳务派遣，自此以后，这种约束逐渐减小，到1999年日本国内市场几乎允许所有行业进行劳务派遣。2004年，劳务派遣用工规模急剧扩大，达到了前所未有的数量，就连一直被禁止劳务派遣的制造业也得到解禁。但是，随着劳务派遣规模扩大，劳务派遣费日益下降，派遣员工的工资水平也较低。这种模式无疑提高了劳动力的高流动率并降低了长期雇佣工的比例。最后，非全日制工人大规模增加。自20世纪80年代以来，日本的非全日制工人不断增加，1980年有非全日制工人145万人，占所有雇员的5.8%；2011年，其人数达到历史最高1803万人。

2. 绩效工资制出现

1995 年“日经联”发表了《新时代日本经营报告》，该报告倡导企业不再局限于传统的雇佣习惯，大胆地使劳动力弹性化和流动化，进而达到削减人工费用，实现企业低成本化的目的，并提出“喇叭形”工资方案，即工资应随工龄增长往上浮动，到一定能力水平后再根据“功绩”上下浮动。这种工资制度为年功序列制的消失埋下了伏笔。于是，各大企业开始缩小加薪幅度，有些企业甚至取消了定期加薪制，同时提高了能力工资在基本工资中的比例。部分企业开始实施年薪制。年薪制的出现意味着划定工资的时间标准从终身制改为年度制，与日本年功序列工资制度有着本质的区别。随着日本劳动力的老龄化及企业对于创新需求的不断增大，绩效工资制开始进入公司，逐渐取代原来的年功序列制。绩效工资制下，雇员的薪酬收入与个人业绩挂钩。通过分析日本健康、劳动和福利部发布的工资结构调查数据，本研究发现日本工人工资并没有随着年龄的增长而提升，这表明年功序列制在日本逐渐消失。

3. 工会力量削弱

由于产业重组，企业结构调整以及企业的分立与合并使得工会入会率下降。日本企业雇佣人数、工会会员数及组织率的变化数据表明，1985—2014 年期间，日本企业雇佣人数呈现逐年不断增加的趋势，但工会会员数从 1994 年的 1269.9 万人（入会顶峰时期）开始逐年下降，2014 年仅有 984.9 万人。20 世纪 90 年代后期，工会组建率开始降低，到了 2014 年 6 月仅为 17.6%。企业工会的力量不断减弱，由企业工会组织的“春斗”的方式和内容逐渐改变。1961—1975 年的 15 年间，“春斗”所取得的工资增长率大幅度上升，名义工资增长率除 1963 年外，其余年份都以两位数比例增长。从第一次石油危机到 20 世纪 90 年代，日本工人的工资增长率开始不断下降，但去除通货膨胀，实际工资增长率均为正数。然而，20 世纪 90 年代以来，日本工人的名义工资增长率多数在 1.8%—4% 之间，实际工资增长率基本在 0 上下浮动，仅有 5 年增长率超过 1%，多数低于 0，即通过“春斗”给员工争取的工资上涨幅度不足以填补通货膨胀所带来的物价上升，使得员工的实际工资不升反降，“春斗”的力量大大削弱。1995 年，日本私铁劳动组合总联合会在“春斗”过程中第一个不再采取罢工形式谈判。此后，几乎没有再出现过大规模的罢工行动。可想而知，随着罢工这种斗争方式的消失，工会在工资交涉时将失去与资本家平等对话的机会。21 世纪初，小泉内阁提出“打破工会既得权利”的口号，使工会在集体谈判中彻底失去话语权。

（二）日本劳动关系协调模式变革的原因

随着日本经济由稳定增长期向长期萧条期转变，传统的日本型劳动关系开始面临挑战，新的劳动关系模式——“新 J 型劳动关系”在一些企业中出现。“新 J 型劳动关系”是指非正式员工比例增加，采取绩效工资制的劳动关系。“新 J 型劳动关系”出现的原因可归为以下三个方面。

1. 经济全球化

从 1990 年开始，日本经济开始陷入“失去的 20 多年”。从 2001 年开始，日本人均 GDP 出现了“二战”后的首次下降。人均收入水平降低导致国内的有效需求严重不足，消费不足导致国民经济一蹶不振，人均工资水平也不断下降，这些因素导致日本经济低迷的恶性循环。为了解决这个问题，日本企业不能再只面向国内市场进行销售，转而开始开拓国际市场，加入经济全球化进程势在必行。

为了快速适应经济全球化，日本将本国具有比较优势的制造业在低收入国家设立工厂，这对传统劳动关系造成了极大的冲击。首先，由于生产地点的转移而不得不大量雇佣低收入国家的劳动力，日本企业的国外劳动力比重加大。其次，要想在全球化的竞争中站住脚跟，创新显得尤为重要。然而，年功序列制恰恰不利于员工创造性的发挥，日本企业在通信和互联网等新兴产业上的发展水平远不及其他国家。如果没有能够在国际市场上维持竞争力的产业，也很难创造新的就业岗位。最后，在经济全球化的背景下，日本企业与各个国家建立紧密的经济联系，经济发展也取决于其他国家的经济周期，因而顾客、分销商及外包商等关系一直处于动荡变化状态。而终身雇佣制得以实行的前提是生产关系稳定，也就是需要稳定的客户与分包商关系，因而难以适应经济全球化的时代背景。

面对全球竞争的压力，日本劳动关系虽然也进行了一些调整，但并未发生根本性的转变。2008 年的全球金融危机表明，日本劳动关系协调模式必须进行调整，才能切实适应全球竞争的要求。

2. 新自由主义改革

英国、美国分别于 20 世纪 70 年代末和 80 年代初建立了新自由主义的撒切尔政府与里根政府。泡沫经济崩溃之后，日本部分企业开始质疑传统的劳动关系，没有深入思考本国实际情况，便

“削足适履”地效仿英国、美国，于1982年在中曾根首相的领导下开始了新自由主义改革，主张废除大政府，标榜小政府，放松管制，促进竞争，减少福利教育的预算，削减公务员，抑制工资，对一系列大企业进行民营化。

1996年成立的桥本内阁继续把放松管制作为核心政策，并制定了新自由主义结构改革的基本框架。从基本框架的内容来看，主要有促进国内劳动力自由流动，促进企业竞争，缩小行政干预经济的范围，减少政府对社会福利的负担比例等。以上改革对传统劳动关系产生了重要影响。自从1985年“广场协议”开始，日元对美元升值，到20世纪90年代，汇率从1∶2400急速上升为1994年的1∶79。以此为起点，从20世纪90年代开始，日本的经济发生了巨大转变。随着日元升值，扩大海外市场无疑是日本企业的一个利润点。日本企业海外投资急速增加，国内大企业纷纷以组建跨国公司为战略目标，向海外进军。①

表6.1.2　日本对外直接投资

年份	海外投资	对外投资/GDP
1980	46.93亿美元	1.80%
1985	122.17亿美元	3.30%
1990	675.4亿美元	7.00%

资料来源：《经济要览》，日本内阁府经济社会综合研究所。

由表6.1.2可见，日本海外投资大幅度增加，政府开始放松劳务派遣制度，劳务派遣工的数量增加，大量跨国企业多数需要的是临时工，非正规雇佣工人比例上升，这些对日本员工的终身雇

① 李蕊：《日本企业应对日元升值的策略》，《东北亚坛》2008年第1期。

佣制造成了极大的压力。而新自由主义结构改革使“春斗”逐渐成为一种形式，削弱了“企业内工会在工资待遇方面集体谈判的作用”。

3. 主银行制度的局限性

传统日本劳动关系存在的背后依赖日本企业间制度（企业集团系列制度）、企业银行间制度（主银行制度）、银行政府间制度（护航制度），三种制度相互支撑、相互补充。这一结构具有促进劳资妥协、维持传统日本劳动关系长期存在的功能。一旦某一制度出现问题，该结构被破坏，企业的传统日本劳动关系也就很难维系。

日本企业融资主要采取间接融资方式，即银行信贷，因而企业的发展对主银行有很强的依赖性。主银行制度是指银行同时扮演着企业的债权人和大股东的角色，它是银行通过向企业贷款和派遣董事的方式对企业的经营进行监督、控制的制度。主银行制度要想发挥作用，需要经济增长与之相配合。外部经济增长时，企业能够良好运营并获利，主银行才能收回贷款利息和获得持股企业的股票溢价收益，企业与银行才能正常互动。二者之间是“一荣俱荣、一败俱败”的关系。日本泡沫经济崩溃以后，日本经济开始陷入长期低迷状态。许多企业的大量无法收回的投资最终转化为不良债权，这些不良债权超过银行能够营救的范围，多家金融机构纷纷倒闭，主银行制度开始走向衰落。此后企业一方面转变生产经营地点；另一方面因危机无法保障“终身雇佣”，传统日本劳动关系因这一制度的局限性而难以维系。

五、日本劳动关系协调模式的发展前景

在日本经济低迷的20年中，“三大支柱”处于前所未有的困

境当中，虽然一些企业依旧在变革中坚守着原有的制度，但是，随着日本经济的持续低迷，“三大支柱”的未来是不容乐观的。

每一种制度的存在都有其局限性。终身雇佣制更加适用于制造业，对于 IT 产业，它的弊端便凸显出来。相比制造业，IT 产业对于员工的创造性要求很高，终身雇佣制使得企业的劳动力呈现老龄化状态，IT 产业更多的是依靠年轻人，因而终身雇佣制会抑制某些企业的成长。由于企业不能解雇员工，当经济低迷时，企业销售额下降，固定员工的工资无疑给企业造成巨大的压力，造成企业亏损甚至倒闭。因此，终身雇佣制在未来的比例一定会越来越小，非正规雇员的规模将继续扩大。泡沫经济崩溃后，日本企业之间的竞争变得更加激烈。企业开始注重绩效，不再单纯地依照年龄给员工支付工资，更强调人的能力与效率，绩效工资制有利于调动日本员工的工作热情和提升企业产品的核心竞争力。对于企业工会来说，一方面，工会组织率将继续下降，工会的力量将进一步被削弱；另一方面，工人运动将越发平和，以“春斗”这种较为温和的方式为主。日本首相安倍晋三自 2012 年上台后实施的宽松货币政策，促进了汽车、电机等出口行业的发展。这两个行业的“春斗”内容将得到恢复和扩充，企业也会更加重视资源的合理配置，未来“春斗”的内容也将更加广泛。

第二节　德国共同决定模式

作为重要的发达国家，德国在劳动关系协调方面的经验——“劳动者的利益代表”机制，很值得借鉴。这一机制是通过工会、企业委员会和监事会中的职工代表来实现的，即共同决定模式和集体谈判构成劳动者利益代表的“二元主义”或“二元制”。其中，德国的共同决定模式独具特色，其目的在于更好地平衡企业内部各相关参与主体的利益关系，以保障企业的稳定发展，其通过企业委员会和选取职工代表加入公司董事会、监事会这两个层面具体执行。事实证明，共同决定模式在一定程度上促进了劳动关系的和谐，为德国经济社会稳定提供了保障。当然，它也有不足之处，并在欧洲市场一体化进程中显露出来。尤其是2008年国际金融危机之后，共同决定模式随着经济形势的变化而发生变革。

一、德国共同决定模式的理论分析

（一）共同决定模式的概念界定

德国共同决定模式是一种将企业的股东、经理人员和普通职工等各利益相关方结合起来，一同决策企业运行中的相关事宜的劳动关系协调机制。它的具体实行分为两个方面：其一，通过企业委员会参与共同决定。企业委员会代表普通职工的利益，与股东、管理层等利益相关方共同决定职工的劳动时间、劳动安全、医疗以及相应保护措施等与职工利益切实相关的问题。其二，通过职工代表加入公司的董事会、监事会或执行机构。由职工代表与股东代表共同决定企业的经营模式、生产方式和管理手段等事项。相对而言，这一形式的权利范围涵盖更广泛，职工参与企业民主管理的程度更高。可以说，企业委员会偏重于社会议题，职工代表参与董事会、监事会偏重于经济议题。总之，与其他发达国家相比，德国共同决定模式形成了独具特色的德国劳动关系协调体制，有利于平衡劳资之间的利益与矛盾。

（二）共同决定模式的理论基础

1. 经济民主理论

经济民主理论是德国共同决定模式最重要的理论基础。经济民主是指对于企业或者某一经济组织的控制和管理，来自正在这里工作的每个人。全体劳动者具有同等权利和重要性，并通过一人一票制的方式将企业或者经济组织的决策权民主化，让这里的每位职工都能够在经济民主的基础上参与到决策与管理之中。[①] 经济民主是一种基于正义和人道主义原则而建立的新型企业组织形式。纯粹的经济民主型企业，不仅在民主决策方面实行一人一票制，劳动者还将分享企业剩余，从而真正成为企业的主人。这就从根本上颠覆了资本主义社会劳动者与资本家之间的矛盾关系。尽管德国共同决定模式没有实现企业内部一人一票制决策，也没有触及工人参与企业剩余的分配。但它毕竟在一个发达资本主义国家较为全面地推行了职工与股东共同参与决策的企业运行管理模式。实践证明，引入了共同决定模式的德国确实是资本主义国家中劳动关系相对缓和、经济社会发展水平更高、社会运行总体平稳的国家。

2. 利益相关人理论

利益相关人理论在德国具有广泛的认识和长期的积累。德国的传统观点认为，公司存在的目的就是实现股东、债权人以及公司职工等多方利益相关人的利益最大化，而非股东利益至上。公司在治理的过程中要反映全体利益相关人利益状况，不应为了追

---

① 孟钟捷：《“经济民主”在德国的确立——试论胡戈·辛茨海默与〈魏玛宪法〉第 165 条》，《历史教学问题》2007 年第 6 期。

求利益的最大化而忽视了利益相关人的利益。利益相关人理论要求企业的经理层为公司、股东、职工社会以及国家的利益负责，德国政府十分重视并将此精神付诸实践，政府有关部门在必要时甚至可以直接干涉不遵守这一原则要求的行业或具体企业的行为。利益相关人理论在德国社会深入人心，经常出现为了保护公司非股东的利益相关人的权益，而在一定程度上牺牲经济效益的情况。这在20世纪七八十年代的资本主义危机中有突出表现：德国企业通过共同决定模式，提出了采取总体降低工资和分红水平，而不是单纯解雇工人的策略，从而保证了劳动关系的稳定。可见，利益相关人理论成为共同决定模式得以存在和发展的重要支持。

3. 劳动产权理论

劳动产权理论具有悠久的学术传统，洛克、斯密、李嘉图派社会主义者、艾勒曼等的研究历经300余年，形成了比较完整的理论体系。约翰·洛克（John Locke）最先证明，劳动使得个人的财产权具有合法性。他还把劳动作为一个人应该拥有的私有财产的衡量尺度，认为私有财产的积累应受到两种限制：个人劳动的界限和个人消费能力的界限，私有财产的积累超过这两个界限就是对他人的掠夺或剥削。这引出了李嘉图派社会主义者和大卫·艾勒曼（David P. Ellerman）关于劳动者民主参与企业管理的具体论述，形成了民主公司制的理论设计与实践应用。劳动产权理论从劳动是价值的源泉出发，为劳动者合理地享有劳动果实、获得劳动报酬提供了理论依据，并以此为基础，引发了关于工人参与企业管理的具体讨论和模式设计。德国共同决定模式很好地体现了劳动产权理论的要求，高度重视劳动者在企业发展中不可或缺的参与性作用。

4. 自主决策理论

随着资本主义进入机器大工业时代，现代企业内部的分工不断细化，工人在企业整体的工作流程中往往只负责一项十分具体而细致的工作，丧失了主观能动性，只是简单机械地去重复某一项简单工作，导致物支配人的异化现象。工人在劳动过程中被异化，就无法发挥作为主体的决策权，而仅仅被作为与物品相同的企业生产过程中的客体。因此，充分发挥工人的自主决策作用，将工人从企业生产过程中的客体地位转变为主体地位，让他们根据自己的意愿对于企业的各项决策施加影响，这有助于劳动者实现自我的发展，促进企业的和谐稳定发展。[①] 这种观点形成了自主决策理论，对德国共同决定模式的确立产生了一定影响。

二、德国共同决定模式的发展历程

（一）起源阶段

共同决定模式在德国具有深远的历史渊源，早在 1835 年，德国历史学派代表人物威廉·罗雪尔（Wilhelm Roscher）等就提出了在企业中创立工人委员会的设想，但这主要是针对道德问题进行的讨论，内容也仅限于倾听工人申诉的范围内。1848 年，德国国会首次提出了在企业中设立工人代表的《工商业管理条例法案》，虽然该法案当时未被通过，但其中的许多条款后来被大部分企业自发采用，对共同决定模式的出现起到重要的推动作用。1890 年，社会主义思想在德国兴起。社会民主党上台后，颁布了

① 乌韦·安德森著，晏小宝等译：《德意志联邦共和国经济政策及实践》，上海：上海翻译出版公司，1992 年。

《营利事业法增订法》，允许企业组建工人委员会。之后，德国矿业领域建立了一定数量的工人委员会。19 世纪中后期属于德国共同决定模式的起源阶段，当时国家尚未出台规范化的法律来对共同决定模式进行正式界定，但支持企业内部资本与劳动控制权实现制度化平衡的观点，以及提倡生产资料公有化的社会主义思想都为共同决定模式的出现奠定了基础。

（二）1900 年至“二战”前的发展阶段

1900 年，德国巴伐利亚州颁布了《工人委员会法》，这是德国历史上首部专门针对建立工人委员会这一问题，强制要求州内所有企业必须执行的统一法律。1905 年，普鲁士州效仿巴伐利亚州，颁布了州内一整套统一的《工人委员会法》。之后，德国政府正式颁布并实施了《为祖国义务服务法》，正式以国家权力机关的身份，通过法律形式强制性规定了设立工人委员会是企业的义务，要求境内的企业都必须履行。1918 年，德国十一月革命促使当局认识到在工业企业建立工人委员会的重要性，在政府的推动下，雇佣 20 名以上职工的工业企业普遍设立工人委员会，以保障工人的基本权益，防止劳资矛盾过于尖锐。1919 年，魏玛共和国成立后将职工应在工人委员会中拥有法定代表以维护自身利益这一条款正式写入宪法。随后的《企业委员会法》（1920）具体规定了企业委员会的活动内容，并首次提出了让职工的法定代表进入企业监事会这一历史性规定。1922 年，魏玛共和国对《企业委员会法》进行操作细化，具体规定了职工代表进入企业监事会的操作流程和具体职责，以实现工业资本家与工人或工会的和平共处，保证社会稳定。然而，1934 年纳粹党执政打断了共同决定模式的发展进程。

（三）“二战”后至今的发展阶段

“二战”德国战败后，原有的煤炭和钢铁工业被军事占领当局拆散，大企业与工会在此情形下达成互助协议，工会极力帮助企业恢复和发展，企业则通过职工代表参与企业董事会和监事会决策的形式来保证劳动者权益。当局据此制定了《煤钢参与决定法》，这意味着共同决定模式在德国得到恢复。之后，当局通过法令，重建企业委员会。1947 年，德国矿业领域通过合约的方式，首次规定了股东代表和职工代表在监事会所占的席位应均等。联邦德国的《煤钢共同决定法》（1951）使共同决定模式首次拓展至采矿业和冶金业，其最大特点是要求在 1000 人以上的采矿业或冶金业企业，股东代表和职工代表应以等额比例参加企业监事会。

1952 年，联邦德国颁布了适用于一般企业共同决策的法案《企业宪法》，规定了企业职工所应具有的权利。并且，该法案创新性地提出了规模较大的企业需要创建经济委员会，职工人数超过 500 人的企业必须保证监事会成员中职工代表的比例达到 1/3，进入监事会的职工代表应由投票直接选举产生等，并进一步细化和规范了共同决定模式的操作细节。随后，专门适用于公共事业部门的《职工代表法》（1955）将这一领域的职工纳入进来。在工会的大力推动下，《共同决定补充法》（1956）出台，共同决定模式拓展至所有股份有限公司和有限责任公司，并特别说明矿冶业的康采恩企业（垄断企业集团）也要实施共同决定。1967 年，德国联邦议会组建了一个专门负责收集共同决定模式有关经验并进行评估总结的专业委员会。该委员会结合当时的社会形势和宪法原则，提出了一个让职工代表进入领导层的改进方案。1976 年，联邦德国再次颁布《共同决定法》，实施对象包括职工人数超过 2000 人的各类企业，规定了企业的监事会成员由股东代表和职工代表等比例组成，如遇监事会投票票数相同状况，由股东代表选举的监事会主席裁决。2004 年，《监事会三分之一雇员参与法》（2008 年进一步修订）出台，其基本内容与《企业委员会法》（1952）相同，创新之处在于对以前未作规定的公司类型，如互助保险协会、经济合作社或未涵盖的行业领域的各类公司等，均规定监事会中应存在 1/3 的职工代表参与决策。可见，自“二战”结束以来，德国共同决定模式稳步向前推进并有所调整。

三、德国共同决定模式的绩效评价与改革调整

（一）共同决定模式的积极效果

1. 劳动者的生活与福利水平高

德国共同决定模式让职工参与到企业决策之中，使劳动大众对企业的薪资和福利政策产生了较大影响。与其他发达国家相比，德国的工资差别较小，工资水平更高，工作时间更短。2017 年，德国平均工资水平在世界上名列前茅，为 3775 欧元/月，最低工资达到 8. 84 欧元/小时，而劳动时间却相对较短。据德国统计数据网 statista. de 显示，德国在职人员 2012 年平均工作 1393 小时，按 8 小时工作日计，相当于 174 个工作日。[①] 通过落实共同决定模式的各种相关法案，德国形成了较为完善的职工安全

① 全球经济指标数据网，https：//zh. tradingeconomics. com/germany/indicators。

和健康保障体系，职工的社会地位与受尊重程度更高。

2. 劳动者得到充分的职业发展

由于职工可以和股东一道参与企业的重要事项决策，使职工的主人翁意识进一步提升，对企业的认同感和责任感更强。实践证明，在企业发展过程中，德国的工人积极发挥主观能动性与创造力。来自一线的职工代表对企业具体运营情况最为熟悉，这有利于他们作出符合客观实际的建议和决策，进而推动企业健康发展。与之相应，企业也会进一步改善和提高劳动者的工作条件和工作待遇，促进德国工人的总体生活水平得到显著提高。

在共同决定模式的影响下，劳资双方都十分重视职工培训工作。由于职工技能水平的提升对企业发展具有积极的推动作用，雇主和经理层十分支持各项对劳动者的职业和技能培训工作，职工与企业之间的合作关系变得更加紧密，这促进了企业劳动关系的和谐。就职工层面而言，德国当前约85%的企业委员会成员同时也是工会会员，工会为增强其在劳资谈判中的实力，积极为企业委员会提供各项专业知识和职业技能的综合培训。

3. 企业层面的劳动关系协调效果明显

共同决定模式的实施使企业的股东、管理层与广大职工之间的沟通机制更为顺畅，各方积极通过协商方式解决在企业运营中出现的争端和问题，提前化解劳资冲突，这在很大程度上降低了由于人为因素所导致的对企业生产能力的破坏。由于职工可以参与到企业董事会和监事会的决策当中，因此提高了决策的透明度。当广大职工能够对公司运行状况充分了解并进行监督时，雇主和管理层也变得更加自律，劳资双方总体上趋向合作状态。

4. 宏观经济基本走势良好

以共同决定模式为基础的劳动关系协调模式使“二战”后德

国的国民经济得到迅速恢复和发展。1950—1975 年，德国的国内生产总值从 1436 亿马克增至 7507 亿马克。共同决定模式提高了职工在企业决策中的地位，与其他发达国家相比，德国不同行业和同一行业不同部门之间的工资差别较小，就业率一直很高，2017 年仍可以达到 74.8%。[①] 德国经济中，工资占 GDP 的比重要低于其他欧盟国家，1977 年的数据显示，英国工资占 GDP 的比重为 73%、意大利为 72%、法国为 71%，而德国仅为 67%。[②] 德国共同决定模式的劳资合作精神使工人在经济危机来临时，从宏观经济复苏和企业发展的角度进行决策。例如，面对 20 世纪 80 年代初和 20 世纪 90 年代初（两德统一）的经济危机，劳资双方达成限制工资增长的协议，从而帮助企业走出困境并使得宏观经济形势趋向好转。共同决定模式提高了德国宏观经济的竞争力与抗冲击力，有效避免了大规模劳资冲突的发生，这也使德国的国民经济在 2008 年世界金融危机后率先得到恢复。

（二）共同决定模式的负面影响

1. 降低企业效率、影响企业发展

德国以法律形式强制性地规定了共同决定模式，这可以看作对企业所有权的一种重新分配，并导致企业的决策与风险承担相分离，很可能影响企业内部监事会的运行效率。由于监事会内部股东代表和职工代表利益目标的差异，经常出现决策意见不一致的情况。这导致企业重要事项的决策过程冗长，决策效率降低，

① 全球经济指标数据网，https：//zh.tradingeconomics.com/germany/indicators。

② 米歇尔·阿尔贝尔著，杨祖功等译：《资本主义反对资本主义》，北京：社会科学文献出版社，1999 年。

甚至出现劳资双方处于僵持状态，很可能错失市场商机。由于共同决定模式受到法律的强制性规定，灵活性较差并且监督机制尚不完善，在股东和职工双方发生利益冲突时乃至处于僵持阶段时，会导致企业监管的真空地带被经理层利用。经理人员往往会趁机利用漏洞来实现自身利益目标，而当他们的利益目标与企业总体目标不同时，就会对企业发展产生损害。

2. 决策权不均衡、代表利益错位

尽管共同决定模式规定广大职工通过职工代表参与企业重要事项的决策，但实际上股东代表的决策权仍然大于职工代表。相关法律中明确规定，监事会因某种特殊原因导致就某一事项表决的赞成票和反对票相同时，由监事会主席行使表决权，而实际上监事会主席却是由股东代表选举产生的。这样看来，股东依然处于优势位置，可能引发新的劳资矛盾。此外，企业监事会中的职工受限于自身学识水平和经验能力的不足，往往缺乏足够的监督能力，对企业的监管和关注也偏重于某一特殊方面等，这些都不利于职工代表维护全体劳动者的权益。此外，由于企业面对市场的常态是机遇与风险并存，因此当企业面对市场机遇时，职工代表往往是风险的严重厌恶者，所作出的决策往往过于保守，这也不利于企业成长。

（三）共同决定模式的改革与调整

1993 年，德国作为创始国加入欧盟，这意味着欧洲区域经济一体化进程加快，欧盟各成员国的企业纷纷跨境组建股份公司以实现资源互补。而作为唯一实行共同决定模式的国家，按照德国法律规定，与德国企业共同组建股份公司被要求必须实施最高比例的职工共同决定模式，从而导致德国企业很难从其他欧盟国家觅得建立股份公司的合作伙伴，这不利于德国参与欧洲经济一体化进程。对于其他国家而言，共同决定模式对企业的限制较多，因此，其他成员国企业组建跨境股份公司时，即便是以德国市场为主要业务对象，也会倾向于选择在德国以外的欧盟国家登记注册，从而出现了母公司不在德国，而主要的经营活动又发生在德国的现象，这不利于德国的国民经济发展，使德国在欧盟的经济地位受到打击，影响其政治发声。在这一形势下，德国关于调整共同决定模式的声音呼之欲出，尤其是当2008 年金融危机来临时，德国政府从宏观和微观两个方面作出了相应调整。

1. 政府采取相关调控措施

受2008 年世界金融危机影响，2009 年德国实际 GDP 同比下降4. 7%，出口额下滑 17. 9%。很多企业发生限制产能、关停撤并、降低工资和减少雇员现象。为应对危机，政府推出了对企业雇佣短时工的补贴政策。当企业采取压缩工时而不是解聘工人的措施时，有子女工人和无子女工人的工资的 67% 和 60% 由政府负责，工人社保前 6 个月的 50% 和之后的全部费用由政府买单。2009 年，政府为此支出 50 亿欧元，约 1/5 的企业获得补贴，共挽救 30 万人就业。2010 年，政府财政支出 47 亿欧元挽救了 60 万人的就业。从投入与产出的角度来看，这一政策的效果明显。①

2015 年，德国正式实施《最低工资法案》，将最低工资确

① 赵祖平：《全球化及经济危机背景下的德国劳动关系协调机制》，《晋阳学刊》2017 年第 4 期。

定为 8.5 欧元/小时，这对保障工人权益和进一步缩小东西部地区职工收入差距起到积极作用。从保障雇主方的利益出发，德国中央和地方政府实施了很多协调劳动关系的措施，如允许雇主组织推行缩短工时、灵活就业、移民融入等策略，并鼓励雇主组织为企业提供咨询服务，这有利于稳定德国的雇主阶层，减少资本和资本所有者外流的数量。

2. 企业层面的自我调整

2001 年，德国政府通过法案，使企业委员会增加了有关环境影响方面的共同决定权，职工代表与雇主、管理层可以就企业在此方面的活动形成决议。2013 年，社民党与联盟党开始联合执政，相比于前任的联盟党与自民党联合政府，当局对协调劳动关系的态度更加积极。随着企业用工形式多样性（灵活就业）的增加，经过各方协商，自 2013 年 3 月开始，工作满 3 个月的劳务工也被计入职工总数，这相当于增加了参与共同决定的职工基数。企业委员会更加重视劳资双方的工作合同签订环节，积极与雇主和管理层协商工作协议的具体细节，在加班方案、弹性工时和远程办公等灵活工作方面的考虑更加细致。并且，企业委员会还设定补充条款来解释当加班高于工作协议规定时，对职工给予未来休假和经济补偿的内容。

按照德国相关法律规定，工资议定是集体谈判（工会与雇主）的范畴，但是金融危机迫使企业运营调整的速率加快，企业委员会也与工会展开合作，使集体协议中的开放性条款增多，根据新修订的《集体协议法》（2014），职工代表可以通过共同决定模式来讨论原本只出现在集体决议的内容。此外，为应对受金融危机影响，企业并购情况增多对职工就业稳定性带来的冲击，共同决定模式增加了一项职工代表知情权条款。即在外部注资入股是以收购企业为基本目标时，雇主或企业所有者必须将此告知职工代表，并说明这可能会对普通职工产生的即期和预期影响。

第三节　美国职工持股计划

职工持股计划（Employee Stock Ownership Plans，ESOP）是当前在美国普遍实施的一种促进职工获得企业股票的职工收益机制。1974 年，ESOP 首次获得美国官方认可。此后，在美国政府的推动下，ESOP 发展迅速。近年来，尽管实施 ESOP 的美国企业数量稳定在 7000 家，但参与的职工数量和资产规模均有增长。实践表明，ESOP 对于协调劳资矛盾、增加职工福利、缩减贫富差距、提高劳动效率等有积极意义，可以视为一种发达国家协调劳动关系的有益尝试。

一、职工持股计划的定义和理论基础

（一）职工持股计划的概念

ESOP 是职工股份所有制的一种类型（职工股份所有制表现为各种不同的计划类别，包括股份购买计划、利润分享计划、股票期权计划和职工持股计划等）。艾勒曼（1997）指出，ESOP 是一种由《职工退休收入保障法》授权的特殊职工收益计划，ESOP 的大部分或全部资产投资于雇主企业的股票。结合该计划创始人路易斯·凯尔索（Louis O. Kelso）的意图和美国相关法案的规定，本书将其定义为：ESOP 是指当局通过一系列优惠政策（主要是税收优惠）激励企业所有者向职工分散股权，让职工持

有企业股份以增加收入的资本所有权扩散机制。通过该计划，企业职工具备了“劳动工人”和“资本工人”的双重身份，有利于推进劳资合作。

Rosen（2014）认为，企业实施 ESOP 的主要目的包括：（1）通过 ESOP 购买将要离开的企业所有者的股份，私有企业的所有者可以利用 ESOP 建立一个现成市场出售其股份；（2）为了以较低的税后成本获得贷款，ESOP 在福利计划中独树一帜的地方是它被允许贷款；（3）为了创建一个额外的职工福利，企业可以向 ESOP 发行新股份或库存股份，也可以向 ESOP 捐赠购买股份的现金。

（二）理论基础：双因素经济论

美国律师路易斯·凯尔索是职工持股计划的理论奠基人和积极推广者。他提出的双因素经济论是 ESOP 的理论基础。在凯尔索看来，劳动和资本都是生产要素，都应参与收入的分配。由于工业化生产的发展，美国超过 90% 的财富由资本生产，由劳动者生产的财富比例很低。资本所有权高度集中于少数人手中，5% 的家庭拥有大部分资本所有权。如果按完全自由竞争的分配法则行事，劳动大众将陷入贫困。但在现实中，财富的分配受工会、税收及政府的影响，70% 的国民收入被分配给劳动工人，这又引起了分配的公平问题，因为资本要素未获得应有报酬。同时，资本的过度集中会导致周期性经济萧条，而追求充分就业的政策会引发通货膨胀。在凯尔索看来，充分就业是一个不可取的政策目标，因为资本生产率随科技进步不断提高，使充分就业难以为继。他提出了实现公平经济的基本原则：

(1) 分配原则，参与财富生产的要素根据贡献的比例获得相应份额；(2) 参与原则，个人有权通过参与财富的生产来获得维持生计的收入，不管是使用其劳动还是资本，或兼而有之；(3) 限制原则，不允许个人或家庭的生产要素所有权增加致使其他人失去参与生产并获得可观收入的机会。

凯尔索指出，在现代工业社会，一个人不拥有资本就无法有效参与财富的生产。因此，要进行社会改革来阻止资本所有权的过度集中，推进资本扩散。他与阿德勒（Mortimer J. Adler）合著的《资本主义宣言》（1958）提出了扩散资本所有权的具体方法：推广股权共享计划，改革企业所得税，修改遗产税法和赠与税法，修改个人所得税法，通过立法要求成熟的企业把净收益的100%支付给股东，通过税收和信贷机制推动所有家庭获得体面的资本资产，通过信用体系造就新的资本所有者等。两人在合著的《新资本家》（1961）中再次强调，劳动和资本都是生产财富的要素。而传统的融资体系造成资本所有权过度集中，应当推进资本所有权扩散，塑造更多的资本所有者。1967年，凯尔索与特里西亚·凯尔索（Patricia Hetter Kelso）合著《两要素论：现实经济学》，正式提出了职工持股计划。两人在著作《民主与经济力量》（1986）中指出，职工持股计划、消费者持股计划和一般持股计划等集资方式，不仅能为公司发展筹集资金，也让广大劳动者获得了资本所有权。凯尔索对ESOP持乐观的态度，他认为，ESOP可以将劳资对立关系转化为合作关系，这是一种新的牢固的劳动关系。

此外，现代劳动产权理论的代表人物大卫·艾勒曼（David P. Ellerman）也是美国ESOP的积极倡导者。他在著作《工人所有的民主公司》（1990）中指出，当前世界上实行民主公司制的最好范例是西班牙蒙德拉贡联合公司和美国职工持股计划。在实行 ESOP 的公司中，职工通过 ESOP 信托来间接持有股票，职工不能随意出售其股票，这为所有权提供了稳定性。

二、美国职工持股计划的实践

（一）缘起

1956 年，凯尔索为加利福尼亚报纸连锁公司设计了首个 ESOP。在不降低工资和动用个人储蓄的情况下，职工们购买了公司 72% 的股票。首个 ESOP 以职工福利计划的名义为掩护，通过了各种管理机构的审查。1961 年，凯尔索成立了职工持股计划发展中心，并创办了一家投资银行，为企业职工购买企业股票提供信贷。此后 10 余年，他又建立了 7 个 ESOP。1973 年，他说服时任参议院金融委员会主席的路易斯安那州参议员卢塞尔·朗（Russell Long）支持自己的计划。卢塞尔·朗促使国会在 1974 年通过 ESOP 的第一部立法《职工退休收入保障法》，杠杆化的 ESOP 被该法案所确认。卢塞尔·朗一直为 ESOP 的相关政府方案制定而奔走，直到 1986 年退休，而凯尔索则放弃了律师工作，为 ESOP 奋斗终生。

（二）法律法规的推进

美国国会和各州制定的相关法律法规对 ESOP 的发展起到重要作用。《职工退休收入保障法》（1974）是第一部促进 ESOP 的法案。它将 ESOP 定义为“合格的职工收益计划”，企业捐献给 ESOP 的资金可获减税。该法案使 ESOP 免除了其他一些职工收益计划受到的限制。例如，养老金计划和利润分享计划投资于雇主股票的资金不能超过这些计划基金总额的10%，而ESOP无此限制，ESOP可以把大部分或全部资金投资在雇主股票上。该法案又允许ESOP通过贷款来购买股票，这为企业提供了一个潜在的融资渠道。

《税收减免法》（1975）提出了税收抵免的ESOP。该法规定，企业投资税收抵免从7%提至10%。如果企业用税收优惠资金为ESOP购买股票，则在10%的投资税收抵免之外，享受额外1%的抵免。《税制改革法》（1976）规定，如果企业对ESOP的捐赠与职工的捐赠相匹配，则企业又可以享受附加的0.5%的投资税收抵免。这样一来，如果企业对ESOP进行合理的捐赠，则投资税收抵免可以高达11.5%。

《经济复苏法》（1981）要求上述税收抵免的ESOP于1982年底终止，由基于工资的ESOP取代。如果企业捐赠给杠杆化ESOP的用来支付贷款本金的资金等于或小于ESOP工资总额的25%，则这部分资金将享有税收减免，而偿还利息的资金都获得税收减免。《赤字削减法》（1984）规定，企业支付给参与ESOP的职工的股票红利是可以免税的，希望以此促进ESOP将股票红利转移给职工。商业贷款机构如为ESOP提供贷款，其贷款利息收入的50%免税。

《税制改革法》（1986）规定，用于偿还ESOP贷款的红利可以免税；卖方向ESOP出售股票所得收入的50%可以免税；共同基金也被包含到给ESOP贷款其利息收入的50%免税的贷款机构行列中；要求聘用独立评估师来评估私人公司的股票；55岁以上职工可以将所持股份的25%转化为其他形式的资产，60岁以上职工可转化比例为50%。

《收入调节法》（1989）废除了卖方向ESOP出售股票所得收

入的 50% 可以免税的条款。它又规定，只有当 50% 或更多的股票被 ESOP 拥有，且持股职工被允许实行投票权时，商业贷款机构才被允许其贷款利息收入的 50% 免税。而后出台的《小企业就业保护法》（1996）、《纳税人减税法》（1997）和《经济增长及减税调节法》（2001）等法案都有关于支持 ESOP 的内容。

由此可见，美国许多有关 ESOP 的法案设计了税收优惠政策，这涉及企业所有者、企业职工和贷款机构的利益，既鼓励企业所有者实行 ESOP，又鼓励贷款机构贷款给 ESOP，降低了 ESOP 企业的融资成本。

（三）发展现状

美国 1975 年实施 ESOP 的企业约有 1500 家，参与的职工为 25 万人。至 2012 年实施 ESOP 的企业为 6908 家，是 1975 年的 4.6 倍，参与的职工达到了 1382.4 万人，是 1975 年的 55.3 倍。自 1987 年《职工退休收入保障法》之后，ESOP 在美国大公司普及起来，同时也成为最为普遍的职工所有权计划（Culpepper，2004）。2012 年，资产超过 31 亿美元的大型 ESOP 公司有 79 家，参与的职工人数为 763 万人，总资产达 6546 亿美元。其他的职工数目超过 100 人的较大 ESOP 公司有 2835 家，参与的职工人数为 600 万人，总资产为 3920 亿美元。[①] 在行业分布上，20 世纪 90 年代之前，美国实施 ESOP 的企业相对集中在制造业与金融业。20 世纪 90 年代以后，ESOP 覆盖了美国几乎所有的产业。

表 6.3.1 反映了从 2002—2013 年美国实施 ESOP 的企业数量与参与者数量的变化情况。

---

① http：//www.nceo.org/articles/statistical－profile－employee－ownership.

表 6.3.1　美国实施 ESOP 的企业数量与参与者数量统计（2002—2013）

年份	实施 ESOP 的企业数量（家）	参与者数量（万人）
2002	8874	1023.0
2003	7934	1004.9
2004	7348	1024.3
2005	7198	1199.8
2006	7384	1258.4
2007	7326	1321.9
2008	7305	1303.8
2009	6690	1299.7
2010	7138	1347.7
2011	6941	1346.3
2012	6908	1382.4
2013	6795	13927

资料来源：美国国家职工所有权中心（The National Center for Employee Ownership，NCEO）。

以上数据与 NCEO 的历年数据有所不同，因为 NCEO 修改了对 ESOP 数量的估计方法。从表 6.3.1 中可以看出，美国 2002—2005 年实施 ESOP 的企业数量大幅下降，这是因为国会、国税局采取措施阻止和终止了许多不符合要求的计划，这些计划是利用 S 型公司[①] ESOP 税法而建立起来的。尽管实施 ESOP 的企业数量有所下降，但是参与 ESOP 的职工数量表现出相对稳定增长的趋势。

（四）职工持股计划的类型

美国 ESOP 主要分为两种类型：不允许贷款的非杠杆型 ESOP

① S 型公司是将公司所得税转嫁到股东个人所得税的一种公司类型，股东在他们申报的个人所得税税表中必须申报因 S 型公司收入或损失的金额，这样可以避免双重征税。S 型公司必须是美国本土的公司，其股东不能多于 100 人，而且只能分配一种股票。

（Nonleveraged ESOP）和允许贷款的杠杆型 ESOP（Leveraged ESOP）。

1. 非杠杆型 ESOP

非杠杆型 ESOP 可以视为一种股票奖励计划，不允许进行借款，只能靠非借来的资金获得支持。这一模式在《职工退休收入保障法》（1974）中得到确认。它通过对 ESOP 信托进行年度捐赠来实现职工持股，捐赠形式可以是现金，也可以是发行的新股或企业回购的股票。ESOP 信托可以利用捐赠资金来购买雇主的股票，再由 ESOP 受托人将股票分配到参与计划的职工个人账户上。ESOP 信托无论以何种方式获得企业股票，企业对 ESOP 信托的捐赠在一定限度内都可以获得税收减免。当参与计划的职工要离开企业时，企业必须以公平的市场价格回购他们的股票。私人公司必须要让独立的评价机构对其股票进行年度评估，以确定职工股票的价格。非杠杆型 ESOP 的运作见图 6.3.1。

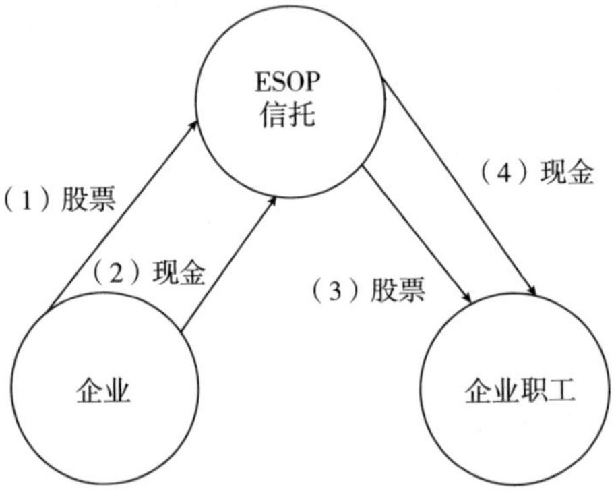

图 6.3.1　非杠杆型 ESOP 运作示意图

注：（1）每年企业向 ESOP 信托捐赠股票；（2）每年企业向 ESOP 信托捐赠用于购买股票的现金，职工不支付任何费用，ESOP 信托为职工持有股票，同时定期通知职工们当前他们拥有的股票份额和股票价值；（3）当职工要退休或离开企业时，将根据一定年限的要求得到股票或现金；（4）ESOP 信托向职工回馈现金。

参加非杠杆型ESOP的好处是，公司可以立即减免纳税额，其减税额相当于公司提供的股票市场价格总额。因此，该计划可以使公司在不增加现金支出的情况下增加流动资金，因为公司在保有全部资产的同时可以得到减税的优惠。

2. 杠杆型ESOP

杠杆型ESOP是职工持股计划的典型形式，顾名思义，它是建立在借贷资金的基础上并以银行信用为启动杠杆的。该计划通过借款来购买雇主企业的股票，可以说是真正的ESOP。杠杆型ESOP是凯尔索倡导的标准型ESOP模式。凯尔索和卢塞尔·朗认为，只有政府启动信用机制的杠杆，才会带来经济和社会效果。杠杆型ESOP的运作见图6.3.2。

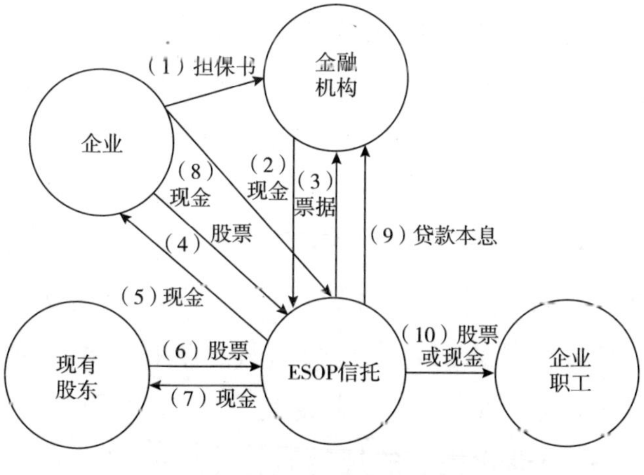

图6.3.2　杠杆型ESOP运作示意图

注：（1）企业向金融机构出具担保书；（2）金融机构贷款给ESOP信托；（3）ESOP信托与金融机构签订借款契约；（4）企业向ESOP信托出售股票；（5）ESOP信托向企业支付现金；（6）现有股东向ESOP信托出售股票；（7）ESOP信托向现有股东支付现金；（8）企业捐赠现金给ESOP信托；（9）ESOP信托向金融机构偿付贷款本息；（10）当职工要退休或离开企业时，从ESOP信托取得相应的股票或现金。

实施杠杆型ESOP的企业首先要建立一个ESOP信托，由

ESOP 信托向金融机构借款，企业为 ESOP 信托作担保。ESOP 信托用借来的现金购买雇主企业的股票，可以购买企业新发行的股票，也可以购买现有股东的股票。随时间的推移，企业为 ESOP 信托捐赠现金，ESOP 信托用现金偿还金融机构的本息。企业的捐赠同样得到相应的税收减免。虽然对 ESOP 的贷款期限没有法定限制，但贷款机构一般期望 ESOP 信托在 5—10 年内偿还借款（Bergstein and Williams，2013）。ESOP 信托购买的股票起初放在一个暂记账户内，随着借款的偿还，再将股票转入职工个人账户内。

想要实施 ESOP 的企业可以依据实际情况，选择一种类型。在费用上，一个小企业构建最简单的 ESOP 需要四万美元的起步价。一般而言，企业建立 ESOP 要经过六个步骤：第一步，需要考察其他股东是否愿意实施该计划；第二步，进行全面的可行性研究，主要是对企业的还债能力进行考察；第三步，对企业股票进行估价，这一步很重要，只有进行合理的估价，股东才愿意出售其股票；第四步，雇佣一个 ESOP 律师，起草计划方案并提交给美国国税局；第五步，获得购买股票的资金，资金来源可以是企业的捐赠，杠杆型 ESOP 可以贷款；第六步，建立一个操作计划的流程，选择受托人对计划进行监督，受托人可以是企业内部人员也可以是企业外部人员。无论是非杠杆型 ESOP，还是杠杆型 ESOP，只有当遵守相应的规定时，才可称之为合格的职工持股计划。如果 ESOP 既没有被正确地安排，又没有按照《职工退休收入保障法》的要求执行，企业将受到处罚（Tarasi，2012）。

（五）职工持股计划的特征

第一，从投资对象看，ESOP 主要投资雇主企业的股票。

ESOP 是唯一一个被法律允许并要求主要投资于雇主股票的计划（Breuer，2014）。《职工退休收入保障法》（1974）允许 ESOP 主要投资于雇主股票，其他养老金计划则最多以资产的 10% 投资于雇主股票，ESOP 无此限制。

第二，充分运用信用制度，通过贷款来购买雇主企业的股票。杠杆型 ESOP 被允许向金融机构贷款，而股票奖励计划、利润分享计划是不能够贷款的。金融机构不是直接贷给企业，而是贷给 ESOP 信托，由它负责购买股票。由于还款时的税收优惠，其筹资成本是相对较低的。同时，为了确保企业向金融机构偿还借款，企业职工在购买股票时，一般要作出预期内不要求增加年薪甚至降低年薪的承诺。可以说，ESOP 的政策目标是在参与的职工可以不用自己出资购买股票的基础上来扩大新资本所有者的数量（Markowitz，2010）。

第三，广泛参与并管控合理。一是美国法律规定了 ESOP 的广泛参与性：凡实施 ESOP 的企业必须有 70% 以上的非高薪阶层职工参与，而且这些参与职工的平均收益至少要达到高薪阶层平均收益的 70%。ESOP 作为一个普惠制计划，面向的是企业全体职工。这与股票期权计划不同，后者所激励的只是企业的少数高层经营者。二是对参与职工进行限制。当职工年龄超过 21 岁，入职 1 年且工作时间达到 1000 小时时，才有资格参加 ESOP。一旦符合资格要求，职工参与不能晚于新“计划年”的第一天。“计划年”是指 ESOP 的 12 个月会计期间。接受集体谈判协议的职工通常被排除参与 ESOP，因为他们一般属于多雇主计划。作为独立合同方而工作的职工也不能够参加 ESOP（Tarasi，2012）。职工拥有的股票不能自由转让或出卖，职工通常只有在因故离职或退休时，才可以将自己的股票转让给其他职工或由企业进行回购。三是设专门机构集中管理职工股份。实施 ESOP 的企业建立一个信托，信托人是参与 ESOP 的企业职工。受托人可以是企业董事或职工，但许多企业选择雇佣外部受托人（Thompson，2014），由受托人来负责把已获得的职工股份分配到职工个人账户内，并由受托人来行使还未分配股份的投票权。一般单个职工持有的股票数量少，很难对股东会的决策产生影响，而将分散的职工股票聚集起来，可以提高对企业决策的影响力，保护参与者的利益。四是享受多种税收优惠。ESOP 享受的税收优惠主要有：捐赠的股票是可以减税的；捐赠的现金是可以减税的，无论现金是用来购买股票，还是作为 ESOP 的未来现金储备；用于偿还 ESOP 贷款的捐赠是可以减税的；如果股票红利被用于偿还 ESOP 贷款，或被企业职工自愿投资到雇主股票，则红利将获得税收减免，股票奖励计划和利润分享计划则没有这种优惠；职工对 ESOP 的捐赠无须交税。

三、职工持股计划的绩效分析和局限性

（一）职工持股计划的绩效分析

关于 ESOP 是否提高了企业绩效，学术界分为正反两种观点。学者们用来衡量 ESOP 经济绩效的指标有多种，如企业会计利润、销售额、生产率、股票价格、职工工作满意度及工作生活质量等。考察 ESOP 经济绩效的方法，一般包括纵向比较法和横向比较法。前者是将一个企业实施 ESOP 的前后情况进行比较，后者是将是否实施 ESOP 的两个企业在同一时期进行比较。ESOP 对企业绩效的影响来自职工持股后态度的变化，持股职工决策的有

效性（如果职工被允许参与企业决策），ESOP 享受的税收优惠对企业的影响，对 ESOP 融资功能的利用情况等。例如，如果参与职工的收入有明显提高，或被允许广泛参与企业的管理及相关事务的决策，使职工的工作积极性提高，就说明 ESOP 对企业业绩产生积极影响。可见，实施 ESOP 的企业定期给职工分红、让职工参与企业决策十分重要。

Marsh 和 McAllister（1981）对 229 家 ESOP 企业进行调查后发现，1975—1979 年，它们的生产年增长率高于全国平均水平。Wagner 和 Rosen（1985）对 13 家上市公司进行研究，发现 ESOP 企业与非 ESOP 企业相比，在销售额、营业利润率、股票回报率和每股账面价值的增长方面表现得更好。Rosen 和 Quarrey（1987）选择 45 家 ESOP 企业与 238 家非 ESOP 企业进行对比发现，在 ESOP 还未实施的前 5 年，前者的平均就业增长和平均销售额增长比后者快 1.21% 和 1.89%，而 ESOP 实施后 5 年，前者的平均就业增长和平均销售额增长比后者快 5.05% 和 5.4%。此外，45 家 ESOP 企业中有 73% 的业绩比之前有显著提升。Kramer（2010）考察了 300 多家 ESOP 企业（这些企业中职工持有企业多数股票）的结果显示，这些企业的职工人均销售额明显高于非 ESOP 企业。可见，上述研究的结论是 ESOP 促进了企业绩效的提升。

而另一些学者则认为，ESOP 与企业绩效提升关系不大，甚至会降低企业绩效。Livingston 和 Henry（1980）对 51 家 ESOP 企业与另外 51 家非 ESOP 企业进行比较后发现，前者的盈利能力比后者低得多。因此，实施 ESOP 未能促进职工的积极性。Pugh 等（2000）对 183 家 ESOP 企业的财务业绩进行研究，发现 ESOP 对公司财务业绩的影响很小且只是短期的。Faleye 等（2006）考察了从股权衍生的职工影响力对公司业绩和投资决策的影响。他们选取 226 家企业作为样本（职工至少拥有企业 5% 的流通股），其中，110 家企业的职工通过 ESOP 来获得企业股权，75 家企业的职工通过其他计划获得企业股权，其余 41 家企业的职工通过 ESOP 与其他计划相结合的方式取得企业股权。对照的样本是 1888 家没有职工股权或职工股权低于 5% 的企业。研究结果发现，上市公司的职工在公司治理方面发言权越大，公司就越会偏离利润最大化目标，降低使用新资本，回避风险，增长缓慢且减少雇佣新员工，劳动生产率和总要素生产率都降低。因此，让一般职工获得更多股权的做法，并不是有效协调股东与职工利益的最佳途径。

研究方法、样本选择都会影响研究结果。ESOP 企业在目标和内部情况方面都存在差异。企业的目标设定十分重要，比如说，如果企业成了并购的目标，企业管理层实施 ESOP 的主要目的就是防御并购，它与为促进职工积极性而实施 ESOP 的企业相比，自然业绩欠佳。考察 ESOP 的经济绩效，重点是要看企业实施 ESOP 之后其内部发生了什么变化。例如，企业职工拥有多少股票，职工持股比例是多少，职工从持股中得到了什么好处，职工能否参与企业的决策管理，企业如何利用 ESOP 的税收优惠政策等。只有综合考虑以上因素，而不是用简单的会计指标作比对，才能使研究接地气。一般认为，如果企业希望 ESOP 发挥积极作用，在利用好 ESOP 带来的优惠政策的同时，应该让职工持有企业相当比例的股票，使职工根据持股比例定期获得股息，并让职工积极参与企业管理。

（二）职工持股计划的局限性

一般认为，职工对风险持厌恶态度，他们缺乏规避风险的能力和手段，故要求企业给他们提供相对稳定的工资，而把企业的控制权和剩余索取权让渡给股东，让股东来承担风险。企业实施ESOP之后，让职工获得了一定的控制权，同时也承担了风险。并且，ESOP把大部分或全部资产投资于雇主的股票，这与风险分散化原则相违背。投资多元化是稳健投资的基本原则，而ESOP使参与的职工面临很大的投资风险。ESOP企业职工以持有企业股票的形式来取得劳动保险金和退休保险金，一旦企业倒闭就会鸡飞蛋打。例如，2001年安然公司破产时，许多员工失去了全部或部分的退休储蓄，这是因为他们把退休储蓄的大部分投资于安然公司的股票。此外，在杠杆型ESOP中，如果职工作出降低年薪的承诺，当股票出现贬值时，职工就会面临两个方面的损失：低工资及贬值的股票。

对于ESOP企业来说，股票的合理估价十分重要。估价太低，企业所有者可能不愿意出售；估价太高，职工利益可能会受损。对于上市公司的股票，ESOP信托可以根据市场价格进行购买。而对于非上市公司的股票，需要独立的评价机构对股票进行评估。这就容易发生原股东与评价机构合谋，高估股票价格，使职工利益受损的情况。Simon和Needelman（2014）指出，在15个由美国劳工部作为原告的有关ESOP的诉讼中，几乎所有的诉讼都指控伪劣估价公司的股票。

ESOP的建立成本较高，对现金水平低的企业是很大的负担。建立ESOP的主要成本来源于团队的组建过程，包括律师费用、受托人费用、负责执行前期和年度评估的独立财务顾问费用等（Tarasi，2012）。对于小企业，建立 ESOP 的初始成本是一笔大投资，企业还要付出时间和精力去建立必要的法律、会计、行政及人力资源支持（Thompson，2013）。一般而言，如果企业职工少于 30 人以及现金流不太稳定，就不适合实施 ESOP。当企业职工退休或因故离开企业，企业要回购职工的股票，如果企业现金流太低，它就无法实现。尽管建立 ESOP 的成本取决于公司的规模和复杂性，但一般经验表明，这个成本将是出售股票价值的 3%—5%（Dagher，2013）。

（三）小结

设立 ESOP 的初衷是扩散资本所有权，让普通职工不但依靠其劳动获得一份收入，而且依靠其资本所有权获得另一份收入，以提高普通职工的收入。美国政府出台的各种优惠政策（尤其是税收优惠）促进了 ESOP 的快速发展，政策效果表现为这几个方面：（1）让 ESOP 企业以较低的成本筹集到发展资金。（2）扩散了资本所有权，ESOP 创造了一大批新的资本所有者。美国综合社会调查（2010）的数据显示，约 2800 万名美国人通过 ESOP、股票期权、股票购买计划和 401（k）计划获得了雇主的股票。（3）ESOP 对稳定就业发挥了积极的作用。在 2010 年的经济困难时期，ESOP 企业的解雇率为 2.6%，非 ESOP 企业的解雇率为 12.1%。数据还表明，ESOP 企业的预期离职率明显低于非 ESOP 企业。可以说，ESOP 使企业与职工的关系更加紧密，职工不再是简单的“雇员”，而是企业的长期“成员”。

由于美国法律允许 ESOP 信托贷款购买企业股票，使它成为企业实现融资或调整重组后资产负债的一种融资机制。同时，ESOP 作为新型的人力资源管理机制推动了公司治理结构的变革。它在一定程度上改变了企业股东权益的构成，企业职工既作为“劳动工人”进行工作，又作为“资本工人”参与企业决策，这有助于平衡劳动关系。同时，ESOP 发挥了保持职工稳定的功能。法律规定，参与 ESOP 的职工在一段时期内逐步获得股票，而不是在计划确立之初就拿到全部股票。如果职工在规定年限内离职，则被视为放弃自己的股份。[①] 在美国这样一个人才高度流动的国家，ESOP 有利于稳定职工队伍。

① 职工股由 ESOP 信托集中管理，而不是直接交与职工个人，保证了职工所有制的稳定性，因为职工不能随意出售其股票。只有当职工离开企业或退休时，才能得到他们的股票，企业有责任回购其股票。这种做法可以防止职工的短期行为。此外，ESOP 信托的设立对保护职工的合法权益起到了积极作用，它把职工分散的股票集中在一起形成大股，这样就有实际能力参与企业决策。

参考文献

1. FR Kluckhohn, FL Strodtbeck, JM Roberts, *Variations in Value Orientations*. Evanston, IL: Row, Peterson, 1961: 41 –43.

2. Hofstede, G, *Cultures and Organizations*. London: McGraw Hill, 1991 : 22 –98.

3. Tomas Gustafson, Peter J. Karlsson, "Managing a Cross Cultural Environment", *CONCHIUS*, 2009 (1).

4. Elsby M W L , Hobijn B , ahin, Ay egül, "The Decline of the U. S. Labor Share", *Brookings Papers on Economic Activity*, 2013 (2).

5. Acemoglu, "Directed Technical Change", *Review of Economic Studies*, 2002 (4).

6. Acemoglu, "Labor – and capital – augmenting technical change", *Journal of the European Economic Association*, 2003 (1).

7. Acemoglu D, "Equilibrium Bias of Technology", *Econometrica*, 2007 (5).

8. Ruiz E P , Arpaia A, "Labour Share Dynamcis in Europe: a Time – Horizon Approach", *Ecomod*, 2008.

9. Klump R, Mcadam P, Willman A, "Factor Substitution and Factor – Augmenting Technical Progress in the United States: A Nor-

malized Supply – Side System Approach", *Review of Economics & Statistics*, 2007（1）.

10. León – Ledesma, Miguel A, Mcadam P, Willman A, "Identifying the Elasticity of Substitution with Biased Technical Change", *American Economic Review*, 2010（4）.

11. Karabarbounis L, Neiman B, "The Global Decline of the Labor Share", *The Quarterly Journal of Economics*, 2014（1）.

12. Francisco Alvarez – Cuadrado, Ngo Van Long, Markus Poschke, "Capital – labor substitution, structural change and the labor income share", *Journal of Economic Dynamics & Control*, 2018（87）.

13. Zhang Xun, Wang Chen, Wan Guanghua, Luo Zhi, "Technical Progress and the Share of Labor Income", *ADBI Working Paper*, 2017, No. 672.

14. 江泽民：《高举邓小平理论伟大旗帜，把建设有中国特色社会主义事业全面推向二十一世纪——在中国共产党第十五次全国代表大会上的报告》，中国网 1997 年 9 月 12 日。

15. 江泽民：《全面建设小康社会，开创中国特色社会主义事业新局面——在中国共产党第十六次全国代表大会上的报告》，人民网 2002 年 11 月 8 日。

16. 胡锦涛：《坚定不移沿着中国特色社会主义道路前进，为全面建成小康社会而奋斗——在中国共产党第十八次全国代表大会上的报告》，人民网 2012 年 11 月 9 日。

17. 习近平：《在全国构建和谐劳动关系先进表彰暨经验交流会上的讲话》，新华网 2011 年 8 月 15 日。

18. 习近平：《决胜全面建成小康社会，夺取新时代中国特色社会主义伟大胜利——在中国共产党第十九次全国代表大会上的报告》，《人民日报》2017年10月28日第1版。

19.《中共中央关于构建社会主义和谐社会若干重大问题的决定》，新华网2006年10月18日。

20.《中共中央关于全面深化改革若干重大问题的决定》，新华网2013年。

21.《中共中央关于制定国民经济和社会发展第十三个五年规划的建议》，新华社2015年。

22.《中国共产党第十八届中央委员会第五次全体会议公报》，新华社2015年。

23.《中共中央、国务院关于构建和谐劳动关系的意见》，《人民日报》2015年4月9日第1版。

24. 常凯：《劳动关系的集体化转型与政府劳工政策的完善》，《中国社会科学》2013年第6期。

25. 常凯：《构建和谐劳动关系与劳动关系法治化》，《思想政治工作研究》2011年第9期。

26. 陈峰：《集体权利的缺失：中国工人的困境》，《二十一世纪》（香港）2008年第4期。

27. 陈峰：《在国家和劳工之间：市场经济下中国工会的角色冲突》，《中国季刊》2003年第12期。

28. 陈步雷：《劳动争议调解机制的构造分析与改进构想》，《中国劳动关系学院学报》2006年第4期。

29. 程延园：《劳动合同立法：寻求管制与促进的平衡》，《中国人民大学学报》2006年第5期。

30. 冯彦君：《“和谐劳动”的观念塑造与机制调适》，《社会科学战线》2015 年第 7 期。

31. 程延园：《建立健全劳动关系协调机制》，《中国人民大学学报》2011 年第 5 期。

32. 段毅、李琪：《中国集体劳动关系的生成、发展与成熟——一个自下而上的分析视角》，《中国人力资源开发》2014 年第 12 期。

33. 胡磊：《中国特色和谐劳动关系构建研究》，《中国劳动》2016 年第 14 期。

34. 乔健：《工会改革创新的理论思考》，《当代世界与社会主义》2010 年第 2 期。

35. 乔健：《后金融危机时期中外劳动关系趋向的比较与思考》，《中国人力资源开发》2014 年第 1 期。

36. 乔健：《略论中国特色和谐劳动关系》，《中国劳动关系学院学报》2015 年第 2 期。

37. 乔健：《在国家、企业和劳工之间：工会在市场经济转型中的多重角色——对 1811 名企业工会主席的问卷调查》，《当代世界与社会主义》2008 年第 2 期。

38. 刘金祥、高建东：《论我国集体劳动争议行为及其正当性判断标准》，《华东理工大学学报》2014 年第 3 期。

39. 路军、孟泉：《过渡中的博弈——第二次“南海本田”集体协商的启示》，《中国工人》2011 年第 6 期。

40. 任焰、潘毅：《跨国劳动过程的空间政治：全球化时代的宿舍劳动体制》，《社会学研究》2006 年第 4 期。

41. 任小平、许晓军：《职工权益自救与工会维权策略研究》，《学海》2008 年第 5 期。

42. 孙晓东：《劳动争议解决机制评估：基于指标体系的实证分析》，《广东社会科学》2015 年第 2 期。

43. 汪建华：《争夺的地带：劳工团结、制度空间与代工厂企业工会转型》，《青年研究》2014 年第 1 期。

44. 汪建华：《包揽式政商关系、本地化用工与内地中小城市的劳工抗争》，《社会学研究》2017 年第 2 期。

45. 吴清军、刘宇：《劳动关系市场化与劳工权益保护——中国劳动关系政策的发展路径与策略》，《中国人民大学学报》2013 年第 1 期。

46. 肖竹：《群体性劳动争议应对中的政府角色》，《行政法学研究》2014 年第 2 期。

47. 游正林：《60 年来中国工会的三次大改革》，《社会学研究》2010 年第 4 期。

48. 谢玉华、郭永星：《中国式工资集体协商模式探索——武汉市餐饮行业工资集体协商调查》，《中国劳动关系学院学报》2011 年第 12 期。

49. 熊新发：《劳动关系集体化转型趋势下的雇主策略重构》，《社会科学辑刊》2016 年第 1 期。

50. 张丽萍、邸敏学：《中国特色社会主义劳动关系理论述要》，《中国特色社会主义研究》2013 年第 5 期。

51. 张立伟、李昌徽：《三方协调是保护劳工利益的最好办法》，《21 世纪经济报道》2006 年 5 月 7 日。

52. 张秋慧、于桂兰：《东北民营企业家劳动关系信念研究》，《东北亚论坛》2010 年第 5 期。

53. 周长城、陈群：《集体谈判：建立合作型劳资关系的有效战略》，《社会科学研究》2004 年第 4 期。

54. 庄文嘉：《“调解优先”能缓解集体性劳动争议吗？——基于 1900—2011 年省际面板数据的实证检验》，《社会学研究》2013 年第 5 期。

55. 陈晨：《经济发展新常态下构建和谐劳动关系研究》，《郑州大学学报》（哲学社会科学版）2015 年第 6 期。

56. 陈星汶、陈玉明：《我国劳动关系组织化的障碍及应对策略》，《中国人力资源开发》2015 年第 1 期。

57. 陈宇：《工会“双爱双评”活动缘起及其启示》，《中国劳动关系学院学报》2015 年第 2 期。

58. 董保华、李干：《构建和谐劳动关系的新定位》，《南京师大学报》（社会科学版）2016 年第 2 期。

59. 杜瑾秋：《国有企业改革对劳动关系的影响》，《淮海工学院学报》（人文社会科学版）2015 年第 7 期。

60. 段华：《关于新形势下做好劳动争议调解工作的思考——以中石化中原油田工会劳动争议调解工作实践为例》，《中国劳动关系学院学报》2015 年第 2 期。

61. 冯喜良：《“集体劳动争议”与“劳动关系群体性事件”的对话——集体劳动争议相关概念之辨析》，《中国人力资源开发》2015 年第 9 期。

62. 郭军：《从政府和市场关系看中国劳动关系制度的演变》，《毛泽东邓小平理论研究》2015 年第 3 期。

63. 何远程：《社会组织介入与集体劳动关系运行——一种劳动争议调处的探索性模式》，《中国人力资源开发》2015 年第 15 期。

64. 洪芳：《德国雇员民主参与的特点及其对我国的启示》，《山东社会科学》2015 年第 9 期。

65. 胡磊：《更好发挥和谐劳动关系构建中政府作用》，《党政干部学刊》2015 年第 1 期。

66. 胡磊：《面向经济新常态的企业和谐劳动关系构建研究》，《中国劳动》2015 年第 16 期。

67. 黄伟、王旸：《工会是否能减少企业工伤事故》，《现代财经》（天津财经大学学报）2015 年第 10 期。

68. 李春生：《转型进程中我国企业劳动关系状况动态演进研究——基于系统论的视角》，《经济问题探索》2015 年第 7 期。

69. 李海金：《和谐劳动关系建立的路径与机制：多维视角分析》，《青海社会科学》2015 年第 5 期。

70. 李力东：《改革开放以来中国工会维护职能的演进路径》，《中国劳动关系学院学报》2015 年第 5 期。

71. 李敏、吴梦涛、张春阳：《全球化背景中的劳动关系与政府规制》，《中国人力资源开发》2015 年第 21 期。

72. 李琼英、朱力：《现阶段我国劳资矛盾的类型、趋势及对策》，《中州学刊》2015 年第 12 期。

73. 张丹丹：《中外合资企业跨文化人力资源管理模式及应用分析》，《时代金融》2019 年第 6 期。

74. 潘莉君：《浅谈在合资企业中如何发挥工会的作用》，《化工管理》2017 年第 21 期。

75. 管洪大：《浅析合资企业文化管理的融合》，《现代经济信息》2017 年第 7 期。

76. 陈云天：《合资企业跨文化管理要点探究——以长安福

特马自达为例》，《现代商业》2016 年第 24 期。

77. 胡佳音：《合资企业劳动关系矛盾的成因及其对策研究》，《中国职工教育》2014 年第 18 期。

78. 彭生法：《分析中外合资企业劳动关系如何实现和谐管理》，《中外企业家》2013 年第 19 期。

79. 韩宝林：《中外合资企业跨文化建设的探索与思考》，《中国劳动关系学院学报》2012 年第 3 期。

80. 杨洪斌：《中外合资企业构建和谐劳动关系的探索与实践》，《石油化工管理干部学院学报》2011 年第 4 期。

81. 王铁男、冯赜：《中外合资企业的劳资争议》，《辽宁经济管理干部学院学报》2000 年第 3 期。

82. 周长城、吴淑凤：《中外合资企业中的劳资关系探讨》，《经济评论》2000 年第 4 期。

83. “中外合资企业劳资关系研究”课题组：《关于中外合资企业中劳资关系的调查》，《社会科学研究》2000 年第 2 期。

84. 清华大学社会学系课题组：《困境与行动——新生代农民工与“农民工生产体制”的碰撞》，《中国党政干部论坛》2013 年第 11 期。

85. 国家统计局：《中国劳动统计年鉴》，北京：中国统计出版社，2012—2017 年。

86. 国家统计局：《中国工会统计年鉴》，北京：中国统计出版社，2012—2017 年。

87. 《中华人民共和国劳动合同法》，2007 年 6 月 29 日。

88. 《中华人民共和国劳动争议调解仲裁法》，2007 年 12 月 29 日。

89. 董建才：《论市场经济与我国劳动关系的调整》，《山东社会科学》1993 年第 3 期。

90. 李立三：《关于中华人民共和国工会法草案的几点说明》，《人民日报》1950 年 6 月 28 日。

91. 常凯：《劳动关系·劳动者·劳权：当代中国的劳动问题》，北京：中国劳动出版社，1995 年。

92. 陈少晖：《从计划就业到市场就业：国有企业劳动就业制度的变迁与重建》，北京：中国财政经济出版社，2003 年。

93. 吴思嫣、崔勋：《中国国有企业员工参与的演进路径》，《现代管理科学》2013 年第 5 期。

94. 高爱娣：《利益一体和公私兼顾的劳动关系理论概述》，《中国劳动关系学院学报》2006 年第 8 期。

95. 李龙熙：《培养有新时代灵魂的大国工匠》，《人民政协报》2019 年 5 月 21 日。

96. 周长新：《我国行政管理逐步纳入法制轨道 去年已经颁布行政法规六十九件》，《人民日报》1987 年 2 月 16 日。

97. 陈微波：《利益分析视角下我国国有企业劳动关系的定位思考》，《当代经济研究》2011 年第 10 期。

98. 宋力刚：《企业现行政策法规及国际惯例全集》（第 2 卷），北京：中国商业出版社，2011 年。

99. 张琪、刘雄：《社会保障制度改革》，北京：经济管理出版社，1996 年。

100. 张锦胜：《建立现代企业制度试点工作启动 百家国有企业将先行一步》，《人民日报》1993 年 11 月 23 日。

101. 陆学艺：《当代中国社会阶层研究报告》，北京：社会科学文献出版社，2002 年。

102. 胡联合、胡鞍钢、王磊：《关于我国社会不稳定因素变化态势的实证分析》，《探索》2007 年第 6 期。

103. 吕政、黄速建主编：《中国国有企业改革 30 年研究》，北京：企业管理出版社，2008 年。

104. 张彦宁、陈兰通主编：《中国企业劳动关系状况报告 · 2007》，北京：企业管理出版社，2007 年。

105. 谢茂拾、唐晓曼：《我国垄断企业劳动关系中的人身依附及其治理》，《甘肃社会科学》2010 年第 3 期。

106. 刘洋：《改制后国有企业的劳动关系：现状、问题与协调治理路径》，《教学与研究》2018 年第 7 期。

107. 韩喜平、周颖：《新常态下国有企业和谐劳动关系的构建》，《理论探索》2016 年第 1 期。

108. 宋士云：《改革开放以来中国劳动关系变迁的历史考察》，《当代中国史研究》2018 年第 1 期。

109. 安鸿章：《新时期劳动关系影响变量分析》，《中国劳动》2005 年第 4 期。

110. 韩喜平、周颖：《新常态下国有企业和谐劳动关系的构建》，《理论探索》2016 年第 1 期。

111. 韩喜平、徐景一：《和谐劳动关系的演进逻辑及发展方向》，《社会科学战线》2011 年第 3 期。

112. 韩喜平、张嘉昕：《“一带一路”沿线国家劳动关系协调分类研究》，《管理世界》2019 年第 4 期。

113. 贺秋硕：《企业劳动关系和谐度评价指标体系构建》，《中国人力资源开发》2005 年第 1 期。

114. 胡放之：《新时代和谐劳动关系的构建：影响因素与对策》，《理论月刊》2018 年第 8 期。

115. 渠邕、于桂兰：《劳动关系和谐指标研究评述》，《中国人力资源开发》2014 年第 15 期。

116. 李季山、孙丽君：《现代化进程中企业和谐劳动关系影响因素实证研究》，《广州大学学报》（社会科学版）2008 年第 1 期。

117. 李龙熙：《最大限度增加和谐因素 最大限度减少不和谐因素“六个坚持”构建新时代和谐劳动关系》，《中国工运》2019 年第 3 期。

118. 李龙熙：《工会组织视角下的新时代和谐劳动关系构建》，《中国劳动关系学院学报》2019 年第 1 期。

119. 刘洋：《改制后国有企业的劳动关系：现状、问题与协调治理路径》，《教学与研究》2018 年第 7 期。

120. 秦建国：《和谐劳动关系评价体系研究》，《山东社会科学》2008 年第 4 期。

121. 邵彦敏、杨帆：《利益共享与和谐劳动关系构建》，《求是学刊》2017 年第 6 期。

122. 孙瑜、梁潇杰：《基于扎根理论的员工劳动关系满意度质性研究》，《社会科学战线》2017 年第 2 期。

123. 汤灿晴：《新时代劳动关系管理面临的挑战和创新》，《中国劳动关系学院学报》2018 年第 5 期。

124. 徐景一：《经济新常态背景下地方政府治理集体劳动争议模式研究》，《当代经济研究》2015 年第 8 期。

125. 王庆琦：《新时代完善我国劳动关系协调机制研究》，

《经济视角》2019 年第 1 期。

126. 王永乐、李梅香：《民营企业劳动关系影响因素的实证分析》，《中国劳动关系学院学报》2006 年第 4 期。

127. 杨成湘：《完善协商协调机制 构建新时代中国特色和谐劳动关系》，《中国工运》2018 年第 12 期。

128. 杨河清、陈天学：《基于决策树的劳动关系和谐度评判》，《中国劳动关系学院学报》2010 年第 2 期。

129. 于欣：《外资企业劳动关系分析》，《生产力研究》2008 年第 5 期。

130. 姚先国、郭东杰：《改制企业劳动关系的实证分析》，《管理世界》2004 年第 5 期。

131. 于桂兰、徐泽磊、王辉：《新时代员工参与和规则导向对组织偏差行为的协同效应机制——基于合作型劳动关系视角》，《吉林大学社会科学学报》2019 年第 2 期。

132. 于桂兰、宋冬林：《我国劳动力价值实现程度与劳动争议关系的实证研究》，《马克思主义研究》2009 年第 6 期。

133. 张嘉昕、王芳菲：《国外马克思主义的劳动关系理论》，《理论视野》2018 年第 5 期。

134. 白重恩、钱震杰、武康平：《中国工业部门要素分配份额决定因素研究》，《经济研究》2008 年第 8 期。

135. 罗长远、张军：《经济发展中的劳动收入占比：基于中国产业数据的实证研究》，《中国社会科学》2009 年第 4 期。

136. 李稻葵、刘霖林、王红领：《GDP 中劳动收入份额演变的 U 型规律》，《经济研究》2009 年第 1 期。

137. 王晓霞、白重恩：《劳动收入份额格局及其影响因素研究进展》，《经济学动态》2014 年第 3 期。

138. 王永进、盛丹：《要素积累、偏向型技术进步与劳动收入占比》，《世界经济文汇》2010 年第 4 期。

139. 陈勇、柏喆：《技能偏向型技术进步、劳动者集聚效应与地区工资差距扩大》，《中国工业经济》2018 年第 9 期。

140. 黄先海、徐圣：《中国劳动收入比重下降成因分析——基于劳动节约型技术进步的视角》，《经济研究》2009 年第 7 期。

141. 王燕、陈欢：《技术进步偏向、政府税收与中国劳动收入份额》，《财贸研究》2015 年第 1 期。

142. 王林辉、赵景、李金城：《劳动收入份额“U 形”演变规律的新解释：要素禀赋结构与技术进步方向的视角》，《财经研究》2015 年第 10 期。

143. 姚毓春、袁礼、王林辉：《中国工业部门要素收入分配格局——基于技术进步偏向型视角的分析》，《中国工业经济》2014 年第 8 期。

144. 王林辉、袁礼：《有偏型技术进步、产业结构变迁和中国要素收入分配格局》，《经济研究》2018 年第 11 期。

145. 章上峰、陆雪琴：《中国劳动收入份额变动：技术偏向抑或市场扭曲》，《经济学家》2016 年第 9 期。

146. 邓明：《要素价格扭曲、技术进步偏向与要素收入份额》，《劳动经济评论》2018 年第 2 期。

147. 陈宇峰、贵斌威、陈启清：《技术偏向与中国劳动收入份额的再考察》，《经济研究》2013 年第 6 期。

148. 张莉、李捷瑜、徐现祥：《国际贸易、偏向型技术进步与要素收入分配》，《经济学（季刊）》2012 年第 2 期。

149. 魏下海、董志强、黄玖立：《工会是否改善劳动收入份额？——理论分析与来自中国民营企业的经验证据》，《经济研究》2013 年第 8 期。

150. 张吉超：《我国劳动收入份额的变动趋势及影响因素分析》，《经济问题探索》2016 年第 8 期。

151. 周明海、肖文、姚先国：《企业异质性、所有制结构与劳动收入份额》，《管理世界》2010 年第 10 期。

152. 许明、刘长庚、刘一蓓：《中国制造业企业要素收入分配的测算和实证研究》，《经济与管理研究》2015 年第 10 期。

153. 文雁兵、陆雪琴：《中国劳动收入份额变动的决定机制分析——市场竞争和制度质量的双重视角》，《经济研究》2018 年第 9 期。

154. 吕冰洋、郭庆旺：《中国要素收入分配的测算》，《经济研究》2012 年第 10 期。

155. 刘凤义：《劳动关系研究中的马克思主义分析框架——兼谈资本主义劳动关系的演变》，《马克思主义研究》2012 年第 9 期。

156. 骆桢、张衔：《劳资关系对经济增长可持续性的影响分析》，《政治经济学评论》2018 年第 6 期。

后 记

伴随中国特色社会主义进入新时代，我国社会主要矛盾已经转化为人民日益增长的美好生活需要和不平衡不充分的发展之间的矛盾。解决好发展不平衡不充分问题，要大力提升发展质量和效益，更好地推动人的全面发展、社会的全面进步。这个任务相当艰巨，构建和谐劳动关系就显得特别重要。2019 年是新中国成立七十周年，是决胜全面建成小康社会、实现第一个百年奋斗目标的关键之年，也是国际劳工组织成立一百周年。2019 年的《政府工作报告》中第一次把就业优先政策置于宏观政策层面，凸显新时代我国劳动关系治理的重要作用。在这一背景下，我们编写了《中国劳动关系发展研究报告（1949—2019)》，这是国内首部比较系统反映我国劳动关系发展状况的报告，是对中华人民共和国七十年来在劳动关系领域取得巨大成就的一次相对比较系统的梳理和总结。

本报告的编写组成员包括：韩喜平、郭喜武、邵彦敏、张嘉昕、张志元、纪明、刘洋、徐景一、李泓祎、付淳宇、支继超、杜娇、王庆琦、李博囡、赵光、吴威、陈家奇。

吉林大学·吉林省总工会劳动关系研究中心计划今后每

年连续出版《中国劳动关系发展（年度）研究报告》。本部报告还有诸多不足，敬请各位同人批评指正！

韩喜平

2020 年 1 月 4 日于长春